Berlin

W0190519

E-Book *inklusive*

Das E-Book herunterladen – so einfach geht's:
1. Besuchen Sie www.vistapoint.de/ebook
2. Klicken Sie dort auf den Button »E-Books der Reiseführer-Reihe weltweit«.
3. Geben Sie Ihre E-Mail-Adresse und den folgenden Download-Code ein.

   Code: BOR-BHJE-3AHZ-14

4. Klicken Sie auf »Code absenden«.
5. Das E-Book wird als E-PDF gespeichert und kann auf Tablet, Smartphone und ausgewählten E-Readern gelesen werden.

Ausführliche Hinweise zum Download-Vorgang finden Sie hier:
www.vistapoint.de/ebook

 Eine Übersichtskarte von Berlin mit den eingezeichneten Stadtvierteln finden Sie in der vorderen Umschlagklappe und in der hinteren einen U-Bahn-Plan

Ortrun Egelkraut · Anna Bockhoff · Ulrike Wiebrecht

Berlin

Berlin lockt zur größten Silvesterparty Deutschlands

Berlin

Willkommen in der buntesten Stadt der Welt!

Ob Rio oder Regensburg, Delhi oder Dortmund, Mailand oder Manchester: Die Welt schaut auf Berlin, die Stadt, von der man spricht, die cool ist und Trends setzt, sich ständig verändert und die man einfach gesehen haben muss!

Über elf Millionen Menschen kommen jährlich aus aller Welt nach Berlin, Tagesbesucher und Gäste, die bei Freunden übernachten, nicht mitgerechnet. Und was suchen Berlinreisende? Was wollen sie sehen, was erleben? Was hat Berlin, was andere Städte nicht haben? Berlin hat offenbar von allem etwas und deshalb findet auch jeder sein ganz individuelles Stück der Stadt. Von klassischen Sehenswürdigkeiten bis zum Kleinstadtcharme im Kiez, von der Weltkultur in Museen und auf den Bühnen bis zur kreativen Szene in Mode und Medien, vom pulsierenden Nachtleben bis zur grenzenlosen Einkaufswelt, von der kulinarischen Vielfalt bis zu verborgenen Naturschönheiten gibt es unendlich viel zu entdecken. Und nicht zuletzt sind die authentischen Orte der Vergangenheit häufig Anlass genug, Berlin zu besuchen.

Berlin hat Geschichte

Die bunteste Party der Stadt ist das Holi Festival of Colours

Über 25 Jahre sind seit dem Fall der Berliner Mauer vergangen. In der ersten Wende-Euphorie wurde sie abgerissen und bis auf einzelne Überbleibsel weggeschafft. Inzwischen ist ein Netz aus Relikten, Gedenkstätten, Markierungen und Infotafeln im Stadtbild entstanden. Die DDR-Vergangenheit wird vielerorts thematisiert, z.B. in der Mauergedenkstätte an der Bernauer Straße (vgl. S.57), im Stasi-Untersuchungsgefängnis in Hohenschönhausen (vgl. S. 58) oder im DDR-Museum (vgl. S. 51).

Auch der anderen deutschen Diktatur des 20. Jahrhunderts wird gedacht: Der wichtigste Ort zur Information über die Verbrechen der

Naziherrschaft ist das Dokumentationszentrum Topographie des Terrors (vgl. S. 85) in Kreuzberg, auf dessen Ausstellungsgelände u. a. die Geheime Staatspolizei (Gestapo) ein eigenes Gefängnis und Folterkeller hatte.

Blick auf die Schlossbrücke und Unter den Linden 1939

Das Gold der Goldenen Zwanziger

Bei Ausgrabungen auf der Schlossplatz-Baustelle stießen Archäologen auch in tiefere Schichten vor und fanden heraus: Berlin ist älter als die »Geburtsurkunde« von 1237 vermerkt und jünger als viele meinen. Obwohl mit der Reichsgründung 1871 auch die Gründerzeit begann und Berlin einen rasanten Aufschwung erlebte – zur Metropole wurde es erst 1920, als man Groß-Berlin aus acht Stadtgemeinden, 59 Landgemeinden und 27 Gutsbezirken bildete. Beinahe über Nacht wuchs die Stadt über sich hinaus, von 66 auf 878 Quadratkilometer, inzwischen sind es 892.

Das Gold der 1920er Jahre blätterte schon während der Weltwirtschaftkrise 1928 ab. 1933 war es mit den glanzvollen Zeiten endgültig vorbei. Nach Kriegsende 1945 lag die Stadt in Schutt und Asche. Man muss alte Fotos oder Filme sehen, zum Beispiel in der Kreuzberger Topographie des Terrors (vgl. S. 85), um zu ahnen, wie wenig vom historischen Berlin übrig geblieben ist. Umso mehr kann man die gewaltige Leistung des Wiederaufbaus auf beiden Seiten des Elsernen Vorhangs würdigen. Viele Baulücken blieben aber noch Jahrzehnte bestehen. Erst nach dem Mauerfall bekam Berlin ein attraktiveres neues Gesicht. Aber die Stadt ist längst nicht fertig – und wird es wohl auch niemals sein.

Berlin inspiriert zu Kreativität

Berlin hat Freiräume

Das wilde, das unfertige Berlin übt einen ganz besonderen Reiz aus und Künstler, Kreative, Studenten und andere junge Menschen beleben den Stadtraum immer wieder neu. Ob Gemüse ziehen neben einer Hauptverkehrsstraße, Leben im

Das Nachleben in den Berliner Clubs ist legendär

Bauwagen zwischen den Häusern oder selbst gebackene Pasteten verkaufen beim Street Food Thursday (vgl. S. 88) – hier probieren viele Menschen neue Lebensformen aus und tun das, was ihnen gefällt. Es sind aber auch die Freiräume in der Nacht, die die Magie von Berlin ausmachen: Bars und Kneipen ohne Sperrstunde, die coolsten Clubs der Welt, Partys, die nie enden – viele wollen das wenigstens einmal erleben und feiern so, als gäbe es keinen Morgen.

Und was für die kreativen Bewohner gilt, das gilt auch für die Wirtschaft. Von der »hippsten Metropole des Kontinents« ist in Investorenkreisen die Rede. Das bedeutet: dabei sein, den Hype um die Stadt nutzen. Denn: Wer in Berlin nicht vertreten ist, spielt nicht in der ersten Liga.

Sir Simon Rattle ist der Chefdirigent der Berliner Philharmoniker

Berlin hat Kultur

Drei Opernhäuser, acht Spitzenorchester, große Konzertsäle, rund 150 Theater, 160 Museen, 400 Galerien, 260 Filmtheater, unzählige kleine Spielstätten für Musik und andere Events – alle Genres, Stile und Auftrittsorte bringen es zusammen auf etwa 1500 Veranstaltungen täglich. Aber nicht nur die Zahlen sind beeindruckend, die Qualität ist es auch. Genannt seien beispielhaft: Berliner Philharmoniker, Komische Oper, Staatsoper im Schillertheater, Deutsches Theater und Friedrichstadtpalast.

Manche Aufführungen sind Monate im Voraus ausverkauft, aber oft hat man noch an der Abendkasse Glück. Eine gute Übersicht über die Museumslandschaft gewinnt man bei der Langen Nacht der Museen, die im Mai stattfindet, jeweils am Samstag vor dem Internationalen Museumstag.

Berlin ist Wissenschafts- und Modestadt

Eine der größten und vielfältigsten Wissenschaftsregionen in Europa ist hier seit der Wende entstanden. An vier Universitäten, darunter mit der Freien Universität und der Humboldt-Universität zwei sogenannte Exzellenzuniversitäten, der Charité-Universitätsmedizin Berlin, sieben Fachhochschulen, drei Kunsthochschulen, 18 privaten Hochschulen sowie über 60 Forschungsstätten lehren, forschen, arbeiten und studieren hier rund 200 000 Menschen aus aller Welt.

Die bekanntesten Forschungszentren jeweils mit mehreren Instituten sind die Fraunhofer-Gesellschaft, die Helmholtzgemeinschaft Deutscher Forschungszentren, die Wissenschaftsgemeinschaft Gottfried-Wilhelm-Leibniz und die Max-Planck-Gesellschaft. Außerdem bietet die Stadt für Wissenschaft, Wirtschaft und Medien mit Adlershof, dem Campus Berlin-Buch und rund 20 weiteren innerstädtischen Technologieparks und Gründerzentren beste Voraussetzungen für die Entwicklung neuer Ideen und deren Umsetzung in marktfähige Produkte. In der Langen Nacht der Wissenschaft im Mai können Interessierte hinter die Kulissen schauen.

Aufgang zum Schauspielhaus am Gendarmenmarkt

Rund 800 kreative Designer, Kreationen etablierter Labels und viele Nachwuchstalente von den hiesigen Designhochschulen machen Berlin zu einem Hotspot der Modebranche. Vor allem junge Kreative finden hier Freiräume und Experimentierfelder. Sieben Modemessen im Jahr, darunter die bekannte Streetwear-Schau Bread & Butter, präsentieren über tausend Sommer- und Winterkollektionen.

Längst hat sich Berlin neben Paris und Mailand als Modemetropole etabliert

7

Ob auf dem Wasser oder an Land: Berlin bietet zuhauf idyllische Plätze im Grünen, etwa auf dem Landwehrkanal

Berlin hat Bäume und Wasser

Eine der grünsten Städte Europas mit viel Wasser – auch das ist Berlin. Fast ein Fünftel des Stadtgebiets besteht aus Wald, hinzu kommen 435 000 Straßenbäume. Mehr als 2500 Parks und andere Grünanlagen tragen zur guten Berliner Luft bei, vor allem der große Tiergarten (vgl. S. 42) und die Tempelhofer Freiheit (vgl. S.122), das ehemalige Flughafengelände.

Drei Flüsse – Spree, Dahme, Havel – und sieben Seen durchziehen die Stadt und ergeben zusammen rund 240 Kilometer Wasserwege. Und natürlich gibt es auch am Wasser reichlich Sportmöglichkeiten: Schwimmen, Segeln, Rudern oder Stand-up-Paddeln. Ausflugsschiffe sind auf allen Gewässern unterwegs. Die längste Tour – vom Hafen Treptow nach Wannsee und durch die Innenstadt zurück – dauert neun Stunden!

Berlin hat Luxus

Der Slogan »Arm, aber sexy« hat ausgedient: Berlin kann auch edel und schick sein

Gebaut wird in Berlin auf jeder freien Fläche: Büros, Hotels und Wohnungen – meist in der Luxusklasse und überall da, wo es besonders schön ist. Und die Shopping-Malls zum Geldausgeben werden immer größer. Neuestes Mega-Projekt: The Mall of Berlin am Leipziger Platz in Mitte.

Während sich Touristen freuen, dass man in den Berliner Hotels so günstig übernachten kann, klagen die Berliner über steigende Mieten und die Verdrängung der ursprünglichen Bewohner. Einfache Wohnungen werden luxuriös modernisiert, was eine Aufwertung zur Folge hat und auf dem Immobilienmarkt höhere Renditen für Investoren bringt.

Immer häufiger werden dagegen Bürger aktiv, gründen Kiezinitiativen, die steigende Mieten verhindern wollen, reichen Petitionen ein oder rufen zum Volksbegehren auf.

Berlin hat Sport

Hertha BSC/1. FC Union Berlin (Fußball), Füchse Berlin (Handball), Eisbären (Eishockey), Alba Berlin (Basketball), BR Volleys (Volleyball): Sechs Clubs in fünf Sportarten spielen an so prominenten Orten wie dem Olympiastadion oder der O2-Arena. Die nächsten internationalen Großveranstaltungen stehen auch schon fest: 2015 das Finale der Champions League und 2018 die Leichtathletik-Europameisterschaft.

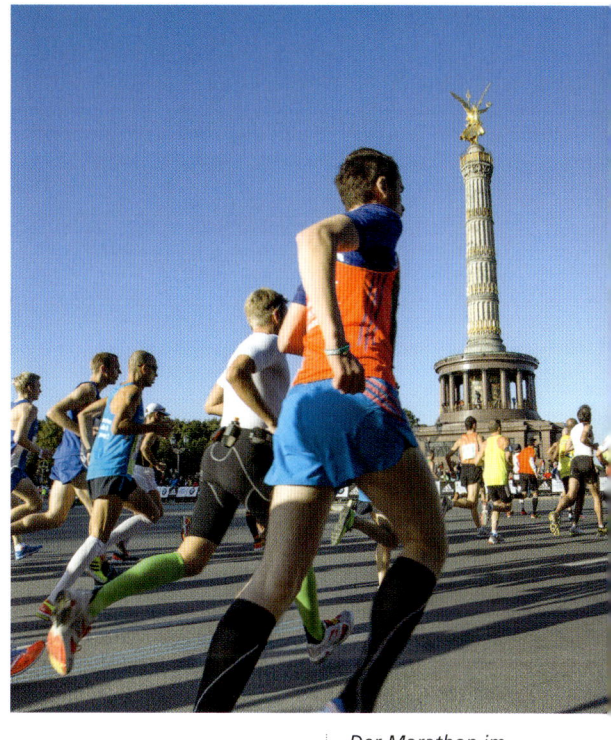

Der Marathon im September zählt zu den renommiertesten und größten Lauf-Events der Welt

Berlin hat keinen BER

Mit dem Bau des internationalen Großflughafens klappt es nicht so recht. Wann das erste Flugzeug landet, ist ungewiss. Aber niemand muss sich dadurch von einer Flugreise nach Berlin abschrecken lassen – der Flughafen Tegel und der alte Flughafen Schönefeld arbeiten weiter zuverlässig.

Berlin hat Berliner

»Es gibt immer so'ne und solche«: Die Busfahrerin, die im Befehlston versucht, das ältere Paar vor der Endhaltestelle während der Fahrt vom Oberdeck nach unten zu zitieren, damit ihr auch keine halbe Minute von der Pause abgeht, oder den Busfahrer, der nach dem Anfahren noch einmal abbremst, um die mit schwerem Gepäck heranhastenden Touristen mitzunehmen und lächelnd triumphiert: »Sehnse, dit is Berlin!«

Chronik Berlins
Daten zur Stadtgeschichte

Um 750
Die Heveller errichten mit dem Herrensitz »Spandow« (Spandau) eine erste Siedlung im Berliner Raum. Etwa gleichzeitig lassen sich die Sprewanen, ein anderer slawischer Stamm, an der Schlossinsel Köpenick nieder.

Um 1180
stehen in Berlin und Cölln erste hölzerne Wohnhäuser, wie jüngste archäologische Funde belegen.

1232
Spandau erhält das Stadtrecht.

1237
Erste urkundliche Erwähnung der Kaufmannssiedlung Cölln: Das Pergament mit sieben Siegeln, im Domstiftsarchiv Brandenburg aufbewahrt, gilt als die Geburtsurkunde der Stadt Berlin. 1244 wird die rund um die Nikolaikirche erbaute Siedlung Berlin erstmals in einem Dokument erwähnt.

1307
Berlin und Cölln bilden einen gemeinsamen Rat.

1415
Der Nürnberger Burggraf Friedrich VI. von Hohenzollern erhält die Mark Brandenburg als Lehen und begründet als Kurfürst Friedrich I. die 500-jährige Herrschaft der Hohenzollern.

»Grundriß der beyden Churf. Residenz Stätte Berlin und Cölln an der Spree« von Johann Gregor Memhardt 1652

1436
Berlin und Cölln erwerben die Johanniterdörfer Tempelhof, Mariendorf, Marienfelde und Richardsdorf (Rixdorf, seit 1912 Neukölln).

1443–51
Am Ufer der Spree lässt Kurfürst Friedrich II. eine Burg errichten, der Vorgängerbau des späteres Stadtschlosses.

1535
Kurfürst Joachim II. lässt die Burg zum Renaissanceschloss ausbauen und leitet 1539 in Kurbrandenburg die Reformation ein. Berlin wird führende Stadt des Protestantismus.

1576/1598/1611
Fast 10 000 Menschen fallen Pestepedemien zum Opfer.

1618–48
Der Dreißigjährige Krieg fordert weitere Opfer; am Ende hat Berlin nur noch 6000 Einwohner.

1640–88
Regierungszeit Friedrich Wilhelms, der 1620 im Schloss zu Cölln/Spree geboren wird. Dem »Großen Kurfürsten« gelingt nach dem Westfälischen Frieden allmählich ein wirtschaftlicher Aufschwung in Berlin und der Mark durch Förderung der Landwirtschaft und die Ansiedlung holländischer Handwerker, Baumeister, Künstler und Kaufleute, die moderne Produktionsmethoden einführen. 1647 lässt er die Allee Unter den Linden zwischen Schloss und Tiergarten anlegen. Mit dem Edikt von Potsdam erlaubt der Große Kurfürst 1685 die Einwanderung von in Frankreich verfolgten protestantischen Hugenotten.

1701
Kurfürst Friedrich III. von Brandenburg reist in das preußische Herzogtum Königsberg und krönt sich dort zum »König in Preußen«. Er zieht mit Prunk in Berlin ein und macht das Schloss zur repräsentativen Residenz.

1709
Aus den Städten Berlin, Cölln, Friedrichswerder, Dorotheenstadt und Friedrichstadt entsteht die Gemeinde Berlin mit rund 60 000 Einwohnern.

1712
Friedrich der Große wird im Berliner Schloss geboren.

1740–86
In seiner Regierungszeit lässt Friedrich der Große u. a. das Forum Fridericianum, das Königliche Opernhaus und die St. Hedwigskathedrale errichten. Berlin wird zu einer Hauptstadt von europäischem Rang und zum Zentrum der Aufklärung.

Um 1800
Berlin hat über 170 000 Einwohner und ist bedeutendste Industriestadt Preußens (Baumwoll- und Seidenmanufakturen).

1806
Napoleon zieht durch das Brandenburger Tor in die preußische Hauptstadt ein und nimmt als Kriegsbeute die Quadriga mit nach Paris. Bis 1808 bleibt Berlin unter französischer Besatzung.

1810
Die auf Initiative von Wilhelm von Humboldt gegründete Universität (heute Humboldt-Universität) nimmt den Lehrbetrieb auf. Wissenschaft, Literatur, Musik- und Theater erleben eine Blütezeit.

1813
König Friedrich Wilhelm III. ruft zum Freiheitskrieg gegen Napoleon auf. Die Befreiungskriege enden 1815.

»Friedrich der Große auf den Janustempel weisend« (1763), Gemälde von Johann Heinrich Christian Franke

Die von Napoleon erbeutete Quadriga kehrte erst 1814 nach Berlin zurück

Novemberrevolution 1918 in Berlin: Revolutionäre Matrosen und Soldaten fahren durch das Brandenburger Tor

Das Reichstagsgebäude wurde nach Plänen von Paul Wallot im Stil des Historismus erbaut

1838
Berlins erste Eisenbahnstrecke führt von Potsdam über Zehlendorf zum Bahnhof Potsdamer Platz.

1848
Scheitern der Märzrevolution gegen Friedrich Wilhelm IV.; Berlin entwickelt sich zum Industriestandort.

1871
König Wilhelm I. wird in Versailles zum Deutschen Kaiser proklamiert; Fürst Otto von Bismarck wird Reichskanzler; Berlin wird Hauptstadt des Deutschen Reiches. In den folgenden »Gründerjahren« wächst Berlin zur Millionenstadt. Mietskasernen für die Arbeiter entstehen; neuer Aufschwung des kulturellen Lebens.

1882
Eröffnung der Berliner Stadtbahn, die das Zentrum auf einer knapp zwölf Kilometer langen Hochbahnstrecke zwischen dem heutigen Ostbahnhof und dem Bahnhof Charlottenburg durchquert.

1894
Eröffnung des Reichstagsgebäudes.

1895
Einweihung der Kaiser-Wilhelm-Gedächtniskirche.

1902
Die erste Hoch- und U-Bahn verkehrt zwischen Warschauer Brücke und dem »Knie« (heute Ernst-Reuter-Platz); Berlin verfügt bald über eines der leistungsfähigsten Nahverkehrssysteme der Welt.

1906
Mit der Eröffnung des Teltowkanals, der von Köpenick nach Potsdam führt, wird Berlin zu einer der großen Binnenhafenstädte Europas.

1918
Kaiser Wilhelm II. dankt nach der Novemberrevolution ab; Philipp Scheidemann (SPD) ruft im Reichstag, Karl Liebknecht (Spartakusbund) vom Balkon des Stadtschlosses die Republik aus.

1920
Aus acht Stadtgemeinden, 59 Landgemeinden und 27 Gutsbezirken entsteht die Gemeinde Groß-Berlin mit vier Millionen Einwohnern. Trotz Weltwirtschaftskrise (600 000 Arbeitslose) und politischer Unruhen blüht die Kunst und Kultur auf. Beginn der Goldenen Zwanziger.

1932
Berlin hat mit 173 000 Juden (4,3 % der Bevölkerung) die fünftgrößte jüdische Gemeinde der Welt.

1933
Machtübernahme der Nationalsozialisten. Im selben Jahr: Reichstagsbrand, Bücherverbrennung auf dem Opernplatz (heute

Bebelplatz). Aufruf zum Boykott jüdischer Geschäfte durch Reichspropagandaminister Joseph Goebbels. Es folgen u. a. Berufsverbote für Juden, Zwangsenteignungen, Entfernung aus dem Staatsdienst.

1936
Die Olympischen Sommerspiele werden zum Propagandaspektakel.

1938
Reichspogromnacht (9./10. November): Anschläge auf Synagogen und jüdische Geschäfte.

Der Krieg lässt von der einstigen Prachtstraße Unter den Linden nur ein Trümmerfeld zurück

1941
Beginn der Massendeportation der Berliner Juden in Konzentrations- und Vernichtungslager.

1942
Auf der Wannsee-Konferenz am 20. Januar wird die Vernichtung der Juden beschlossen und detailliert geplant.

1943–45
Verheerende westalliierte Luftangriffe auf Berlin mit mehr als 50 000 Toten.

1944
Das Attentat auf Hitler am 20. Juli in Ostpreußen misslingt. Die Verschwörer unter Oberst Claus Graf Schenk von Stauffenberg werden im Bendler-Block (heute Gedenkstätte) hingerichtet.

1945
Adolf Hitler begeht am 30. April im Bunker der Reichskanzlei Selbstmord. Die Wehrmacht kapituliert am 8. Mai. Die schwer verwüstete Stadt wird von den vier Siegermächten USA, Sowjetunion, Großbritannien und Frankreich in vier Sektoren verwaltet. Der Wiederaufbau beginnt.

1948
Berlin-Blockade durch die Sowjets und politische Teilung; West-Berlin wird fast ein Jahr lang über die Luftbrücke versorgt.

1948
Zunehmender politischer Druck der SED an der (Ost-Berliner) Humboldt-Universität führt zur Gründung der Freien Universität in West-Berlin.

1949
In Bonn wird das Grundgesetz der Bundesrepublik Deutschland verkündet. (West-)Berlin wird unter Maßgabe alliierter Vorbehalte zu einem Bundesland der Bundesrepublik Deutschland. Im Oktober wird in Ost-Berlin die Deutsche Demokratische Republik

(DDR) proklamiert, Ost-Berlin wird Hauptstadt und Regierungssitz der DDR.

1953
Am 17. Juni kommt es zum Volksaufstand in Ost-Berlin.

Direkt vor dem Brandenburger Tor verlief bis 1989 die Mauer und Grenze

1961
Bau der Berliner Mauer am 13. August.

1967/68
West-Berlin ist Zentrum der Außerparlamentarischen Opposition (Studentenbewegung).

1971
Das Viermächteabkommen garantiert die Transitwege und erleichtert den Besuch von West-Berlinern in Ost-Berlin.

Nach dem Fall der Mauer wollten viele erst einmal auf die Mauer

1987
750 Jahre Berlin: getrennte Feiern in beiden Teilen der Stadt.

1989
Friedliche Revolution in Ost-Berlin. Auf dem Alexanderplatz findet am 4. November die größte Demonstration in der Geschichte der DDR statt. Am 9. November fällt die Berliner Mauer.

1990
3. Oktober: Die Wiedervereinigung ist vollzogen. Der Tag der Deutschen Einheit wird Nationalfeiertag. Am 2. Dezember wird das erste Gesamtberliner Abgeordnetenhaus gewählt.

1991
Hauptstadtbeschluss des Deutschen Bundestags am 20. Juni in Bonn: Berlin wird Regierungssitz und Bundeshauptstadt.

1994
Die Alliierten verlassen Berlin – das Ende der Nachkriegszeit.

1995
Christo und Jeanne Claude verhüllen den Reichstag. Das Kunstwerk lockt Millionen Besucher nach Berlin.

1999
Die Bundesregierung zieht nach Berlin. Die Museumsinsel wird in die Liste des UNESCO-Welterbes aufgenommen.

2001
Neugliederung der 23 Berliner Bezirke in zwölf Verwaltungen. Eröffnung des Jüdischen Museums Berlin.

Der neue Hauptbahnhof entstand in elf Jahren Bauzeit

2005
Das Denkmal für die ermordeten Juden Europas (Holocaust-Mahnmal) wird eingeweiht.

2006
Mit dem neuen Hauptbahnhof eröffnet der größte Umsteigebahnhof Europas. Bei der FIFA-WM ist Berlin Gastgeber für vier Gruppenspiele, ein Viertelfinale und das Endspiel. Die Straße des 17. Juni wird zur Fan-Meile.

2008
Der Flughafen Tempelhof wird geschlossen. Sechs Berliner Siedlungen des sozialen Wohnungsbaus der 1920er Jahre werden zum UNESCO-Welterbe ernannt.

2011
Nach den Wahlen zum Abgeordnetenhaus regiert eine große Koalition (SPD/CDU).

2012
Die geplante Eröffnung des Internationalen Flughafens Berlin Brandenburg (BER) muss verschoben werden. Die Stadt feiert ihr 775-jähriges Bestehen.

2013
Beginn des U-Bahn-Baus zwischen Brandenburger Tor und Rotem Rathaus. Grundsteinlegung für das Humboldt-Forum. Veranstaltungen zum 80. Jahrestag der Machtübernahme durch die Nationalsozialisten und zum 75. Jahrestag der Novemberpogrome.

Eine tolle Kulisse für Großveranstaltungen: das Berliner Olympiastadion

2014
Berlin begeht den 25. Jahrestag des Mauerfalls mit einer Lichtinstallation entlang eines Teils des ehemaligen Mauerverlaufs zwischen Ost- und West-Berlin. Gedenken zum Beginn des Ersten Weltkrieges vor 100 Jahren.

2015
Das Champions League Finale wird im Olympiastadion ausgetragen. Die Tempelhofer Freiheit (Ex-Flughafengelände) wird zur Rennstrecke der neuen Formel E für Elektroautos. ❄

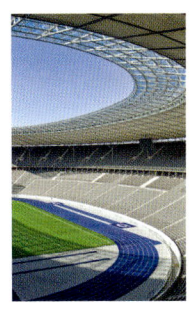

Berlin-Magazin
Die Stadt als Wundertüte

Ein Labor für neue Lebens-, Mode- oder Esskultur, innovativ und immer auf dem Sprung – das ist Berlin. Hier werden Trends kreiert und neue Produkte erfunden. Ob Kräuteranbau auf dem Parkdeck, Cafés mit Barista-Experten oder Mikrobrauereien – der Wille, Neues auszuprobieren ist groß und die Berliner sind ein dankbares Publikum – hier liebt man den letzten Schrei!

Hauptstadt des Slow Coffee

Seit einiger Zeit gibt es in Berlin eine Art Kaffee-Elite – Baristi, die mehr wollen als nur Kaffee mit Milchschaum servieren oder mit teuren Kaffeemaschinen angeben. Die **Berlin Coffee Society** (www.facebook.com/BerlinCoffeeSociety), eine kleine Gruppe Berliner Independent Coffee Shops, tauscht sich bei diversen Events über guten Kaffee aus. Es geht um nachhaltigen, bewussten Kaffeegenuss, um Transparenz und Fairness. Der Fokus liegt auf der Bohne – vom Strauch bis in den Röster und natürlich auf der Zubereitung. Die meisten Baristi der **Slow-Coffee-Bewegung** besinnen sich auf alt bewährte Methoden wie das Filtern per Hand. Das sieht im **Chapter One** (vgl. S. 180) von Nora Šmahelová und Björn Köpke auch unglaublich schön aus: Auf dem Tresen des Cafés steht ein Siphon, in dem von Halogenbirnen angestrahlten Kolben steigt das kochende Wasser auf und verbindet sich mit dem Kaffeepulver zu einer rötlich braunen Flüssigkeit.

Größte Sorgfalt, angefangen beim Handel über das Rösten bis zur Zubereitung, sorgen für ultimativen Kaffeegenuss

Wie unterschiedlich guter Kaffee schmecken kann, zeigt auch Cory Andrew jeden Mittwoch bei seinen Kaffeeverkostungen im **Café CK** (vgl. S. 183). Darüber hinaus zählen Cafés wie **The Barn** (S. 182), **Café 9** (S. 179), **No fire no glory** (S.184) sowie **Westberlin** (S. 87) und **Double Eye** (S. 184) zur derzeitigen Berliner Kaffee-Elite.

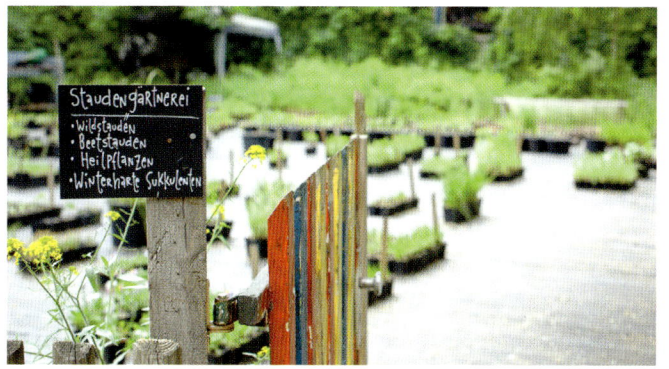

*Die Berliner haben
ihre Liebe zum
Gärtnern in der
Stadt entdeckt und
verwandeln Brach-
flächen in kleine
Oasen*

Urban Gardening – Berlin gärtnert

Die Berliner sind unglaublich erfinderische Gärtner: Egal, ob
es darum geht, Obstbäume zu pflanzen, Blumenwiesen oder
Dachgärten anzulegen – für urbane Gartenprojekte werden
passende Ecken, Flächen und Nischen gefunden. In Kreuzberg
hat man mit der **Wildblumenwiese** (vgl. S. 85) in der Baer-
waldstraße der Natur ein Stück Lebensraum zur Verfügung
gestellt, welches in kürzester Zeit sowohl von einheimischen
Wildpflanzen als auch von allerlei Kleinlebewesen in Anspruch
genommen wurde. Dank des Engagements der Anwohner
entstand in den letzten Jahren eine ganze Wiese mit Apfel-
bäumen im **Görlitzer Park** (vgl. S. 82) in Kreuzberg. Da gibt
es **Kiezgärten** wie zum Beispiel in der Schliemannstraße (vgl.
S. 109) in Prenzlauer Berg. Dort bauen Nachbarn im Kleinen
Obst und Gemüse an, es wird gemeinsam gejätet und geerntet.
Der Garten wird zum Treffpunkt verschiedener Generationen
oder in Projekten, wie dem interkulturellen **Pyramidengarten**
(vgl. S. 133) in Neukölln, zum Schnittpunkt von Natur, Kultur
und Sozialem. Jede Gartensaison kommen hier Menschen unterschiedlicher nationaler, kultureller und religiöser Herkunft
zusammen. Das Gartenbauteam der **Prinzessinnengärten** (vgl.
S. 85) in Kreuzberg hat im letzten Jahr geholfen, 40 weitere
große und kleine Nutzgärten für Kindergärten, Schulen und
ähnliches einzurichten. Bereits seit 2009 wächst und gedeiht
es auf der ehemaligen Brachfläche am Moritzplatz, mehr als
500 Kulturpflanzen wachsen hier in sehr unterschiedlich gear-
teten Beeten. Da rankt und blüht es aus aufeinandergesetzten
Rohrverbindungsstücken, aus Bäckerkörben und Hochbeeten.
Mittendrin steht das **Gartencafé**, aus dem Bauwagen heraus
wird auch die Ernte des Gartens in Form von Suppen, Salaten,
Säften sowie Pesto und Marmelade angeboten.

Darüber hinaus gibt es noch das »wilde Gärtnern«. Dabei
greifen die Großstadtmenschen in Nacht- und Nebelaktionen
zu Schaufel und Samen und begrünen vernachlässigte städ-
tische Flächen. Mit Hundekot und Abfällen bestückte Baum-
scheiben (Erdreich unter Straßenbäumen) verwandeln sich so
plötzlich in blühende Blumenbeete.

*Kein Ort ist zu
ungewöhnlich, um
etwas zu pflanzen*

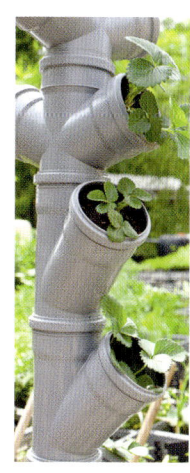

Koof im Kiez!

Was wären die Berliner nur ohne ihre modernen Tante-Emma-Läden? Der Spätkauf ist eine einzigartige Erfindung: Er hat meist 24 Stunden geöffnet, sieben Tage die Woche. Doch »Späti« ist nicht gleich Späti. Da es keine Vorschriften für die Ausrichtung und Gestaltung der kleinen Läden gibt, hat jeder einzelne von ihnen Unikatcharakter. Während der eine von frischen Äpfeln bis zu Zahnbürsten wirklich alles führt, hat der andere lediglich Spirituosen, Süßigkeiten und Zigaretten im Repertoire. Und so hat, je nach Bedarf, der Kiezbewohner seinen Lieblings-Späti. Ob für das familiäre Abendbrot noch die Tomaten fehlen oder in der WG des Nachts auffällt, dass kein Toilettenpapier mehr da ist – der Späti ist immer Retter in der Not und hat schon über so manch einen sonntäglichen Hangover hinweggeholfen. Darüber hinaus ist der Stamm-Späti für viele auch ein sozialer Anker. Im Unterschied zum anonymen Supermarkt herrscht hier eine unverbindliche Vertrautheit zwischen Kunde und Verkäufer – man kennt sich. Der Kiezkrämer ist ein Mikrokosmos, hier treffen sich zu jeder Tages- und Nachtzeit Gleichgesinnte. Oft ist der Späti Anlaufstelle für Bier und Zigaretten auf dem Weg zur ersten Party. Kein Wunder, dass im Sommer entsprechend der Berliner Draußenkultur »Späti-Touren« in Mode sind: Aus den zufälligen Zusammentreffen entstehen spontane, kleine Partys vor den Läden und man zieht wandertagsmäßig von

Die entspannte Späti-Atmosphäre macht so manchem Club Konkurrenz

einem Späti zum nächsten. Übrigens: Für diejenigen, die nicht wissen, wo sich der nächstgelegene Spätkauf befindet, ist bereits die Durst-App auf dem Markt.

Berlin zum Anbeißen lecker – lokale Produkte

Berlin hat an Spezialitäten weit mehr zu bieten als Currywurst. Es gibt eine ganze Reihe an Souvenirs und Mitbringseln, die äußerst lecker sind. Zum Beispiel Honig: Die Imker der Hauptstadt sorgen durch fairen und innovativen Handel mit dem feinen **Berliner Honig** (www.berlinerhonig.de) für mehr Bienen in der Hauptstadt. Hier finden die schwarzgelben Tierchen eine große Blütenvielfalt und das schmeckt man! Die Sorten entstehen je nach Erntezeit und Fluggebiet der Bienen. Von welchem Imker der Honig stammt, ist auf jedem einzelnen Glas festgehalten. Selbst auf dem Berliner Dom hütet ein Stadtimker sein Bienenvolk (www.berlin.deutschland-summt.de).

Rund 500 Stadtimker gibt es in Berlin

Auch die Geschichte Berlins wird auf geschmacklicher Ebene erfahrbar: Die Backmischungen von **Backflasch** beziehen sich jeweils auf einen bekannten Platz der Stadt. So erinnern die Rosinen und Schokoladenstückchen aus dem Glas »Platz der Luftbrücke« an die Rosinenbomber der Alliierten. Die rotgelb-grüne Mischung aus Cranberries, Apfel und Kürbiskern ehrt die erste Ampel Berlins, die 1924 am Potsdamer Platz errichtet wurde. Aber Vorsicht! Die per Hand befüllten Weckgläser sind wie das Leben in Berlin: verlockend und verhängnisvoll. Einmal auf den Geschmack gekommen, kann man schwerlich davon lassen.

Dieses Glas bietet alle Zutaten für leckere Plätzchen

Volle Pulle Berlin steckt in den Erzeugnissen der **Berliner Brandstifter**. Sowohl Kornbrand als auch Gin wird aus regionalen Zutaten hergestellt und nach alter Familientradition siebenfach gefiltert. Der Funke springt dank besonders hohem Reinheitsgrad und mildem Geschmack sogar ins Ausland über – die New York Times wählte den Premiumkorn aus der deutschen Hauptstadt unter die Top-15-Produkte aus Europa.

Da sich der Berliner Winter bekanntlich schwer und nur in Erwartung des folgenden Berliner Sommers ertragen lässt, hat Benjamin Fischer aus Kreuzberg Abhilfe geschaffen: Seit Kurzem gibt es den

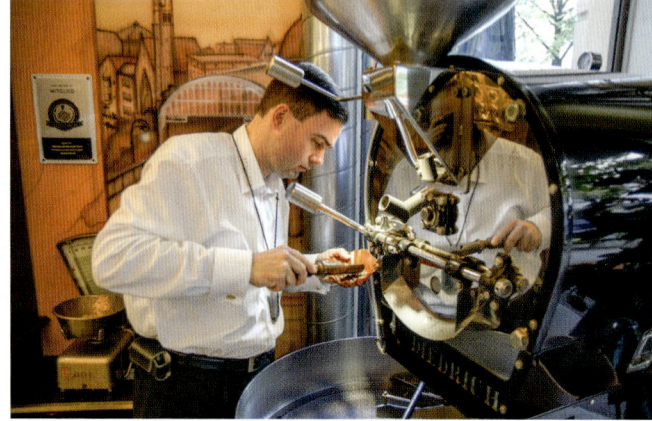

In der Berliner
Kaffeerösterei
prüft der Inhaber
Stefan Richter
die Qualität der
Röstung

Berliner Winter in Form eines Mixgetränks aus Streuobst-
apfelsaft, Wodka und einer geheimen Gewürzmischung. Zu
Ehren des großartigen Berliner Sommers, und weil
das Produkt so gut ankam, hat er jüngst auch
das passende Pendant kreiert: Nach Apfelsaft,
Wodka, Limetten und Waldmeister schmeckt
der **Berliner Sommer**.

Macht die kalte
Jahreszeit erträgli-
cher: der »Berliner
Winter« ▷

Neben der **Berliner Kaffeerösterei** (vgl.
S. 212), die zu den letzten Privatmanufakturen
Deutschlands gehört und sich für nachhalti-
gen Kaffee, Tee und Schokolade verbürgt,
importiert, röstet und verkauft Tres Cabezas
den original **Berlinkaffee**. Den Bio und Fair
Trade zertifizierten Kaffee gibt es in hübschen
Beuteln mit Berlin-Skyline in vielen Berliner
Bio-Supermärkten und im Laden **Aus
Berlin** (vgl. S. 215), der auch alle ande-
ren hier genannten Berlin-Delikatessen
im Sortiment hat.

Der Blick nach
oben in einem
typischen Berliner
Hinterhof

Von elenden Mietskasernen zu grünen Oasen: Berliner Hinterhöfe

Hinter mancher Häuserfassade versteckt
sich ein Paradies: Berlin ist bekannt für
seine Hinterhöfe. Neben sehr detailliert
aufgearbeiteten Wohn- und Gewerbe-
höfen, wie den **Hackeschen Höfen** (vgl.
S. 54) oder den **Heckmann Höfen** (vgl.
S. 162), gibt es in der ganzen Stadt viele kleine Oasen in Hinterhöfen zu entdecken. Wer sich auf Erkundungsreise
begeben möchte, sollte einen Blick auf
die Seite http://berliner-hinterhoefe.
blogspot.de werfen oder sich einer ge-

führten Tour durch die Welt der Berliner Hinterhöfe anschließen (vgl. S. 231).

Entstanden sind die Höfe in der zweiten Hälfte des 19. Jahrhunderts. Das hohe Bevölkerungswachstum und die Landflucht im Zuge der Industrialisierung hatte einen Wohnungsmangel in den Großstädten zur Folge. Ein Problem, auf das die preußische Regierung in Berlin mit speziellen Bebauungsplänen reagierte: Um freie Flächen optimal zu nutzen, entstand in den 1860er Jahren eine bis heute prägende sehr dichte Bebauung der Stadt. Die sogenannten Mietskasernen gliederten sich in mehrere Gebäudeteile. Auf das repräsentative, zur Straße gelegene Vorderhaus, welches dem Bürgertum vorbehalten war, folgten die standardisierten Kleinstwohnungen der Dienstboten und Handwerker im Hinterhaus, deren Zugang zu Tageslicht und frischer Luft oftmals nur durch die Hinterhöfe gewährleistet wurde. Die dunklen und heruntergekommenen Höfe fungierten als Zwischenraum, in dem sich Nachbarn trafen und sich die Wege der Bewohner aus unterschiedlichen Bevölkerungsschichten kreuzten.

Nach ihrer Sanierung entwickeln sich die Altbauten heute in der Regel zu begehrtem Wohnraum, bei dem ebenso der Gebrauchswert der Hinterhöfe groß ist. Hier wird häufig gegärtnert und gegrillt, und mancherorts sind richtige kleine Biotope entstanden mit begrünten Fassaden und seltenen

Hinterhofkunst im Haus Schwarzenberg (vgl. S. 54) in Mitte

Zu einem wahren Schmuckstück wurden die Hackeschen Höfe renoviert

Gewächsen. Auch hier zeigt sich wieder – die Berliner sind erfinderisch und selbst auf engstem (Stadt-)Raum ist Platz für Ideen und eine Hollywoodschaukel.

Aus Alt mach Neu: Weinbau und Brauereien

Berlin pflegt seine Traditionen auf ganz besondere Weise. Statt Altes nur zu kultivieren, wird es lieber neu interpretiert und weiterentwickelt. Vor gut 500 Jahren etwa erlebte der märkische Weinbau seine Blütezeit. Weingärten rankten sich entlang der Barnimhangkante, zwischen dem Weinbergsweg in Mitte und der Weinstraße in Friedrichshain. Die Straßennamen sind letzte Zeugen des Berliner Weinanbaus, die kleine Eiszeit erschwerte den Anbau und ließ die Rebstöcke absterben. In den 1970er Jahren wurde die alte Tradition wiederbelebt. Da Berlin jedoch kein offizielles deutsches Weinanbaugebiet ist, steht die hiesige Ernte per Gesetz nicht zum Verkauf. Der Berliner Wein wird zu besonderen Anlässen verschenkt und bei geführten Wein-Fahrradtouren (vgl. S. 230) verkostet (www.berlinerweinstrasse.eu; www.berliner-riesling.de).

Sogar Wein – wenn auch nicht in großem Stil – wird in Berlin angebaut

Die Brauereitradition der deutschen Hauptstadt reicht nicht ganz so weit zurück. Aber auch hier spielte die Barnimkante eine wichtige Rolle: Der Hang im Süden von Prenzlauer Berg bot die Möglichkeit tiefe Kellergewölbe anzulegen, ersetzte damit die fehlenden Kühlanlagen und machte das Bier lager-

Lokale und handwerklich gebraute Biere wie das »Hops & Barley« beleben die Berliner Bierszene

fähig. Zu Beginn des 20. Jahrhunderts stieg Berlin zu Europas Brauereihauptstadt auf. Einige der großen Betriebe wie **Berliner Kindl** oder **Schultheiss** können sich bis heute behaupten. Im Trend liegen jedoch die sogenannten Mikrobrauereien, die ihre Spezialitäten für den lokalen Markt herstellen. Diese interpretieren alte Brauereikunst neu und stellen aromatische Biersorten her, die unter dem Namen Craft Beer firmieren, etwa Hops & Barley (vgl. S. 188) in Friedrichshain.

In der Bötzow Brauerei sind das Restaurant La Soupe Populaire (oben) und die Bar Le Croco Bleu (unten) zu finden

Auch alte Brauereiareale werden neu interpretiert: Sie sind begehrte Veranstaltungsorte, Produktions- und Arbeitsstätten, bieten luxuriösen Wohnraum und fungieren als extravagante Gastronomiestandorte. Die ehemalige **Bötzow Brauerei** (vgl. S. 108) im Prenzlauer Berg beispielsweise ist dank des von Ausstellungen begleiteten Restaurants des Sternekochs Tim Raue derzeit angesagte Adresse für Gourmets und Kulturliebhaber.

Die kreative Szene bespielt den früheren Sitz der **Kindl-Brauerei** (vgl. S. 134) in Neukölln mit einem Zentrum für zeitgenössische Kunst, und auch das Biobier Rollberger wird hier gebraut. Im Sudhaus steigen Partys im Club **Palast Neukölln**. Die denkmalgeschützte **Oswald-Brauerei** (Brunnenstr. 143) in Mitte wird derzeit als Campus der Start-up-Szene ausgebaut.

Stadttour

Ab durch die Mitte

*Zu erreichen ist
der Potsdamer
Platz aus allen
Richtungen und
mit allen Ver-
kehrsmitteln: eine
U-Bahnlinie, drei
S-Bahnen, mehrere
Regionalzüge
und vier Buslinien
halten unter oder
direkt am Potsda-
mer Platz, der
eine große Kreu-
zung ist.*

*Wo einst die Mauer
verlief, ragen heute
Hochhäuser am
Potsdamer Platz in
den Himmel auf*

Vormittag: Potsdamer Platz – Holocaust-Mahnmal – Bran-
denburger Tor – Unter den Linden – Forum Friderizianum
– Schlossbrücke – Humboldt-Box/Baustelle Humboldt-Forum
– Berliner Dom – Museumsinsel – Hackescher Markt.

Nachmittag: Hackesche Höfe – Sophienstraße – Große Hamburger Straße – Auguststraße – Oranienburger Straße.

War das noch Westen, gehörte das zum Osten? Wo verlief
die Mauer? Über 25 Jahre nach dem Mauerfall ist in Berlin
zusammengewachsen, was zusammengehört. Die Narben
der 40-jährigen Teilung sind weitgehend verschwunden, die
Brüche mit touristischem Blick kaum zu erahnen, aber sie
werden sichtbar gemacht. Der Potsdamer Platz ist eine der
markantesten Nahtstellen zwischen Ost- und West-Berlin und
damit ein guter Einstieg in eine Tour durch die Stadt und ihre
wechselvolle Geschichte.
  Gönnen Sie sich zum Auftakt einen Blick von oben. Der
»schnellste Aufzug Europas« bringt Besucher in 20 Sekunden
zum ❶ **Panoramapunkt** auf der 24. Etage im Kollhoff-Tower.

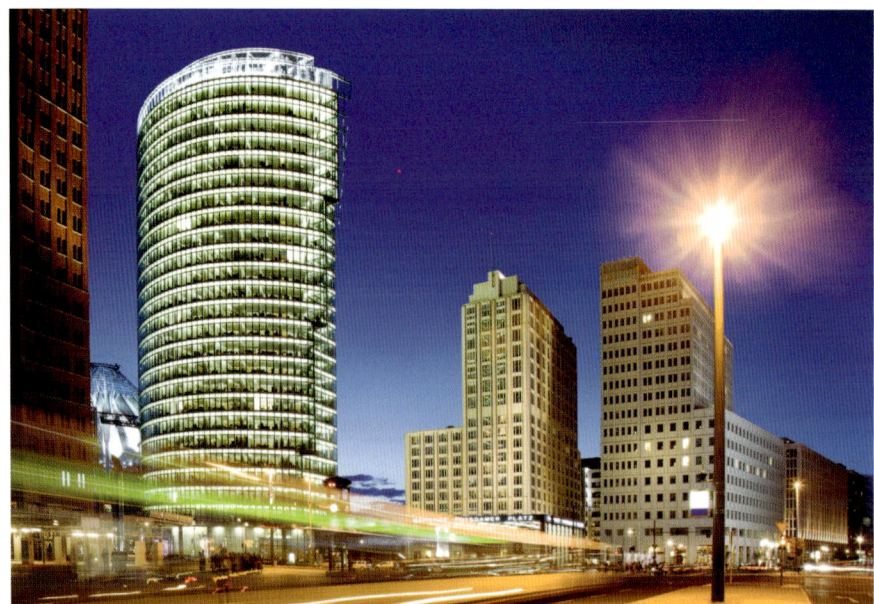

Berlin WelcomeCard

Wenn Sie eine Tageskarte für die öffentlichen Verkehrsmittel, oder eine WelcomeCard (vgl. Service A bis Z) besitzen, können Sie jederzeit den Spaziergang unterbrechen und ein Teilstück bequem mit Bus oder Bahn zurücklegen. Mit der WelcomeCard erhalten Sie außerdem bei vielen Einrichtungen (Museen u. a.) Ermäßigungen auf den Eintrittspreis.

Das dunkelrote Klinkersteingebäude, ein Entwurf des Architekten Hans Kollhoff, orientiert sich an New Yorker Vorbildern der 1920/30er Jahre. Die Aussichtsterrasse in 100 Metern Höhe bietet großartige Blicke auf die neue Mitte Berlins, tief unten und weit darüber hinaus. Zudem fasst die historische Ausstellung »Berliner Blicke auf den Potsdamer Platz« rund 180 Jahre Geschichte des »Weltstadtplatzes« in Texten und Bildern auf 20 Tafeln anschaulich zusammen. Prägende Ereignisse waren das pulsierende Leben in den Vergnügungstempeln rund um den verkehrsreichen Platz in den Goldenen Zwanzigern, die

*Blick vom Potsda-
mer Platz in die
Leipziger Straße
1926*

*Das von Peter Ei-
senman entworfe-
ne Denkmal für die
ermordeten Juden
Europas umfasst
2711 Stelen auf
einer Fläche von
19 000 m²*

Zerstörungen im Zweiten Weltkrieg, der Aufmarsch sowjeti-
scher Panzer am 17. Juni 1953, der Bau der Mauer 1961 und
die folgende Brache, bis schließlich in den 1990er Jahren auf
der größten Baustelle Europas mit dem ❷ **Quartier Potsdamer
Platz** und dem ❸ **Sony Center** ein neues Stadtviertel entstand
(vgl. S. 45). Die Bauten am ❹ **Leipziger Platz** auf dem historischen Oktagon-Grundriss kamen später hinzu. 2014 eröffnete
als vorletztes Gebäude am Platz die **Mall of Berlin**, ein Mega-
Einkaufscenter mit Wohnkomplex und Hotel. Zum Shopping
und zum Freizeitvergnügen in den Kinos, Museen, Theatern,
Restaurants und Bars rund um den Potsdamer Platz sollte man
noch einmal wiederkommen.

Nach der Rundumsicht in luftiger Höhe geht es weiter zum
nördlichen Eingang am Bahnhof Potsdamer Platz. Hier ver-
weist eine Reihe von originalen Mauer-Elementen, unterbro-
chen durch Informationstafeln, exakt auf eine Stelle, an der
die Mauer stand. Eine doppelte Pflastersteinreihe im Boden
zieht sich durch die Stadt und markiert den Verlauf der Berliner Mauer auf der Westseite. Die eigentlichen Grenzsperranlagen nahmen einen viel breiteren Raum ein, wie an der
Gedenkstätte Berliner Mauer zu sehen ist (vgl. S. 57). Zu ahnen
ist dies entlang der Ebertstraße. Die Landesvertretungen einiger Bundesländer an der Straße In den Ministergärten und
das ❺ **Denkmal für die ermordeten Juden Europas** wurden
auf dem ehemaligen Todesstreifen errichtet. Das Stelenfeld
des Holocaust-Mahnmals muss jeder für sich selbst erkunden,
möglichst aus verschiedenen Perspektiven. Einen guten Überblick erhält man von der Dachterrasse auf der Ladenzeile an

der Cora-Berliner-Straße: Von oben wirken die unterschiedlich hohen Stelen wie Wellen. Im unterirdischen Ort der Information erfährt man mehr über die Verfolgung und Ermordung der europäischen Juden zwischen 1933 und 1945.

Gegenüber beginnt der **Große Tiergarten** (vgl. S. 42), der sich rund drei Kilometer nach Westen ausdehnt. Vorbei an der stark gesicherten Botschaft der USA erreicht man den Platz des 18. März. Nördlich überragt die gläserne Kuppel des ❻ **Reichstags** die Baumwipfel; für einen Aufstieg in die Kuppel muss man sich vorher anmelden (vgl. S. 56). Richtung Westen durchschneidet die Straße des 17. Juni – beliebter Festplatz für die Silvesterparty, Fanmeile und ähnliche Großveranstaltungen – den Tiergarten in voller Länge. Wir wenden uns nach Osten und jetzt kommt der feierliche Augenblick, den auch jeder hohe Staatsgast erlebt: Das monumentale, klassizistische, von einer bronzenen Quadriga gekrönte ❼ **Brandenburger Tor** wird durchschritten.

Zwischen 1961 und 1989 lag das Brandenburger Tor im Sperrgebiet, unerreichbar von West wie Ost. Spätestens als am 22. Dezember 1989 das erste Mauerstück aus der unüberwindlichen Befestigung gehoben wurde und einen Durchgang frei gab, wurde das Brandenburger Tor vom Symbol der Teilung zum Symbol der Wiedervereinigung und zum bekanntesten Wahrzeichen Berlins. Und längst ist der **Pariser Platz** mit dem besten Blick auf das Tor Touristenziel Nummer Eins. Da wird fotografiert, solange der Akku hält, machen geführte Gruppen zu Fuß, auf Rädern oder auf dem Segway Station, warten Kutschen und Velotaxis auf Kunden, spielen Laiendarsteller in Uniformen vor, wie es so sicher nicht zuging an den innerdeutschen Grenzen. Und so manche Gauner mischen sich unter die

Die Straße des 17. Juni erinnert an den Aufstand Ost-Berliner Arbeiter 1953; die Siegessäule stand früher vor dem Reichstag

27

Das bekannteste Wahrzeichen Berlins ist das Brandenburger Tor. Nicht weit ist es von dort zum Potsdamer Platz mit seinen Hochhäusern und dem Sony Center

Menge und versuchen mit immer neuen Tricks unvorsichtigen Touristen das Geld aus der Tasche zu ziehen.

Die Häuser rund um den Pariser Platz wurden allesamt in Anlehnung an die ursprüngliche Bebauung nach 1990 neu errichtet, mit Ausnahme der Torhäuschen. Im südlichen Torhaus gibt es eine Tourist Information, im nördlichen einen Raum der Stille, wobei das ständige Kommen und Gehen keine echte Stille aufkommen lässt.

Das **Max Liebermann-Haus,** in dem der Maler wohnte und heute die Stiftung Brandenburger Tor residiert, öffnet sich gelegentlich für Ausstellungen. Die **Französische Botschaft** bleibt neugierigen Touristen ebenso verschlossen wie die **US-Amerikanische Botschaft.** Vom spektakulären Atrium in dem Gebäude der **DZ Bank** kann man im gläsernen Eingangsfoyer einen Blick erhaschen. Frei zugänglich sind die **Akademie der Künste,** die mit ihrer gläsernen Fassade aus dem steinernen Rahmen fällt, und das **Hotel Adlon,** die freie Rekonstruktion des Originals von 1907, mit Bar in der Lobby und mehreren Restaurants.

An der Wilhelmstraße – die Straßensperrung nach Süden gilt der streng bewachten **Britischen Botschaft** – beginnt der Boulevard Unter den Linden. Am schönsten flaniert es sich auf dem Mittelstreifen, so lange die Baustellen es zulassen.

Rechts, hinter einem hohen Gitterzaun, fällt der Monumentalbau der Russischen Botschaft auf, gegenüber das schicke Großrestaurant Berlin-Moscow. Im nächsten Straßenblock folgen auf der Nordseite das Café Einstein, Treffpunkt vieler Politiker, der Buchladen Berlin Story mit einer großen Auswahl an Berlin-Büchern zu allen Themen und dem Historiale Berlin-Museum. Im Zollernhof daneben befindet sich das Hauptstadtstudio des ZDF.

Auf der gegenüberliegenden südlichen Seite der Linden verkauft die ❽ **Komische Oper** in ihrem Shop Tickets für ihre oft sensationellen Aufführungen. Die prominente Ecke zur Friedrichstraße hält das elegante **Hotel Westin Grand** besetzt.

Das Hotel Adlon, eine der ersten Adressen der Stadt, in einer historischen Ansicht

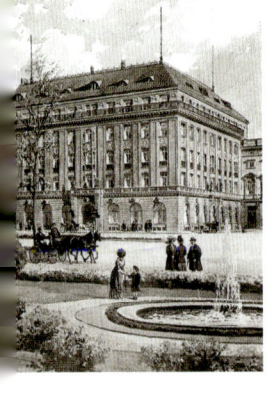

Im Automobilforum werden neben Autos im Untergeschoss auch Kunstausstellungen gezeigt. Überwiegend zeitgenössische Kunst präsentiert die ❾ **Deutsche Bank KunstHalle**.

Ab dem **Reiterdenkmal Friedrichs des Großen** und dem **Forum Friderizianum** am Bebelplatz wird der Boulevard königlich-preußisch. ❿ **Staatsoper** (Baustelle), **Humboldt-Universität**, **Neue Wache**, **Kronprinzessinnen- und Kronprinzenpalais**, **Zeughaus** und **Schlossbrücke** sind Zeugnisse der Baukunst des 17. bis 19. Jahrhunderts – und der 1950er Jahre, als die DDR-Führung die Kriegsruinen wiederaufbauen ließ. Das Berliner Schloss der Hohenzollern ließ sie dagegen 1950 sprengen. Auf dem Schlossplatz nimmt an dessen Stelle das künftige **Humboldt-Forum** Gestalt an. Beste Sicht auf den Baufortschritt hat man aus der ⓫ **Humboldt-Box**.

Wie verschwenderisch das Kaiserreich um die vorletzte Jahrhundertwende baute, kann man am ⓬ **Berliner Dom** ablesen: außen machtvoll-majestätisch, innen opulenter Neobarock.

Am nördlichen Ende des Lustgartens bildet das **Alte Museum** den architektonischen Auftakt zur ⓭ **Museumsinsel** (vgl. S. 37). Der Kolonnadenhof an der Bodestraße ist Eingangsbereich zum **Neuen Museum,** zur **Alten Nationalgalerie** und zum **Pergamonmuseum**. Das **Bode-Museum** an der nördlichen Inselspitze erreicht man über die Monbijoubrücke. Für Museumsbesuche sollte man einen Extra-Tag einplanen. Über die erst jüngst nach historischem Vorbild verbreiterte Friedrichsbrücke gelangt man zum ⓮ **Monbijoupark** und zum ⓯ **Hackeschen Markt**. Gute Gelegenheit für ein spätes Mittagessen: Die Auswahl an Restaurants im Umkreis dieser touristischen Hochburg ist riesig, nur sollte man keine Gourmetküche erwarten.

Skulpturenschmuck an der Fassade des Zeughauses Unter den Linden

In der Hohenzollerngruft im Berliner Dom sind viele Mitglieder des Adelsgeschlechts beigesetzt, allerdings keine Kaiser

Hackescher Markt und Oranienburger Straße

Donnerstag und Samstag ist Wochenmarkt auf dem ⑮ **Hacke-schen Markt**, dann wird es – zumindest im Sommer – eng auf dem großen Platz vor dem gleichnamigen S-Bahnhof. Denn all die Restaurants und Cocktailbars in den S-Bahnbögen stellen ihre Stühle und Tische auf den Platz und die bleiben nicht lange frei: Hier ist was los, hier will man sein.

Rund um den Hackeschen Markt, in der Rosenthaler und in der Oranienburger Straße pulsiert das Großstadtleben, das vor allem Touristen in Scharen anzieht, am Tag, am Abend und bis spät in die Nacht. Hauptattraktion sind die **Hackeschen Höfe**.

Anfang des 20. Jahrhunderts entstand in einem Gebäude-ensemble um acht labyrinthische Höfe die typische Berliner Mischung aus Wohnen, Gewerbe und Kultur. In einem gelun-genen Sanierungsprojekt wurde diese Mischung 1997 neu belebt. In den Hackeschen Höfen locken das Varieté Chamä-leon, Kinosäle unterm Dach, Restaurants, Kneipen, Galerien Boutiquen für Mode, Taschen, Schuhe und Schmuck. Einige Designer haben hier auch ihre Werkstätten. Hingucker sind die Fassaden der Innenhöfe mit ihren raffinierten Mustern aus farbigen Glasursteinen – ein glänzendes Schmuckstück des Jugendstils.

Immer gut besucht sind die Lokale in den S-Bahnbögen am Hackeschen Markt

Triste Hinterhofatmosphäre dagegen zwei Häuser weiter im **Haus Schwarzenberg,** aber das ist so gewollt. Der Verein Schwarzenberg hat das Haus ersteigert, um es vor der Sa-nierung und damit vor stei-genden Mieten für die hier arbeitenden Künstler und Ini-tiativen zu bewahren. Im Haus gibt es drei Museumseinrich-tungen (vgl. S. 54), ein Kino, einen Club und Galerien.

In der Sophienstraße sind die ⑯ **Sophiensaele,** ehemals Ballsäle und Versammlungs-stätten des 1844 gegründeten Berliner Handwerkervereins, Spielstätte für anspruchsvolles Off-Theater und Performance-Projekte. Die Sophie-Gips-Höfe (Hausnummer 21), eine Verbindung zwischen der So-phien- und der Gipsstraße, haben die Eigentümer als Kunstpassage gestaltet.

Die Straßen zwischen Oranienburger, Torstraße und Rosenthaler Straße waren bis 1933 unter dem Namen **Spandauer Vorstadt** ein Zentrum jüdischen Lebens. Heute dominieren hochpreisige Läden und vor allem Galerien. Die **Auguststraße** etwa ist eine renommierte Kunstmeile. International anerkannt ist hier u. a. ⓱ **Kunst-Werke Berlin,** ein Ausstellungshaus für zeitgenössische Kunst und Hauptquartier der zweijährlich stattfindenden Berlin Biennale. Im Nachbarhaus hat der Sammler Thomas Olbricht mit **me Collectors Room** ein offenes Haus für seine eigenwillige Kunstsammlung geschaffen, die Werke vom Beginn des 16. Jahrhunderts bis zur Gegenwartskunst umfasst. Mehrere Galerien, darunter das **Museum The Kennedys**, beherbergt gegenüber die ehemalige Jüdische Mädchenschule. Um Esskultur auf hohem Niveau geht es in deren Turnhalle (Restaurant Pauly Saal vgl. S. 181). Das ehemalige ⓲ **Postfuhramt** (eröffnet 1881), ein prächtiger Backsteinbau an der Ecke Tucholsky-/Oranienburger Straße, wird derzeit saniert und beherbergt einen Firmensitz.

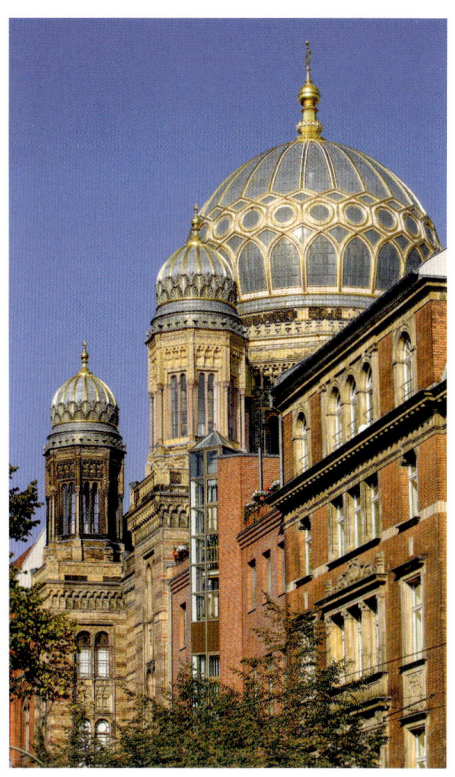

In der Reichsprogromnacht 1938 konnte die ⓳ **Neue Synagoge** durch einen mutigen Polizisten vor der Zerstörung bewahrt werden; 1943 fiel sie einem Bombenangriff zum Opfer. In den 1980er Jahren begann der Wiederaufbau des Vordergebäudes, das seit 1991 wieder eine weithin sichtbare goldene Kuppel krönt. Auf dem Freigelände hinter der historischen Fassade sind die Umrisse der zerstörten Synagoge markiert, um die einstigen Dimensionen erkennbar zu machen. Ausstellungen im angeschlossenen **Centrum Judaicum** geben weitere Einblicke in die Geschichte der Berliner Juden.

Die Neue Synagoge war früher das größte jüdische Gotteshaus Deutschlands

An der Großen Hamburger Straße liegen die Reste des ersten ⓴ **Jüdischen Friedhofs** in Berlin. Moses Mendelssohn (1729–86), Philosoph und Wegbereiter der jüdischen Aufklärung, wurde hier beigesetzt. Unmittelbar davor stand ein jüdisches Altenheim, das die Nationalsozialisten 1942 ebenso wie die benachbarte Knabenschule zum Sammellager für Deportationen machten. Eine Figurengruppe als Mahnmal und ein Gedenkstein erinnern daran. Rund 50 Jahre nach der Vertreibung eröffnete die Schule am selben Ort wieder. Heute heißt sie Jüdisches Gymnasium Moses Mendelssohn.

In Clärchens Ballhaus treffen sich seit über 100 Jahren Menschen aller Generationen, um sich zu vergnügen

Zur Erholung nach diesem Rundgang bietet sich der ⓮ **Monbijoupark** mit der Strandbar Mitte an der Spree, oder, zurück an der Auguststraße, der lauschige Biergarten von Clärchens Ballhaus (vgl. S.198) an. ❀

Die Oberbaum-
brücke über der
Spree – das Wahr-
zeichen der Bezirke
Friedrichshain und
Kreuzberg

Die Stadtviertel Berlins

Mitte-Tiergarten

Berlins alte Pracht, Regierungs- viertel und Shoppingzentrum

Die neue Mitte Berlins ist grenzenlos vielseitig: Metropole und Kiez, Regierungsviertel und Shoppingmeile, Museen und Theater, Luxuswohnen und Szenekneipen, grüne Parks und dunkle Hinterhöfe, Preußens Gloria und Berliner Mauer: Der authentische historische Ort und die lebendige, teils an- archische Gegenwart, dazu die stetige Veränderung sind die Hauptingredienzien des Gesamtkunstwerks Berlin – beson- ders verdichtet zu erleben in der Mitte der Stadt. Vom Brandenburger Tor im Westen bis zum Alexanderplatz im Osten, von der Spree im Norden bis zur Leipziger Straße im Süden: das sind die Koordinaten, die grob die historische Mitte Berlins umreißen.

Nikolaiviertel

Die Wiege Berlins stand nahe dem Mühlendamm. Eine Furt durch die Spree stellte im 12./13. Jahrhundert die Verbindung zwischen Berlin, dem jetzigen ❶ **Nikolaiviertel**, und Cölln am westlichen Ufer her. Bei gezielten Grabungen am ❷ **Petriplatz**, aber auch beim U-Bahn-Bau vor dem Rathaus und am Schlossplatz haben Archäologen in den letzten Jahren immer wieder spannende Entdeckungen gemacht und Berlins mittelalterliche Vergangenheit zutage gefördert. Am Petriplatz – wo Berlin begann – soll ein Archäologisches Besucherzentrum ent-

Siegesgöttin am hinteren Eingang des Reichstagsgebäudes

Das Nikolaiviertel ist die Wiege Berlins

stehen. Berlin von Anfang an erleben und genießen kann man im Nikolaiviertel. Im Zweiten Weltkrieg großflächig zerbombt, wurden die vier Straßenblocks zwischen Spree und Spandauer Straße zur 750-Jahrfeier der Stadt 1987 als Vorzeigeobjekt der DDR und Abbild des alten Berlin wiederaufgebaut.

Plattenbau und historisierende Giebel, Rekonstruktionen und originale Versatzstücke gehen eine seltsame Verbindung ein. Doch die autofreien Gassen mit Kopfsteinpflaster, die Brunnen, Denkmäler und Kunstwerke kommen gut an. Entsprechend viele Restaurants, Cafés, Kneipen und originelle Shops haben sich hier angesiedelt. 19 Informationstafeln im Viertel verraten zudem Historisches und Kurioses über Menschen und Häuser.

In einem der Plattenbauten hat sich das **Zille-Museum** eingerichtet und huldigt mit Werken des Berliner Malers dem verschwundenen »Milljöh«. Heinrich Zilles Lieblingskneipe Zum Nußbaum wurde milljöh-gerecht rekonstruiert. Gegenüber erhebt sich die **Nikolaikirche** aus dem 13. Jahrhundert, deren himmelweisenden Doppeltürme ein Erkennungszeichen im Stadtbild sind. Das einzige im Krieg nicht zerstörte Gebäude ist das stattliche **Knoblauchhaus** von 1759, das lange im Familienbesitz blieb. Die ständige Ausstellung des Stadtmuseums zeigt dort mit originalgetreu ausgestatteten Wohnräumen, wie das Bürgertum der Biedermeierzeit lebte.

Die Berliner Mauer

Die Berliner Mauer trennte 28 Jahre lang den Ost-Berliner Stadtteil Mitte von den West-Bezirken Tiergarten und Wedding. Seit 2001 bilden sie einen gemeinsamen Bezirk. **Mitte** steht für das historische und politische Zentrum und repräsentiert neuen Luxus. Zu **Tiergarten**, mit viel Grün beschenkt, gehören Reichstag und Bundeskanzleramt, Potsdamer Platz und Kulturforum, Hansaviertel und Moabit. Der ehemals »rote« **Wedding** gehört zu den sozialen Brennpunkten der Stadt, zieht aber auch immer mehr junge Kreative, Studenten und Start-up-Unternehmen an.

Museumsinsel

Fünf Weltklasse-Museen in enger Nachbarschaft: Auf der ❸ **Museumsinsel** öffnet sich ein Panorama der abendländischen Kulturgeschichte aus 6000 Jahren. Und die Museumsbauten, innerhalb von 100 Jahren entstanden, bilden den kostbaren Rahmen für die glanzvolle Präsentation dieser Schätze. 1999 wurde das einzigartige Ensemble zum UNESCO-Welterbe erklärt. Das **Alte Museum** am Lustgarten – den Bau hatte König Friedrich Wilhelm III. angeregt, die Pläne entwarf Karl Friedrich Schinkel – war 1830 das erste öffentliche Museum in Preußen. Als dies für die reichen königlichen Sammlungen zu klein wurde, kam das **Neue Museum** direkt am Kupfergraben nach Plänen Friedrich August Stülers hinzu. 1843–55 erbaut, wurde das Haus 1943 und 1945 von Bomben schwer beschädigt – und blieb Kriegsruine bis 2003. Durch den britischen Architekten David Chipperfield erlebte es eine sensationelle Wiederauferstehung. Die Spuren der Geschichte blieben erhalten und wurden eindrucksvoll mit neuen architektonischen Elementen verknüpft.

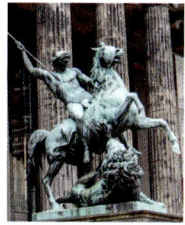

Reiterstandbild »Löwenkämpfer« vor dem Alten Museum

    F. A. Stüler entwickelte auch den Plan für die **Alte Nationalgalerie**, die wie ein griechischer Tempel auf einem hohen Sockel thront. 1876 war sie vollendet. Das Reiterstandbild im Kolonnadenhof vor dem Museum porträtiert Friedrich Wilhelm IV., der 1841 die Spree-Insel zur »Freistätte für Kunst und Wissenschaft« erklärt hatte.

    Das **Bode-Museum**, 1904 eröffnet, nimmt in Gestalt eines majestätischen Renaissance-Palastes die nördliche Inselspitze

Das Bode-Museum beherbergt u. a. eine beeindruckende Skulpturensammlung und das Museum für Byzantinische Kunst

ein. Das **Pergamonmuseum** schließlich, 1930 als letzter Bau auf der Insel eröffnet, wurde eigens für den Pergamonaltar errichtet.

In der **Alten Nationalgalerie** sind u. a. Spitzenwerke der

Romantik (Caspar David Friedrich, Carl Blechen u. a.) und der Impressionisten (Monet, Manet, Degas) sowie Gemälde von Max Liebermann und Adolf Menzel zu sehen.

Im **Alten Museum** ist die Griechische und Römische Antike Thema und das **Neue Museum** zeigt Nofretete und die ägyptische Sammlung sowie Dokumente der Ur- und Frühgeschichte. Das **Pergamonmuseum** birgt Großarchitekturen der Antike (Markttor von Milet) und Vorderasiens (Ischtar-Tor und Prozessionsstraße)

*Große Meister
sind in der Alten
Nationalgalerie
versammelt*

sowie das Museum für Islamische Kunst (Mschatta-Fassade, Aleppo-Zimmer). Der Pergamonaltar ist seit Oktober 2014 wegen Sanierung nicht zu sehen. Im **Bode-Museum** beeindrucken Holzskulpturen von Tilman Riemenschneider und andere Werke vom Mittelalter bis ins 19. Jahrhundert sowie ein Münzkabinett.

Unter der Leitung des Architekten David Chipperfields wird die Museumsinsel seit den 1990er Jahren kontinuierlich saniert und durch den Bau der **James-Simon-Galerie** am Kupfergraben als neuer Eingangsbereich vor dem Neuen Museum erweitert. Der Eingang zum Pergamonmuseum verbirgt sich derzeit am hinteren Ende des Kolonnadenhofs.

Von der Humboldt-Box zum Humboldt-Forum

Der Aufschrei über das türkisgrüne würfelförmige »Ufo«, das 2011 auf dem Schlossplatz gelandet ist, hat sich längst gelegt. Die ❹ **Humboldt-Box** hat Magnetwirkung auf Besucher. Von der nach Süden gerichteten Terrasse des Restaurants in der fünften Etage blickt man auf die Baustelle des künftigen **Humboldt-Forums**. Es entsteht mit den Ausmaßen des einstigen Berliner Schlosses und an derselben Stelle, an der 500 Jahre lang die Hohenzollern residierten. Drei Fassaden werden barock rekonstruiert, die dritte zur Spree soll eine moderne Gestaltung erhalten und eine Kuppel, die dank einer Großspende möglich wird, soll das Bauwerk wieder krönen. Einziehen werden voraussichtlich 2019 die Museen Dahlem (vgl. S. 143), die Humboldt-Universität mit ihren Sammlungen und die Zentral- und Landesbibliothek. Bis dahin zeigen diese Institutionen in der Humboldt-Box eine Vision der künftigen multimedial-modernen Präsentation ihrer Schätze. Sie soll zum »Dialog mit den Weltkulturen« anregen.

Auf der Nordseite der Box geben eine zweite Terrasse ganz oben und die großen Fenster der Ausstellungsetagen den Blick frei auf den Lustgarten, das Alte Museum und den monumentalen ❺ **Berliner Dom**, der dem Repräsentationswillen des letzten deutschen Kaisers, Wilhelm II., entsprach.

Zwischen Alexanderplatz und Rotem Rathaus

1 Mitte-Tiergarten

Als Shoppingzentrum und Umsteigebahnhof ist der »Alex«, wie die Berliner den ❻ **Alexanderplatz** nennen, immer gut besucht: 350 000 Menschen sind hier täglich unterwegs. Besonders reizvoll ist der Aufenthalt auf dem zugigen Alex nicht. Aber die zehn Meter hohe **Weltzeituhr** (Entwurf: Erich John), ein technisches Meisterstück aus DDR-Zeiten und ein Blickfang am südlichen Rand des Platzes, eignet sich noch immer bestens als Treffpunkt. Über der Weltzeituhr ist das Sonnensystem mit Planeten (Kugeln) und ihren mit Stahlkreisen dargestellten Bahnen dargestellt.

Eines der Wahrzeichen Berlins ist der **Fernsehturm** (Bj. 1969), mit seinen 365 Metern Höhe weithin sichtbar, guter Orientierungspunkt aus allen Richtungen und höchster Aus-

Am 4. November 1989 schaute die Welt erstaunt nach Ost-Berlin. Hunderttausende Menschen versammelten sich auf dem Alexanderplatz zur größten Demonstration gegen das DDR-Regime. Es war der Höhepunkt der Friedlichen Revolution: Fünf Tage später fiel die Berliner Mauer.

Zusammen mit dem Fernsehturm wurde 1969 auch die Weltzeituhr am Alexanderplatz eingeweiht

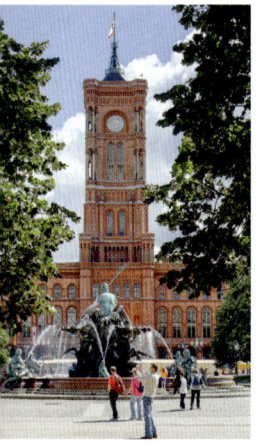

*Der Neptun-
brunnen am Roten
Rathaus stand
ursprünglich vor
dem Stadtschloss*

sichtspunkt (in 202 m Höhe) der Stadt. Das Hochhaushotel Park Inn ist mit 125 Metern und einer **Aussichtsplattform** im 37. Stock auch eines der höchsten Gebäude der Stadt. Hier kann man sich als **Base-Flyer** (vgl. S. 59) vom Hoteldach in die Tiefe stürzen. Vis à vis ist ein weiterer Wolkenkratzer geplant: Stararchitekt Frank Gehry hat einen Wohnturm mit 39 Stockwerken und 150 Metern Höhe für den östlichen Rand des Alexanderplatzes entworfen.

Mit seinem 74 Meter hohen Turm kann das ❼ **Rote Rathaus** da zwar nicht mithalten, aber mit der Fertigstellung 1869 war der rote Backsteinkoloss in Sichtweite des Berliner Schlosses ein unübersehbarer Ausdruck der erstarkten Macht des Bürgertums gegenüber dem Preußenkönig.

Der große namenlose Platz zwischen dem Rathaus und der ❽ **St. Marienkirche** ist – trotz des U-Bahnbaus – eine beliebte Ruhezone beim Stadtrundgang. Vor der Kirche laden Bänke unter schattigen Bäumen ein, rund um den **Neptunbrunnen**, der einst vor dem Schloss stand, toben Kinder. Über eine terrassenförmig angelegte Treppe zwischen Wasserspielen gelangt man zum Sockelbau des Fernsehturms.

An den Rand zur Karl-Liebknecht-Straße geschoben wurde das überlebensgroße Bronzedenkmal der beiden kommunistischen Vordenker Karl Marx und Friedrich Engels. Das zur DDR-Zeit gestaltete **Marx-Engels-Forum** dient derzeit als Logistikzentrum für den U-Bahn-Bau; Einblicke gibt es an der Rathausstraße.

Unter den Linden

*Vom Branden-
burger Tor bis
zur Schlossbrücke
erstreckt sich der
breite Boulevard
Unter den Linden*

Sehr preußisch, dieser Boulevard mit mächtigen Bauten und natürlich Bäumen: Die ersten Lindenbäume ließ der Große Kurfürst Friedrich Wilhelm 1647 pflanzen. Damit sollte der Reitweg vom Schloss in das Jagdrevier Tiergarten attraktiver gestaltet werden. Kurfürst Friedrich III., der strategisch seine Krönung zum »König in Preußen« (1701) vorbereitete, gab den Befehl repräsentative Bauten in seiner künftigen Residenzstadt zu errichten. Den Anfang sollte das ❾ **Zeughaus** machen. Der Grundstein für dieses Waffenarsenal wurde 1695 gelegt, nach 35 Jahren Bauzeit galt das Zeughaus, heute Sitz des **Deutschen Historischen Museums**, als vollendet. Unter Friedrich II., dem Großen, entstand nach seiner Thronbesteigung 1740 das **Forum Friderizianum.** Das Bauensemble um den Bebelplatz vereinte nach Friedrichs Vorstellungen königliche Macht mit Kunst und Wissenschaft. Das einstige Königliche Opernhaus, heute ❿ **Staatsoper Unter den Linden**, ist derzeit ein langwieriger Sanierungsfall. Die **Königliche Bibliothek**, wegen ihrer geschwungenen Fassade Kommode genannt, beherbergt die Juristische Fakultät der ⓫ **Humboldt Universität zu Berlin**. Als 1810 die Berliner Universität gegründet wurde, erhielt sie das friderizianische **Prinz-Heinrich-Palais** als **Hauptgebäude**; das ist es heute noch. Die ⓬ **St. Hedwigskathedrale** ließ Friedrich der Große für Preußens katholische Untertanen errichten. Ihm selbst wurde von seinen Nachfolgern ein Denkmal gesetzt: Das monumentale **Reiterstandbild Friedrichs des Großen** auf der Mittelinsel vor dem Bebelplatz (1851 enthüllt) ist ein Meisterwerk des Bildhauers Christian Daniel Rauch.

Der Bebelplatz (damals Opernplatz) war am 10. Mai 1933 Schauplatz der von den Nazis inszenierten Bücherverbrennung. Ein Denkmal des israelischen Künstlers Micha Ullman erinnert daran: Durch eine Glasscheibe im Boden erblickt man leere Bücherregale.

Französischer Dom am Gendarmenmarkt

Gendarmenmarkt

Berlins schönster Platz, der ⓭ **Gendarmenmarkt**, trägt ebenfalls die Handschrift Friedrichs des Großen – und die des großen klassizistischen Baumeisters Karl Friedrich Schinkel. Auf Wunsch des preußischen Königs wurde den Kirchen der französischen und der deutschen Gemeinde 1777 je eine Säulenhalle mit einem hochaufragenden Kuppelturm (franz. dôme) angefügt und der Marktplatz nach dem zuvor hier stationierten Regiment Gens d'Armes benannt. Die Kuppeln gaben dem **Französischen Dom** und dem **Deutschen Dom** ihre Namen. Schinkel trat 40 Jahre später auf und lieferte mit dem Neubau des zuvor abgebrannten Nationaltheaters eines seiner Meisterstücke ab. Sein Theaterbau wurde im Zweiten Weltkrieg schwer beschädigt; der Wiederaufbau mit Veränderungen vor allem im Inneren war 1984 abgeschlossen. Seither dient das klassizistische Haus mit der imposanten Freitreppe als **Konzerthaus**.

Friedrichstraße

Die Friedrichstraße hat längst den Sprung in das 21. Jahrhundert geschafft. Schicke Hotels, teure Restaurants und jede Menge Luxusgeschäfte: Die Shoppingmeile erstreckt sich vom Bahnhof Friedrichstraße südlich bis zur Leipziger Straße. Und damit das Shoppingvergnügen nicht bei schlechtem Wetter ins Wasser fällt, verbinden unterirdische Einkaufspassagen die **Quartiere 205 und 206** mit dem französischen Warenhaus **Galeries Lafayette**, zwischen Französischer Straße und Mohrenstraße.

Nördlich des Bahnhofs bis zur Oranienburger Straße ist die Friedrichstraße wie in den 1920er Jahren ein beliebtes und belebtes Ausgeh- und Theaterviertel. In Anlehnung an New York hat sich eine Reihe Unterhaltungstheater zum Berliner »East End« zusammengeschlossen. **Admiralpalast**, das Kabarett **Die Distel** (vgl. beide S. 208) und das Jüdische **Theater Bimah** teilen sich den schön sanierten ⑭ **Admiralspalast-Komplex**. Der ⑮ **Friedrichstadtpalast** (vgl. S. 209), zweifellos der Star im East End mit der weltgrößten Bühne und seinen Tanz und Akrobatik-Shows in opulenter Ausstattung, beherbergt auch den **Quatsch Comedy Club** (vgl. S. 208).

Die Friedrichstraße gehört zu den schicksten Einkaufsstraßen Berlins

Brandenburger Tor, Tiergarten, Regierungsviertel

Gekrönt ist das ⑯ **Brandenburger Tor,** nach griechischem Vorbild (Entwurf Carl Gotthard Langhans d. Ä.) 1789–91 erbaut, mit der von Johann Gottfried Schadow geschaffenen **Quadriga** samt Siegesgöttin Viktoria. 1806 zog Napoleon mit seinen Truppen durch das **Brandenburger Tor**, besetzte Berlin und ließ auf dem Rückweg die vierspännige Pferdeskulptur mit der Siegesgöttin als Kriegsbeute nach Paris entführen. Doch 1814 wurde sie von den siegreichen Preußen im Triumphzug nach Berlin zurückgeholt; der Pariser Platz soll daran erinnern.

Hinter der Fassade des Quartiers 206 in der Friedrichstraße verbirgt sich ein Luxus-Shoppingcenter

Der ⑰ **Tiergarten**, der sich vom Brandenburger Tor aus nach Westen erstreckt, ist ein innerstädtisches Paradies, ein abwechslungsreicher Landschaftsgarten mit schattenspendenden Bäumen und reizvollen Wegen zum Flanieren, Joggen oder Radfahren. Wasserläufe und Seen mit kleinen Inseln, von Brücken gequert durchziehen den Park. Zahlreiche Denkmäler erinnern an historische Größen, von Mozart bis Goethe, von Königin Luise bis Fontane. Liegewiesen und Bänke laden zur Erholung ein. Der Weg zum Regierungsviertel führt

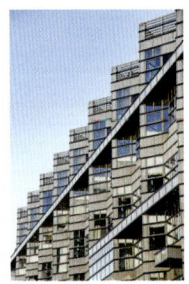

Geschichte des Reichstags

Der Reichstag wurde 1884–94 nach Plänen von Paul Wallot als Parlamentsgebäude des Deutschen Reiches erbaut – auf Drängen des Kaisers auf der grünen Wiese vor der Stadt und nicht in der Nähe des Hohenzollernschlosses.

Nach dem Ende der Monarchie rief der Abgeordnete Philipp Scheidemann am 9. November 1918 im Reichstag die Republik aus. 1933 nutzten die Nationalsozialisten den Reichstagsbrand als Vorwand zur Aufhebung wichtiger Grundrechte. Damit begann die Verfolgung politisch Andersdenkender. 1945 hissten Soldaten der Roten Armee auf dem Dach die sowjetische Fahne als Zeichen des Sieges über den Nationalsozialismus.

In der geteilten Stadt gehörte das Gebäude zu West-Berlin, durfte aber nicht politisch genutzt werden – bis 1990. Am 3. Oktober war der Reichstag Schauplatz der offiziellen Feierlichkeiten am Tag der Deutschen Einheit. 1995 rückten die Künstler Christo und Jeanne Claude den Reichstag spektakulär in den Mittelpunkt, als sie das monumentale Gebäude mit silbrig flimmernden Stoffbahnen verhüllten. 1999 nach komplettem Umbau und Modernisierung im Inneren nahm der Deutsche Bundestag hier seine Arbeit auf.

durch den kleinsten Bereich am nordöstlichen Ende des Parks. Massiv erhebt sich am Platz der Republik der 1894 eröffnete ⑱ **Reichstag** mit der 1999 aufgesetzten gläsernen Kuppel, ein Entwurf des britischen Architekten Sir Norman Foster. Das ehrwürdige Haus, in dem die Plenarsitzungen des Deutschen Bundestags stattfinden, steht »Dem Deutschen Volke« offen, wie auf dem Giebel über dem Eingangsportal zu lesen ist. Wer sich frühzeitig angemeldet hat, betritt das ehrwürdige Haus an der Scheidemannstraße durch Sicherheitsschleusen. Mit dem Fahrstuhl geht es zur Dachterrasse am Fuß der gläsernen Kuppel – Innehalten für einen ersten Ausblick. Im Inneren der Kuppel windet sich spiralförmig eine Rampe hinauf zu

Hinter der Quadriga auf dem Brandenburger Tor erhebt sich majestätisch die Kuppel des Reichstags

*Im Marie-Elisabeth-
Lüders-Haus tagen
u. a. parlamen-
tarische Untersu-
chungsausschüsse*

*Das Bundes-
kanzleramt von
Axel Schultes*

einer großen Aussichtsplattform hinter Glas. Aus 40 Metern
Höhe hat man freie Sicht in alle Richtungen, weit über das
Regierungsviertel hinaus. Ebenso faszinierend wie der Ausblick ist das verspiegelte trichterförmige Kegelelement in der
Kuppelmitte, das auf raffinierte Weise computergesteuert
den Plenarsaal unterhalb belichtet, belüftet, entlüftet und
vor allem Einblicke nach unten erlaubt.

Als »Band des Bundes«, entworfen von den Architekten
Axel Schultes und Charlotte Frank, ziehen sich nördlich des
Reichstags die wichtigsten Regierungsbauten von West nach
Ost und bilden den Brückenschlag in der ehemals geteilten Stadt. Das beginnt mit dem ⓳ **Bundeskanzleramt**, dem
36 Meter hohen Gebäudekomplex an der Spree, findet seine Fortsetzung im **Paul-Löbe-Haus**, in dem Ausschussräume

*Strandbar und
Hauptbahnhof*

und Büros für Parlamentsabgeordnete untergebracht sind, überspannt auf einem Steg die Spree und den Spreebogen und endet am **Marie-Elisabeth-Lüders-Haus** am östlichen Spreeufer. Das Haus beherbergt die Parlamentsbibliothek mit Archiv. Ein Ausstellungsraum für zeitgenössische Kunst und ein Mauer-Mahnmal sind öffentlich zugänglich. Über den davor liegenden Uferweg gelangt man Richtung Westen zum gläsernen **❷⓿ Hauptbahnhof**, der 2006 eröffnet wurde; er gilt als größter Umsteigebahnhof Europas mit vielen Geschäften und mehreren Restaurants.

Potsdamer Platz

Am südöstlichen Rand des Tiergartens ist zu allen Seiten des Potsdamer Platzes in den 1990er Jahren ein komplett neues Stadtquartier entstanden. Südlich erstreckt sich das **❷⓵ Quartier Potsdamer Platz** bis zum Landwehrkanal. Auf der Nordseite der Potsdamer Straße beeindruckt das **Sony Center**, ein Glas-Stahl-Gebäude-Komplex des deutsch-US-amerikanischen Architekten Helmut Jahn. Unter

Spektakulärer Blickfang im Sony Center ist die Dachkonstruktion, die nachts unterschiedlich beleuchtet wird

der spektakulären Zeltkonstruktion ist das große Atrium mit Kinos, Restaurants, Cafés und Bänken ein beliebter Treffpunkt und Ort verschiedener Veranstaltungen, vom Public Viewing bis zum Weihnachtslichterzauber. Abends leuchtet das Zeltdach in wechselnden Farben. Während der Berlinale, der Internationalen Filmfestspiele Berlin im Februar, wird der Potsdamer Platz zum Nabel der internationalen Filmwelt. Dann kann man die Stars beim Schreiten über den roten Teppich vor dem **Berlinale-Palast** (vgl. Theater am Potsdamer Platz S. 205) beobachten und ihnen womöglich in einer der zahlreichen Bars ringsum nahe kommen.

Östlich des Potsdamer Platzes wurde der **Leipziger Platz** komplett neu auf dem alten Oktagon-Grundriss bebaut. 2014 eröffnete die **❷⓶ Mall of Berlin**, ein Mega-Shopping-Center mit Wohnblock und Hotel.

Kulturforum

Gemäldegalerie, Kunstgewerbemuseum, Kupferstichkabinett, Kunstbibliothek und Neue Nationalgalerie, dazu Philharmonie, Kammermusiksaal und Musikinstrumenten-Museum sowie die Staatsbibliothek: Am ㉓ **Kulturforum** sind Schätze und Kostbarkeiten aus Jahrhunderten vereint.

Während die **Philharmonie**, Heimstatt der Berliner Philharmoniker, keine Probleme hat, allabendlich die 2000 Plätze im großen Konzertsaal zu füllen, und im Kammermusiksaal außergewöhnlich musikalische Entdeckungen zu machen sind, tun sich die Museen schwer, Besucher anzulocken.

Das Kulturforum bietet mit der Gemäldegalerie und der Neuen Nationalgalerie zwei hochkarätige Museen

Über die äußere Gestaltung des Gebäudeensembles aus den 1980er Jahren streiten die Stadtplaner seit ewigen Zeiten. So sollte die Piazetta, die schräg zum Eingang am Kulturforum hinaufführt (und bei Glatteis ihre Tücken hat), längst umgestaltet werden. Andererseits hat man gerade aus dieser Perspektive einen großartigen Blick auf das Gesamtensemble Sony Center und Potsdamer Platz. Der Streit ums Äußere sollte aber nicht von den Inhalten ablenken. Vor allem die **Gemäldegalerie** mit ihrer grandiosen Sammlung Alter Meister vom 13. bis 18. Jahrhundert ist eine Schatzkammer, die zu entdecken sich lohnt: Rubens, van Dyck, Caravaggio, Bruegel, Dürer, Raffael, Tizian, Caravaggio, Rembrandt und Jan Vermeer …

Die **Neue Nationalgalerie**, der lichte Kunsttempel von Mies van der Rohe aus den 1960er Jahren, der für die Sammlungen

Die Matthäus-Kirche von 1846 hinter der Neuen Nationalgalerie sticht als einziges historisches Bauwerk im Kulturforum heraus

moderner Kunst längst zu klein geworden ist, soll einen Erweiterungsbau erhalten. Doch erst wird das Haus saniert – und bleibt ab Ende 2014 für ca. drei Jahre geschlossen.

Erinnerungslandschaft

Als die Mauer 1989 fiel, dachten nur wenige daran, den »Schandfleck« und seine historische Bedeutung für die Nachwelt sichtbar zu bewahren. »Die Mauer muss weg«, war ziemlich einhellig die Meinung. Jahre danach hatte sich die Einstellung gewandelt. Vor allem immer mehr junge Leute und Touristen stellten Fragen wie diese: Wo stand eigentlich die Mauer? Wie war das Leben mit und hinter ihr? Wie funktionierte das System DDR?

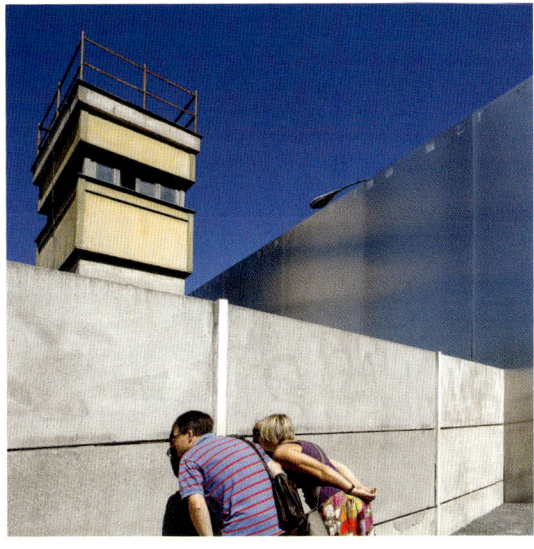

Umfassend gibt die zentrale ❷④ Gedenkstätte Berliner Mauer in der Bernauer Straße zu diesem einzigartigen Kapitel der Berliner Geschichte Auskunft und zugleich anschaulich Einblicke, wie das Unterdrückungssystem Mauer funktionierte. Am unteren Ende der Bernauer Straße stehen noch originale Mauerteile. Dahinter erweckt das künstlerisch gestaltete »Fenster des Gedenkens« mit Fotos und Lebensdaten der Maueropfer, die ihren Fluchtversuch mit dem Leben bezahlten, ebenso Emotionen wie im nächsten Abschnitt die Geschichten vom Mauerbau direkt an dieser Straße, als Menschen aus den Fenstern ihrer Häuser sprangen, um in den Westen zu gelangen. Erzählt wird auch mit Fotos und Zeitzeugenberichten an Hör- und Videostationen vom Schicksal getrennter Familien und dramatischen Fluchten. Die Häuser wurden im Zuge des weiteren Mauerausbaus abgerissen, archäologische Grabungen machen die

Wer Berliner Geschichte und die Teilung der Stadt verstehen möchte, sollte unbedingt die interessante Gedenkstätte Berliner Mauer aufsuchen

Mauerabriss 1990 in der Bernauer-Ecke Ackerstraße

Reiterstandbild König Friedrich Wilhelms IV. von Preußen an der Freitreppe der Alten Nationalgalerie

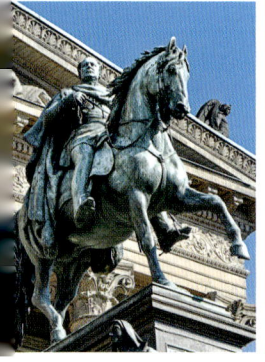

Grundrisse wieder sichtbar. Bewegend auch die Kapelle der Versöhnung: Der schlichte Lehmbau nimmt die Stelle der alten Versöhnungskirche ein, die 1985 gesprengt wurde, weil sie dem weiteren Ausbau der Grenzanlagen im Weg stand.

Das Denkmal »In Erinnerung an die Teilung der Stadt vom 13. August 1961 bis zum 9. November 1989 und zum Gedenken an die Opfer kommunistischer Gewaltherrschaft« besteht aus einem Original Stück Mauer: Zwei hohe Stahlwände begrenzen den 70 Meter langen Grenzstreifen, auf den man nur durch Sehschlitze einen Blick werfen kann.

Zusätzliche Informationen erhält man im Besucher- und im Dokumentationszentrum der Gedenkstätte. Dort gibt es zum 25. Jahrestag des Mauerfalls am 9. November 2014 eine neue Dauerausstellung.

Service & Tipps:

ℹ Tourist Information
Pariser Platz, Mitte
U-/S-Bahn: Brandenburger Tor
☏ (030) 25 00 25
www.visitberlin.de
Tägl. April–Okt. 9.30–19,
Nov.–März 9.30–18 Uhr

❸ 🏛 *Museumsinsel:*
S5/7/75: Hackescher Markt, Mitte
Bus 100/200: Lustgarten
☏ (030) 266 42 42 42
www.smb.museum
Bereichskarte Museumsinsel
€ 18/9, im Onlineshop: € 17/8,50

– 🏛 👬 Alte Nationalgalerie
Bodestr. 1–3
Tägl. außer Mo 10–18, Do bis 20 Uhr
Eintritt € 10/5, im Onlineshop
€ 9/4,50, bis 18 J. frei
Ein Tempel für die Kunst, erbaut 1867–76 von Schinkel-Schüler Friedrich August Stüler; beherbergt Meisterwerke des 19. Jh. (Gemälde und Skulpturen).

– 🏛 💬 👬 Altes Museum/ Antikensammlung
Eingang: Am Lustgarten
☏ (030) 266 42 42 42
Tägl. außer Mo 10–18, Do bis 20 Uhr
Eintritt € 10/5, im Onlineshop
€ 9/4,50, bis 18 J. frei
Das erste Königliche Museum in Preußen entstand nach einem Entwurf Karl Friedrich Schinkels (1825–30). Die Dauerausstellung entführt mit Skulpturen, Grabreliefs, Vasen, Fresken und Preziosen in »Antike Welten« der Griechen (im Hauptgeschoss) sowie der Etrusker und Römer im Obergeschoss.

– 🏛 💬 👬 Bode-Museum
Am Kupfergraben 1
Tägl. außer Mo 10–18, Do bis 20 Uhr
Eintritt € 10/5, im Onlineshop
€ 9/4,50, bis 18 J. frei
In großen Sälen und kleinen Kabinetten kommen die Werke der Skulpturensammlung vom frühen Mittelalter bis zum späten 18. Jh., zum großen Teil mit christlich-religiösem Hintergrund, wirkungsvoll zur Geltung. 500 000 Objekte hat das Münzkabinett im Depot; die Sammlung vom 7. Jh. v. Chr. bis zu heutigen Münzen und Medaillen kann man als Chronik der Menschheitsgeschichte lesen.

– 🏛 💬 👬 Neues Museum
Eingang: Bodestr. 1–3
Tägl. 10–18, Do bis 20 Uhr
Eintritt € 12/6, im Onlineshop
€ 11/5,50
Wer die berühmte Büste der **Nofretete** sehen will, ist hier richtig. Das **Ägyptische Mu-**

seum mit Papyrussammlung, das **Museum für Vor- und Frühgeschichte und** die Antikensammlung präsentieren Schätze der vor- und frühzeitlichen Kulturen vom Vorderen Orient bis zum Atlantik, von Nordafrika bis Skandinavien. Allein die Architektur (David Chipperfield) des 2009 wiedereröffneten Baus ist beeindruckend. Alte Pracht und Moderne gehen eine gelungene Symbiose ein.

– 🏛 **Pergamonmuseum**
Eingang: Bodestr. 1–3, durch den Kolonnadenhof
Tägl. 10–18, Do bis 21 Uhr
Eintritt € 12/6, im Onlineshop € 11/5,50
Seit September 2014 bleibt der Saal mit dem Pergamonaltar wegen Sanierung geschlossen. Die weiteren Säle der Antikensammlung (Markttor von Milet), das Museum für Islamische Kunst (Mschatta-Fassade) und das Vorderasiatische Museum (Ischtartor/

Prozessionsstraße von Babylon) bleiben geöffnet.

㉓ *Kulturforum:*

– 🏛💺🛗 **Gemäldegalerie**
Matthäikirchplatz
Tiergarten
U-/S-Bahn: Potsdamer Platz, Bus 200: Philharmonie
✆ (030) 266 42 42 42
www.smb.museum
Tägl. außer Mo 10–18, Do bis 20 Uhr
Eintritt € 10/5, im Onlineshop € 9/4,50, bis 18 J. frei
Die Dauerausstellung im weitläufigen Gebäude zeigt mehr als 1000 Meisterwerke der europäischen Malerei vom 13. bis zum 18. Jh.

– 🏛 **Kunstgewerbemuseum**
U-/S-Bahn: Potsdamer Platz, Bus M48/M85: Kulturforum
Öffnet vorauss. Ende 2014 mit neu gestaltetem Foyer. Die neue Dauerausstellung erhält eine Modegalerie. Mit Shop und Café.

Im Sommer lädt das Freiluftkino am Kulturforum vor herrlicher Kulisse zum Filmgenuss

Das Bauhaus-Archiv widmet sich einer der bedeutendsten Strömungen in Architektur, Kunst und Design des 20. Jahrhunderts

Mies van der Rohes Ikone der Klassischen Moderne: die Neue Nationalgalerie

– 🏛🖥👓 **Kupferstichkabinett**
U-/S-Bahn: Potsdamer Platz,
Bus M48/M85: Kulturforum
Di–Fr 10–18, Sa, So 11–18 Uhr
Eintritt je nach Ausstellung
Wechselnde kleine, feine Ausstellungen aus einem enormen
Schatz an» Kunst auf Papier«.

– 🏛🖥 **Musikinstrumenten-Museum**
Tiergartenstraße 1/Eingang:
Ben-Gurion-Straße, Tiergarten
✆ (030) 25 48 11 78
U-/S-Bahn: Potsdamer Platz
www.mim-berlin.de
Di–Fr 9–17, Do 9–22 , Sa/So
10–17 Uhr, Eintritt € 6/3
SIM-Café (preiswerte Mittagsgerichte): Di–Fr 10–16,
Sa 11–14 Uhr
Sehr interessante Sammlung
historischer Musikinstrumente.

– 🏛🖥 **Neue Nationalgalerie**
Potsdamer Str. 50, Tiergarten
U-/S-Bahn: Potsdamer Platz,
Bus M29: Potsdamer Brücke
✆ (030) 266 42 42 42
www.smb.museum
Di–Fr 10–18, Do bis 20, Sa/So
11–18 Uhr
Eintritt € 8/4, im Onlineshop
€ 7/3,50
Die markante Glashalle über einem Sockelbau wurde 1965–68
nach Plänen von Ludwig Mies
van der Rohe erbaut. Kunst des
20. Jh. Schließung Ende 2014
für drei Jahre.

Weitere Museen:

🏛👓 **Bauhaus-Archiv Berlin –
Museum für Gestaltung Berlin**
Klingelhöferstr. 14
Tiergarten
Bus M29/100: Lützowplatz
✆ (030) 254 00 20
www.bauhaus.de
Tägl. außer Di 10–17 Uhr
Eintritt € 6/3, Sa–Mo € 7/4
1979 nach Entwürfen des
Bauhaus-Gründers Walter
Gropius errichtet; beherbergt
die weltgrößte Sammlung
zum Bauhaus (1919–33),
der bedeutenden Schule für
Architektur, Design und Kunst
im 20. Jahrhundert. Zu sehen
sind Originale der Klassischen
Moderne, darunter Werke von
Paul Klee, Lyonel Feininger,
Wassily Kandinsky und Oskar
Schlemmer.

🏛 **BlackBox Kalter Krieg**
Friedrichstraße 47/Ecke
Zimmerstraße, am Checkpoint
Charlie, Mitte
U6: Kochstraße/Stadtmitte
✆ (030) 216 35 71
www.bfgg.de
Tägl. 10–18 Uhr
Eintritt € 5/3,50, bis 14 J. frei
Was hatte die Berliner Mauer
mit dem Korea-Krieg und der
Kuba-Krise zu tun? Auf kleinem
Raum in geschickter Gestaltung
werden mit Original-Objekten,
Dokumenten und an 16 Mediadienstationen die weltweiten
Zusammenhänge der Ost-West-
Konfrontation dargestellt.

🏛🖥👓 **Dalí – Die Ausstellung**
Leipziger Platz 7
Mitte
U-/S-Bahn: Potsdamer Platz
✆ 0700-32 54 23 75 46
www.daliberlin.de
Mo–Sa 12–20, So/Fei 10–20 Uhr
Eintritt € 11/9, bis 6 J. frei
450 Werke des exzentrischen
spanischen Künstlers aus allen
Schaffensphasen und in nahezu
allen Techniken der Kunst.

🏛🍴♿ DDR Museum

Karl-Liebknecht-Str. 1, Mitte
S5/7/75: Hackescher Markt
✆ (030) 847 12 37 31
www.ddr-museum.de
Tägl. 10–20, Sa bis 22 Uhr
Eintritt € 6/4
Lebendige und interaktive
Begegnung mit dem Alltags-
leben in der DDR. In der **Dom-
klause** kann man DDR-Gerichte
probieren, im Shop ostalgische
Souvenirs erwerben.

🏛♿ Deutsche Kinemathek – Museum für Film und Fernsehen

Potsdamer Str. 2, Sony Center,
Tiergarten
U-/S-Bahn: Potsdamer Platz
✆ (030) 303 00 90 30
www.deutsche-kinemathek.de
Tägl. außer Mo 10–18, Do bis
20 Uhr, Eintritt € 7/4,50
Ein Streifzug durch über hundert Jahre deutsche Film- und
60 Jahre deutsche Fernseh-
geschichte. Einen Schwerpunkt
bildet der Nachlass von Marlene Dietrich. Außerdem werden
wechselnde Themenausstellungen gezeigt.

9 🏛🍴♿ Deutsches Historisches Museum (DHM)

Unter den Linden 2, Mitte
S5/7/75: Hackescher Markt, Bus
100/200: Staatsoper
✆ (030) 20 30 40
www.dhm.de, tägl. 10–18 Uhr
Eintritt € 8/4, bis 18 J. frei
Mit 8000 Objekten durch 2000
Jahre deutsche Geschichte.
Wechselausstellungen im
mit dem barocken Zeughaus
verbundenen gläsernen Anbau
von Stararchitekt I. M. Pei.

🏛✖♿ Hamburger Bahnhof – Museum für Gegenwart

Invalidenstr. 50, Mitte
U-/S-Bahn: Hauptbahnhof
✆ (030) 266 42 42 42
www.hamburgerbahnhof.de
Di–Fr 10–18, Do bis 20, Sa/So
11–18 Uhr
Eintritt € 14/ 7, im Onlineshop
€ 13/6,50, bis 18 J. frei
Berlins ältester Bahnhof (1840)
beherbergt Kunst von 1960 bis
heute. Beuys, Warhol, Kiefer:
Das Trio steht für die erste
Hälfte der letzten 50 Jahre in
der Kunst. Isa Genzken, Martin
Kippenberger, Bruce Nauman

1 Mitte-Tiergarten

Der chinesisch-amerikanische Stararchitekt I. M. Pei entwarf die moderne Ausstellungshalle des Deutschen Historischen Museums

Die Deutsche Kinemathek nimmt Besucher mit auf einen fantastischen Streifzug durch die deutsche Filmgeschichte

*Gegenwarts-
kunst steht im
Mittelpunkt der
Ausstellungen
im Hamburger
Bahnhof*

sind Vertreter der jüngeren
Generation. Außerdem wech-
selnde Ausstellungen aktueller
Positionen.

🏛💺👥 **Kunsthalle
Deutsche Bank**
Unter den Linden 13–15
Mitte
U-/S-Bahn: Friedrichstraße
✆ (030) 202 09 30, www.
deutsche-bank-kunsthalle.de
Tägl. 10–20 Uhr
Eintritt € 4/3, unter 12 J. frei,
Familienkarte € 8, Mo frei
Wechselnde Ausstellungen zeit-
genössischer Künstler. Café mit
Blick auf das schöne Atrium.

*Allein das Gebäude
lohnt den Besuch
des Museums für
Kommunikation*

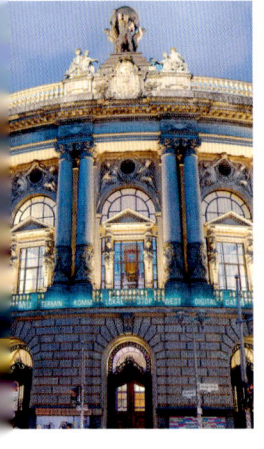

🏛💺 **KW Institute for
Contemporary Art**
Auguststr. 69, Mitte
S1/2/25: Oranienburger Straße
✆ (030) 243 45 90
www.kw-berlin.de
Mi–Mo 12–19, Do 12–21 Uhr
Eintritt € 6/ 4, Do 19–21 Uhr € 4
Die jüngsten Entwicklungen in
der nationalen und internationalen zeitgenössischen Kunst
werden hier auf fünf Etagen
einer ehemaligen Margarine-
fabrik präsentiert. Schönes
Café im Innenhof. Zentrum der
zweijährlich stattfindenden
Berlin-Biennale (2016).

🏛💺 **Märkisches Museum**
Am Köllnischen Park 5, Mitte
U2: Märkisches Museum
✆ (030) 24 00 21 62
www.stadtmuseum.de
Tägl. außer Mo 10–18 Uhr
Eintritt € 5/3, bis 18 J. frei,
jeden 1. Mi im Monat frei
Die aktuelle Dauerausstellung »Hier ist Berlin!« erzählt
spannende und kuriose Stadt-
geschichte(n) aus verschiedenen Stadtvierteln und Zeiten.

🏛💺 **me Collectors Room
Berlin/Stiftung Olbricht**
Auguststr. 68, Mitte
S1/2/25: Oranienburger Straße
✆ (030) 86 00 85 10
www.me-berlin.com
Tägl. außer Mo 12–18 Uhr
In dem Neubau mit hoher Glas-
fassade werden Werke von der
Renaissance bis zur Gegenwart gezeigt; die kostbarsten
Exponate sind in einer »Wun-
derkammer« ausgestellt. Außerdem wechselnde Ausstellungen
privater Sammlungen.

🏛💺👥 **Museum für
Kommunikation Berlin**
Leipziger Str. 16, Mitte
U2: Mohrenstraße
✆ (030) 20 29 40
www.mfk-berlin.de
Di 9–20, Mi–Fr 9–17, Sa/So
10–18 Uhr
Eintritt € 4/2, bis 17 J. frei
Hier erfährt die Twitter-
Generation u. a. wie einst die
Rohrpost als technische Revo-
lution gefeiert wurde. In der
Schatzkammer liegt auch eine
»Blaue Mauritius«. Wechseln-
de, innovativ präsentierte
Themenausstellungen.

🏛 **Museum für Naturkunde**
Invalidenstr. 43, Mitte
U6: Naturkundemuseum
✆ (030) 20 93 85 91
www.naturkundemuseum-
berlin.de
Di–Fr 9.30–18, Sa/So 10–18 Uhr
Eintritt € 5/3

Die Saurier sind los: Fünf monumentale Skelette dominieren den imposanten Lichthof; virtuell werden sie zum Leben erweckt. »Evolution in Aktion«, »System Erde« sowie Kosmos und Sonnensystem sind weitere Themen, die das Museum multimedial in Szene setzt.

❶ 🏛️ⓒ Nikolaikirche – Stadtmuseum Berlin
Nikolaikirchplatz, Mitte
U2: Klosterstraße,
✆ (030) 240 02-162
www.stadtmuseum.de
Tägl. 10–18 Uhr
Eintritt € 5/3, bis 18 J. frei
»Vom Stadtgrund bis zur Doppelspitze. 800 Jahre Berliner Nikolaikirche«: effektvoll inszenierte, multimediale Ausstellung zur Rolle der Kirche in der Berliner Stadtgeschichte.

🏛️ⓒ Tränenpalast
Reichstagufer 17, Mitte
U-/S-Bahn: Friedrichstraße
✆ (030) 46 77 77 9-0
www.hdg.de/berlin
Di–Fr 9–19, Sa/So 10–18 Uhr
Eintritt frei
Tränen flossen reichlich an der Grenzübergangsstelle für die Ausreise von Ost nach West am Bahnhof Friedrichstraße, wo sich die West-Tagesbesucher verabschiedeten oder DDR-Bürger mit Ausreisegenehmigung endgültig ihre Angehörigen zurücklassen mussten. Am historischen Ort, mit 570 Objekten und an 30 Medienstationen erzählt die ständige Ausstellung über »Grenzerfahrungen. Alltag der deutschen Teilung«.

❶ 🏛️👥 Zille-Museum
Propststr. 11, Mitte
U2: Klosterstraße
✆ (030) 24 63 25 00
www.heinrich-zille-museum.de
Tägl. April–Okt. 11–19, Nov.–März 11–18 Uhr
Eintritt € 6/5

»Zille – Leben und Werk« nacherzählt mit originalen Zeichnungen, Lithografien und Fotografien des Künstlers (1858–1929).

Architektur und andere Sehenswürdigkeiten:

⓰ ⓒ🏛️🍷👥 Akademie der Künste
Pariser Platz 4, Mitte
U-/S-Bahn: Brandenburger Tor
✆ (030) 200 57 10 00
www.adk.de
Tägl. 10–22, Ausstellungen tägl. außer Mo 11–20 Uhr
Der transparente Neubau am Pariser Platz vor dem Brandenburger Tor hat die Ruine des ursprünglichen Gebäudes integriert. Ausstellungen und Veranstaltungen, ebenso Buchladen und Café.

❺ ⓒ🐾 Berliner Dom
Am Lustgarten 1, Mitte
S5/7/75: Hackescher Markt
✆ (030) 20 26 91 36
www.berlinerdom.de
Mo–Sa 9–20, So 12–20, im Winter bis 19 Uhr, Eintritt € 7/4
Monumentalbau (1894–1905) mit großer Orgel, Kaiserempore, Hohenzollerngruft und Mosaikbildern in der Kuppel. Aussicht vom Kuppelumgang (270 Stufen Aufstieg). Häufig Konzerte.

⓰ ⓒ Brandenburger Tor
Pariser Platz
Von Carl Gotthard Langhans d. Ä. nach griechischem Vorbild entworfen, wurde es 1789–91 erbaut. Johann Gottfried Schadow schuf die bronzene **Quadriga**, den vierspännigen Streitwagen mit der Siegesgöttin.

⓭ ⓒ🏛️ Deutscher Dom
Gendarmenmarkt 1, Mitte
U2/6: Stadtmitte
✆ (030) 22 73 04 31
Tägl. außer Mo 10–18, Mai–Sept. bis 19 Uhr, Eintritt frei

Die Nikolaikirche ist die älteste Kirche Berlins

»Wege – Irrwege – Umwege«: Ausstellung zur Geschichte der Demokratie in Deutschland. Interessante Filmvorführungen.

Von der Kuppelgalerie auf dem Französischen Dom eröffnet sich eine fantastische Aussicht nicht nur auf den Gendarmenmarkt

⑬ ⊚ 🏛 **Französischer Dom**
Gendarmenmarkt 5, Mitte
U6: Französische Straße
✆ (030) 20 64 99 23
www.franzoesischer-dom.de
Kuppel tägl. 10–19 (Nov.– März bis 18 Uhr), Aufstieg € 2,50/1
Museum: tägl. außer Mo 12–17 Uhr, Eintritt € 2
Schöner Ausblick von der Kuppel. Mit Hugenottenmuseum.

⊚ 🏛 🥨 **Hackesche Höfe**
Rosenthaler Str. 40/41, Mitte
S5/7/75: Hackescher Markt
Der erste Hof der klassischen Berliner Gewerbe- und Wohnanlage ist mit Klinkersteinen, glasierten Keramikfliesen und Jugendstilelementen eine Augenweide. Restaurants, Kino, Theater, Varieté sowie viele Läden beleben die acht Höfe.

⊚ 🏛 🥨 🍷 **Haus Schwarzenberg**
Rosenthaler Str. 39, Mitte
S5/7/75: Hackescher Markt
www.haus-schwarzenberg.org
In dem unsanierten Gebäude arbeiten Künstler, gibt es die Galerie Neurotitan, den Künstlerclub Eschschloraque Rümschrümp, das Kino Central sowie drei Museen:

– **Anne Frank Zentrum**
✆ (030)288 86 56 00
www.annefrank.de
Tägl. außer Mo 10–18 Uhr
Eintritt € 5/3, bis 10 J. frei
Multimediale Ausstellung über das jüdische Mädchen Anne Frank (1929–45), das in ihrem weltberühmten Tagebuch das Leben im Versteck beschrieb.

– **Museum Blindenwerkstatt Otto Weidt**
✆ (030) 28 59 94 07, www.museum-blindenwerkstatt.de
Tägl. 10–20 Uhr, Eintritt frei

– **Gedenkstätte Stille Helden**
✆ (030) 23 45 79 29
www.gedenkstaette-stille-helden.de

⊚ ✗ 🍷 🍴 🥨 **Fernsehturm**
Alexanderplatz, Mitte
U-/S-Bahn: Alexanderplatz
✆ (030) 242 33 33
www.tv-turm.de
März–Okt. 9–24, Nov.–Feb. 10–24 Uhr
Eintritt € 12,50/8, bis 4 J. frei, VIP-Ticket (ohne Anstehen, online buchbar) € 19,50/11,50
Der schönste und weiteste Blick über Berlin: Panoramaetage mit Infotafeln (in 203 m Höhe), Cocktailbar; Drehrestaurant Sphère (207 m; 30 Min. für eine Umdrehung). Auch schön bei Nebel.

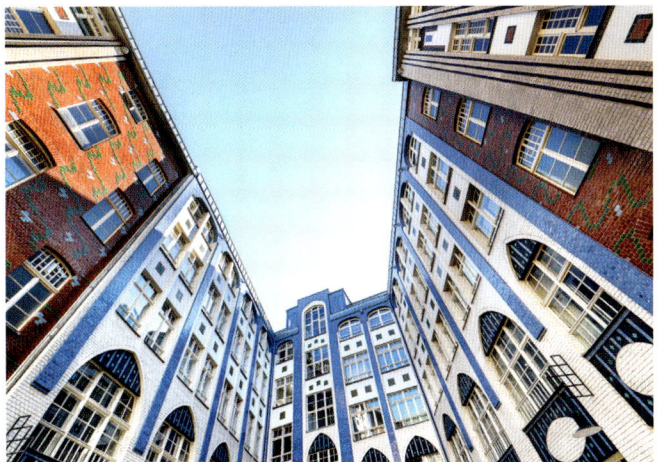

Die Hackeschen Höfe (Bj. 1906/07) bilden das größte Hofensemble Europas

Tägl. 10–20 Uhr, Eintritt frei Ausstellungen zur Erinnerung an Menschen wie Otto Weidt, der in seiner Blindenwerkstatt jüdische Arbeiter versteckte.

Haus der Kulturen der Welt
John-Foster-Dulles-Allee 10
Tiergarten
U55: Bundestag, Bus 100: Haus der Kulturen der Welt
☎ (030) 39 78 70
www.hkw.de
Tägl. 10–19 Ausstellungen, sonst tägl. außer Di 11–19 Uhr, bei Abendveranstaltungen länger, Eintritt siehe Internet Zentrum für internationale zeitgenössische Künste und gesellschaftliche Debatten. Populärste Veranstaltungsreihe ist das Festival Wassermusik im Sommer auf der Dachterrasse.

❹ Humboldt-Box
Schlossplatz 5, Mitte
Bus 100/200: Lustgarten
Tel. 01805-03 07 07
www.humboldt-box.com
www.sbs-humboldtforum.de
Tägl. 10–18 Uhr (im Sommer länger), Eintritt € 2
Ausblick auf die Baustelle Humboldtforum und Einblick in dessen künftige Ausstellungen und Sammlungen.

Konzerthaus
Vgl. Konzerte S. 200.

㉒ Mall of Berlin
Leipziger Platz 12 und Vossstr.
U2: Mohrenstraße
U-/S-Bahn: Potsdamer Platz
Vom Leipziger Platz bis zur Wilhelm- und Vossstraße: Gigantisches neues Einkaufszentrum und Wohnquartier mit überdachter Fußgängerpassage.

Marie-Elisabeth-Lüders-Haus
Schiffbauerdamm, Eingang an der Spree, gegenüber dem Reichstagsgebäude
U-/S-Bahn: Friedrichstraße
☎ (030) 22 73 20 27
www.mauer-mahnmal.de
Tägl. außer Mo 11–17 Uhr
Eintritt frei

Der Berliner Volksmund nennt das Haus der Kulturen der Welt liebevoll »Schwangere Auster«

Vom Panoramapunkt auf dem Kollhoff-Tower kann der Blick in 100 Meter Höhe in die Ferne schweifen

Kunstraum für wechselnde Ausstellungen und Mauer-Mahnmal. Die Mauersegmente, mit Jahreszahlen und der Anzahl der Mauertoten versehen, folgen dem ursprünglichen Verlauf der Mauer an diesem Ort.

Neue Synagoge/Centrum Judaicum
Oranienburger Str. 28–30, Mitte
S1/2/25: Oranienburger Straße
℃ (030) 880 28-316
www.cjudaicum.de
Im Sommer Di–Do 10–18, Fr bis 17, So/Mo bis 20 Uhr, im Winter Fr bis 14, So/Mo bis 18 Uhr
Eintritt € 3,50/3, Kuppel € 2/1,50
Wunderschöne goldene Kuppel, einst die größte Synagoge Europas (1866 eingeweiht). Ausstellung zur Geschichte und Veranstaltungen.

21 Panoramapunkt
Potsdamer Platz 1, Tiergarten
U-/S-Bahn: Potsdamer Platz
℃ (030) 25 93 70 80
www.panoramapunkt.de
Plattform: tägl. 10–20, im Winter bis 18 Uhr (letzte Auffahrt 17.30 Uhr)
Panoramacafé: tägl. 11–19, im Winter bis 17 Uhr
Auffahrt und Eintritt € 6,50/5, bis 5 J. frei, Familienticket € 15,50, VIP-Tickets (ohne Wartezeit) € 10,50/8, Familienticket € 26,50
Aussichtsplattform mit Freiluftausstellung zur Geschichte des Platzes; Café mit großen (Aussichts-)Fenstern, Sonnenterrasse.

18 Reichstag
Platz der Republik 1, Tiergarten
U55: Bundestag, U-/S-Bahn: Brandenburger Tor
Anmeldung für einen festen Termin unter www.bundestag.de/besuche/kuppel.html
Anmeldung im Besucherzentrum vor Ort möglich (mit Wartezeit)

Kuppel tägl. 8–24, letzter Einlass 22 Uhr
Eintritt frei
Aus der gläsernen Kuppel (23,5 m hoch, 40 m breit), von Sir Norman Foster entworfen, genießt man herrliche Aussichten über die Stadt. Einsichten gibt es in den Plenarsaal, die Flure sind Stell- und Hängefläche für zeitgenössische Kunst. **Restaurant Käfer** (Reservierung ℃ 030-226 29 90) auf der Dachterrasse.

7 Rotes Rathaus
Rathausstr. 1, Mitte
U-/S-Bahn: Alexanderplatz
℃ (030) 90 26 20 32
www.berlin.de
Mo–Fr 9–18 Uhr (außer bei Veranstaltungen), Eintritt frei
Amtssitz des Regierenden Bürgermeisters von Berlin, 1861–69 erbaut. Einige Säle stehen zur Besichtigung offen. Große Relieftafeln an der Fassade dokumentieren die Geschichte Berlins bis 1871.

Der Platz der Republik vor dem Reichstag wird gern zu einer Rast genutzt

⦿🔭 Siegessäule

Großer Stern, Tiergarten
April–Okt. Mo–Fr 9.30–18.30,
Sa/So 9.30–19, Nov.–März Mo–
Fr 10–17, Sa/So 10–17.30 Uhr
Eintritt € 3/2,50
Das Denkmal, gekrönt von
der vergoldeten Siegesgöttin
Viktoria, »Goldelse« genannt,
erinnert an drei Siege der Preußen in den Kriegen gegen die
Dänen (1864), gegen Österreich
(1866) sowie gegen Frankreich
(1870/71). 285 Stufen führen
auf die Aussichtsplattform mit
herrlicher Rundumsicht über
den Tiergarten.

㉑ ⦿🏛🍴✗🍺🅳🎀 Sony Center

Potsdamer Straße, Tiergarten
U2, S1/2/25: Potsdamer Platz
www.sony.de
Entworfen von Helmut Jahn,
im Jahr 2000 eröffnet: Gebäudekomplex mit verglastem
Büroturm, Wohn- und Ge-
schäftshäusern um ein großes,
lichtdurchflutetes Forum mit
vielen Durchgängen, über-
spannt von der spektakulären
Zeltdachkonstruktion in 67 m
Höhe. Restaurants, Kinos,
Shops, **Museum für Film und
Fernsehen**. Das **Café Josty** im
großen Atrium hat Teile des
historischen Hotels Esplanade
am Potsdamer Platz integriert;
der legendäre Kaisersaal wird
für Events vermietet.

❿ ⦿ Staatsoper
Unter den Linden

Unter den Linden 5–7, Mitte
Bus: 100/200/TXL: Staatsoper
Die Königliche Hofoper, 1741–
43 auf Wunsch Friedrichs II.
nach Plänen von Georg
Wenzeslaus von Knobelsdorff
erbaut, im Lauf der Geschichte
mehrmals um- sowie nach
Brand und Kriegsschäden wiederaufgebaut, wird bis 2016
saniert und bühnentechnisch
modernisiert. Bis zur Wiederer-
öffnung gastiert die Staatsoper
im Schillertheater (vgl. S. 205).

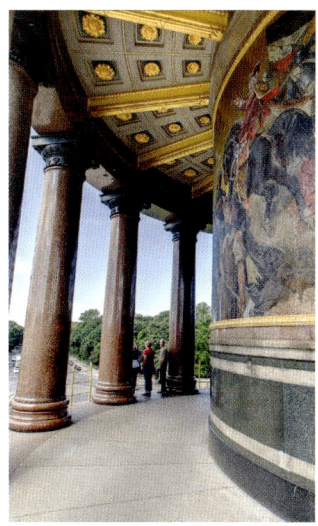

⦿ St. Hedwigs-Kathedrale

Hinter der Katholischen
Kirche 3, Mitte
U6: Französische Straße
Tägl. 10–17, So/Fei 13–17 Uhr
Friedrich der Große ließ die
Kirche für die katholische Ge-
meinde 1747–73 errichten.

⦿🏛 St. Marienkirche

Karl-Liebknecht-Str. 8, Mitte
U-/S-Bahn: Alexanderplatz
Tägl. 10–21, im Winter bis
18 Uhr
Erbaut um 1270; mehrmals
erweitert; beherbergt wertvolle
Kunstwerke: Bronzetaufbecken
(1437), Marmorkanzel (1703)
von Andreas Schlüter, Fresko
»Der Totentanz«. Die Kirche ist
das ältestes Gotteshaus in Berlin, in dem noch Gottesdienste
stattfinden.

Gedenkstätten:

㉔ ⦿🏛ℹ🎒🎧 Gedenkstätte
Berliner Mauer

Bernauer Str., Wedding
S 1/2/25: Nordbahnhof,
Tram 10: Gedenkstätte
Bernauer Straße
✆ (030) 467 98 66 66
www.berliner-mauer-gedenk
staette.de

*Über dem Sockel
mit dem Säulen-
umgang (links)
erhebt sich die
Siegessäule fast
67 Meter in die
Höhe, gekrönt
wird sie von der
8,30 Meter großen
Siegesgöttin Vikto-
ria (unten)*

Nur 23 Tram-Minuten von Mitte entfernt: Im ehemaligen Stasigefängnis für politisch Verfolgte führen Ex-Häftlinge durch das Gebäude und berichten von ihren Erfahrungen dort. (Genslerstr. 66, Hohenschönhausen, ✆ 030-98 60 82 30, www.stiftung-hsh.de, Tram M5 Freienwalder Straße, Mo–Fr 11, 13, 15, März–Okt. auch 12, 14 Uhr, Sa/So stündl. 11–16 Uhr, Eintritt € 5/2,50, Schüler € 1)

– Besucherzentrum
Bernauer Str. 111
Informationen, Einführungsfilm, große Auswahl an Medien zum Thema.
– Dokumentationszentrum
Bernauer Str. 119, Wedding
Neue Dauerausstellung zum 25. Jahrestag des Mauerfalls am 9. November 2014.
Aussichtsturm mit Blick auf die ehemaligen Grenzanlagen.
– Ausstellung im Gedenkstättenareal
Tägl. 8–22 Uhr
Zwischen Nordbahnhof und Mauerpark auf dem ehemaligen Todesstreifen werden in vier Teilbereichen die Grenzsperranlagen sichtbar gemacht, die Zerstörungen der Stadt gezeigt und das Leben mit der Mauer geschildert; Themenstationen mit Informationstafeln, Fotos, Hörbeispielen und Videos, archäologische Fenster, Nachzeichnungen verschwundener Gebäude.
– Kapelle der Versöhnung
Tägl. außer Mo 10–17 Uhr, Andachten für die Todesopfer an der Berliner Mauer März–Okt. Di–Fr 12 Uhr

Der Stampflehmbau mit Holzverkleidung steht an der Stelle, an der die auf Befehl der DDR-Regierung 1985 gesprengte Versöhnungskirche stand. Das damals gerettete Altarkreuz ist ausgestellt. Und die alten Glocken läuten wieder vor der Kapelle.
– Grenz- und Geisterbahnhöfe im geteilten Berlin
Fotoausstellung und Pläne im Durchgang zum S-Bahnhof Nordbahnhof
– Mobiler Tourguide
Führung über das Gedenkstättenareal mit dem Smartphone oder Tablet: www.berliner-mauer.mobi

⊙ Denkmal für die ermordeten Juden Europas (Holocaust-Mahnmal)
Ebertstr./Behrenstr.; Ort der Information: Cora-Berliner Str. 1, Mitte
U-/S-Bahn: Brandenburger Tor
✆ (030) 263 94 30
www.stiftung-denkmal.de
Ort der Information: Di–So 10–20, Okt.–März bis 19 Uhr
Eintritt frei
Stelenfeld: 24 Std. zugänglich
2711 graue Betonelemente bilden das Stelenfeld, das einem Labyrinth gleicht, aus dem es kein Entrinnen gibt, das aber auch zum (Versteck-) Spiel einlädt. Der »Ort der Information« erinnert durch die Darstellung exemplarischer Familiengeschichten an die Opfer und stellt die Orte der Vernichtung vor.

⊙ Denkmal für die im Nationalsozialismus ermordeten Sinti und Roma Europas
Zwischen Brandenburger Tor und Reichstag, Tiergarten
U-/S-Bahn: Brandenburger Tor
Der israelische Künstler Dani Karavan gestaltete ein Wasserbecken als Spiegel der Erinnerung.

Beeindruckend und bedrückend: das Denkmal für die ermordeten Juden Europas

⊛ **Gedenkstätte Deutscher Widerstand**
Stauffenbergstr. 13/14
Tiergarten
Bus M29: Gedenkstätte
Deutscher Widerstand
✆ (030) 26 99 50 00
www.gdw-berlin.de
Mo–Mi, Fr 9–18, Do bis 20,
Sa/So/Fei 10–18 Uhr, Eintritt frei
Die ständige Ausstellung
»Widerstand gegen den Natio-
nalsozialismus« erinnert am
historischen Ort an die Opfer
des 20. Juli 1944, die hier hin-
gerichtet wurden: Claus Schenk
Graf von Stauffenberg, Fried-
rich Olbricht, Albrecht Mertz
von Quirheim und Werner von
Haeften.

⊛ **Neue Wache**
Unter den Linden 4, Mitte
Bus 100/200/TXL: Staatsoper
Durchgehend geöffnet
Eintritt frei
Die übergroße Kopie einer
Skulptur von Käthe Kollwitz,
»Mutter mit totem Sohn«, ist
mahnendes Symbol der »Zen-
tralen Gedenkstätte für die
Opfer von Krieg und Gewalt-
herrschaft«. Das Gebäude er-
richtete Karl Friedrich Schinkel
1816–18 als Wachstube für die
Königliche Leibgarde.

⊠ **Tucher am Tor**
Pariser Platz 6 A, Mitte
U-/S-Bahn: Brandenburger Tor
✆ (030) 22 48 94 64
www.theodortucher.de
Tägl. 7–23 Uhr
Von der Currywurst bis zum
Boeuf Bourguignon: Die Küche
setzt auf regionale Produkte,
kombiniert mit französischer
Kochkunst. Beste Lage am
Brandenburger Tor. €€

⊠▣ **Café Einstein**
Kurfürstenstr. 58, Tiergarten
U1/2/3/4: Nollendorfplatz
✆ (030) 261 50 96
www.cafeeinstein.com
Tägl. 8–1 Uhr

Wiener Küche und Wiener
Charme: Das Kaffeehaus
punktet in dieser schmucken
Villa mit schönem Garten unter

Kirschbäumen. Im Oberge-
schoss serviert die **Bar Lebens-
stern** (ab 19 Uhr) köstliche
Cocktails und Zigarren. €€

⊠▣ **Café Einstein
Unter den Linden**
Unter den Linden 42, Mitte
U-/S-Bahn: Brandenburger Tor
✆ (030) 204 36 32
www.einsteinudl.com
Tägl. 7–22 Uhr
Zu Kaffee, Kuchen und kleinen
Gerichten kommen Hochkarä-
tige (Foto-)Ausstellungen und
eine hohe Promidichte. €€

⠇⠇ **Berlin Story**
Unter den Linden 40, Mitte
U-/S-Bahn: Brandenburger Tor
✆ (030) 20 45 38 42
www.berlinstory.de
Mo–Sa 10–19, So bis 18 Uhr
Riesige Auswahl an Berlin-
Büchern zu allen Themen.

⚐ **Base Flying**
Alexanderplatz 7, Mitte
U-/S-Bahn: Alexanderplatz
✆ (089) 70 80 90 10
www.base-flying.de
Nach Anmeldung ab € 59,90
98 m freier Fall vom Hoteldach
des Park Inn.

*Die Neue Wache ist
seit 1993 die zent-
rale Gedenkstätte
für die Opfer von
Krieg und Gewalt-
herrschaft*

Charlottenburg
Die City West blüht auf

Berlin erfindet sich immer wieder neu. Das gilt auch für den Westteil der Stadt. Nach dem Mauerfall war das alte West-Berlin eine Zeitlang nicht mehr gefragt. Investoren, Politiker, Touristen, Alt- und Neu-Berliner: Alle schauten mit unterschiedlichen Erwartungen auf das »neue Berlin« in der historischen Mitte, während sich rund um die Gedächtniskirche und am Kurfürstendamm Spuren der Vernachlässigung zu zeigen begannen. Doch jetzt ist die City West wieder da: schöner und luxuriöser als zuvor!

Rund um den Breitscheidplatz

So hat sich am **Breitscheidplatz**, dem Eingangstor zur City West, viel getan. Am nordwestlichen Ende, Zoofenster genannt, ragt das 2013 eröffnete Luxushotel ❶ **Waldorf Astoria Berlin** 118 Meter in die Höhe. Gäste der Präsidenten-Suite ganz oben genießen in alle Richtungen spektakuläre Ausblicke auf Berlin– für rund 5000 Euro die Nacht. Auch die weniger »aussichtsreichen« Zimmer sind groß und luxuriös ausgestattet und gelegentlich – als *special offer* – sogar erschwinglich. Das Gourmetrestaurant Les Solistes by Pierre Gagnaire, die Lang Bar und das Romanische Café locken auch Nicht-Hotelgäste in das glamouröse Haus im Stil des US-amerikanischen Art déco.

Ein halbes Jahrhundert alt ist das Europa-Center

Das originale Romanische Café, das in den Goldenen Zwanziger Jahren des letzten Jahrhunderts legendärer Treffpunkt der Berliner Bohème war, stand da, wo sich seit 1965 das ❷ **Europa-Center** 103 Meter hoch erhebt. Der gesamte Komplex umfasst den Sockelbau mit Geschäften und Restaurants am Breitscheidplatz, den Büroturm mit dem Mercedes-Stern in luftiger Höhe als weithin sichtbares Wahrzeichen (Eingang an der Tauentzienstraße), das noble Palace-Hotel an der Budapester Straße und schließlich an der Nürnberger Straße ein Parkhaus mit den Thermen am Europa-Center (vgl. S. 227), einer großen Wellnesslandschaft auf dem oberstem Parkdeck.

Das Europa-Center war das erste Hochhaus und zugleich das erste moderne Einkaufszentrum in West-Berlin: Shopping und Kultur, Wohnen und Arbeiten unter einem Dach. Mehrmalige Umbauten und Modernisierungen folgten. Der Flagship Store Nike Berlin zieht auf drei Etagen Sportfans und Lifestyle-Verfechter an, doch andere Shops und gastronomische Angebote sind nicht mehr ganz auf der Höhe der Zeit. Apropos: Die »Uhr der fließenden Zeit«, 1982 im Atrium installiert, ist eine

*Ein nobler Neu-
zugang in der City
West ist das Luxus-
hotel Waldorf
Astoria*

einmalige Sehenswürdigkeit. Hinter einem hohen Glaskasten transportiert ein ausgeklügeltes System aus durchsichtigen Röhren und Kugeln eine grünliche Flüssigkeit präzise durch die Zeit. Alle zwei Minuten füllt sich, von unten nach oben, eine der 30 kleineren, abgeflachten Glaskugeln. Nach einer Stunde ergießt sich das gefärbte Wasser dieser Kugeln in das jeweils folgende der zwölf großen Stundenglaskugeln. Mittags um 13 Uhr und nachts um 1 Uhr entleert sich – ein verblüffender Moment – das ganze System und beginnt von Neuem mit dem Zwölf-Stunden-Zyklus. Kann man an diesem Chronometer nach kurzer Beobachtung die Zeit richtig ablesen, muss man bei der Mengenlehre-Uhr, eine Erfindung von 1975, Grundkenntnisse in Mengenlehre mitbringen. Diese Uhr steht vor dem Eingang an der Budapester Straße.

Gegenüber hat 2014 mit dem ❸ **Bikini Berlin** eine neue Zeitrechnung begonnen: Die angesagte Mode-, Design- und Lifestyle-Szene hält Einzug in der City West. Das Bikini Berlin ist ein bis in den Kern hinein sanierter, modernisierter und äußerlich rekonstruierter 1950er-Jahre-Bau. Damals erregte er durch sein offenes »Luftgeschoss« Aufmerksamkeit: Die keck präsentierte freie Mitte trug dem langgestreckten Gebäude den Namen Bikinihaus ein. Später erhielt auch die

61

Mitte Wände und Fenster. Im neuen Bikini Berlin öffnet sie sich auf der Rückseite zu einer breiten Terrasse, die auch über eine Freitreppe zu erreichen ist: hier der »Erlebnisraum« der neuartigen Einkaufswelt, dort der Blick auf den Affenfelsen im Zoo und die grüne Weite des Tiergartens. In den Shopping-Etagen – die oberen sind Büroräumen vorbehalten – dominieren Mode und Lifestyle, Technologie und Medien, Restaurants und kleine

Das Bikinihaus, 1957 eröffnet, war bis in die 1970er Jahre Zentrum der Berliner Nachkriegskonfektion. Hier arbeiteten Schneider, Designer, Modemacher. Später zogen die Berliner Festspiele ein, war das Haus Festspielzentrum der Berlinale und im geschlossenen Luftgeschoss zeigte die Kunsthalle aufregende Ausstellungen.

Cafés. Vor allem italienische Mode und Berliner Labels sind stark vertreten. Der Clou sind die Bikini Berlin Boxes, flexible Verkaufsmodule, in denen Designer und andere kreative Menschen temporär neue Trends präsentieren und Konzepte testen können: Bikini Berlin bietet also immer wieder Neues.

Am östlichen Ende schließt das Hotel 25hours den Bikini-Block ab. Man gelangt von der Budapester Straße ins Haus oder über eine breite Treppe von der Bikini-Terrasse direkt in die Rezeption in der dritten Etage. Dort locken die hauseigene

Bäckerei mit verführerischem Duft und gemütliche Sitzecken im großen »Wohnzimmer«. Im zehnten Stock kann man im Restaurant Neni, das der mediterranen Küche orientalische Würze zufügt, ausgezeichnet essen. Und die angrenzende Monkey Bar hat das Zeug zum Szenetreff, nicht zuletzt wegen der tollen Terrasse. Hier kann man den Blick schweifen lassen zwischen Natur auf der einen und urbanem Leben auf der anderen Seite. Wenige Meter neben dem Hotel steht das monumentale Elefantentor, einer von zwei Haupteingängen zum ❹ **Zoologischen Garten Berlin,** dem artenreichsten Zoo der Welt.

Zum Ensemble des Bikini Berlin gehört am westlichen Ende der aufwendig renovierte ❺ **Zoo-Palast.** Das 1957 eröffnete Lichtspielhaus war bis 1999 glamouröser Schauplatz der Berlinale, bis die Internationalen Filmfestspiele Berlin an den Potsdamer Platz zogen. Jetzt werden im Zoo-Palast wieder (nicht nur zur Berlinale) Filme gezeigt. Bei der Renovierung blieben Charme und Atmosphäre der 1950er-Jahre-Architektur bewahrt. Gleichzeitig erhielt das Kino ausgefeilte Technik auf neuestem Stand und besten Komfort. 850 Ledersessel im Hauptsaal und weitere 800 Plätze in sieben kleineren Sälen machen den Filmgenuss perfekt. Und danach lockt noch ein Drink in der Kinobar mit dem wortspielerischen Namen Zoo Loge.

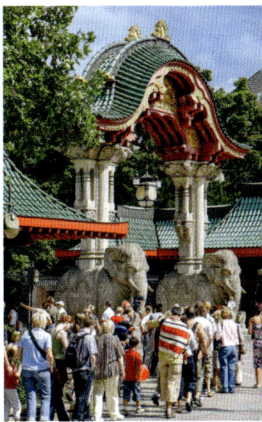

Der Zoologische Garten ist ein Besuchermagnet

Als Mahnmal gegen den Krieg blieb die Ruine der Kaiser-Wilhelm-Gedächtnis-Kirche stehen, im Volksmund »Hohler Zahn« genannt

Kaiser-Wilhelm-Gedächtniskirche

Architektonischer und historischer Mittelpunkt auf dem Breitscheidplatz ist die ❻ **Kaiser-Wilhelm-Gedächtnis-Kirche**. Von der Kriegsruine ist nur der 71 Meter hohe Turm erhalten geblieben, der sich nach jahrelanger Sanierung 2014 wieder aus dem Baugerüst schälte. Die Kirche, 1895 im neoromanischen Baustil zu Ehren des ersten deutschen Kaisers Wilhelm I. eingeweiht, wurde bei einem Bombenangriff im November 1943 zerstört. Nach 1945 wurde die Turmruine zum Mahnmal gegen den Krieg und zu einem Wahrzeichen West-Berlins. Die ursprüngliche Eingangshalle zur Kirche im Alten Turm ist Ausstellungs- und Gedenkhalle. Dokumente und Architekturfragmente erinnern an die Baugeschichte, Zerstörung und Restaurierung. Eindrucksvoll sind gut erhaltene Mosaiken zur Huldigung des Kaisertums. 1961 wurde nach heftigen Debatten über den Entwurf des Architekten Eugen Eiermann die neue Kaiser-Wilhelm-Gedächtniskirche zu beiden Seiten des Alten Turms eröffnet. Mit ihren blauen Glasbausteinen und einer raffinierten Lichtinstallation erzielt sie außen leuchtende Wirkung und im Innern eine meditative Stimmung, ideal für einen Moment der stillen Einkehr.

Trubel herrscht oft draußen, vor allem beim Weihnachtsmarkt oder bei sommerlichem Budenzauber. Und wenn gerade kein öffentliches Fest stattfindet, sorgen Kleinkünstler

Bronzefigur »Die Eitelkeit« am Weltkugelbrunnen

der unterschiedlichen Art für Abwechslung. Als Treffpunkt besonders beliebt ist der Weltkugelbrunnen von Joachim Schmettau, von den Berlinern Wasserklops genannt. Seine verspielten Figuren und das sanft plätschernde Wasser, das über kleine Treppen und Hindernisse hüpft, erfreuen nicht nur Kinder.

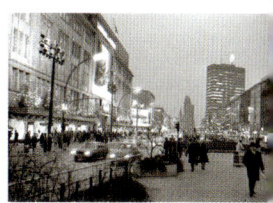

Einkaufsmeile Kurfürstendamm und Tauentzien

Vor dem Wasserklops, direkt am Europa-Center, trifft die Tauentzienstraße auf den Kurfürstendamm. Der Kudamm, 3,5 Kilometer lang, ist die beliebteste, »der Tauentzien«, nur 500 Meter lang, ist die am meisten frequentierte Einkaufsstraße Berlins. Und die Kaufkraft ist stark: Kein Stadtquartier macht mehr Umsatz als die Gegend zwischen Bahnhof Zoo und Wittenbergplatz. Das liegt vor allem am ❼ **KaDeWe**, das täglich mehr als 50000 Kunden zählt. Das Kaufhaus des Westens eröffnete 1907 als größtes Warenhaus des Kontinents und gilt seither als Inbegriff für Luxus. Wer kurz vor 10 Uhr kommt, kann miterleben, wie langsam das kunstvoll gearbeitete originale Eisengitter im Boden versenkt wird und sich dahinter das Tor zum Einkaufstempel öffnet. Im pompösen Lichthof werden Produkte aktueller Kampagnen effektvoll zur Schau gestellt. 26 zum Teil gläserne Aufzüge und 64 Rolltreppen verteilen die Kunden auf sieben Etagen. Stilvolle Mode und Accessoires, hochwertige Kosmetik und schöne Dinge zum Wohnen bestimmen das Angebot. Highlight ist die Feinschmeckeretage im sechsten Stock mit ihrer riesigen Auswahl an Köstlichkeiten, von denen viele direkt an der Theke oder in Sitznischen verzehrt werden können. Schließlich ist auch das Restaurant im Wintergarten auf Etage sieben mit seinen Selbstbedienungs- und Kochstationen eine einzige Versuchung.

Tauentzien und Gedächtniskirche 1938, 1945 und 1975

Luxus auf sieben Etagen: das KaDeWe

Bummelboulevard und Luxusmeile

Luxus hat seinen Preis, auch auf dem Kurfürstendamm. Vor allem zwischen Knesebeckstraße und Olivaer Platz sind internationale Top-Designer mit Luxusgeschäften vertreten. Zahlungskräftige Kunden wohnen zum Beispiel im aufwendig modernisierten, noblen Haus Cumberland. Die hundert Jahre alte Fassade blieb erhalten; der Prunk von damals wird im Restaurant und Kaffeehaus Grosz opulent wiederbelebt.

Zwischen Kaufhäusern und Geschäften, die alles bieten, was das Leben schöner machen soll, laden immer wieder Cafés und Restaurants oder ruhige Sitzecken zur Pause ein. Es gibt viel zu entdecken, nicht zuletzt in Museen, Galerien, Theatern und Kinos.

Auf dem Kurfürstendamm reiht sich eine Edel-Boutique an die nächste

Wer im einst berühmten ❽ **Café Kranzler** einkehren will, muss den Eingang zwischen den Ladengeschäften suchen, denn der legendäre Treffpunkt der 1950er bis 80er Jahre hat zwar seine charakteristische Markise behalten, seine Terrasse an der Kreuzung Joachimsthaler Straße aber verloren. Doch der kleine Balkon des ansonsten eher mittelmäßigen Cafés bietet einen schönen Blick auf die umliegenden Bauten. Die skurrilen Skulpturen von Markus Lüpertz an der behäbig runden Fassade des Swiss-Hotels schräg gegenüber kann man von hier am besten erkennen. Einen Blick verdient hat auch die Verkehrskanzel auf dem Joachimsthaler Platz: Aus dem Glaskasten über dem Kiosk-Pavillon am U-Bahn-Eingang wurden zwischen 1955 und 1962 die Ampeln an der Kreuzung Kurfürstendamm/Joachimsthaler Straße von einem Polizisten per Hand bedient. Auf der Kudamm-Nordseite ragt das gläserne »Neue Kranzler Eck« mit pfeilspitzscharfen Ecken in die Höhe, von Architekturkritikern als »städtebaulicher Sündenfall« bezeichnet – urteilen Sie selbst. Eine Passage führt an diesem von Helmut Jahn (vgl. Sony Center) entworfenen Gebäude und einem ruhigen Platz (vgl. Oasen S. 165) vorbei zur Kant-

Versteckt im Neuen Kranzler Eck finden Sie zwei Volieren mit bunt gefiederten Vögeln aus aller Welt

Bevor es zum Kino umgebaut wurde, war das Delphi in den 1920er Jahren ein Tanzpalast

straße. Dort bilden das traditionsreiche **Theater des Westens**, heute Musical-Bühne, die **Vaganten-Bühne** im Hinterhof, der **Jazzkeller Quasimodo** und das **Delphi-Kino** mit Café und Biergarten ein vielseitiges Kulturzentrum.

Ein weiteres kulturelles Kleinod ist das **❾ Amerikahaus** in der Hardenbergstraße. 1957 eröffnet, wurde das Amerikahaus zu einem offenen Treffpunkt für alle, mit Zugang zu den Medien der freien westlichen Welt. Es präsentierte moderne US-amerikanische Literatur, Zeitschriften, Filme und Musik und wurde so zum Symbol für Demokratie, Informations- und Meinungsfreiheit. Nach Ausbruch des Vietnamkriegs wandelte sich die Haltung vor allem vieler Studenten. Bei den Protesten der 68er-Bewegung gegen den Vietnamkrieg und

Pflastermalerei auf Berlins Gehwegen

Kurfürstendamm historisch

Der Kurfürstendamm führt dreieinhalb Kilometer lang vom Breitscheidplatz aus Richtung Südwesten bis zum Rathenauplatz im Ortsteil Halensee. 1542 wurde ein befestigter »Knüppeldamm« als Reitweg für Kurfürst Joachim II. zum Jagdschloss Grunewald angelegt. An weitere märkische Kurfürsten erinnern die Namen vieler Querstraßen im westlichen Teil des Kudamms. Reichskanzler Bismarck forderte 1873 den Ausbau der Straße nach dem Vorbild der Pariser Champs Elysées: 53 Meter breit mit einem Mittelstreifen für Fuhrwerke. Die erste Straßenbahn fuhr hier 1886 – das Geburtsjahr des Kurfürstendamms. Landhäuser und Villen mit Vorgärten entstanden, später prächtige Häuser für das Großbürgertum und in den Goldenen 20er Jahren tobten das wilde und das kulturelle Leben.

Es folgten die Vertreibung der Juden, die Zerstörungen im Zweiten Weltkrieg und der Wiederaufbau. Nach dem Mauerbau wurde der Kudamm als Boulevard und Einkaufsmeile zum Zentrum West-Berlins und Schaufenster der freien Welt sowie zur Bühne für politische Demonstrationen. 1968 wurde Rudi Dutschke, Wortführer der Studentenbewegung, auf dem Kurfürstendamm niedergeschossen. Er starb 1979 an den Spätfolgen des Attentats. An der Hausnummer 140 erinnert eine Plakette an Dutschke. 1979 zog die erste kleine Parade am Christopher-Street-Day (CSD) über den Kurfürstendamm, zehn Jahre später nahm hier ein lustiger kleiner Techno-Umzug namens Love Parade seinen Anfang, der sich innerhalb kürzester Zeit zum Massenspektakel entwickelte. In der Nacht als die Mauer fiel – vom 9. auf den 10. November 1989 – war der Kurfürstendamm das erste Ziel der DDR-Bürger, die ihren Traum verwirklichten: »Einmal Ku'damm und zurück«, wie ein westdeutscher Film über eine DDR-Liebesgeschichte von 1983 hieß. In dieser Nacht und in den folgenden Tagen gab es kaum noch ein Durchkommen.

seine Befürworter war das Amerikahaus als Institution der USA häufiges Ziel von Demonstrationen und gewalttätigen Angriffen. Nach 1975 wurde es wieder zum Ort für die Begegnung mit der Kultur der USA. Seit 2014 nutzt die Fotogalerie C/O Berlin das Haus.

Kultur und Vergnügen

Auf der einstigen Kinomeile Kurfürstendamm sind fast alle Filmbühnen verschwunden, nur die **Astor Filmlounge** und das **Cinema Paris** im französischen Kulturzentrum Maison de France bieten noch cineastischen Genuss. Am südlichen Ende der Meinekestraße, wartet das ⓫ **Haus der Berliner Festspiele** mit hochrangigen Theater-, Musik- und Performance-Festivals rund ums Jahr auf, und die Bar jeder Vernunft im historischen Spiegelzelt auf dem Parkdeck daneben verzaubert immer wieder mit Perlen der Kleinkunst.

In der Fasanenstraße, noch immer eine der besten Wohnadressen in der City West, erinnert das **Wintergarten-Ensemble** mit drei Häusern an die ursprüngliche Villen-Bebauung um 1900: das Auktionshaus Villa Grisebach (Hausnr. 25), das ⓬ **Käthe-Kollwitz-Museum** (Nr. 24) und das **Literaturhaus Berlin** (23). Hier finden Ausstellungen, Lesungen und Gespräche statt, residiert im Souterrain die gut sortierte Buchhandlung Kohlhaas & Company und im Wintergarten das gleichnamige Café-Restaurant. Im Sommer wird im Garten draußen serviert – ein lauschiges Plätzchen!

Im Kudamm-Karree sorgen die beiden Boulevard-Bühnen ⓭ **Komödie und Theater am Kurfürstendamm** für gute Unterhaltung und die Erlebnis-Ausstellung ⓮ **The Story of Berlin** für einen originellen Zugang zur Berliner Geschichte.

Der Theaterbau der renommierten ⓯ **Schaubühne** weiter westlich am Lehniner Platz ist äußerlich eine originalgetreue Rekonstruktion des von Erich Mendelsohn in den 1920er Jahren errichteten Kinos. Die Inszenierungen betrachten auch Klassiker aus einem aktuellen gesellschaftlichen Blickwinkel.

In einer herrschaftlichen Villa zeigt das Käthe-Kollwitz-Museum rund 200 zeichnerische und druckgrafische Arbeiten der Künstlerin

Der Bummel über den Kudamm kann nach zwei Kilometern am Adenauerplatz enden. Mit dem Bus 109 Richtung Flughafen Tegel geht es weiter zum Schloss Charlottenburg.

Bahnhof Zoo: Fotos statt Heroin

Berühmt-berüchtigt war der Bahnhof Zoologischer Garten in den 1970er und 80er Jahren vor allem als Treffpunkt der Drogenszene und der Kinderprostitution. Inzwischen haben sich die »Kinder vom Bahnhof Zoo«, deren Schicksale durch das Buch von Christiane F. und den gleichnamigen Film aufwühlten, andere Nischen in der Stadt gesucht. Neue Hotels und Restaurants haben eröffnet. Und das ➒ **Amerikahaus** gleich nebenan wurde für die renommierte **Fotogalerie C/O Berlin** umgebaut. Die Kuratoren widmen sich der Fotokunst in allen Epochen, Stilen und Facetten. Zuvor hatten sie im Postfuhramt in Mitte für spektakuläre Ausstellungen gesorgt. Am neuen Standort hat C/O Berlin mit dem ➓ **Museum für Fotografie/Helmut Newton Stiftung** in der Jebensstraße neben dem Bahnhof Zoo eine stimulierende Nachbarschaft. Liebhaber der Fotografie finden sich sicher auch unter den Studenten der nahe gelegenen **Universität der Künste** an der Fasanenstraße und der Technischen Universität am Ernst-Reuter-Platz.

Schloss Charlottenburg von der Gartenseite

Fast 50 Meter lang ist die prunkvolle Goldene Galerie im Schloss Charlottenburg

Schloss Charlottenburg

 Schloss Charlottenburg gehört zu den Top-Ten-Sehenswürdigkeiten der Hauptstadt. Während in Berlins Mitte das erste Schloss der Hohenzollern in seinem Erscheinungsbild äußerlich wieder aufgebaut wird, steht in Charlottenburg ein Original: Schloss Charlottenburg ist die größte erhaltene Hohenzollernresidenz in Berlin.

In zwei Bombennächten 1943 und 1945 wurde das Schloss schwer beschädigt. 1950 begann der Wiederaufbau, im selben Jahr ließ die SED-Führung in Ost-Berlin das Berliner Stadtschloss in Mitte sprengen. Die Wiederherstellung bis in künstlerische Details dauerte in Charlottenburg bis in die 1970er Jahre. Und erst nach der Wiedervereinigung bekam

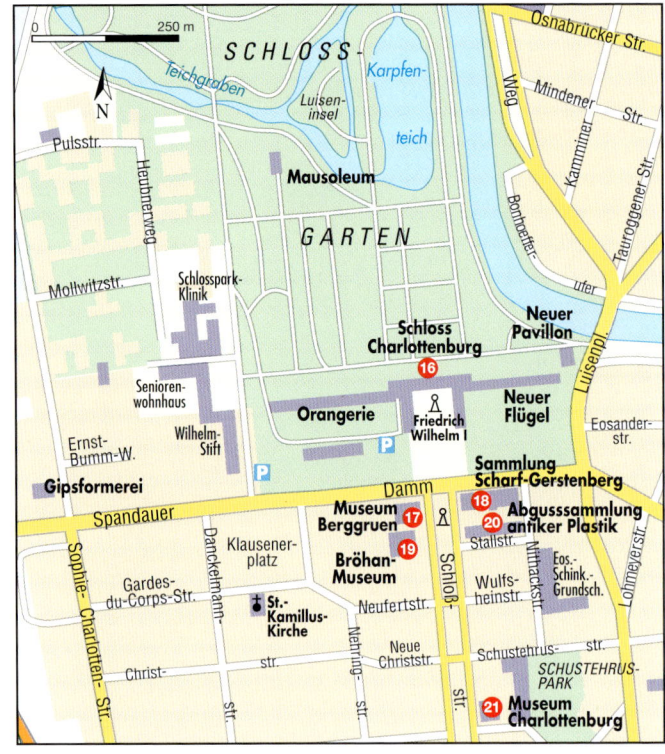

Das Belvedere im Schlossgarten wurde ursprünglich als Teehaus und Aussichtspavillon errichtet

das Schloss durch die Zusammenführung vieler Kunstwerke und Ausstattungstücke seinen Weltrang als Museumsschloss zurück. Heute wird der Rundgang durch prunkvolle Paradekammern, intime Wohnräume und glanzvolle Festsäle zu einer Zeitreise durch 300 Jahre höfische Kultur in Brandenburg-Preußen, von der Barockzeit bis ins frühe 20. Jahrhundert. Alle

Deckenmalerei im Arbeitszimmer Friedrichs I.: »Allegorie der Jahreszeiten«, Detail Frühling, um 1710 von Johann Friedrich Wentzel d. Ä.

preußischen Herrscher und ihre Gemahlinnen haben zumindest zeitweise das Schloss bewohnt und für Veränderungen im Stil ihrer Epoche gesorgt. Ein weiteres Highlight im Schloss bildet die Ausstellung »Kronschatz und Silberkammer« mit den Kroninsignien, Kostbarkeiten der Tafelkultur und kunstvoll gestalteten Tabaksdosen Friedrichs des Großen.

Einen Spaziergang durch den **Schlossgarten** mit dem kunstvollen Barock-Parterre und dem weitläufigen Landschaftsgarten sollte man sich vor allem bei schönem Wetter nicht entgehen lassen. Links am Karpfenteich vorbei gelangt man zur idyllischen Luiseninsel und am nördlichen Ende kann man sich sogar auf einer Liegewiese niederlassen. Schließlich sind auch weitere Bau- und Kunstwerke im Garten zu entdecken (vgl. S. 73)

Wer noch mehr Zeit und Muße mitbringt, hat unter sieben Museen im Umkreis die Wahl. Die bedeutendste Sammlung der klassischen Moderne mit Werken von Pablo Picasso, Paul Klee, Henri Matisse und Skulpturen von Alberto Giacometti beherbergt das ❶ **Museum Berggruen** am Anfang der Schloßstraße. Zu einem Streifzug durch die Geschichte der fantastischen Kunst lädt im Zwillingsbau gegenüber – beide Häuser dienten im 19. Jahrhundert als Kaserne – die ❶ **Sammlung Scharf-Gerstenberg** ein. Sie umfasst Malerei und Grafik des Surrealismus, u. a. Werke von Salvador Dalí, Max Ernst oder René Magritte sowie von Vorläufern und Nachfolgern dieser Stilrichtung. Das ❶ **Bröhan-Museum** neben dem Museum Berggruen entführt mit einer eindrucksvollen Sammlung in die schöne Welt des Jugendstils und Art déco. Die ❷ **Abguss-Sammlung antiker Plastik** gibt mit rund 2000 Werken auf engem Raum eine eindrucksvolle Übersicht auf die Entwicklung der griechischen und römischen Skulptur. In der nahe gelegenen **Gipsformerei** werden Abgüsse von Göttern, Helden und Herrschern aus Berliner und anderen Museen hergestellt, die in kleiner Form auch zu erwerben sind.

Am Schustehruspark zeichnet das ❷ **Museum Charlottenburg Wilmersdorf** in einer Villa aus dem 19. Jahrhundert die Geschichte »Von der Residenz zur City West« nach.

Als Königin Sophie Charlotte 1705 starb, ließ Friedrich I. ihr Sommerschlösschen Lietzenburg in Charlottenburg umbenennen und erhob die nahe Siedlung der Hofbediensteten zur Stadt Charlottenburg.

Große Werke der Klassischen Moderne zeigt das Museum Berggruen

Ständige Ausstellung im Käthe-Kollwitz-Museum

Service & Tipps:

ℹ Tourist Information
Im Neuen Kranzler Eck
Kurfürstendamm 22, Haus 4
U1/9 Kurfürstendamm
✆ (030) 25 00 25
www.visitberlin.de
Mo–Sa 10–20, So 10–18 Uhr

⓴ 🏛 Abguss-Sammlung Antiker Plastik
Schloßstr. 69 B, Charlottenburg
S41/42/46: Westend, Bus: M45/
109/309: Schloss Charlottenburg
✆ (030) 342 40 54
www.abgusssammlung-
berlin.de
Do–So 14–17 Uhr, Eintritt frei
Griechische und römische Göt-
terstatuen in Gips.

⓳ 🏛 Bröhan-Museum
Schloßstr. 1 A, Charlottenburg
S41/42/46: Westend, Bus:
M45/109/309
✆ (030) 32 69 06 00
www.broehan-museum.de
Tägl. außer Mo 10–18 Uhr
Eintritt € 6/4, bis 18 J. frei
Landesmuseum für Jugendstil,
Art déco und Funktionalismus

⑨ 🏛 C/O Berlin Galerie im Amerikahaus
Hardenbergstr. 22–24
Charlottenburg
U-/S-Bahn: Zoologischer Garten
✆ (030) 28 44 41 60
www.co-berlin.info
Öffnungszeiten/Eintrittspreise
standen bei Redaktionsschluss
noch nicht fest
Internationale Fotokunst und
-künstler.

🏛 👬 Gipsformerei
Sophie-Charlotten-Str. 17/18
Charlottenburg
S41/42/46: Westend
Mo–Fr 9–16, Mi bis 18 Uhr
Eintritt frei
Nofretete und andere Schön-
heiten, rein weiß oder bunt be-
malt, für das »Heimmuseum«.

⓬ 🏛 Käthe-Kollwitz-Museum Berlin
Fasanenstr. 24, Charlottenburg
U1: Uhlandstraße
✆ (030) 882 52 10
www.kaethe-kollwitz.de
Tägl. 11–18 Uhr, Eintritt € 6/3
Die Ausstellungen in der ältesten Stadtvilla (1871 erbaut) der
Straße sind dem Leben und
Werk der sozial engagierten
und gegen den Krieg kämpfen-
den Künstlerin (1867–1945)
gewidmet.

⓴ 🏛 🍽 Museum Charlottenburg-Wilmersdorf
in der Villa Oppenheim,
Schloßstr. 55, Charlottenburg
U2: Sophie-Charlotte-Platz
✆ (030) 902 92 41 08
www.villa-oppenheim-berlin.de
Di–Fr 10–17, Sa/ So 11–17 Uhr
Eintritt frei
Ausstellungen zur (Kultur-)
Geschichte des Bezirks. Das
nette Café Frau Bäckerin
hat Terrassenplätze mit Blick
auf den Schustehruspark.

⓱ 🏛 👬 Museum Berggruen
Schloßstr. 1, Charlottenburg
S41/42/46: Westend, M45/109/
309: Schloss Charlottenburg
✆ (030) 34 35 73 15
www.smb.museum
Di–Fr 10–18, Sa/So 11–18 Uhr;
Erweiterungsbau z.Zt. geschl.,
Eintritt € 10/5, Bereichskarte
(gültig auch für Sammlung
Scharf-Gerstenberg und
Museum für Fotografie) € 12/6,
beim Kauf im Onlineshop € 1
Rabatt, bis 18 J. frei
Großartige Sammlung der
Klassischen Moderne: Picasso,
Klee, Matisse.

⓾ 🏛 🍽 👬 Museum für Fotografie – Helmut Newton Stiftung
Jebensstr. 2, Charlottenburg
U-/S-Bahn: Zoologischer Garten
✆ (030) 266 42 42 42
www.smb.museum
Di–So 10–18, Do bis 20 Uhr

Eintritt € 10/5, Bereichskarte
Charlottenburg € 12/6 (gültig
auch für Sammlung Scharf-
Gerstenberg und Museum
Berggruen), beim Kauf
im Onlineshop € 1 Rabatt,
bis 18 J. frei
Werke und private Dinge von
Helmut Newton; wechselnde
Ausstellungen der Fotokunst.

⑱ 🏛🖥🍴 Sammlung Scharf-
Gerstenberg
Schloßstr. 70, Charlottenburg
S41/42/46: Westend, Bus M45/
109/309: Schloss Charlottenburg
✆ (030) 266 42 42 42
www.smb.museum
Di–Fr 10–18, Sa/So 11 – 18 Uhr
Eintritt € 10/5, Bereichskarte
(gültig auch für Museum
Berggruen und Museum für
Fotografie) € 12/6, beim Kauf
im Onlineshop € 1 Rabatt,
bis 18 J. frei
Hier sind die Surrealisten zu
Hause: von Piranesi und Goya
bis Max Ernst und Dubuffet.

⑯ 🏛🍴🍴 Schloss
Charlottenburg
Spandauer Damm 20–24
S41/42/46: Westend, Bus M45/
109/309: Schloss Charlottenburg
✆ (030) 32 09 10, www.spsg.de
Tägl. außer Mo 10–18, Nov.–
März 10–17 Uhr, Eintritt € 12/8
So Führungen für Kinder und
Familien
Die größte erhaltene Residenz
der Hohenzollern-Herrscher
in Berlin.
Im **Schlossgarten**:

– Belvedere
April–Okt. tägl. außer Mo
10–18 Uhr, Eintritt € 3/2,50
KPM-Porzellansammlung des
Landes Berlin.

– Neuer Pavillon
April–Okt. tägl. außer Mo
10–18, Nov.–März tägl. außer
Mo 10–17 Uhr, Eintritt € 4/3
Kunst und Kunsthandwerk der
Schinkelzeit.

– Mausoleum
April–Okt. tägl. außer Mo
10–18 Uhr, Eintritt € 2/1
Gedenkhalle mit den Marmor-
sarkophagen der Königin Luise,
Kaiser Wilhelms I. und seiner
Gemahlin Augusta.

⑭ 🏛 The Story of Berlin
Kurfürstendamm 207/208
Charlottenburg
U1: Uhlandstraße
✆ (030) 88 72 01 00
www.story-of-berlin.de
Tägl. 10–20 Uhr, Eintritt € 12/9,
Kinder (6–16 J.) € 5, Familien € 25
In 23 multimedial gestalteten
Themenräumen geht es rasant
durch 800 Jahre Berliner Ge-
schichte und Alltag. Bestandteil
des Besuchs ist eine Führung
durch einen originalen Atom-
schutzbunker unter dem
Kurfürstendamm.

❸ 🛈🍴✕🖥🛍🛏 Bikini Berlin
Budapesterstr. 40–50
Charlottenburg
U-/S-Bahn: Zoologischer Garten
www.bikiniberlin.de
Lifestyle-Shopping und
Erholung liegen hier dicht
beieinander.

73

❷ ◉🅸❌🍴🅳🍸♿
Europa-Center
Breitscheidplatz, Charlottenburg
U-/S-Bahn: Zoologischer Garten
www.europa-center-berlin.de
Geschäfte, Gastronomie, Kultur.
Populäre Kneipe für fröhliche
Biertrinker: **Irish Pub** im Keller.
Schicker Club mit spektakulärer
Aussicht auf das nächtliche
Berlin: **Puro Sky Lounge** in der
obersten Etage (vgl. S. 194), au-
ßerdem Kabarett-Theater **Die
Stachelschweine** (vgl. S. 208)

❻ ◉ **Kaiser-Wilhelm-
Gedächtniskirche**
Gedenkhalle, Tauentzienstr.
U-/S-Bahn: Zoologischer Garten
☎ (030) 218 50 23, www.
gedaechtniskirche-berlin.de
Mo–Fr 10–18, Sa 10–17.30,
So 12–17.30 Uhr, Kirche tägl.
9–19 Uhr

*Ein Urgestein der
Berliner Kinos: der
Zoo Palast*

1895 im neoromanischen Baustil zu Ehren Kaisers Wilhelm I.
eingeweiht und 1945 zerstört,
nur der Kirchturm blieb als
Ruine übrig. Die neue Gedächtniskirche (1961) ist ein Entwurf
von Egon Eiermann.

❹ 🧗♿◉ **Zoologischer Garten
& Aquarium**
Vgl. S. 222.

♿ **Astor Filmlounge Berlin**
Kurfürstendamm 225
Charlottenburg
U1/9: Kurfürstendamm
☎ (030) 883 85 51
http://berlin.astor-filmlounge.de
Super-Kinoerlebnis aus beque-
men Ledersesseln, dafür ist
der Eintritt teurer als normaler-
weise. Auf Wunsch Häppchen
und Getränke am Platz.

❺ ♿ **Zoo Palast Berlin**
Hardenbergstr. 29 A
Charlottenburg
U-/S-Bahn: Zoologischer Garten
☎ 01805-222 966
www.zoopalast-berlin.de
Mit dem Charme der 1950er
Jahre, technisch auf neuestem
Stand und bester Komfort
im Kinosessel. Insgesamt
sieben Säle, im großen Saal
laufen die Blockbuster; keine
Originalversionen.

❌🍴 **Grosz**
Kurfürstendamm 193/194
Charlottenburg
Bus M29/109: Bleibtreustraße
☎ (030) 652 14 21 99
www.grosz-berlin.de
Tägl. 9–23, Fr/Sa bis 23.30 Uhr
Das Kaffeehaus und Restaurant
im Haus Cumberland nimmt in
der Ausstattung die Opulenz
des späten 19. Jh. auf und
bietet für jede Tageszeit die
passenden Köstlichkeiten. €€€

❌🍴 **Café-Restaurant Winter-
garten im Literaturhaus**
Fasanenstr. 23, Charlottenburg
U1: Uhlandstraße

✆ (030) 882 54 14
www.literaturhaus-berlin.de
Tägl. 9–24 Uhr
Frische Bistroküche; am
schönsten sitzt man im Garten.
€€–€€€

⊠ **Restaurant Le Piaf**
Schloßstr. 60, Charlottenburg
Bus M45/109/309:
Schloss Charlottenburg
✆ (030) 342 20 40
www.le-piaf.de
Di–Sa 17.30–24 Uhr
Essen wie in Frankreich: klas-
sische Bistroküche; lauschiger
Vorgarten. €€

⊠ ⧦ **NENI Berlin**
im Hotel 25hours
Budapester Str. 40
Charlottenburg
U-/S-Bahn: Zoologischer Garten
✆ (030) 12 02 21 20 0
www.25hours-hotels.com
Tägl. 12–22.30, Fr, Sa bis 23.30
Frühstück: Mo–Fr 6.30–10.30,
Sa/So 7–11.30 Uhr
Ost-mediterrane Küche, herr-
liche Ausblicke. €–€€

⊠ ◨ **Brauhaus Lemke am Schloss**
Charlottenburg
Luisenplatz 1, Charlottenburg
Bus M45: Luisenplatz
✆ (030) 30 87 89 79
www.brauhaus-lemke.com
Tägl. ab 11 Uhr
Frisch gebrautes Bier und def-
tige Kost, etwa Biergulasch
oder Berliner Eisbein. €

❽ ◪ **Café Kranzler**
Kurfürstendamm 18
Charlottenburg
U1/9: Kurfürstendamm
✆ (030) 887 18 39 25
www.cafekranzler.de
Tägl. 8.30–20 Uhr
Am besten sitzt man auf dem
kleinen Balkon mit Blick auf
den Trubel auf dem Kudamm.

❶ ◪ ⊠ **Romanisches Café im**
Waldorf Astoria
Hardenbergstr. 28

Charlottenburg
U-/S-Bahn: Zoologischer Garten
✆ (030) 814 00 00
www.waldorfastoriaberlin.com
Tägl. 7–23 Uhr
Außer Torten und Patisserie
auch leichte Gerichte und
Businesslunch.

◨ ⊠ **Ranke 2**
Rankestr. 2, Charlottenburg
U1/9: Kurfürstendamm
✆ (030) 883 88 82
www.ranke2.de
Tägl. ab 9 Uhr
Urige Alt-Berliner-Kneipe mit
Berliner und deutscher Küche. €

◨ ⊠ **Zwiebelfisch**
Savignyplatz 7, Charlottenburg
S-Bahn: Savignyplatz
✆ (030) 312 73 63
www.zwiebelfisch-berlin.de
Tägl. 12–6, Küche bis 3 Uhr
Stammkneipe von Künstlern,
Intellektuellen und Alt-68ern,
heute auch bei Touristen-
gruppen beliebt. €

⧦ **Monkey Bar**
im Hotel 25hours
Budapester Str. 40
Charlottenburg
U-/S-Bahn: Zoologischer Garten
✆ (030) 120 22 12 00
www.25hours-hotels.com
Tägl. ab 12 Uhr
Coole Bar: von der obersten
Etage des Hotels Ausblick
durch riesige Glasfenster auf
den Zoo, von der Terrasse zur
Gedächtniskirche und Waldorf
Astoria Hotel. 🌿

*Hinter dem
herrschaftlichen
Eingang des
Kaffehauses und
Restaurants Grosz
erwartet Gäste
die Opulenz des
späten 19. Jh.*

*Rund um den
Savignyplatz gibt
es viele gemütliche
Cafés und Restau-
rants*

Kreuzberg

Legendäres Nachtleben, kreative Szene, internationales Flair

Kreuzberg ist der wohl kontrastreichste Bezirk Berlins. Nirgendwo sonst findet man derart unterschiedliche Lebensentwürfe in unmittelbarer Nachbarschaft. Auf den Straßen rund um das Kottbusser Tor hört man die verschiedensten Sprachen der Welt. Aus der türkischen Bäckerei drängt der Duft von frisch frittierter Gözleme mit Schafskäsefüllung, keine zehn Schritte weiter riecht es nach Koriander und Minze der vietnamesischen Garküche. Vor dem arabischen Café sitzen ältere Herren vor ihren Mokkatassen, nebenan bleibt eine junge Mutter mit Kinderwagen vor den als regional ausgewiesenen Lebensmitteln des Bioladens stehen, und gleich an der Ecke kommt eine Gruppe junger Studenten aus der aktuellen Kunstausstellung. Den Reichtum an Kulturinstitutionen, Cafés, verrückten Läden und Werkstät-

In einer Kreuzberger Bar (oben); DDR- und Sowjet-Souvenirs am Checkpoint Charlie (unten)

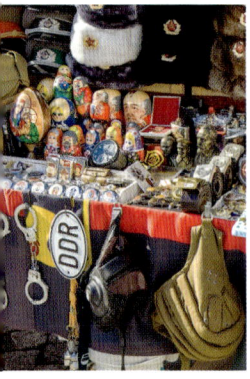

ten verdankt Kreuzberg all diesen verschiedenen Lebens-
weisen, die sich hier zu einem ganz eigenen Lebensgefühl
vermischen. Ein Gefühl, das wohl am stärksten für das Leben in Berlin steht.

*Im Herzen des
Szenebezirks liegt
der U-Bahnhof
Görlitzer Bahnhof*

Der Viktoriapark ist eine der vielen grünen Oasen in Kreuzberg

Am Checkpoint Charlie standen sich im Oktober 1961 sowjetische und US-amerikanische Panzer kampfbereit gegenüber

Seinen Namen verdankt der Bezirk dem im Südwesten gelegenen ❶ **Kreuzberg**. Die Anhöhe liegt im heutigen Viktoriapark und war bis 1821 als Tempelhofer Berg bekannt. In jenem Jahr wurde auf seiner 66 Meter hohen Spitze ein von Karl Friedrich Schinkel entworfenes Nationaldenkmal errichtet. Es hat die Form eines Eisernen Kreuzes und soll an die Befreiungskriege gegen Napoleon (1813–15) erinnern. Unterhalb des Monuments entspringt ein künstlicher Wasserfall. Neben einem großen Spielplatz bietet die Grünanlage auch ein kleines Tiergehege.

Bei seiner Gründung 1920 hieß der eigenständige Bezirk zunächst Hallesches Tor und bestand aus der Tempelhofer Vorstadt, einem großen Teil der Luisenstadt, der oberen Friedrichsvorstadt sowie der südlichen Friedrichstadt.

Wenn von Kreuzberg die Rede ist, wird selten an Letztgenannte gedacht, ebenso wenig wie an das ❷ **Zeitungsviertel**, das sich hier im Herzen der wachsenden Großstadt gegen Ende des 19. Jahrhunderts rechts und links entlang der Friedrichstraße, zwischen der Leipziger Straße und dem Mehringplatz, entwickelte. Hier befindet sich heute nicht nur immer noch das eine

SW 61 versus SO 36

Seinen weltweiten Bekanntheitsgrad verdankt Kreuzberg vor allem zwei Quartieren: dem bürgerlich, intellektuellen **Kreuzberg 61** und dem flippig, alternativen **Kreuzberg 36**, dessen spezifische Entwicklung auf die dreiseitige Einkesselung durch die Berliner Mauer zurückgeht. Ihre Namen entsprechen den alten Postzustellbezirken, Südost 36 und Südwest 61, die der Landwehrkanal trennte. Daher rühren auch die gern benutzten Abkürzungen **SO 36** und **SW 61**.

oder andere Verlagshaus (Springer, Tagespiegel, taz, Ullstein), sondern auch etliche Museen. Auf das ❸ **Mauermuseum am Checkpoint Charlie** folgt westlich das Gelände der zwischen 1933 und 1945 wichtigsten Zentralen des nationalsozialistischen Terrors: das Geheime Staatspolizeiamt und Gefängnis, die Reichsführung-SS sowie das Reichssicherheitshauptamt. Die ❹ **Topographie des Terrors** ist eine Dokumentationsausstellung am und zum »Ort der Täter«. Nebenan befindet sich der ❺ **Martin-Gropius-Bau**, eines der wichtigsten Ausstellungshäuser Berlins. Südöstlich liegt das ❻ **Jüdische Museum** mit beeindruckender Zickzack-Architektur (Daniel Libeskind) und Ausstellung zur jüdischen Geschichte. Gleich um die Ecke, in der Alten Jakobstraße 124, steht Berlins jüngstes staatliches Museum, die ❼ **Berlinische Galerie**. Die umgebaute Industriehalle beherbergt eine vielfältige Sammlung von Werken Berliner Künstler aus der Zeit zwischen 1870 und heute.

Der Martin-Gropius-Bau, 1881 im Stil der italienischen Renaissance fertiggestellt, zeigt hochkarätige Ausstellungen

Das Jüdische Museum Berlin ist das größte jüdische Museum Europas

Riehmers Hof-garten heißt eine denkmalgeschützte Wohnanlage, die gegen Ende des 19. Jh. in dem Karree zwischen Hagelberger Straße, Yorck- und Großbeerenstraße errichtet wurde. Etwa 20 Häuser mit über 200 Wohnungen gruppieren sich um einen lauschigen Hofgarten.

Der obere, ab-schüssige Teil des Mehringdamms ist jährlicher Austragungsort des großen Sei-fenkistenrennens im Frühsommer (www.jokerteam. de).

Prinzenbad

Seit dem Film »Prinzessinnenbad« von 2007 ist das ❽ **Prinzen-bad** wohl das bekannteste Schwimmbad der Stadt. Es bietet eine riesige Liegewiese, eine schnelle Rutsche und gleich zwei 50-m-Schwimmbecken. Bei steigenden Temperaturen erfrischt sich hier die bunte Kreuzberger Mischung: Ältere Herrschaften ziehen gemütlich ihre Bahnen, pubertierende Gören präsentie-ren stolz neueste Bademode, während Gruppen aus Halbstarken scheinbar uninteressiert im Schatten der Bäume abhängen. Und die gesamte Szenerie wird stets im Auge behalten von den mus-kulösen Bademeistern.

Mit dem Mehringdamm beginnt der südliche Teil **Kreuzberg 61**. An der Ecke Gneisenaustraße liegt das aus den wilden 1970er Jahren stammende alternative Zentrum ❾ **Mehring-hof**, das heute noch kollektiv verwaltet wird. Das im Hinter-hof gelegene Kultur-, Gewerbe- und Freizeitzentrum steht Besuchern stets offen.

Eine der bekanntesten Straßen dieses Stadtteils ist die ❿ **Bergmannstraße**. Sie galt in den 1950er Jahren als Ku'damm von Kreuzberg, später war sie beliebte Adresse für Studenten. Im Zuge der Wiedervereinigung kurzzeitig totgesagt, ist sie heute wieder eine Flaniermeile, an der sich ein Lokal an das an-dere reiht. Die ehemaligen Studenten machen nun als Anwäl-te, Ärzte oder Psychologen das Klientel der hiesigen Geschäfte aus. Sie wohnen in dem aufwendig sanierten Chamissokiez. Der ⓫ **Chamissoplatz** mit seinem Kopfsteinpflaster und alten Straßenlaternen, den verschnörkelten Fenstern und Türen so-wie reich verzierten Fassaden und Balkonen der umliegenden Gründerzeitbauten hat ein ganz besonders nobles Flair. Wer es nicht hierher zum allsamstäglichen Öko-Markt schafft, be-kommt in der ⓬ **Markthalle** auf dem **Marheinekeplatz** an der Bergmannstraße von Obst und Gemüse aus biologischem An-bau über Spezialitäten aus der Region bis hin zu südländischen Feinkostangeboten alles, was das kulinarische Herz begehrt.

Passiert man den ⓭ **Südstern**, erstreckt sich nördlich zwi-schen Urbanhafen, Landwehrkanal und Kottbusser Damm

Einer der belieb-testen Imbisse auf dem Mehring-damm ist Mustafa's Gemüse-Kebap

der ⓮ **Graefekiez** mit reichem gastronomischen Angebot und vielen kleinen Läden. Auf die Sozialbauten südlich der Urbanstraße folgen imposante Altbauten mit herrschaftlichen Fassaden der Gründerjahre, zum Teil direkt am Wasser, wo sich auch viele Lokale und Biergärten befinden.

Wirkt wie ein Magnet auf Nachtschwärmer: die Admiralbrücke

Die verkehrsberuhigte ⓯ **Admiralbrücke** ist im Sommer allabendlicher Treffpunkt von jungen Menschen, die nach Sonnenuntergang in die umliegenden Bars und Kneipen ziehen. Denn seit 2011 herrscht hier aus Rücksicht auf die Anwohner ab 22 Uhr etwas zutiefst Berlin-Untypisches: Sperrstunde.

Friedhöfe mit Café

Kleine Mausoleen, efeurumrankte Denkmäler und viel morbides Gemäuer: Die Kreuzberger Friedhöfe sind riesig und eignen sich bestens für eine Reise in die Vergangenheit. Eine Verfügung im Jahr 1817 schrieb aus hygienischen Gründen vor, Friedhöfe stadtauswärts anzulegen. Dazu zählen die noch heute erhaltenen ⓰ **Friedhöfe vor dem Halleschen Tor** ebenso wie die ⓱ **Friedhöfe an der Bergmannstraße**. Der Eingang zu dem ersten großen Komplex mit mehreren Friedhöfen nebeneinander befindet sich am Mehringdamm. Schilder am Eingang weisen den Weg zu den Gräbern bekannter Persönlichkeiten. Auf dem Friedhof I der Dreifaltigkeitsgemeinde sind beispielsweise die Komponistin Fanny Hensel und ihr Bruder Felix Mendelssohn Bartholdy beerdigt. Das Grab des Schriftstellers E. T. A. Hoffmann befindet sich auf dem Friedhof III der Jerusalems- und Neuen Kirchengemeinde.

Die vier Friedhöfe, die sich entlang der Bergmannstraße bis zum Südstern erstrecken, bergen auf 21 Hektar etliche kulturhistorisch interessante Grabdenkmäler und Mausoleen. Die Grabanlage von Martin Gropius (Friedhof II der Dreifaltigkeitsgemeinde) etwa hat die Form einer Pergola und ist nach eigenen Entwürfen des Architekten errichtet worden. In der Nähe ruhen auch der Dichter Ludwig Tieck und der Philosoph Friedrich Schleiermacher. Etliche der historischen Grabanlagen werden von Berlinern gepflegt, die Patenschaften übernommen haben (www.berliner-grabmale-retten.de).

Auf dem Friedhof der Friedrichwerderschen Gemeinde an der Bergmannstraße lädt ein **Friedhofscafé** zur Rast ein: Dort, wo man früher die Toten aufbahrte, können Besucher heute auf der überdachten Terrasse die Nachmittagssonne und sprichwörtliche Friedhofsruhe genießen.

3 Kreuzberg

Fassade in Kreuzberg: gutbürgerlicher Schick mit Stuck

Bei einem Spaziergang entlang des Kanals lohnt sich immer auch ein Blick in die Hinterhöfe: Im alten Pförtnerhäuschen eines Gewerbehofes hat etwa das wohl kleinste Café der Stadt seinen Sitz: Concierge Coffee (Paul-Lincke-Ufer 39/40, U8: Schönleinstraße, Mo–Fr 8.30–18, Sa 12–17 Uhr) bietet kaum mehr Platz als für die große Kaffeemaschine, mit der wissen die zwei Baristi jedoch unglaublich guten Kaffee herzustellen.

Unterwegs am Kottbusser Tor (oben rechts), Objekte u. a. namhafter Designer aus verschiedenen Epochen zeigt das Museum der Dinge in der Oranienstraße (rechts)

Anlaufpunkt der Partyhungrigen ist der Verkehrsknotenpunkt ⑱ **Kottbusser Tor**. Das **NKZ** (Neues Kreuzberger Zentrum), ein zehnstöckiger Betonklotz, der sich hier über die Adalbertstraße spannt, liegt mitten im »türkischen Teil« Kreuzbergs. Es ist eng, laut und dreckig. Trotzdem oder gerade deswegen ist hier immer etwas los: Am »Kotti« gibt es jede Menge Clubs, Bars und ein Hostel. Die angrenzende **Oranienstraße** mit vielen originellen Läden, Cafés, Restaurants und Buchhandlungen führt am ⑲ **Heinrichplatz** vorbei, dessen Kneipen nicht erst seit den hier spielenden, zentralen Szenen aus dem Film »Herr Lehmann« stets gut besucht sind.

Es folgt im Osten der ⑳ **Görlitzer Park**. Laut Polizeiangaben eine der gefährlichsten Ecken der Stadt. Die Berliner stört das nicht. Im Sommer kommen auf dem ehemaligen Bahnhofsgelände alle zusammen: Zwischen Dealer mischen sich Studenten, jede Menge Familien unterschiedlicher Nationalitäten und Touristen. Unweit entfernt befindet sich der ㉑ **Mariannenplatz** mit dem **Künstlerhaus Bethanien**. Das unter Denkmalschutz stehende ehemalige Krankenhaus beherbergt mehrere Kunstprojekte und Kulturinitiativen. Auch das hiesige Restaurant **3 Schwestern** ist wärmstens zu empfehlen. Keine 500 Meter entfernt steht die ㉒ **Markthalle Neun** in der

Myfest
Straßenschlachten zwischen autonomen Hausbesetzern und Polizei waren früher in Kreuzberg SO36 am 1. Mai die Regel. Seit 15 Jahren gibt es jedoch eine Alternative: das Myfest. Das Gebiet rund um das Kottbusser Tor, die Oranien-und Mariannenstraße wird am Tag der Arbeit mit vielen Ständen und Auftritten von Musikgruppen aus dem Kiez zur kulturellen und kulinarischen Festmeile für die ganze Familie. Randale gibt es seitdem kaum noch.

Eisenbahnstraße, bekannt durch den **Streetfoodmarket** am Donnerstagabend, wo Imbissspezialitäten aus aller Welt angeboten werden. Nachhaltig produzierte Leckereien aus der Region gibt es einmal im Monat beim **Naschmarkt** in der Halle. Die nächste Querstraße ist die Wrangelstraße, sie führt in den an Friedrichshain und Treptow grenzenden ㉓ **Wrangelkiez.** In dem dicht besiedelten Wohnquartier haben sich etliche Cafés, internationale Restaurants und kunterbunte Läden etabliert. Mit seinen zum Teil verkehrsberuhigten Straßen und begrünten Hinterhöfen ist der Kiez auch ein Hort der Gründerszene. Gefeiert wird nach der Arbeit in den Clubs und Bars am ㉔ **Schlesi** wie die U-Bahnstation Schlesisches Tor der Hochbahnlinie U1 und die parallel zur Spree verlaufende Schlesische Straße gerne bezeichnet werden.

Selbst herstellen, frei arbeiten

Die DIY-(Do it yourself-)Szene boomt, vor allem am **Moritzplatz** in Kreuzberg. Kreative aus aller Welt haben dort in einer alten Waschlappenfabrik ein neues Zentrum gefunden: Das ㉕ **Betahaus** in der Prinzessinnenstraße 19/20 ist der größte sogenannte Co-Working-Space Deutschlands. Rund 200 Freiberufler teilen sich hier Schreibtische, Besprechungsräume, nutzen freies WLAN und vor allem das soziale Netzwerk, das durch diesen kollaborativen Arbeitsort entsteht. Er ist Treffpunkt, Forum und Austauschplattform – und dies nicht nur für kreativ Schaffende: Das Café im Erdgeschoss ist auch für Besucher geöffnet. Außerdem werden laufend Kurse und Workshops zu Themen wie Modedesign, Marketing oder Webseitengestaltung angeboten.

Ein Ort der Begegnung und Inspiration ist auch das ㉖ **Aufbau Haus** in der Prinzenstraße 85 gleich um die Ecke. In der ehemaligen Pianofabrik C. Bechstein haben sich der Aufbau Verlag, ein Theater, ein Club, eine Buchhandlung sowie verschiedene handwerkliche und gastronomische Unternehmen eingemietet: Die **Galerie Kai Dikhas** präsentiert zeitgenössische Kunst von Roma und Sinti und **Planet Modulor** erfreut das Künstlerherz mit einem großen Bestand an Papier, Folien, Farben und Zeichenschienen. Besonderer Blickfang innerhalb des Kreativzentrums und Kulturkaufhauses ist das Fotostudio **IMAGO 1 : 1** im Erdgeschoss mit der größten begehbaren Großformatkamera der Welt.

Schräg gegenüber schließlich empfangen am Moritzplatz die **Prinzessinnengärten** Hungrige. Hier wird von Hobbygärtnern Gemüse gezogen, geerntet und im Sommercafé zur Mittagszeit gekocht und serviert.

3 Kreuzberg

Die Konzentration auf das künstlerische Schaffen in Berlin macht die Berlinische Galerie besonders interessant

In über 150 erlebbaren Experimenten erfahren Besucher im Deutschen Technikmuseum, wie Physik und Technik funktionieren

Service & Tipps:

❼ 🏛 Berlinische Galerie
Alte Jakobstr. 124, Kreuzberg
U1/6: Hallesches Tor
✆ (030) 78 90 26 00
www.berlinischegalerie.de
Tägl. außer Di 10–18 Uhr
Eintritt € 8/5, bis 18 J. frei,
jeden 1. Mo im Monat € 4,
Ermäßigung bei Vorlage eines
Tickets des Jüdischen Museums
(nicht älter als zwei Tage)
Das Landesmuseum für Moderne Kunst, Fotografie und
Architektur sammelt in Berlin
entstandene Kunst von 1870
bis heute: Dada Berlin, Neue
Sachlichkeit, osteuropäische
Avantgarde sowie Kunst zum
geteilten und wiedervereinten
Berlin. Bis 2015 wird das Museum saniert.

🏛 ✐ 🍴 Deutsches Technikmuseum & Science Center Spectrum
Trebbiner Str. 9, Kreuzberg
U1: Gleisdreieck
✆ (030) 90 25 40, www.sdtb.de
Di–Fr 9–17.30, Sa/So 10–18 Uhr,
Eintritt € 6/3,50, bis 6 J. frei,
nach 15 Uhr bis 18 J. frei, Mini-Familienticket (1 Erw., 2 Kinder
unter 15 J.) € 7, Maxi-Familienticket (2 Erw., 3 Kinder unter
15 J.) € 13
Eines der größten Technikmuseen Europas bietet auf
rund 26 000 m² Ausstellungen zu Schiff- und Luftfahrt
(Flugzeughalle) sowie eine der
größten Sammlungen zum
Schienenverkehr mit alten
Zügen. Die vielen Experimente, Lokomotiven und der
museumseigene Park mit den
Windmühlen ist besonders für
Besucher mit Kindern geeignet.

㉖ 🏛 Galerie Kai Dikhas
Prinzenstr. 85 D, Aufbau Haus
Kreuzberg
U8, Bus M29: Moritzplatz
✆ (030) 34 39 93 08 09
www.kaidikhas.com
Mi–Sa 12–18 Uhr
Kai Dikhas bedeutet auf Romanes »Ort des Sehens«. Die Galerie widmet sich den Werken
von Sinti- und Roma-Künstlern.

❻ 🏛 🍴 Jüdisches Museum
Lindenstr. 9–14, Kreuzberg
Bus 248: Jüdisches Museum
✆ (030) 25 99 33 00
www.jmberlin.de
Mo 10–22, Di–So 10–20 Uhr
Eintritt € 8/3, bis 6 J. frei,
Familienticket (2 Erwachsene,
max. 4 Kinder) € 14
Daniel Libeskind entwarf für
das jüdische Museum eines
der interessantesten Gebäude
der Gegenwartsarchitektur. Im
Inneren befinden sich neben
Ausstellungen zu 2000 Jahren
jüdischer Geschichte das Archiv,
die Bibliothek und der fensterlose Holocaust-Turm.

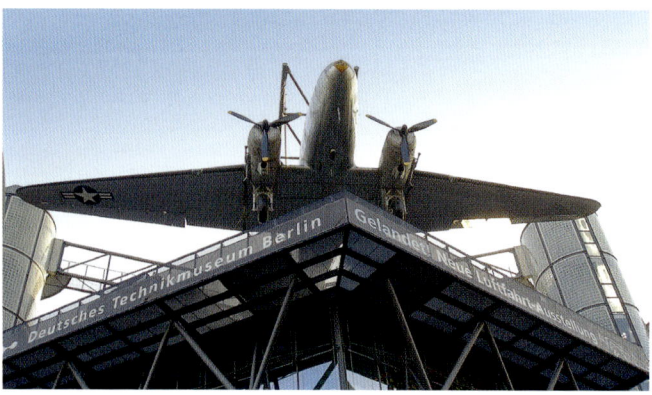

5 🏛 **Martin-Gropius-Bau**
Niederkirchnerstr. 7
Kreuzberg
U-/S-Bahn: Potsdamer Platz
✆ (030) 25 48 60
www.gropiusbau.de
Tägl. außer Di 10–19 Uhr
Eintritt € 9/6, bis 16 J. frei
Eines der führenden Ausstel-
lungshäuser für zeitgenössische
Kunst und Fotografie. Der
nach einem seiner Architekten
– dem Großonkel des be-
rühmten Architekten Walter
Gropius – benannte Bau ist
stilistisch an die italienische
Renaissance angelehnt und
eröffnete 1881 als Königliches
Kunstgewerbemuseum.

4 🏛 **Topografie des Terrors**
Niederkirchnerstr. 8
Kreuzberg
S1/2/25: Anhalter Bahnhof
✆ (030) 254 50 90
www.topographie.de
Tägl. 10–20 Uhr, Eintritt frei
Gestapo, SS und Reichssicherheitshauptamt, die zentralen
Institutionen von SS und Polizei
im »Dritten Reich«, sowie die
von ihnen verübten Verbrechen
sind Thema der Ausstellungen
auf dem Außengelände und in
der Halle.

9 🖲🗐🏃 **Mehringhof**
Gneisenaustr. 2 A, Kreuzberg
U6/7, Bus 140/M19:
Mehringdamm
✆ (030) 691 80 21
www.mehringhof.de
Im Hinterhof des autonomen
Kulturzentrums haben u. a. politische Initiativen ihren Sitz, es
gibt diverse Angebote von Wei-
terbildungsinitiativen bis hin
zu Sport- und Musikgruppen.
Außerdem Ausstellungsräume,
eine Kneipe und das Mehring-
hof-Theater (vgl. S. 208).

🖲🐾🗙🍴 **Willy-Brandt-Haus**
Wilhelmstr. 140, Kreuzberg
U1/7: Möckernbrücke
✆ (030) 25 99 37 00

www.willy-brandt-haus.de
Tägl. außer Mo 9–18 Uhr
Führungen siehe Internet
Neben der beeindruckenden

Architektur des Hauses (Helge
Bofinger) und der Brandt-
Skulptur von Rainer Fetting
gibt es kostenlose Kunstausstellungen und Lesungen, Läden
und ein Bistro.

*Die Prinzessinnen-
gärten am Moritz-
platz stehen ganz
im Zeichen des
Urban Gardening*

🌸🗙🗪 **Prinzessinnengärten**
Prinzessinnenstr. 15, Moritzplatz
Kreuzberg
U8, Bus M29: Moritzplatz
✆ (0176) 24 33 22 97
http://prinzessinnengarten.net
Mai–Okt. tägl. ab 10, Café ab
12 Uhr
Eine grüne Oase mitten in
Kreuzberg. Der gemeinnüt-
zige Garten ist ein Projekt
ökologischer Landwirtschaft in
der Stadt. Zwischen Bäumen,
Sträuchern und Pflanzenkisten
kann man Getränke und Snacks
aus dem Gartencafé genießen.
Nach vorheriger Anmeldung
gibt es 45-minütige Führungen
über das Gelände mit Informationen zum Projekt.

🌸 **Wildblumenwiese**
Baerwaldstr. 70, Kreuzberg
Bus 140: Wilmsstraße
http://wildblumenwiese.net
Schöne Wildblumenwiese, die
von einem Anwohnerverein
angelegt wurde.

85

⊠🏛 Berliner Gruselkabinett & Bunkermuseum
Schöneberger Str. 23 A
Kreuzberg
S1/2/25: Anhalter Bahnhof
✆ (030) 26 55 55 46
www.berlinstory-bunker.de
Mo 10–15, Di, Do/Fr, So 10–19,
Sa 12–20 Uhr
Eintritt € 9,50/7
Im ehemaligen Bunker des An-
halter Bahnhofs lauern Geister
in den dunklen Gängen, um
Besucher in Furcht und Schre-
cken zu versetzen. Das Museum
im Untergeschoss dokumentiert
Funde aus dem alten Luft-
schutzbunker des seinerzeit
größten Bahnhofs Berlins.

*Club mit Aussicht:
das Solar in der
Stresemannstraße*

⊠🎞 Moviemento Kino
Kottbusser Damm 22
Kreuzberg

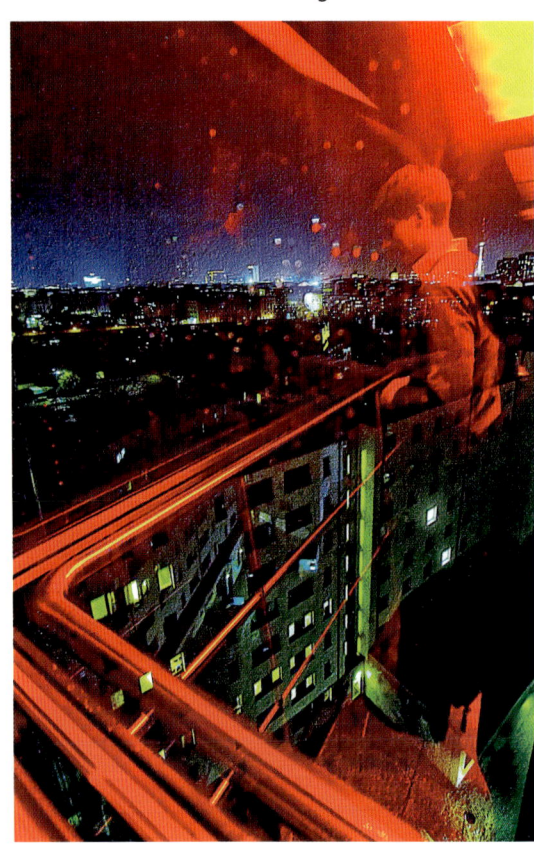

U8: Schönleinstraße
✆ (030) 692 47 85
www.moviemento.de
Das älteste Kino der Republik
hält hier seit 1907 die Stellung.
Es hat einen großen Saal mit
103 Plätzen und zwei kleinere
mit je ca. 65 Plätzen.
   Gezeigt werden Arthouse-
Filme sowie Klassiker. Am
Samstag und Sonntag gibt´s
auch Kinderfilme.

⊠ Chandra Cumari
Gneisenaustr. 4, Kreuzberg
U6/7: Mehringdamm
✆ (030) 694 12 03
www.chandra-kumari.de
Tägl. 12–1, So Brunch 11–16 Uhr
Die Mondgöttin serviert
ayurvedische Küche aus Sri
Lanka. Alle Zutaten stammen
aus biologischem Anbau und
artgerechter Haltung. €€

⊠ Hostaria del Monte Croce
Mittenwalder Str. 6, Kreuzberg
Bus 248/M41: Blücherstraße
✆ (030) 694 39 68
www.hostaria.de
Tägl. außer So/Mo 19–23 Uhr
Kleine Remise im Hinterhof mit
monatlich wechselndem, acht-
gängigem Menü zum Festpreis
(€ 56) inklusive Wasser, Wein,
Espresso und abschließendem
Grappa. €€

⊠⊠ 3 Schwestern
Mariannenplatz 2, Kreuzberg
Bus M29, U1: Görlitzer Bahnhof
✆ (030) 600 31 86 00
www.3schwestern-berlin.de
Tägl. ab 11 Uhr
Neben täglich wechselnden
Mittagsgerichten bietet das Lo-
kal im Kunstquartier Bethanien
auch Frühstück, eine reich-
haltige Kuchenauswahl sowie
internationale Speisen für die
Abendzeit. Dinner- und Show-
Veranstaltungen. €–€€

☕ Café Strauss
Bergmannstr. 42, Kreuzberg
U7: Südstern

✆ (030) 69 56 44 53
www.cafestraussberlin.de
Tägl. außer Mo ab 9 Uhr
In der ehemaligen Aufbah-
rungshalle des Friedhofs der
Friedrichwerderschen Gemeinde röstet Olga Strauss täglich
Kaffeebohnen, backt Quiche
und Kuchen. Auf der Terrasse
mit Blick auf die Gräber und
Mausoleen kann man diese
wunderbar genießen.

◪ Westberlin
Friedrichstr. 215, Kreuzberg
U6: Kochstraße
✆ (030) 25 92 27 45
www.westberlin-bar-shop.de
Mo–Fr 8.30–18, Sa 10–18 Uhr
Bestes Kaffee-, Kuchen- und
Zeitschriften-Angebot weit
und breit.

◪☒ Golgatha
Dudenstr. 40–64, Kreuzberg
U6: Platz der Luftbrücke
✆ (030) 785 24 53
www.golgatha-berlin.de
April–Okt tägl. ab 9 Uhr
Die Holzterrasse des großen
Biergartens mit Grill am Fuße
des Kreuzbergs ist das som-
merliche Wohnzimmer im Kiez.
Samstagabends legen DJs auf.

◪☒♩ Yorkschlösschen
Yorckstr. 15, Kreuzberg
U6/7: Mehringdamm
✆ (030) 215 80 70
www.yorckschloesschen.de
Tägl. 17–3, So ab 10 Uhr
(Brunch 11–15 Uhr)
Das weit über 100 Jahre alte
Yorckschlösschen ist mit seinen
Livemusik-Events ein Leucht-
turm der Jazz- und Bluesszene.

♟ Prinz Charles
Prinzenstr. 85 F, Kreuzberg
U8, Bus M29: Moritzplatz
✆ (0179) 346 23 69
http://princecharlesberlin.com
Do–Sa 19–8 Uhr
Über den Hinterhof gelangt
man zum Eingang des ehe-
maligen Schwimmbads. Der

Blickfang ist die von allen Seiten
zu erreichende Bar, die inmitten
des einstigen Beckens steht.
Wem es beim Tanzen zu heiß
wird, der kann sich bei feinen
Cocktails und Longdrinks auf
der Terrasse abkühlen

⌘ Antiquariat Tode
Dudenstr. 36, Kreuzberg
U6: Platz der Luftbrücke
✆ (030) 786 51 86
Mo–Fr 13–20, Sa 13–16 Uhr
Es riecht gut nach alten Bü-
chern und Tabak. Mit gro-
ßem Herzblut betreiben die
Gebrüder Tode seit 1973 das
Buchantiquariat mit Keller
und Werkstatt.

⌘ Grober Unfug
Zossener Str. 33
Kreuzberg
U7: Gneisenaustraße
✆ (030) 69 40 14 90
www.groberunfug.de
Mo–Fr 11–19, Sa 11–18 Uhr
Dieser Comic-Laden ist ein
Eldorado für jeden Fan. Hier
verliert man sich schnell in
der riesigen Auswahl der wohl
sortierten bunten Heftchen
und Zeichnungen.

㉖ ⌘ IMAGO 1:1
Prinzenstr. 85 D, Aufbau Haus
Kreuzberg
U8, Bus M29: Moritzplatz
✆ (030) 52 13 26 17

*Besonders beliebt
im Yorckschlöss-
chen ist der
Sonntagsbrunch
mit Buffet und
Livemusik*

87

www.imago1zu1.de
Tägl. außer So 11–19 Uhr
Größte begehbare Großformatkamera der Welt. Ein Unikat im
Format eines Ganzkörperpor-
traits kostet € 370, ein Halbpor-
trait € 250.

⑫ 🚻❌ **Marheineke**
Markthalle
Marheinekeplatz 15, Kreuzberg
U7: Gneisenaustraße
http://meine-markthalle.de
Mo–Fr 8–20, Sa bis 18 Uhr
Ob frisches Obst, Gemüse,
Fleisch oder Fisch, Käse und
Blumen – die Händler in der
Markthalle bieten täglich hoch-
wertige Produkte an. Hung-
rige haben die Wahl zwischen
vielen Imbissküchen – vom
Bio-Steak bis zur Erbsensuppe
ist alles dabei.

㉒ 🚻🍽 **Markthalle Neun**
Eisenbahnstr. 42/43, Kreuzberg
U1: Görlitzer Bahnhof

✆ (030) 577 09 46 61
www.markthalleneun.de
Kantine & Café tägl. außer
So 12–16, Streetfood Thursday
Do 17–22, Wochenmarkt
Fr/Sa 10–18 Uhr
Markthallen haben in Berlin
eine lange Tradition und liegen
aktuell wieder sehr im Trend.
Bei Events wie dem Nasch-
markt, Kochschule, Cheese Berlin oder **Street Food Thursday**
verwandelt sich die Halle in ein
kulinarisches Wunderland. €€

🚻🏛 **NGBK**
Oranienstr. 25, Kreuzberg
U1: Görlitzer Bahnhof
✆ (030) 616 51 30
www.ngbk.de
Tägl. 12–19, Do–Sa bis 20 Uhr
In der sehr gut sortierten Buchhandlung findet man wahre
Schätze an Kunstbänden und
schöne Schreibwaren. Dahinter
verbirgt sich der basisdemokra-
tische Kunstverein NGBK, der

Höhepunkt des
viertägigen Karne-
vals der Kulturen
ist ein großer
bunter, fröhlicher
Umzug

im hinteren Bereich wechselnde Ausstellungen organisiert.

26 🛈 **Planet Modulor**
Prinzenstr. 85 D, Kreuzberg
U8, Bus M29: Moritzplatz
✆ (030) 69 03 60
www.modulor.de
Mo–Fr 9–20, Sa 10–18 Uhr
Das Geschäft ist ein absolutes Highlight für kreative Leute. Auf rund 3000 m² werden über 30 000 verschiedene Artikel angeboten – von Papier, das den eigenen Wünsche entsprechend zugeschnitten wird, über Zeichenbedarf bis hin zu diversen Verpackungen.

8 🏊🏄 **Prinzenbad**
Prinzenstr. 113–116, Kreuzberg
U1: Prinzenstraße
✆ (030) 616 10 80
www.berlinerbaeder.de
April–Sept. tägl. 8–20 Uhr
Eintritt € 5,50/3,50
Kampfschwimmer, Planschen-

ten und jede Menge Publikum in der Horizontalen auf der großen Liegewiese machen das Bad mit zwei 50-m-Bahnen zu einem einzigartigen Biotop menschlicher Existenzen. Die Bademeister haben Türsteherqualitäten.

25 👁☕ **Betahaus**
Prinzessinnenstr. 19/20
Kreuzberg
U8, Bus M29: Moritzplatz
✆ (030) 60 98 09 27
www.betahaus.com/berlin
Mo–Fr 8–20, Sa 9–18 Uhr
Der Co-Working-Space (eine Art Gemeinschaftsbüro für Kreative) bietet Miet-Schreibtische, Konferenzräume, ein Kursprogramm und ein nettes Café im Erdgeschoss. Führungen durch das Haus sind nach Anmeldung möglich.

🎭 **Karneval der Kulturen**
Blücherplatz, Kreuzberg
U6/7: Mehringdamm
✆ (030) 60 97 70 22
www.karneval-berlin.de
Pfingsten Fr–Mo
Exotisch, laut und lustig: Seit 1996 wird jedes Jahr am Pfingstwochenende zwischen Hermann- und Blücherplatz Karneval gefeiert. Der kunterbunte Straßenumzug demonstriert (für) die kulturelle Vielfalt Berlins mit Tausenden von Teilnehmern. 🎉

Das Bergmannstraßenfest am letzten Juniwochenende verwandelt die Straße ein Wochenende lang in eine Musik- und Kulturmeile mit Bühnenprogramm

Friedrichshain

Partyzone in geschichtsträchtiger Kulisse

In keinem Viertel Berlins liegen Vergangenheit und Gegenwart so dicht beieinander wie in Friedrichshain. DDR-Architektur, Altbau-Kiez und moderne Baugruppenhäuser wechseln sich munter ab. Besonders das Nachtleben zieht viel Publikum nach Friedrichshain, denn hier befinden sich so viele Clubs wie sonst nirgendwo in der Stadt. Entlang der Revaler Straße, dort wo König Wilhelm I. ab 1867 die zweite Preußische Eisenbahnwerkstatt errichten ließ, kann man heute tage- und nächtelang feiern und Spaß haben. Nach der Stilllegung des 71 000 Quadratmeter großen Geländes hat sich hier eine Mischung aus Clubs, Bars, Kunstprojekten und Trendsportstätten angesiedelt. Und auch das ist Friedrichshain: Biosupermärkte, Bars, Cafés mit Fair-Trade-Coffee-Angebot und Designerläden an jeder Ecke – das öko-hippe Lebensgefühl der Bewohner ist überall spürbar.

Namensgeber des ehemaligen Arbeiterbezirks mit seinen vielen Industrie- und Gewerbebetrieben war 1920 der hiesige Volkspark. Die weitläufige Idylle wurde anlässlich des Thronjubiläums von Friedrich dem Großen Mitte der 1840er Jahre in Friedrichshain als Berlins erste kommunale Grünanlage geschaffen.

Straßencafés gibt es auch in Friedrichshain reichlich

Das Rückgrat des Stadtteils ist die ❶ **Karl-Marx-Allee**, die sechsspurig vom **Frankfurter Tor** zum **Strausberger Platz** und gen Westen weiter durch Reihen von Plattenbauten bis zum Alexanderplatz verläuft. Ostwärts führt die Magistrale als Frankfurter Allee nach Hellersdorf, Lichtenberg und Marzahn. Der lebendige Boulevard lag nach dem zweiten Weltkrieg in Schutt und Asche, überhaupt war kaum ein Berliner Bezirk so stark zerstört wie Friedrichshain. In der ersten Wiederaufbauphase entstanden an der Karl-Marx-Allee 102–104 und 126–128 die ❷ **Laubengang-häuser** (Entwurf: Hans Sharoun). Diese gestalterisch dem Bauhaus verpflichteten »Wohnzellen Friedrichshain« wurden jedoch zufolge der Analyse des sowjetischen Städtebaus als dekadent und zu formalistisch abgetan. Die Architektursprache sollte die ideologischen Unterschiede der Systeme deutlicher hervorheben.

Frankfurter Tor am östlichen Ende der Karl-Marx-Allee

Für den weiteren Wiederaufbau der **Stalinallee**, so hieß die Straße nach 1949, wurden gleich mehrere Baumeister und zahlreiche, unbezahlte Aufbauhelfer eingespannt. Innerhalb weniger Jahre entstand das heute längste Baudenkmal der Welt: 14 aneinandergereihte Gebäudekomplexe im »Zuckerbäckerstil« auf etwas mehr als zwei Kilometern Länge. Den krönenden Abschluss bilden auf der einen Seite die beiden

Die DDR ehrte die Stalinallee mit einer eigenen Briefmarke. 1961 erhielt sie ihren jetzigen Namen: Karl-Marx-Allee

17. Juni – Aufstand der Arbeiter auf der Stalinallee

In Friedrichshain nimmt der berühmte Arbeiteraufstand am 16. Juni 1953 seinen Anfang. Aus Protest gegen die Verschlechterung der Arbeitsbedingungen, den Führungsstil der DDR-Regierung und die mangelhafte Versorgung der Bevölkerung fordern Bauarbeiter zweier Großbaustellen an der Stalinallee, der heutigen Karl-Marx-Allee, u. a. freie Wahlen. Die Proteste wachsen sich schnell zu einem DDR-weiten Generalstreik aus. Am darauffolgenden Tag, dem 17. Juni, streiken die Belegschaften vieler Betriebe, in mehr als 700 Städten und Gemeinden werden Stasi-Gefängnisse und Kreisratsgebäude gestürmt. Die sowjetischen Machthaber verhängen daraufhin den Ausnahmezustand, sowjetische Panzer fahren auf und der Aufstand wird gewaltsam beendet. 50 Tote und 15 000 Festnahmen sind das Resultat dieses Tages.

4 Friedrichshain

Türme am Frankfurter Tor. Auf der anderen Seite, am Strausberger Platz, ragen die 14-geschossigen Hochhäuser, Haus des
Kindes und das Haus Berlin empor. Da die repräsentativen
Arbeiterpaläste sehr kostspielig waren, konnten die Pläne
einer einheitlichen Bebauung bis zum Alexanderplatz nicht
durchgehalten werden. Den Abschnitt der Karl-Marx-Allee
jenseits des Strausberger Platzes, der zum Stadtteil Mitte gehört, säumen nüchterne Plattenbauten.

Besonders im Winter entwickelt der Anblick dieses architektonischen Ausdrucks einer Zeit der politischen Konfrontation
und des ideologischen Wettbewerbs im geteilten Berlin eine
besondere Atmosphäre. Dann fühlt man sich hier – tief im
Schnee stehend und dem eisigen über die schnurgerade Allee hinweg blasenden Wind trotzend – wie in Moskau oder
St. Petersburg. Von der Vision eines Ku'damms des Ostens
nach Vorbild der großen Städte der UdSSR ist ansonsten
nach der Wende nicht viel geblieben, die Karl-Marx-Allee
ist trotz der gigantischen Gehwege mehr Durchgangsstraße
als Einkaufsmeile. Geschäfte gibt es kaum, Gastronomie bis
auf einige wenige Bars und Cafés ebensowenig. Allein das
❸ **Café Sybille** ist alteingesessener Zeitzeuge und versteht

Die einstigen »Arbeiterpaläste« entlang der Karl-Marx-Allee sind nach ihrer Sanierung beliebte Wohnadressen

sich auch als ein solcher. Neben Ausstellungen, Konzerten und Lesungen bietet eine Aussichtsplattform auf dem Dach des Cafés den ganz besonderen Blick auf »die letzte große Straße Europas«, wie der italienische Stararchitekt Aldo Rossi sie bezeichnete.

Das quirlige Leben Friedrichshains spielt sich in den einzelnen Kiezen ab. Da ist zunächst südlich der Frankfurter Allee das Viertel rund um den ❹ **Boxhagener Platz**. Es ist den Kriegszerstörungen und den darauf folgenden baukünstlerischen Umformungen der DDR-Architekten weitestgehend entronnen. Der »Boxi« (Boxhagener Platz) ist zentraler Treffpunkt der Friedrichshainer: Man sieht junge Familien auf dem Spielplatz, daneben Punks mit ihren Hunden auf der Liegewiese. Samstags findet hier der Wochenmarkt statt und sonntags der beliebte Flohmarkt. Auch die umliegenden Straßen, die **Grünberger-**, **Krossener-** und **Gärtnerstraße** sowie die ineinander übergehenden **Kopernikus-** und **Wühlischstraße**, sorgen mit ihren zahlreichen kleinen Geschäften für ein extravagantes Einkaufserlebnis. Die ❺ **Simon-Dach-Straße** ist die Ausgehmeile im Viertel. Rechnet man die **Niederbarnimstraße** am nördlichen Ende mit ein, reiht sich bis zur natürlichen Grenze der Bahngleise im Süden ein Lokal an das nächste. Das rege Nachtleben tobt auch in der ❻ **Revaler Straße**, an der ❼ **Warschauer Brücke** und rund um die historische ❽ **Oberbaumbrücke** in vielen Clubs. Ruhiger geht es in der vor über 100 Jah-

Der Berliner Kunstschmied Fritz Kühn gestaltete den Brunnen, der seit 1967 in der Mitte des Strausberger Platzes steht

93

*Warschauer Straße
1910*

*Das Wahrzeichen
des Bezirks
Friedrichshain-
Kreuzberg, die
Oberbaumbrücke,
verbindet die bei-
den Stadtteile über
die Spree*

ren für das Großbürgertum errichteten ❾ **Knorrpromenade** zu. Säulengeschmückte Prachtbauten samt kleiner Vorgärten stehen auf rund 160 Metern Spalier und lassen sie wie die Miniaturausgabe einer Prachtstraße erscheinen. Die beiden Eingangstore werden gerade restauriert.

Von der Warschauer Straße aus über das ehemalige Reichs-bahngelände bis hinunter zur Spree zieht sich der **Rudolfkiez**. Zentrum ist der ❿ **Rudolfplatz**, umgeben von ruhigen Wohn-straßen. In den alten ⓫ **Speicher- und Kraftwerksgebäuden** an der Spree haben sich mehrere Medien- und Modefirmen angesiedelt, darunter Universal, MTV, Hugo Boss und Esprit. Moderne Dienstleistungsgewerbe zogen außerdem in die alte Lampenstadt, das Gelände um die ehemalige Narva Lampen-fabrik. Als Wahrzeichen der grundsanierten ⓬ **Oberbaum City** ragt auf dem Narva-Turm, der als Berlins erstes Hochhaus gilt und heute ein Firmensitz ist, ein weithin leuchtender Glas-aufsatz empor. Gegenüber, zwischen Warschauer Straße und Ostbahnhof, liegt die ⓭ **O₂ World**, eine Multifunktionshalle für sportliche und kulturelle Events. Außerdem erstreckt sich hier entlang der Spree die größte Open-Air-Galerie der Welt: die ⓮ **East Side Gallery**. Auf dem längsten erhaltenen Stück **Berliner Mauer** haben sich 118 Künstler aus 21 Ländern ver-ewigt, eines der bekanntesten Werke ist der »Bruderkuss« von Dimitri Vrubel.

Nördlich der Frankfurter Allee befindet sich das ⓯ **Samariter-viertel**, benannt nach der Samariter Straße, die als Mittelachse über den Samariterplatz bis zur Eldenaer Straße und dem Neubaugebiet ⓰ **Alter Schlachthof** führt. Im Westen wird der Kiez durch die Petersburger Straße und im Osten durch die

Nach dem Mauer-fall wurde im Früh-jahr 1990 ein Teil der Grenzmauer auf der östlichen Seite bemalt und zur berühmten East Side Gallery; dazu gehörte auch dieser Trabi

Ringbahn begrenzt. Die Modernisierungs- und Begrünungs-maßnahmen haben für eine familienfreundliche Entwicklung des Gebiets gesorgt. Zahlreiche Lokale und kleinere Geschäfte zogen Parterre ein, tolle Spiel- und Freizeitareale wie bei-spielsweise am ⑰ **Forckenbeckplatz** sind entstanden.

Zu den reizvollsten Straßen Friedrichshains gehört die denk-malgeschützte ⑱ **Bänschstraße**. Von der Mittelpromenade hat man einen wunderbaren Blick auf die Gründerzeitbauten, deren Jugendstilfassaden allesamt wieder in ihren Original-farbtönen erstrahlen. Hier befindet sich am westlichen Ende die evangelische **Samariterkriche**. Durch die hier in den späten 1980er Jahren veranstalteten Blues-Messen erlangte sie als ein Zentrum der aufstrebenden Friedens- und DDR-Oppositi-onsbewegung einen nicht unumstrittenen Bekanntheitsgrad. Ebenfalls überregional geläufig wurde im Zuge der Hausbe-setzerbewegung die parallel verlaufende ⑲ **Rigaer Straße.** Die dortige **Galiläakirche** macht Friedrichshain als Ort des zivilen Widerstands alle Ehre: Das hundertjährige gotische Gebäude beheimatet das **Jugendwiderstandsmuseum.**

Während es 1990 rund 40 besetzte Häuser in Friedrichshain gab, sind 2011 die letzten in diesem Kiez geräumt worden. Auch der Großteil der vielen Hinterhofwohnungen mit Kohle-ofen und Toilette auf halber Treppe sind mittlerweile sa-niert. Mit der aufwertungsbedingten Verdrängung ärmerer Bevölkerungsschichten, die hier zunehmend zu verzeichnen ist, verändert sich die lokale Identität Friedrichshains und die alternative Stadtteilkultur verschwindet mehr und mehr.

Im Norden, dort, wo Friedrichshain an Prenzlauer Berg grenzt, liegt der gleichnamige ⑳ **Volkspark** mit einer Ge-samtfläche von 49 Hektar. Der heute beinahe 170 Jahre alte Friedrichshain ist dank Liegewiesen, Spiel- und Sportplätzen, Trimm-dich-Pfad sowie Restaurant, Biergarten und Freilicht-

Die Tramlinie M10, die vom Nordbahnhof bis zur Warschauer Straße fährt, ist als Partylinie bekannt. Besonders am Wochenende ab 20 Uhr macht sie ihrem Namen alle Ehre. Dann ist hier das feiernde Volk zwischen Prenzlauer Berg und Friedrichshain unterwegs.

Der neobarocke Märchenbrunnen im Volkspark Friedrichshain versammelt die bekanntesten Figuren aus den Märchen der Brüder Grimm

bühne ganzjähriger Anlaufpunkt der Berliner. Im Sommer gibt es ein Open-Air-Kino und im Winter ist der »Mont Klamott«, wie der nach dem zweiten Weltkrieg aus gut zwei Millionen Kubikmetern Schutt aufgetürmte kleine und große **Bunkerberg** im Volksmund heißt, beliebte Rodelbahn. Der aus dem Jahr 1913 stammende **Märchenbrunnen** am Westeingang des Parks erlitt wie die gesamte Anlage 1945 starke Zerstörungen. Die Figuren aus den Grimmschen Märchen, welche die Brunnenanlage schmücken, verschwanden und tauchten erst in den 1950er Jahren in einem Friedrichshainer Garten wieder auf. Heute erstrahlt die Anlage wieder in altem Glanz.

Service & Tipps:

Rotkäppchen mit dem Wolf am Märchenbrunnen

⓲ 🏛 Jugendwiderstands museum/Galiläakirche
Rigaer Str. 10, Friedrichshain
Tram M10/21: Bersarinplatz
℡ (030) 41 72 86 77
http://widerstandsmuseum.de
Di–Fr 9–19, Sa 11–19 Uhr
Eintritt frei
Die Dauerausstellung »Wartet nicht auf bess're Zeiten! Jugendwiderstand und Jugendopposition in der SBZ/DDR (1948–89)« dokumentiert in der Galiläakirche die Jugendwiderstands-und Jugendoppositionsbewegung der DDR.

⓮ 👁 🌿 East Side Gallery
Mühlenstr. 3–100, Friedrichshain
S-Bahn: Ostbahnhof

℡ (030) 251 71 59
www.eastsidegallery-berlin.de
Auf dem längsten noch erhaltenen Stück Berliner Mauer haben sich nach der Wende 118 Künstler aus 21 Ländern verewigt.

❻ 👁🍸🎵🎿👬🎮 RAW-Gelände
Revaler Str. 99, Friedrichshain
U-/S-Bahn: Warschauer Brücke,
Tram M10/M13: Revaler Straße
℡ (030) 292 46 95
www.raw-tempel.de, http://skatehalle-berlin.de, http://derkegel.de, www.vuesch.org, www.studioansage.de
Tägl. rund um die Uhr
Clubs, Imbissstuben, Kneipen, Bars, Sport- und Kunsträume machen das ehemalige Bahn-Areal heute zum beliebten An-

laufpunkt von Partygängern, Skatern, Kletterern, Musikern und Künstlern. Mit Kinderzirkus Zack und Radiosender. Sonntags sorgt ein Flohmarkt für Andrang.

⊚🏛 Samariterkirche
Samariterstr. 27, Friedrichshain
U5: Samariterstraße
www.gsfn.de
Eine der bekannten Kirchen, die vor der Wiedervereinigung zum Treffpunkt der Bürgerbewegung wurde. Vor dem evangelischen Gotteshaus steht eine von 18 Stelen der Ausstellung »Friedliche Revolution« (http://revolution89.de). Eindrucksvolle Fotos und kurze Texte lassen am authentischen Ort ein spannendes Kapitel deutscher Geschichte lebendig werden.

⑰ 🌳🖐🌲 Forckenbeckplatz
Friedrichshain
Tram 21: Forckenbeckplatz
www.forcki.de
Der »Forcki« ist die größte Grünanlage des Bezirks. Sie bietet eine große Liegewiese, Plansche, einen Abenteuerspielplatz sowie Tischtennisplatten, Fussball- und Skateplatz. Außerdem besteht eine Verbindung zum neuen Blankensteinpark.

⑳ 🌳🌿🖐✕🐕🌲 Volkspark Friedrichshain
Am Friedrichshain
Friedrichshain
Tram M4: Am Friedrichshain, Tram 5/6/8/10: Paul-Heyse-Straße
www.berlin-friedrichshain.com/volkspark
Die 49 ha große Idylle an der Grenze zu Prenzlauer Berg ist der älteste Volkspark der Stadt. Mit Liegewiesen, Spiel- und Sportplätzen, Trimm-dich-Pfad sowie Restaurant, Biergarten und Freiluftkino. Bei Kindern ist der im Westen der Anlage gelegene Märchenbrunnen besonders beliebt.

🌿 Galerie im Turm
Frankfurter Tor 1
Friedrichshain
U5, Tram M10/21: Frankfurter Tor
☎ (030) 422 94 26
www.kulturamt-friedrichshain-kreuzberg.de/galerie-im-turm
Tägl. außer Mo 12–19 Uhr
Die kommunale Galerie des Bezirks Friedrichshain-Kreuzberg bietet vor allem lokalen Künstlern Raum. Begleitend zu den Ausstellungen im Nordturm des Frankfurter Tores finden Konzerte, Performances und kulturelle Projekte statt.

🌿🔲 Haus Zukunft
Laskerstr. 5, Friedrichshain
S-Bahn: Ostkreuz
☎ (0176) 57 86 10 79
www.unser-haus-zukunft.de
Je nach Veranstaltung
Das Projekt Zukunft beinhaltet eine Freilichtbühne, Kino, Konzerte und Ausstellungen sowie einen tollen Biergarten. Dort sollte man unbedingt das hauseigene Bier kosten.

⑬ 🌿 O₂ World
Vgl. S. 202.

🌿👓 Zozoville Gallery
Mainzer Str. 12, Friedrichshain
U5: Samariterstraße

Eine Büste Friedrichs II. steht heute wieder an ihrem Originalstandort im Volkspark Friedrichshain

Am Großen Teich im Volkspark Friedrichshain

Zweimal im Jahr, am 1. Sonntag im Juni und am 1. Sonntag im Juli wird die Oberbaumbrücke zur Open Air Gallery

Türkische Backwaren und Suppen mit bestem Blick auf das Frankfurter Tor im Kaffee & Tee

℡ (0177) 779 59 22
www.zozoville.com
Di–Sa 12–18 Uhr
Die Arbeiten der beiden Künstler Johan Potma und Mateo Dineen, die eine Vorliebe für niedliche Monster haben, bestimmen den Raum. Diese schauen einen mal mehr mal weniger freundlich von allen Wänden an. Die Drucke sind durchaus erschwinglich.

❺ ⊠ Keule Berliner Mundart
Simon-Dach-Str. 22
Friedrichshain
Tram M13: Libauer Straße
℡ (030) 22 34 55 01
http://keule-berlin.de
Mo–Do 16–24, Fr 16–4, Sa 12–4, So 10–24 Uhr
»Keule« ist Berlinerisch und bedeutet Bruder oder Kumpel. So tauften die Brüder Mark und Steve Winkler ihr Restaurant, in dem sie frei nach Omis Rezepten und in schönstem Hauptstadtdialekt authentische Berliner Küche servieren. €€

⊠ ☕ Café Mocca
Schreinerstr. 44, Friedrichshain
U5: Samariterstraße
℡ (0176) 10 34 23 46
http://cafemoccaberlin.de.tl
Tägl. 10–20 Uhr

Italienische Pizza, Pasta und Eis sowie Spezialitäten aus dem Kosovo.

❸ ☕🐾🎧 Café Sibylle
Karl-Marx-Allee 72
Friedrichshain
U5: Strausberger Platz
℡ (030) 29 35 22 03
www.cafe-sibylle-berlin.de
Mo–Fr 10–20, Sa/So 11–20 Uhr
In dem noch aus DDR-Zeiten stammenden Café wird u. a. eine Ausstellung über die Karl-Marx-Allee gezeigt. Auch bekommt man hier den Audioguide »Stadt im Ohr«, der den Bezirk Friedrichshain und die Geschichte der Karl-Marx-Allee näher bringt.

☕ Kaffee & Tee
Frankfurter Tor 5, Friedrichshain
U5, Tram M10/21: Frankfurter Tor, ℡ (0157) 86 84 59 01
Tägl. 9–24 Uhr
Das Interieur des Stalinbaus stammt teilweise noch aus DDR-Zeiten: die Holzvertäfelung, Sofas, Sessel und kleine Tische. Besonders nett sitzt es sich auf dem Podest an der großen Fensterfront mit Blick auf das Frankfurter Tor. Neben Getränken gibt es Kuchen und türkische Spezialitäten.

◨ Brauerei Flessa
Petersburger Str. 39
Friedrichshain (1. Hinterhof)
Tram M10: Straßmannstraße
℄ (030) 23 47 08 31
www.brauerei-flessa.de
Mo–Fr 9–16 Uhr und nach
Anmeldung
Gutes und authentisches Kiez-
bier. Neben Führungen durch
den Betrieb gibt es Brausemi-
nare. Das selbstgebraute Bier
kann man sechs Wochen später
mit nach Hause nehmen.

▼☞ Antje Øklesund
Rigaer Str. 71–73, Friedrichshain
U5: Samariterstraße
www.antjeoeklesund.de
Öffnungszeiten je nach
Veranstaltung
Remise mit Ausstellungen, Konzerten und Partys. Skurril ist das
Institut für Krimskrams: Freitags zwischen 22.30 und 1 Uhr
können dort Aufnahmeanträge
für jegliche Fund- und Sam-
melstücke – alte Feuerzeuge,
Bierdeckel, Bonbonschachteln,
Modellautos oder Liebesbrie-
fe – abgegeben werden. Diese
werden dann ausgestellt.

▼ Bar Kosmetiksalon Babette
Karl-Marx-Allee 36, Mitte
U5: Schillingstraße
℄ (0176) 38 38 89 43
www.barbabette.com
Tägl. ab 18 Uhr
Eigentlich schon Mitte, aber gefühlt Friedrichshain: Wo einst in
dem gläsernen Kubus Haare geschnitten und auf Lockenwickler gedreht wurden, werden
heute Cocktails gemischt. Hier
lässt es sich herrlich zwischen
dem 1960er- und 1970er-Jahre-
Inventar sitzen und gucken, was
der Abend so bringt.

▥ All in One Späti
Boxhagenerstr 30
Friedrichshain
U5, Tram M10/21:
Frankfurter Tor
Tägl. rund um die Uhr

Der Spätkauf, unter Berlinern
liebevoll Späti genannt, ist stets
Retter in der Not. In der Nähe
des Boxhagener Platzes begegnen sich hier Punks, Partygänger und Kiezbewohner, um
frische Brötchen zu holen, Tief-
kühlpizza am Sonntagabend,
die aktuelle Zeitungsausgabe
am Morgen oder das Bier für
den Weg in den Club.

▥ Antiquariat
Niederbarnimstr. 13
Friedrichshain
Tram 21: Niederbarnimstraße
℄ (030) 29 35 04 04
www.antiquariat-in-
friedrichshain.de
Di–Fr 14–18, Sa 12–18 Uhr
Knarrende Dielen und exoti-
sche Vogelabbildungen an den
Wänden: Hier kann man in
Ruhe in Büchern stöbern, die
u. a. zum Kilopreis zu haben
sind.

▥ Fräulein Glitter
Boxhagener Str. 14
Friedrichshain
U5, Tram M10/21: Frankfurter
Tor
℄ (030) 88 76 23 62
www.fraeulein-glitter.de
Di–Sa 12–20 Uhr
Zora Popalina alias Fräulein
Glitter bietet nicht nur ausge-
wählte Vintage und Second-
hand Kleidung, sondern auch
gleich das passende Haarstyling
und Make-up-Beratung dazu.

▥▦ Latte wie Hose
Kopernikusstr. 13
Friedrichshain
Tram M13: Kopernikus-/
Warschauer Straße
℄ (030) 61 74 08 17
www.lattewiehose.de
Tägl. außer So 11–20 Uhr
Wer auf der Suche nach den
neuesten Trends ist, sollte
hier vorbeischauen und bei einem Illy-Espresso das Sortiment
an Hosen, Schuhen und Co
unter die Lupe nehmen. ✾

*Das Internationale
Berliner Bierfesti-
val am 1. August-
wochenende auf
der Karl-Marx-
Allee ist mit einer
Länge von 2,2 km
der längste Bier-
garten der Welt.
Hunderttausende
Besucher probieren
die unterschied-
lichsten Biersorten.
Eine Bierregion
steht jährlich im
Mittelpunkt.*

Prenzlauer Berg

Vom Zentrum des politischen Widerstands zum Familienkiez

Spielzeugläden, Designerateliers, Cafés und Restaurants ohne Ende plus ein konsumfreudiges Publikum: Kaum ein Stadtteil hat sich innerhalb des letzten Jahrzehnts so verändert wie der Prenzlauer Berg im Nordosten Berlins. Als Teil des Bezirks Pankow, eines der ehemaligen Quartiere der DDR-Regierung, zog es zunächst die Berliner Bohème in das einstige Arbeiterviertel. Die künstlerische und politische Avantgarde lebte und arbeitete zu DDR-Zeiten in den jahrelang vernachlässigten Gründerzeitbauten, die fast alle den zweiten Weltkrieg heil überstanden hatten. Es folgten die Studenten, und nach der Wende machte sich der Prenzlauer Berg mit seiner Vielzahl trashiger Bars und dem wilden Nachtleben als »Kreuzberg des Ostens« einen Namen. Seinen morbiden Charme verlor das heruntergekommene Viertel, grob gelegen zwischen Bornholmer Straße, dem nördlichen Teil der Landsberger Allee sowie Tor- und Schwedter Straße, mehr und mehr, als es in den 1990er Jahren zum größten Sanierungsgebiet der Stadt wurde. Heute sind die aufgehübschten Altbauwohnungen sehr begehrt: Vor allem junge Familien fühlen sich zwischen Wasserturm, Kollwitz- und Helmholtzplatz wohl. Gleichwohl die in den letzten Jahren oft zu lesende Bezeichnung »geburtenreichste

Alles frisch gibt's vom Markt auf dem Kollwitzplatz

Region Europas« sich statistisch als Zeitungsente erwies, prägen dennoch sichtbar viele Kleinkinder samt jungen Müttern und Vätern das Straßenbild. Und es gibt kaum eine Straße im Prenzlauer Berg, in der nicht mindestens ein Spielplatz und ein Kindergarten vorhanden sind.

Das Zentrum an sich gibt es in Prenzlauer Berg nicht, die wichtigsten Straßen sind die früheren Chausseen, Schönhauser-, Prenzlauer- und Landsberger Allee sowie die Greifswalder Straße, die sternförmig aus der Stadt hinausführen und die dazu rechtwinklig verlaufenden großen Ringstraßen wie die

Neben Künstlerateliers und Galerien befindet sich auf dem Gelände des Pfefferbergs auch das Museum für Architekturzeichnung

Danziger- und Bornholmer Straße, die Storkower Straße und die Ostseestraße. Spinnennetzartig zwischen den Verkehrsachsen eingebunden liegen die einzelnen Kieze. Über die Grenzen Berlins hinaus bekannt ist der zwischen Wasserturm, Kulturbrauerei, Senefelderplatz und Rykestraße gelegene ❶ **Kollwitzkiez**. Mehr als 50 Jahre wohnte die Bildhauerin Käthe Kollwitz hier, die als überlebensgroße Statue mitten auf dem begrünten, nach ihr benannten Platz zu sehen ist. Rundherum reihen sich Cafés und Lokale jeglicher Art, deren große Terrassen bis in den Oktober hinein ein mediterranes Flair schaffen. Besonders beliebt ist samstags der hiesige **Bio- und Ökomarkt**: Von A wie Apfel bis Z wie Ziegenkäse bieten die Stände alles an frischen und meist regionalen Produkten sowie Schmuck und Strickwaren. Das Szenario des familiären Marktbesuchs ist charakteristisch für das Lebensgefühl in Prenzlauer Berg: Hier legt man Wert auf Nachhaltigkeit.

Südwestlich des Kollwitzkiezes liegt der ❷ **Teutoburger Platz**. Bereits zu Beginn des letzten Jahrhunderts gab es hier einen Spielplatz, heute nimmt er den größten Teil der urwüchsigen kleinen Parkanlage ein. Im Gegensatz zum Kollwitzplatz geht es hier eher ruhig zu. Es gibt bedeutend weniger Shops und Restaurants als im Nachbarkiez, dafür sind einige Perlen darunter, wie das Café Schwarze Pumpe oder Onkel Phillip's Spielzeugwerkstatt in der Choriner Straße. Nicht zu vergessen der ❸ **Pfefferberg**: Das Gelände, auf dem der bayerische Braumeister Joseph Pfeffer 1841 das erste untergärige Bier Berlins braute, machte sich bereits in den 1990er Jahren einen Namen als Kulturstandort und beherbergt in seinen alten Gemäuern verschiedene Galerien, Ateliers und Museen. Seit neuestem duftet es hier auch wieder nach Maische: die einstige Schankhalle wurde fast originalgetreu wieder in Stand gesetzt, und nach beinahe 100 Jahren wird in dem Restaurant und Biergarten nun des Prenzlbergs eigenes Bier, das Pfefferbräu, ausgeschenkt. Im hinteren Teil des unter Denkmalschutz stehenden Gebäudetraktes befindet sich außerdem ein Theater- bzw. Kinosaal, in dem bis zu 300 Zuschauer den vorwiegend komödiantischen Stücken folgen können.

Parallel zur Choriner Straße, die allein der unterschiedlichsten Fassaden wegen einen Bummel wert ist, erstreckt sich die wohl bekannteste Trendmeile Berlins: die ❹ **Kastanienallee**. Sowohl hier als auch in der quer dazu verlaufenden Oderberger Straße gibt es viele kleine Modeläden, Cafés, Restaurants und Kneipen. Für viele ist das Viertel die beste Gegend für eine berlintypische Shoppingtour. Auch der Prater, am oberen Ende der Kastanienallee, hat als ältester Biergarten der Stadt nichts an Attraktivität verloren.

Vom politischen Aktionismus und dem selbstorganisierten, wilden Leben und Wohnen nach der Wende ist jedoch auch in diesem Kiez nur noch we

nig zu spüren. Die Straßen wurden samt der breiten Gehwege erneuert, die Hausfassaden und stuckgerahmten Berliner Fenster restauriert. Aus Hippie wurde hip. Überbleibsel vergangener Zeiten sind allerdings die besetzten Häuser bzw. Wohnprojekte K77, K85, K86 (K steht für Kastanienallee, die Zahl für die jeweilige Hausnummer). Und auch im Café Morgenrot ist das einstige Flair noch zu spüren.

Eine der nach wie vor trendigsten Straßen Berlins: die Kastanienallee

In der Schwedter Straße 261 steht die ❺ **FIT**, die freie internationale Tankstelle. Inspiriert von Joseph Beuys hat der Künstler Dida Zende Anfang des letzten Jahrzehnts Deutschlands älteste Tankstelle zusammen mit Anwohnern zu einem Treffpunkt für Künstler und Kiezbewohner umgestaltet. Am ersten Sonntag im Monat lädt Berlins DIY-Szene hier im Sommer zum Makers Market ein. Ein Eldorado für alle, die sich für Selbstgemachtes und Kreatives aus dem Bereich Design interessieren. Schräg gegenüber sitzt man bei einem der beiden Italiener oder dem kleinen Asiaten zu allen vier Jahreszeiten in der Sonne, gegebenenfalls eben hinter der Scheibe.

Die Karaoke-Show im Mauerpark ist inzwischen Kult

154 574 Menschen leben derzeit in Prenzlauer Berg, das kommt der Größe einer mittelgroßen Stadt gleich. Drei von vier der hier wohnenden Erwachsenen sind Akademiker, so viele wie sonst in kaum einem anderen Stadtteil Berlins.

Am nördlichen Ende der Schwedter Straße trifft man auf den ❻ **Mauerpark**. Anlässlich des hiesigen über die Stadtgrenzen hinaus bekannten Flohmarkts, verwandelt sich der ehemalige Todesstreifen zwischen Wedding und Prenzlauer Berg jeden Sonntag zu einer Art Festivalgelände: Einheimische sowie Touristen aus aller Welt zieht es auf der Suche nach dem besonderen Fund durch seine Stände. Gaukler, Künstler und Musiker zeigen ihr Können, es wird gepicknickt, gefeiert und entspannt. Publikumsmagnet ist im Sommer außerdem die gratis Karaoke-Show im Amphitheater: Mehrere tausend Menschen sitzen bereits auf den Steinstufen, wenn gegen 15 Uhr der unter dem Künstlernamen bekannte Joe Hatchiban mit seinem umgebauten Lastenfahrrad ankommt und die Boxen in Position bringt.

Am nördlichen Ende des Mauerparks steht neben dem Friedrich-Ludwig-Jahn-Sportpark die Max-Schmeling-Halle. Die Multifunktionshalle ist eine der größten Berlins und Heimstätte des Handball-Erstligisten Füchse Berlin und des Volleyball-Bundesligisten Berlin Recycling Volleys. Auf dem davor liegenden Falkplatz, damals noch Exerzierplatz, soll angeblich 1892 der Fußballverein Hertha BSC gegründet worden sein. Bereits zu Beginn des Mauerbaus errichtete man hier unmittelbar an der Hinterlandmauer Liegewiesen und eine Plansche, und nach wie vor ist die Parkanlage beliebter Treffpunkt zum Grillen, Sonnen und Spielen.

Die Größe der Bäume in der angrenzenden ❼ **Gleimstraße** zeugt noch von der Lage am einstigen Grenzstreifen und einige Baulücken in der Korsörer Straße weisen auf die ehemaligen Zugänge der Hinterhöfe hin, die den Anwohnern Jahre lang einzige Möglichkeit waren, ihre Wohnungen im Grenzgebiet zu betreten. Parallel zur Gleim- verläuft die **❽ Kopenhagener Straße**. Die hier dominierenden Jugendstilbauten sind großteils immer noch unsaniert und beherbergen im Erdgeschoss neben Cafés und Kneipen vor allem Büroräume von Illustratoren, Architekten und Grafikdesignern sowie Film- und Tonstudios oder Galerien. Das ursprünglich erhaltene Kopfsteinpflaster bewahrt die Straße vor zu viel Verkehr und ist begehrter Drehort verschiedener Filmproduktionen.

Auf der anderen Seite der Ringbahn ist der **❾ Arnimplatz**, um den sich das eher ruhige Nordische oder Skandinavische Viertel erstreckt. Es unterscheidet sich durch seine schlichten Fassaden deutlich vom Nachbarkiez. Ähnlich gestaltet sich das Viertel rund um den **❿ Humannplatz**, etwa auf gleicher Höhe östlich der Schönhauser Allee. Auf dem riesigen Spielplatz tummeln sich nachmittags unzählige Kinder, während die Eltern im Schatten der großen Pappeln sitzen. Im Gegensatz zum nahegelegenen LSD-Viertel (Lychener-, Schliemann- und Dunckerstraße) im **⓫ Helmholtzkiez** bietet dieser Teil des Prenzlauer Bergs wenige Ausgeh- und Einkaufsmöglichkeiten.

Zentrum des Helmholtzkiezes, benannt nach dem Physiker Hermann von Helmholtz, ist der gleichnamige Platz, der von den Prenzlbergern liebevoll » Helmi « genannt wird. Er ist die grüne Oase inmitten des beliebten Quartiers, eines der am dichtest besiedelten Gebiete der Stadt. Inmitten der Parkanlage lädt das Café Kiezkind Familien mit einem Indoorsandkasten und großer Terrasse zum Verweilen ein. Den Sommer über wird hier jeden letzten Sonntag im Monat ein Kinderflohmarkt veranstaltet. Ein Bummel durch die angrenzenden

Der Dichter Achim von Arnim ist mit seiner Frau in einer Skulptur auf dem nach ihm benannten Arnimplatz verewigt

Gedenkstätte Bornholmer Straße

Am Abend des 9. November 1989 war hier die erste Stelle, an der die Berliner Mauer geöffnet wurde. Der Grenzübergang Bornholmer Straße, am östlichen Ende der Bösebrücke, die über die Bahngleise nach Wedding führt, ist somit einer der wichtigsten Ausgangspunkte der Deutschen Einheit. Ein Gedenkstein, Fototafeln, Mauerreste sowie im Boden eingelassene chronologische Zitate auf dem 2010 eingeweihten **Platz des 9. November 1989** rekapitulieren die historischen Ereignisse jener Nacht.

Häuserfassaden im Bötzowviertel

Prenzlauer Berg gehört seit 2011 zu Pankow. Wer den großen Bezirk erkunden möchte, dem sei die Wanderoute entlang dem Flüsschen empfohlen, dem der Bezirk seinen Namen verdankt. Der 14 km lange Panke-Wanderweg ist ausgeschildert. (www.panke.info)

Straßen mit ihren durchweg restaurierten Altbauten zeigt, dass die Infrastruktur sich hier nach den Menschen richtet. Es gibt unendlich viele kleine Geschäfte mit Kinder- und Schwangerschaftsmode, Spielzeug- und Buchläden sowie Sport- und Musikangebote für Kinder und Jugendliche. Dazwischen reihen sich gemütliche Cafés, Bars und Restaurants. Die kulinarische Bandbreite zieht sich dabei durch alle Landesküchen der Welt. In dem Gebäude der ehemaligen Eliaskirche, in der Senefelderstraße, befindet sich das ⑫ **MACHmit! Museum für Kinder** (vgl. S. 223). Wechselnde Ausstellungen sowie ein buntes Angebotsprogramm reizen hier zum Entdecken, Ausprobieren und Toben.

Auf der Ostseite der Prenzlauer Allee verläuft vom Leisepark bis zur Danziger Straße die ⑬ **Winsstraße**, benannt nach einem Berliner Bürgermeister aus dem 15. Jahrhundert. Das Viertel könnte aber ebenso gut Winzerviertel heißen, denn es gibt hier überdurchschnittliche viele Weinhändler. Altbauten aus der Gründerzeit, zum Teil modern saniert, säumen die Straßen ähnlich wie im Kollwitzviertel.

Ein für die enge Bebauung des Prenzlauer Bergs ungewöhnliches Gelände erstreckt sich in der Marienburger Straße: ⑭ **An der Marie** heißt das preisgekrönte Wohnungsbauprojekt, das neben unterschiedlichen Wohnungen zum Selbstkostenpreis auch eine gemeinschaftliche Gartenanlage mit ausgedehnter Grünfläche samt vielen Spielmöglichkeiten und Liegewiesen sein Eigen nennt. Dank der angrenzenden Schulen und Kindergärten ist »die Marie« beliebter Nachmittagstreffpunkt der Kinder im Kiez.

Folgt man der Marienburger Straße gen Osten gelangt man über die hübsche ⑮ **Hufelandstraße** mit ihren vielen kleinen Geschäften und Lokalen ins ⑯ **Bötzowviertel**, dem wohl prachtvollsten Kiez in Prenzlauer Berg. Familie Bötzow besaß um 1900 drei Brauereien im Stadtteil und gehörte mit zu den größten Bierproduzenten Europas. Während die ehemalige

Schultheissbrauerei ihren Braubetrieb bereits 1967 einstellte und das denkmalgeschützte Gelände aus sechs Höfen und über 20 Gebäuden zur ⑰ **Kulturbrauerei** umfunktioniert wurde, hat die ⑱ **Bötzow Brauerei** erst nach längerem Dornröschenschlaf einen Investor gefunden. Die Sanierungs- und Umbaumaßnahmen sind in vollem Gange. Im Atelierhaus der unter Denkmalschutz stehenden Industrie-Ruine hat Promikoch Tim Raue bereits sein Restaurant La Soupe Populaire (vgl. S. 183) eröffnet. Im Berlin typischen »industrial-shabby-chic« – Vintage-Möbel, unverputzte Backsteinwände, warme Beleuchtung und KPM-Porzellan – kann auf zwei Ebenen sowohl die jeweilige Ausstellung besucht als auch gegessen werden. Auch Bartender Gregor Scholl mischt »auf Bötzow« bereits extravagante Cocktails. Seine Bar Le Croco Bleu ist in den ehemaligen Maschinenraum der Brauerei gezogen. Besichtigungen des Bützow-Areals samt der weitläufigen Kellergewölbe sind nach Anmeldung möglich.

Brauerei- und Ausschankgelände der Bötzow Brauerei um 1900

Judengang

Zwischen Kollwitz- und Senefelderplatz erstreckt sich entlang der östlichen Begrenzungsmauer des Jüdischen Friedhofs Schönhauser Allee, wo u. a. Max Liebermann begraben ist, der sogenannte ⑲ **Judengang**. Es handelt sich dabei um einen 400 m langen Weg, der heute wie eingemauert zwischen Friedhof und rückwärtigen Hauswänden der westlichen Kollwitzstraße liegt. Eine Erklärung für die Entstehung des Judengangs ist möglicherweise die besondere Bedeutung des Osttors für die jüdischen Priester; über den einstigen Feldweg gelangten sie direkt zum Hintereingang des Friedhofs und konnten so die halachischen Reinheitsgebote wahren. Eine andere besagt, dass König Friedrich Wilhelm III. während seiner Fahrten zum Schloss Niederschönhausen der Anblick der Leichenzüge zuwider war, so dass die trauernden Juden zu bestimmten Zeiten ausschließlich den über den Judenweg zu erreichenden Eingang nutzen durften. Einen Blick auf den Gang kann man von der Knaackstraße 41 am Kollwitzplatz aus durch das Gittertor werfen.

In der Kastanienallee gibt's alles: Boutiquen, Bars, Cafés, Restaurants, Souvenirs …

5 Prenzlauer Berg

Service & Tipps:

ℹ tic Tourist Information
Schönhauser Allee 36
10435 Berlin
U2, Tram M1/M10/12:
Eberswalder Straße
✆ (030) 44 35 21 70
www.tic-berlin.de
Tägl. 11–19 Uhr
Das alte Maschinenhaus der Kulturbrauerei ist die zentrale Anlaufstelle für Informationen zum Nordosten Berlins: das Tourist Information Center (tic) bietet Infos zu Sehens- und Erlebenswertem in den Stadtteilen Prenzlauer Berg, Pankow und Weißensee sowie Tickets, Postkarten, Berlin-Literatur, Souvenirs und Stadtpläne. Auch Führungen werden hier vermittelt.

🏛 Museum Pankow
Prenzlauer Allee 227
Prenzlauer Berg
Tram M2: Knaackstraße
✆ (030) 902 95 39 17
Heimatgeschichtliche Spuren und Stadtkultur sowie die gegenwärtigen, rasanten Veränderungen des Bezirks werden in unterschiedlicher Form dokumentiert und vermittelt.

⓮ 🍴🎨 An der Marie
Marienburger Str. 40
Prenzlauer Berg
Tram M2: Marienburger Straße
Preisgekröntes Wohnareal mit Spielplätzen und Liegewiese.

⓲ 🍴♿✖🍸 Bötzow Brauerei
Prenzlauer Allee 242
Prenzlauer Berg
Tram M2: Metzer Straße
www.boetzowberlin.de
Noch ist das Areal von 1885 eine Baustelle, aber die ersten Mieter sind bereits eingezogen: die Galerie im Atelierhaus, Tim Raue mit dem Restaurant **La Soupe Poupulaire** (vgl. S. 183) oder die Bar **Le Croco bleu**. Führungen (gratis) sind möglich.

🍴 Jüdischer Friedhof Schönhauser Allee
Schönhauser Allee 36
Prenzlauer Berg
U2: Senefelderplatz
Friedhof von 1827 mit Judengang (vgl. S. 107). Der Maler Max Liebermann wurde hier 1935 beerdigt, außerdem der Verleger Leopold Ullstein und der Mäzen der Berliner Museumsinsel James Henry Simon. Ein Gedenkstein mahnt: »Hier stehst du schweigend, doch wenn du Dich wendest, schweige nicht!«

⓱ 🍴♿🍸✖ Kulturbrauerei
Schönhauser Allee 36,
Knaackstr. 97, Prenzlauer Berg

Ausstellungsraum im Museum Pankow

Die ehemalige Bötzow Brauerei entwickelt sich zu einem neuen kultigen Ort für Genießer

U2, Tram M1/M10/12:
Eberswalder Straße
✆ (030) 44 35 26 14
www.kulturbrauerei.de
www.hdg.de/berlin
DDR-Ausstellung tägl. außer
Mo 10–18, Do bis 20 Uhr
Eintritt frei
Der einstige Schultheiss-
Brauereibetrieb mit seinen
restaurierten Klinkerfassaden
beherbergt heute u. a. ein
Kinocenter, Theater, Konzert-
säle und mehrere Clubs. Die
Dauerausstellung »Alltag in
der DDR« der Stiftung Haus der
Geschichte der Bundesrepublik
Deutschland zeigt Originalob-
jekte, Dokumente, Film- und
Tonaufnahmen aus der DDR.

❸ 🚇🐾✕🅿🚃 Pfefferberg
Christinenstr. 18–19
Schönhauser Allee 176
Prenzlauer Berg
U2: Rosa-Luxemburg-Platz
www.pfefferberg.de
www.bassy-club.de
www.pfefferbett.de
Galerien, Ateliers, Restaurants,
das Hostel Pfefferbett, der
Bassy Club und ein großer
Biergarten beleben das riesige
Areal der ehemaligen Brauerei
Pfeffer aus dem 19. Jh.

📷 Synagoge Rykestraße
Rykestr. 53, Prenzlauer Berg
Tram M2: Knaakstraße

✆ (030) 442 59 31
www.synagoge-rykestrasse.de
Tägl. 9.30–18, im Sommer
bis 19 Uhr
Die neoromanische Basilika
gehört mit 2000 Sitzplätzen zu
den größten Europas. Der gesamte Gebäudekomplex wurde
restauriert und 2005 feierlich
eingeweiht.

✿ Kiezgarten
Schliemannstr. 8
Prenzlauer Berg
Tram M10: Husemannstraße
Immer offen
Auf dem kleinen urbanen
Acker wächst neben Obst, Ge-
müse und Kräutern jede Menge
Gemeinschaft.

✿🎫 Neuer Hirschhof
Oderberger Str. 19
Prenzlauer Berg
U2, Tram M1/M10/12: Eberswalder Straße, Tram M10:
Friedrich-Ludwig-Jahn-Sportpark
Nachdem der geschichtsträchtige Hirschhof, einst Treffpunkt
der Untergrundkultur Ost-Ber-
lins, im Zuge moderner Woh-
nungsbaupolitik privatisiert
wurde, entstand 2012 nebenan
der Neue Hirschhof – ein großer Kletter- und Wasserspiel-
platz. Er ist beliebter, sonniger
Treffpunkt der Familien im Kiez
und weist in diesem Sinne doch

Solche Leckereien (oben) gibt es von der bezaubernden Zuckerfee in der Greifenhagener Straße (unten)

Parallelen zum alten Hirschhof auf, den die Anwohner 1982 in Eigenregie als kleine Parkanlage schufen.

❺ ⛽ FIT – freie internationale Tankstelle
Schwedter Str. 261
Prenzlauer Berg
U2: Senefelderplatz
☎ (0170) 352 64 50
www.f-i-t.org
Der Künstler Dida Zende hat die Tankstelle aus den 1920er Jahren zu einem Treffpunkt im Kiez gemacht: Es gibt Veranstaltungen, Ausstellungen und jeden ersten Sonntag (April–Okt.) im Monat einen Kreativmarkt mit Kleidung, Schmuck und Accessoires.

⛽ Singuhr-Hörgalerie
Belforter Str./Diedenhoferstr.
Prenzlauer Berg

U2: Senefelderplatz, Tram M2: Metzer Straße
☎ (030) 24 08 47 88
www.singuhr.de
Im Sommer Mi–So 14–20 Uhr
Eintritt je nach Ausstellung
Klangkunst in zwei Wasserspeichern am Wasserturm mit überraschenden Hörerlebnissen und etwas gruselig ist der Gang durchs Dämmerlicht auch.

✖ Das Wins
Winsstr. 53, Prenzlauer Berg
Tram M10: Winsstraße
☎ (030) 31 16 55 72
www.daswins.de
Di–Sa 8–24, So 10–24 Uhr
Gehobenes, aber unprätentiöses Restaurant mit top Preis-Leistungs-Verhältnis. €€–€€€

✖ GoBento
Stubbenkammerstr. 5
Prenzlauer Berg
Tram M2: Fröbelstraße
☎ (0172) 365 22 65
www.facebook.com/
gobentoberlin
Mi–So 17–22.30 Uhr
Der kleine, etwas abseits des Trendkiezes gelegene Laden funktioniert nach einem einfachen Prinzip: Der Koch kommt an den Tisch und klärt kurz die Vorlieben der Gäste ab, um dann spontan japanische Köstlichkeiten frisch zuzubereiten. Eine Karte gibt es nicht, Tee wird kostenlos ausgeschenkt, andere Getränke sind mitzubringen. Aufgrund der begrenzten Plätze unbedingt vorher reservieren! €

☕ Die Zuckerfee
Greifenhagener Str. 15
Prenzlauer Berg
U-/S-Bahn: Schönhauser Allee
☎ (030) 52 68 61 44
www.zuckerfee-berlin.de
Tägl. außer Mo 10–18 Uhr
Bezauberndes kleines Café mit unschlagbar köstlichem Frühstücksangebot. Ob süß oder herzhaft, alles wird frisch zu-

bereitet und auf einer Etagère angerichtet serviert. Aufgrund der Lage sitzt man auch vor der Tür recht ruhig.

❹ 🚇✕ Prater
Kastanienallee 7–9
Prenzlauer Berg
U2, Tram M1/M10/12:
Eberswalder Straße
www.pratergarten.de
Biergarten April–Sept. tägl.
ab 12 Uhr, Gaststätte Mo–Sa ab
18, So ab 12 Uhr
Der älteste Biergarten Berlins mit langen Tischreihen unter Kastanien. Sommer wie Winter genießen die Gäste auch drinnen rustikale deutsche Küche.

🍸 Becketts Kopf
Pappelallee 64, Prenzlauer Berg
Tram 12: Raumerstraße
✆ (0162) 237 94 18
www.becketts-kopf.de
Tägl. außer Mo ab 20 Uhr
Cocktails trinken auf höchstem Niveau: Auf das Klingeln öffnet der Kellner die Tür und nimmt die Jacken entgegen, so dass man sich gleich den phantasievollen Beschreibungen der hochwertigen Drinks hingeben kann. Reservierung ist Pflicht.

🏛🎁 Onkel Philipp's Spielzeugwerkstatt
Choriner Str. 35
Prenzlauer Berg
U-/S-Bahn: Eberswalder Straße,
Tram 1/12: Schwedter Straße
✆ (030) 449 04 91
www.onkel-philipp.de
Da möchte man nochmal Kind sein! Der Laden von Onkel Phillipp ist voll bis unter die Decke mit neuem und gebrauchtem Spielzeug. Der Besitzer ist auch zur Stelle, wenn der Lieblingspuppe z. B. ein Auge fehlt.

🏛☕🛍 Shakespeare & Sons Bookstore
Raumerstr. 36, Prenzlauer Berg
Tram 12: Raumerstraße
✆ (030) 46 79 63 32

www.shakesbooks.de
Mo–Sa 10–20, So 12–19 Uhr
Wer gleich morgens kommt, wird von warmem Bagelgeruch

empfangen. Also, in Originalausgaben stöbern und die leckeren Teigringe probieren!

🏛 Herbathek
Kollwitzstr. 76, Prenzlauer Berg
Tram M10: Prenzlauer Allee/
Danziger Straße, M2: Marienburger Straße
✆ (030) 25 79 70 21
www.herbathek.com
Mo–Fr 10–19, Sa 10–16 Uhr
Das herzliche Personal der Herbathek berät kompetent und in aller Ruhe über Funktion und Auswahl der Bioheilkräuter, Tees, Gewürze und Naturheilmittel.

🏛☕ Memory Vintage
Schwedter Str. 2
Prenzlauer Berg
U2: Senefelderplatz
✆ (030) 55 12 73 27
www.memoryberlin.com
Shop Mo–Fr 14–19, Café tägl. außer So 8.30–17 Uhr
Die Besitzerin liebt Retro-Artikel der 1950er bis 1970er Jahre. Unter den Kleidern, Möbeln und Accessoires sowie dem Geschirr und Spielzeug finden sich wahre Schätze. Und nebenan im Memory-Café gibt es leckere Snacks wie Suppe oder Quiche. ⚜

Onkel Philipp hat nicht nur Spielsachen bis unter die Decke, er repariert auch das liebste Spielzeug, wenn es einmal kaputt ist

Der Wasserturm von 1877 im Kollwitzkiez ist der älteste Wasserturm Berlins

Tempelhof-Schöneberg

Gay-Szene, Grüngürtel und jede Menge Historie

Schöneberg hat schon immer Maler und Literaten inspiriert – und Lebenskünstler angelockt. Der Regenbogenkiez rund um den Nollendorfplatz ist bevorzugter (Wohn-)Ort der Schwulen- und Lesbenszene. Alteingesessene in dem gutbürgerlichen Bezirk sind Beamte, Akademiker, Intellektuelle, vor allem im Bayerischen Viertel und in Friedenau. Dort fühlen sich Familien, aber auch junge Menschen wohl in großen, sanierten Wohnungen, das nächste Café gleich um die Ecke, umgeben von vielen Parks und nicht weit entfernt von der großen Spielwiese Tempelhofer Freiheit. Und wer es ruhiger mag: Die südlichen Ortsteile Mariendorf, Marienfelde und Lichtenrade haben ihren dörflichen Charakter bewahrt. Regenbogenkiez und Ökomarkt, Eisenbahnanlagen und grüne Verbindungswege, Stadtquartier der Zukunft und Schauplätze der Geschichte: Der folgende Spaziergang führt durch ganz unterschiedliche Kieze.

Vom Rathaus Schöneberg zum Winterfeldtplatz

»Ich bin ein Berliner«. Es gibt wohl kaum jemanden, der den hierzulande am häufigsten zitierten Ausspruch John F. Kennedys noch nicht gehört oder gelesen hat. Mit diesen deutsch

Der Musiker David Bowie wohnte von 1976–78 in einer Altbauwohnung in der Schöneberger Hauptstraße 155 und erlebte in West-Berlin seine musikalisch produktivsten Jahre. Drei seiner wichtigsten Alben gelten als »Berlin-Trilogie«. Marlene Dietrich wurde 1901 in der Leberstraße 65 geboren, in der Nummer 33 verbrachte Hildegard Knef ihre Kindheitsjahre. Beide wurden Weltstars. Die Knef sang mit Wehmut: »Ich hab' noch einen Koffer in Berlin«.

gesprochenen Worten krönte der amerikanische Präsident seine Rede, in der er zwei Jahre nach dem Mauerbau der West-Berliner Bevölkerung die Solidarität der US-Regierung zusicherte. Schauplatz der legendären Rede war der Platz vor dem Schöneberger Rathaus. Auf dem heutigen John-F.-Kennedy-Platz drängten sich am 26. Juni 1963 Hunderttausende Menschen und jubelten Kennedy zu.

Damals war das ❶ **Rathaus Schöneberg** politischer Mittelpunkt West-Berlins und Symbol für den Freiheitswillen der Bevölkerung. Das Berliner Abgeordnetenhaus tagte hier bis 1993, bis 1991 war das Rathaus Sitz des Regierenden Bürgermeisters von Berlin. Bei Kennedys Besuch stand der damalige Amtsinhaber Willy Brandt mit ihm während der Rede auf der Tribüne. Fast an derselben Stelle vor dem Rathaus wurde am Abend des 10. November 1989 vor allem »Willy« gefeiert, als der Altkanzler neben der aktuellen Regierungsriege am Tag nach dem Mauerfall zur Zukunft Deutschlands und Europas sprach.

Seit 1993 ist das Rathaus wieder alleiniger Sitz der Regierung des Bezirks Schöneberg, der 2001 mit dem Nachbarn Tempelhof zum sehr viel größeren Bezirk Tempelhof-Schöneberg fusionierte.

Das Rathaus ist außen und innen von imposanter Größe: 93 Meter lang, der Turm 70 Meter hoch, vier Flügel um mehrere Innenhöfe, endlose Flure, Türen, Treppenanlagen, Säulen und rund 500 Räume. Nachdem das Dorf Schöneberg 1898 Stadtrecht erhalten hatte und die Einwohnerzahl rasant zunahm, sollte sich die Stärke der Bürgerschaft im Kaiserreich,

»Alle freien Menschen, wo immer sie leben mögen, sind Bürger von Berlin, und deshalb bin ich als freier Mann stolz darauf, sagen zu können: Ich bin ein Berliner.«
John F. Kennedy, 26. Juni 1963

Auf der Fahrt im offenen Wagen durch den Westteil der Stadt jubelten Tausende Berliner dem US-Präsidenten John F. Kennedy zu

Geschichtsträchtiger Ort: das Rathaus Schöneberg

Am Hans-Rosenthal-Platz steht das traditionsreiche RIAS-Funkhaus, aus dem heute Deutschlandradio Kultur sendet. Von 1946 bis 1993 meldete sich der RIAS stets als »freie Stimme der freien Welt«. Der »Rundfunk im Amerikanischen Sektor« spielte eine bedeutende Rolle in der geteilten Stadt. Für Millionen Menschen in der DDR war er die Hauptnachrichtenquelle, obwohl oder weil das RIAS-Hören verboten war.

durchaus rivalisierend mit den Nachbargemeinden, weithin sichtbar zeigen. So wurde 1911 auf Initiative des Oberbürgermeisters Rudolph Wilde mit dem Bau des Rathauses begonnen: Im Kriegsjahr 1914 war es fertig. Bereits 1920 wurde Schöneberg zusammen mit der Gemeinde Friedenau zum Bezirk des neu gegründeten Groß-Berlin.

In den Schöneberger Rathaussälen finden heute u. a. Lesungen, Konzerte und weitere Veranstaltungen statt. Eindrucksvoll ist in einer Halle im Hochparterre die Dauerausstellung »Wir waren Nachbarn« mit 148 Alben, die Biografien jüdischer Zeitzeugen mit Fotos, Dokumenten und Berichten nachzeichnen. Sie geben Einblick in die Schicksale berühmter und unbekannter Menschen im Bezirk, die von den Nazis verfolgt, deportiert und ermordet wurden. Schöneberg hatte einen hohen Anteil jüdischer Bevölkerung. Besonders viele Juden lebten im Bayerischen Viertel mit seinen prächtigen Gründerzeithäusern. Berühmte Bewohner waren unter anderem Albert Einstein, Gottfried Benn und Egon Erwin Kisch.

Vor dem Streifzug durch das Bayerische Viertel lohnt ein Spaziergang durch den ❷ **Rudolph-Wilde-Park**. Der östliche Schöneberger Parkteil ist mit Bänken, Blumenbeeten und Brunnen als vornehme Gartenanlage mit Kurparkcharakter gestaltet. In der Mitte des Brunnens erhebt sich eine fast neun

Gedenken im Vorübergehen

Eine andere Form des Gedenkens und Erinnerns sind überall in Berlin sogenannte Stolpersteine des Künstlers Gunter Demnig. Die messingfarbenen Quader, wie Pflastersteine in den Boden eingelassen, tragen eingraviert Namen und Lebensdaten von Menschen, die hier lebten und von den Nazis deportiert wurden.

An vielen Häusern erinnern zudem Gedenktafeln an die einstigen Bewohner, nicht nur jüdische Nachbarn. So haben der Komponist und Pianist Ferrucio Busoni und der Regisseur Billy Wilder im selben, heute durch einen Neubau ersetzten Haus (Viktoria-Luise-Platz 11) gewohnt, allerdings nicht zur selben Zeit.

Hirschbrunnen im Rudolph-Wilde-Park (Bj. 1912)

Bücher zum Rundgang:
– »Das Bayerische Viertel in Berlin-Schöneberg. Leben in einem Geschichtsbuch«, von Gudrun Blankenburg, Bäßler Verlag 2012, € 11,95
– »Ruhige Straße in guter Wohnlage. Die Geschichte meiner Nachbarn«, von Pascale Hugues, Rowohlt 2013, € 19,95

Meter hohe Säule, auf der ein goldener Hirsch, das Wappentier Schönebergs, weithin leuchtet.

Neugierig macht im Wiesengrund ein langgestrecktes weißes Gebäude, das mit hohen Fenstern an eine Orangerie erinnert, aber den U-Bahnhof Rathaus Schöneberg verbirgt. Die heutige Linie 4, die von hier über vier Stationen bis zum Nollendorfplatz führt, wurde 1910 als eigenständige, von der Stadt Schöneberg erbaute Linie, eröffnet. Das Dach des U-Bahnhofs verlängert sich zur Brücke über Wiese und Ententeich. Diese Carl-Zuckmayer-Brücke – der Autor des »Hauptmann von Köpenick« wohnte gleich um die Ecke in der Fritz-Elsass-Straße – gehört zu den schönsten, fast noch geheimen Plätzen in Berlin, um einen romantischen Sonnenuntergang zu erleben.

Weiter geht es zu Fuß durch die Innsbrucker Straße oder mit der U-Bahn eine Station zum ❸ **Bayerischen Platz** und dann mitten durch das Bayerische Viertel zum ❹ **Viktoria-Luise-Platz** (oder gleich mit der U-Bahn bis dorthin). Dieses Stadtviertel entstand zwischen 1900 und 1914 auf dem

Ackerland Schöneberger Bauern, die durch den Verkauf an den Grundstücksunternehmer und Stadtplaner Salomon Haberland zu »Millionenbauern« wurden. Einige Straßen sind nach bayerischen Städten benannt, vor allem aber gab die Bauweise im »Alt-Nürnberger«-Stil mit Erkern und mittelalterlich anmutenden Spitzgiebeln dem Viertel den Namen. Die großbürgerlichen Mietshäuser in – auch heute – bester Wohnlage hatten große Etagenwohnungen, Vorgärten und begrünte Innenhöfe. Die wohlhabenden Bürger, die hier einzogen, sollten den Steuersäckel der Stadt Schöneberg füllen.

Nach dem Zweiten Weltkrieg war das Viertel großflächig zerstört. Ein besonders opulentes Beispiel der originalen Bebauung ist das Gebäude am Viktoria-Luise-Platz 6, das Alfred Messel 1902 für den Lette-»Verein zur Förderung der Erwerbsfähigkeit des weiblichen Geschlechts« errichtete. Heute unterrichtet in dem denkmalgeschützten Ensemble das Berufsausbildungszentrum Lette-Verein.

Sechs Straßen treffen strahlenförmig auf den Viktoria-Luise-Platz, der den Durchgangsverkehr verhindert. Stattdessen laden Bänke unter schattigen Bäumen und Liegewiesen nicht nur Schüler und Anwohner zu einer erholsamen Pause ein. Schön sitzt man auch in den Cafés und Restaurants rund um den Platz.

So viel Idylle war nicht immer. 80 Tafeln, an Lampenmasten angebracht, sind als flächendeckendes Denkmal im ganzen Bayerischen Viertel verteilt. Auf einer Seite erregen die Tafeln mit einem bunten Bild Aufmerksamkeit, auf der Rückseite nennt ein kurzer Text mit Datum antisemitische Einschränkungen und Verbote. Das »Denk mal« erinnert an die schleichende Ausgrenzung und Entrechtung, Vertreibung, Deportation und Ermordung von Berliner Juden 1933–45.

Benannt wurde der Viktoria-Luise-Platz nach der einzigen Tochter Kaiser Wilhelms II., deren Hochzeit 1913 mit Herzog Ernst August von Braunschweig-Lüneburg eines der letzten gesellschaftlichen Großereignisse des europäischen Hochadels vor Ausbruch des Ersten Weltkrieges war.

Regenbogenkiez am Nollendorfplatz

Die Gegend um den Nollendorf- platz ist ein Zen- trum der schwul- lesbischen Szene

Die Motzstraße führt Richtung Nordosten zum **⑤ Nollendorf- platz** und mitten hinein in das Regenbogenviertel der Schwu- lenszene mit vielen Bars, Clubs, Restaurants und passenden Geschäften. Besonders bunt, schrill und schillernd geht es hier zu beim lesbisch-schwulen Stadtfest im Juni. An diesem Wochenende drängen sich im Nollendorf-Kiez Zehntausen- de Menschen zwischen Verkaufs- und Informationsständen, Bühnen und Bars. Hier präsentiert sich das ganze Spektrum lesbischer, schwuler, bisexueller und transidentischer Projekte, Vereine und Organisationen. Und jede und jeder kann sich so geben, wie mann/frau ist oder sein will und wie man sich vielleicht zu Hause in der Provinz nicht zu zeigen traut.

»Totgeschlagen – totgeschwiegen« Eine Tafel an der U-Bahnstation Nollendorfplatz erinnert an die schwulen und lesbischen Opfer des Nationalsozia- lismus. Nachts leuchtet die Kuppel des U-Bahnhofs in den Regenbogenfarben.

Rund um den Nollendorfplatz befand sich schon in den 1920er Jahren ein beliebtes Amüsierviertel für Schwule, Les- ben und alle anderen, die etwas erleben wollten. Der briti- sche Schriftsteller Christopher Isherwood, der von 1929–33 in der Nollendorfstraße 17 wohnte, holte sich in den Bars, Tanzsalons und Varietés Anregungen für seinen Roman »Leb wohl, Berlin«. Der wurde zur Vorlage zunächst für das Broad- way-Musical, später für den Film »Cabaret«. Heute gehören etwa Hafen und Heile Welt Bar in der Motzstraße zu den Treffpunkten der Schwulenszene. Schickster Club für Party- fans ist das Goya (freitags und samstags), dessen schönster Saal samt Nebenräumen allerdings nur für Veranstaltungen vermietet wird. Erbaut wurde das pompöse Gebäude 1905 als Theater am Nollendorfplatz, in dem Erwin Piscator 1927 sein politisches Avantgarde-Theater erfand. Später waren die Theatersäle Kino, Disco und Konzerthaus für Rock und Jazz.

Markt am Winterfeldtplatz

6 Tempelhof-Schöneberg

Ob regenbogenbunt, Bio-Schickeria, Single, Paare oder Familien – für viele Kiezbewohner und Berlinbesucher ist der Bummel über den Markt auf dem ❻ **Winterfeldtplatz** am Samstag Pflicht. Man schlendert von Stand zu Stand, probiert hier eine Olive, trinkt dort einen frisch gepressten Orangensaft, prüft das Angebot an frischem Obst und Gemüse aus dem Havelland und deckt sich mit Fleisch- und Wurstwaren sowie Brot und Käse von bester Qualität ein. Zum Schluss die Blumen nicht vergessen, die »Rosen-Rudi« lautstark anzupreisen versteht. Danach ist Zeit für einen Café Latte, Prosecco oder Aperol Spritz in einem der zahlreichen Cafés und Restaurants in der Winterfeldt- und Maaßenstraße. Das Café Berio (Maaßenstraße 7) ist eine Institution und hat 24 Stunden geöffnet. Wer in der Gegend keinen Platz findet, wandert ein Stück weiter nach Süden, wo weniger Szene, dafür mehr Kiez zu erleben ist.

In der ❼ **Goltzstraße** reihen sich Cafés, Weinläden, indische und italienische Restaurants, Sushi- und Tapasläden – alle mit Außenplätzen – aneinander. Dazwischen gibt es kleine Boutiquen mit schicken Klamotten, Taschen und Schmuck, den Reisebuchladen Chatwins, antike Möbel, die Apfelgalerie mit frischem Obst und – seit ewigen Zeiten – den Hobby-Shop Rüther mit Bastelmaterial und Künstlerbedarf. Das legendäre **Café M**, ursprünglich Mitropa, konserviert den Stil der 1980er Jahre. Die liebevoll als lebendiges Museum ausgestattete **Kaffeestube Sorgenfrei** feiert die 1950er Jahre. Außer Kaffee und Kuchen gibt es stilecht auch Toast Hawaii. Und wer sich in

Ob vor dem Marktbesuch auf dem Winterfeldtplatz oder danach: Für Stärkung sorgen die vielen Cafés und Restaurants in der Maaßenstraße.

6 Tempelhof-Schöneberg

*Eine richtige Kiez-
straße mit kleinen
Läden ist die
Akazienstraße*

*Weithin sichtbar
ist der 78 Meter
hohe ❾ Gaso-
meter, ein Indus-
triedenkmal und
Schöneberger
Wahrzeichen auf
dem Gelände des
EUREF-Wissen-
schafts-Campus
an der Torgauer
Straße. An jedem
Sonntagabend
hat es seinen
Fernsehauftritt, um
die Talksendung
von Günter Jauch
einzuleiten. Für
das Studio wurde
im Inneren die
Reichstagskuppel
nachgebaut.*

ein Haushaltsgerät, Spielzeug, Möbel- oder Dekorationsstück verliebt, kann dieses auch kaufen.

Die Fortsetzung der Goltzstraße jenseits der Grunewald-straße heißt ❽ **Akazienstraße.** Hier finden sich Bäcker, Frisör und Reinigung neben Feinkostladen, Cafés und asiatischen Restaurants. Im Buddhahaus kann man gut essen, im Nepal-Bazar gibt es Kunsthandwerk und alles für das körperliche und geistige Wohlbefinden. Das **Café Bilderbuch** lädt zu Ausstellungen und Kleinkunst ein. Und wer zuhause oder im gemieteten Apartment selber kochen will, aber viel Aufwand scheut, findet im **Kochhaus** Schöneberg perfekt aufeinander abgestimmte Zutaten einschließlich Rezept für ein einfaches oder raffiniertes Menü.

Mit dem Fahrrad ins Grüne

Radfahrer lieben die neuen Parks und verbindenden Wege. Bis auf wenige Teilbereiche vollendet ist der ❿ **Nord-Süd-Grünzug** der parallel zu den Bahntrassen der S-Bahn-Linien 2 und 25 und der Fernbahn verläuft. Vom **Bahnhof Südkreuz** aus geht es nach Norden bis zur Yorckstraße und weiter durch den Kreuzberger ⓫ **Park am Gleisdreieck** bis zum Potsdamer Platz. Sport-, Spielplätze und andere Freizeitangebote sowie immer wieder reizvoll angelegte Bänke und Erholungsinseln mit Blick auf unberührte Natur und die Stadtlandschaft laden zur Rast ein. Vom Südkreuz nach Süden geht der Weg durch den langen Streifen des Hans-Baluschek-Parks. Radfahrer und Skater flitzen hier weiter, Spaziergänger können an Fit-nessstationen innehalten oder am Matthäifriedhofsweg zum **Naturpark Schöneberger Südgelände** wechseln. Dort sind sie dann zwischen den Trassen der S-Bahn und der Fernbahn fast allein mit der Natur und Überresten der Eisenbahngeschichte, als hier noch Loks rangiert und ausgebessert wurden. Der

südwestliche Ausgang des Geländes liegt unmittelbar neben
dem S-Bahnhof Priesterweg.

Künstler und Literatenviertel Friedenau

Der Kaiser gab sein Einverständnis: Friedenau wurde der neue
Ort außerhalb der Stadt Berlin genannt, der damit Bezug
nahm auf den gerade erreichten Friedensschluss. Nach Ende des Deutsch-Französischen Krieges von 1870/71 hatte ein
»Landerwerbs- und Bauverein auf Aktienbasis« einen Teil des
landwirtschaftlich genutzten Ritterguts Lichterfelde erwor-
ben, um dort Parzellen für den Bau von Stadtvillen anzulegen
und zu verkaufen. Gedacht waren die großzügigen Villen
vornehmlich für Pensionäre und das gehobene Bürger- und
Beamtentum. Entworfen wurde eine neue Kleinstadt, der
man noch heute – ein Blick auf den Stadtplan genügt – diese
einheitliche Planung ansehen kann.
  Friedenau bekam auch gleich einen eigenen Bahnhof an
der Wannseebahn nach Potsdam. Lange hielt diese Idylle des
Luftkurorts außerhalb Berlins allerdings nicht. Ende des 19.
Jahrhunderts hatte sich die Stadt so weit ausgedehnt, dass es
lukrativ wurde, die Villen in den großen Gärten abzureißen
und mehrstöckige gründerzeitliche Mietshäuser zu bauen,
immer noch mit Vorgärten, aber eben doch viel enger als vorher. Heute ist der kleine Friedenauer Kiez, in dem noch immer
einige der alten einstöckigen Villen stehen, laut Statistik der
am dichtesten besiedelte Ortsteil Berlins.
  Ein Spaziergang vom ehemaligen ⑫ **Bahnhof Friedenau**
(heute S-Bahnhof) zum ⑬ **Friedrich-Wilhelm-Platz**, der exakt im Ortszentrum liegt, führt an beiden Haustypen vorbei:
S-Bahnhof Friedenau, Sponholz-, Hedwigstraße, Schmargen-

*Ein Geheimtipp:
das gemütliche
S-Café direkt
am S-Bahnhof
Friedenau*

dorfer Str.aße, René Sintenis-Platz, Handjery-, Niedstraße bis zum Friedrich Wilhelm-Platz.

In der ⑭ **Niedstraße 13** lebte lange Zeit der Schriftsteller und Literaturnobelpreisträger Günter Grass. Sein Kollege Uwe Johnson wohnte von 1959–68 im Nachbarhaus (Nr. 14); im selben Haus wohnte von 1911 bis 1933 übrigens der Maler Karl Schmidt-Rottluff, einer der wichtigsten Vertreter des Expressionismus. Der bekannte Schweizer Autor Max Frisch verbrachte von 1973–78 seine Berliner Jahre um die Ecke in der ⑮ **Sarrazinstraße 8**. Die Schriftstellerin Herta Müller hat 2009 erneut den Literaturnobelpreis nach Friedenau geholt. Ihre Adresse wird nicht verraten.

Tempelhofer Freiheit: Vom Zentralflughafen zur Spielwiese

Die Weite des ehemaligen Flugfelds fasziniert und so viel Platz für Radfahrer, Skater, Jogger, Kitesurfer, Segway-Fahrer und Spaziergänger gibt es selten. Hunde haben ihren eigenen Auslaufbereich, seltene Vögel ihre geschützten Brutplätze. Und dann sind da noch Liegewiesen, Grillstationen, Picknick- und Ballspielplätze, ein Biergarten – sehr viel mehr Freizeitvergnügen an einem Ort geht kaum.

Gegen die Schließung des Flughafens, von dem am 31. Oktober 2008 der letzte »Rosinenbomber« abhob, gab es viele Proteste: Tempelhof war ein Symbol für die Freiheit West-Berlins. Während der Berlin-Blockade starteten und landeten von Juni 1948 bis Oktober 1949 nahezu pausenlos Flugzeuge der amerikanischen und britischen Alliierten, um über diese Luftbrücke Lebensmittel, Medizin, Kohle und »Rosinen« in die durch die Sowjets abgeriegelte Halbstadt zu transportieren. Das verbindet.

Kaum war der Flughafen geschlossen, der 1923 erstmals den Flugbetrieb aufgenommen hatte, wucherten Ideen und Visionen zur künftigen Nutzung und Gestaltung. Politische Entscheidungen fallen in Berlin jedoch nicht so schnell. Unterdessen hat »das Volk« das weite Feld erobert – und will den freien Platz in der Mitte der Stadt nicht mehr hergeben.

Das historische Flughafengebäude, 1936 als eines der wenigen verwirklichten und erhaltenen Projekte Hitlers für die Umgestaltung Berlins zur »Welthauptstadt Germania« erbaut, ist mit seinem 1200 Meter langen Hallenbogen, der durch Treppentürme gegliedert wird, eines der größten Bauwerke der Welt und steht unter Denkmalschutz. Heute wird es vielfältig genutzt, darunter für Messen und Konzerte.

Schier endlos dehnt sich das riesige Flugfeld des ehemaligen Zentralflughafens Tempelhof aus und bietet Platz für jede Menge Freizeitaktivitäten

Wie vielfältig über die Literaturszene hinaus Kultur im Kiez präsent ist, kann man alljährlich an einem Wochenende im Herbst erleben, wenn die **Südwestpassage Kultour** zu rund 60 Kulturorten in Friedenau, zu Künstler-Ateliers, Galerien und Werkstätten führt.

Service & Tipps:

❶ 🏛⦿✕⚐ **Rathaus Schöneberg**
John-F.-Kennedy-Platz
U4: Rathaus Schöneberg
U7: Bayerischer Platz
Ausstellung: »Wir waren Nachbarn«
✆ (030) 90277 4527
www.wirwarennachbarn.de
Tägl. außer Fr 10–18 Uhr
Eintritt frei
Turmbesichtigung April–Okt.
tägl. 10–16 Uhr, Eintritt frei
Kantine im Ratskeller:
Mo–Do 7–14.30, Fr bis 14 Uhr
Ehemaliges Rathaus der Stadt Schöneberg und später von West-Berlin, heute Rathaus des Bezirks Tempelhof-Schöneberg. Die Freiheitsglocke, für die über 16 Millionen US-Ameri-

kaner spendeten, schlägt seit 1950 täglich um 12 Uhr. Hier hielt J. F. Kennedy 1963 seine berühmte Rede mit den Worten »Ich bin ein Berliner.«

🏛⚑ **Schwules Museum**
Lützowstr. 73, Tiergarten
U1–4: Nollendorfplatz
✆ (030) 69 59 90 50
Mo, Mi–Fr, So 14–18, Sa 14–19 Uhr
Eintritt € 6/4
Wechselnde Ausstellungen zu schwulen, lesbischen, bisexuellen, trans-identischen und queeren Themen und Lebensentwürfen.

⦿ **Luftbrückendenkmal**
Am Platz der Luftbrücke
Tempelhof

6 Tempelhof-Schöneberg

»Sie gaben ihr Leben für die Freiheit Berlins im Dienste der Luftbrücke 1948/1949«, so die Inschrift am Sockel des Luftbrücken-denkmals, das 1951 errichtet wurde

Der 18 ha große Natur-Park Schöneberger Südgelände beherbergt eine Vielzahl seltener und vom Aussterben bedrohter Tiere und Pflanzen

U6: Platz der Luftbrücke
Das Luftbrückendenkmal vor dem ehemaligen Flughafen Tempelhof gedenkt den Menschen, die bei Unfällen während der Luftbrücke (1948/49) ums Leben kamen. Die drei Streben der »Hungerharke«, die Richtung Westen weisen, stehen für drei Luftkorridore zwischen West-Berlin und der Bundesrepublik Deutschland über welche die Versorgung der 2 Mio. West-Berliner möglich war. Rund 1000 Flugzeuge versorgten die Stadt täglich.

Hans-Wurst-Nachfahren
Theater am Winterfeldtplatz
Gleditschstr. 5, Schöneberg
U1–4: Nollendorfplatz

✆ (030) 216 79 25
www.hans-wurst-nachfahren.de
Marionetten, Handpuppen, Stabpuppen, Klappmaulpuppen: Die Spieler verzaubern Groß und Klein mit ihren hinreißenden Figuren. Das Theatercafé mit Terrase öffnet eine Stunde vor Beginn der Aufführungen und zu den Zeiten des Winterfeldtmarktes (Sa 10–16 Uhr).

Lesbisch- Schwules Stadtfest
Motzstr., Schöneberg
U1–4: Nollendorfplatz
✆ (030) 23 62 60 98
www.regenbogenfonds.de
2. Wochenende im Juni
Buntes Treiben auf Bühnen und Dancefloors; zu der zweitägigen Party reisen Schwule und Lesben von weit her an.

Natur-Park Schöneberger Südgelände
Prellerweg 47–49, Schöneberg
S2/25: Priesterweg
✆ (030) 700 90 60
www.gruen-berlin.de, tägl. 9–20 Uhr, im Winter bis 17 Uhr
Hier hat sich die Natur das Gelände um einen stillgelegten Rangierbahnhof zurückerobert. Im Sommer Theater der Shakespeare-Company (vgl. S. 207) unter freiem Himmel.

Herrschaftliche Gründerzeitfassade in der Grunewald-/Ecke Akazienstraße

Weitere Kulturveranstaltungen finden im Lokschuppen statt.

🏃 Tempelhofer Freiheit
Tempelhofer Damm, Tempelhof
U-/S-Bahn: Tempelhof
U6: Platz der Luftbrücke
www.tempelhoferfreiheit.de
www.gruen-berlin.de
Tägl. ab 7.30, im Sommer ab 6 Uhr bis Sonnenuntergang
Führungen siehe Internet
Auf dem riesigen Flugfeld des ältesten Verkehrsflughafens der Welt (seit 2008 geschl.) kann man herrlich radeln, skaten oder segeln. Nach einem Volksentscheid 2014 soll das Gelände weitgehend bleiben wie es ist.

🍽️ Café Bilderbuch
Akazienstr. 28, Schöneberg
S1: Julius-Leberbrücke
✆ (030) 78 70 60 57
www.cafe-bilderbuch.de
Mo–Sa 9–24, So/Fei 10–24 Uhr
Café, Galerie, Bibliothek und samstags Kleinkunst-Programm mit Chansons, Satire, Klassik.

🍽️ Café M
Goltzstr. 33, Schöneberg
U7: Eisenacher Straße
✆ (030) 216 70 92
www.cafe-m.de
Tägl. 8–2 Uhr
Seit den 1980er Jahren eine Schöneberger Institution.

🍽️ Café Sorgenfrei
Goltzstr. 18, Schöneberg
U7: Eisenacher Straße
✆ (030) 30 10 40 71, Di–Fr 12–19, Sa 10–18, So 13–18 Uhr
Gemütliche Kaffeestube mit Antiquitäten aus den 1950er- und 1960er Jahren.

🍽️ Kochhaus Schöneberg
Akazienstr. 1, Schöneberg
S1: Julius-Leber-Brücke
✆ (030) 577 08 91 00
www.kochhaus.de
Tägl. außer So 10 –21 Uhr
Alle Zutaten portionsgerecht einkaufen plus Rezept für ein perfektes (Abend-)Essen. Filialen in Prenzlauer Berg, Schönhauser Allee 46, und Kreuzberg, Bergmannstr. 94.

🍽️ Trödelmarkt
John-F.-Kennedy-Platz
Schöneberg
U4: Rathaus Schöneberg,
U7: Bayerischer Platz
Sa/So 8–17 Uhr
Flohmarkt vor dem Rathaus Schöneberg.

🍽️ Winterfeldtmarkt
Winterfeldtplatz, Schöneberg
U1–4: Nollendorfplatz
Mi 8–14, Sa 8 –16 Uhr
Angesagter Markt mit vielen Spezialitäten, regionalem Gemüse und Fleisch sowie Mode und Kunsthandwerk. ❄️

Berliner Floh- und Trödelmärkte laden zum Stöbern ein

Neukölln

Aufbruchstimmung im Problembezirk

Alles neu in Neukölln! Der Stadtteil südlich von Kreuzberg ist Berlins Trendkiez Nummer Eins. Sein Dasein als Inbegriff eines düsteren Migrantenviertels hat er mehr und mehr hinter sich lassen können. Studenten und Kreative aus aller Welt lassen sich nicht mehr abschrecken von politischen Debatten und Neuköllns schlechtem Ruf. Tagtäglich rollen Möbelwagen durch die Straßen und an jeder Ecke eröffnen Cafés und Bars. Auch ein bunter Reigen an Restaurants hat sich neben der lebendigen Kneipenszene etabliert und fast überall ist Kunst zu finden: Streetart, Galerien, Ateliers oder interaktive Ausstellungen. Kunst und Kultur steht in Neukölln nicht nur während Berlins populärstem Kunstfestival »48 Stunden Neukölln« auf dem Programm.

Wenn von Neukölln die Rede ist, ist allerdings meist nur der namensgebende Stadtteil an der Grenze zu Kreuzberg, zwischen Landwehrkanal und Ringbahn gemeint. Er ist auch als Nord-Neukölln oder – seiner alten Postleitzahl entsprechend – Neukölln 44 bekannt. Dabei gehört zu dem im Süden Berlins gelegenen Bezirk eine weitaus größere Fläche: Mit der Bildung Groß-Berlins im Jahr 1920 wurde die Stadt Neukölln zusammen mit den Dörfern Britz, Rudow und Buckow eingemeindet. Auch diese Ortsteile haben neben reizvollen Grünflächen viele interessante kulturelle Einrichtungen zu bieten. Insgesamt lässt es sich hervorragend auf den Spuren der einzelnen historischen Gemeinden wandeln.

Mit rund 315 000 Einwohnern zählt Neukölln zu den bevölkerungsreichsten Bezirken Berlins

Dem heute einheitlichen Straßenbild aus Handyläden, Wettbüros und Friseursalons an der Sonnenallee trotzend, zeugen beispielsweise am ❶ **Richardplatz** sowie in der umliegenden Kirchgasse und Richardstraße Strukturen des alten Dorfkerns vom frühen Rixdorf: Schulhaus, Scheunen, Schmiede, Friedhof und Kirche, die 1737 böhmische Glaubensflüchtlinge erschufen, sind bis heute erhalten geblieben und verbreiten ländliches Flair. In der Siedlung wohnen sogar noch Nachfahren der Exilanten in achter Generation. Hier befindet sich auch der ❷ **Comenius-Garten**. Er ist als begehbarer »Lebensweg« entlang der Theorien des wohl bekanntesten Pädagogen seiner Zeit, Johann Amos Comenius, entworfen und wird sowohl von umliegenden Einrichtungen als auch Ansässigen als Ort des Lernens, Erholens und Spielens genutzt.

*Mit seiner Oran-
gerie wirkt der
2,4 ha große und
Körnerpark wie ein
richtiger Schloss-
garten. Benannt
nach Franz Körner,
dem Besitzer der
Kiesgrube, in der
die Grünanlage
1912–16 entstand*

Die Sonnenallee hält dagegen bis heute nicht, was ihr Name verspricht. Von einem großen, hellen Boulevard unter Bäumen ist sie weit entfernt. Dennoch hat sich binnen der letzten zehn Jahre im ❸ **Reuterkiez**, den sie südlich begrenzt einiges getan: In das Ghetto der Geringverdiener zog es aufgrund günstiger Mieten viele Künstler und Studenten. Sie brachten das mit, was schon die böhmischen Einwanderer und auch Migranten der 1960er und 1970er Jahre mitbrachten: Hoffnung, Ideen, Träume. Die internationalen Kreativen, die sich hier niederließen, Projektgruppen schufen, Ateliers mieteten und eine entsprechende Infrastruktur aufbauten, haben dem Quartier binnen kürzester Zeit ein neues Gesicht gegeben.

Auch südlich von **Kreuzkölln**, wie das Viertel aufgrund seiner Nähe zu Kreuzberg genannt wird, hat sich einiges verändert.

»In Rixdorf is Musike …«

Vor rund 120 Jahren gab es viele Biergärten, Ballhäuser und andere Amüsierbetriebe in Rixdorf, wie Neukölln damals hieß und so kamen die Berliner hierher vor allem, um sich zu betrinken, zu tanzen und Spaß zu haben. Regelmäßig gab es Schlägereien und der Ruf Rixdorfs war mehr als schlecht. Um das Image zu verbessern wurde die Stadt 1912 kurzum in Neukölln – angelehnt an die Siedlungen, die südlich von Berlin-Cölln lagen – umbenannt. Ob nun Rixdorf oder Neukölln – Vergnügen wird auch heute wieder großgeschrieben.

Zwischen den beiden Magistralen des Quartiers, der Karl-Marx-Straße und der Hermannstraße, liegt das Gartendenkmal ❹ **Körnerpark**, der Namenspate für den umgebenden **Körnerkiez**. Der Park mit seiner neobarocken Anlage wird von Anwohnern oft als das Sanssouci Neuköllns beschrieben. Die große Terrasse des Cafés sowie Konzerte und Ausstellungen in der ehemaligen Orangerie bilden einen starken Kontrast zum pulsierenden Leben rundherum. Die vielbefahrene ❺ **Karl-Marx-Straße** war Anfang der 1960er Jahre eine angesagte, bürgerlich geprägte Einkaufsstraße; wie ausgestorben wirkt sie auch ein halbes Jahrhundert später keinesfalls. Anstelle der Juweliere und Modehäuser

Viel Kultur unter einem Dach: Neuköllner Oper und Passage Kino in der Karl-Marx-Straße 131

sind allerdings Handyläden, Ein-Euro-Shops und Imbisse getreten, deren Namen einen Hinweis auf die Heimat der Besitzer oder zumindest ihrer Eltern geben. Derzeit ist ein vielfältiges Standortmarketing am Zuge, das renommierten Kultureinrichtungen wie dem ❻ **Heimathafen Neukölln** (vgl. S. 208) im Saalbau Neukölln und der ❼ **Neuköllner Oper** (vgl. S. 205) Zuwachs bescheren soll. Sehenswert ist auch das ❽ **Rathaus Neukölln** (1905–1909) an der Karl-Marx-Straße 83. Den Sitz der Bezirksverwaltung im Stil der deutschen Renaissance krönt auf dem 67 Meter hohen Turm die kupferne, 2,2 Meter große Glücksgöttin Fortuna des Bildhauers Josef Rauch.

Die gut 50 Meter breite **Schillerpromenade** westlich der Karl-Marx-Straße mit dem mittig gelegenen ❾ **Herrfurthplatz** und den dazugehörigen

Türkenmarkt am Maybachufer

Jeden Dienstag und Freitag zwischen 11 und 18 Uhr herrscht hinter der Kottbusser Brücke am ❿ **Maybachufer** ein buntes Treiben. Es duftet nach frittierten Falafelbällchen, Schafskäsepasten, frischem Obst und süßem türkischen Gebäck. Dazu liegt ein Stimmengewirr aus unterschiedlichen Sprachen in der Luft, durchmischt von Gesang und Gitarrenklängen. Bis zur Schinkestraße reihen sich die Händler des orientalisch angehauchten Wochenmarktes mit ihren Ständen aneinander und versuchen sich lautstark mit Angebot und Preisen gegenseitig zu unterbieten. Neben Tomaten, Gurken oder Salat gehen hier je nach Saison auch Trauben, Kirschen oder Melonen für wenig Geld über den Tresen. Es schieben sich Neuköllner und Kreuzberger Familien samt Kinderwagen durch das Gedrängel, um leckere Antipasti, Gewürze und Fladenbrot zu kaufen, ebenso wie türkische Großmütter, die ihre Trolleys mit dem Wocheneinkauf und günstiger Kleidung befüllt hinter sich herziehen. Dazwischen tummeln sich immer wieder Grüppchen aus Berliner Modestudenten, die sich gerne mit der günstigen Meterware an Stoffen eindecken. Wenn man den engen Marktbereich passiert hat, warten auf der Kanalseite meist Künstler oder kleine Bands, die ihr Können zum Besten geben. So sitzt man hier gerne noch eine Weile auf dem Gehweg beisammen, packt die erstandenen Leckereien aus und genießt Neukölln at its best.

Im Mai 2015 feiert die Motorsport-Serie Formel E auf dem ehemaligen Flugfeld Tempelhofer Freiheit ihre Premiere mit elektrischen Rennwagen.

Nebenstraßen stammt aus dem frühen 20. Jahrhundert. Die Anlage wurde auf dem damaligen Ackerland als Gegenpol zu der Arbeitersiedlung auf dem ⓫ **Rollberg**, die noch heute ein Brennpunkt ist, für das gut situierte Bürgertum angelegt und hat den zweiten Weltkrieg fast unbeschadet überstanden. In den kleinen symmetrisch angeordneten Straßenzügen gibt es mittlerweile viele Ateliers, kleine Läden und Cafés, die mit ihren unverputzten Wänden oder Retrotapeten und zusammengewürfeltem Omi-Mobiliar das typisch, lässige shabby-chic Flair verbreiten. Überdies sorgte die Schließung des benachbarten Tempelhofer Flughafens 2008 für eine Aufwertung des Schillerkiezes. Die weite Fläche des ehemaligen Flugfeldes ⓬ **Tempelhofer Freiheit** (vgl. S. 122) soll langfristig so bleiben wie sie ist mit vielen Möglichkeiten für Sport, Spiel und Erholung. Das Flughafengebäude mit Hangars wird derzeit als Standort für Festivals und Messen genutzt. Bürgerinitiativen nutzen die Fläche am Rand und pflanzen und ernten beim Urban Gardening (vgl. S. 17) oder bauen mit Kindern dort Kunstobjekte.

Im Gegensatz zu der dichten Bebauung in Nord-Neukölln weisen die südlichen Stadtteile eher vorstädtische Strukturen auf. Aber auch hier gibt es die den gesamten Bezirk ausmachenden Brechungen: Da ist die ⓭ **Hufeisensiedlung**, die nach Plänen der Architekten Bruno Taut und Martin Wagner infolge des großen Wohnungsmangels nach dem ersten Weltkrieg in Britz entstand. Die sozialen Siedlungsbauten stehen unter dem Schutz des UNESCO-Weltkulturerbes und sind bis heute beliebtes Wohngebiet.

Die Installation »Tempelhofer Kunstflugfeld« wurde im Rahmen einer Bildungsinitiative von Schülern geschaffen

Lust auf Design der 1930er Jahre? In dem detailgetreu eingerichteten Ferienhaus Tautes Heim (Gielower Str. 43, U7: Parchimer Allee, ☎ 030-60 10 71 93, www.tautes-heim.de) in der Hufeisensiedlung kann man Einheimischer spielen.

Museum zum Mieten: Tautes Heim 131

In der Nähe der Hufeisensiedlung entstand ab 1958 der Stadtteil ⓮ **Gropiusstadt**, eine von Architekt Walter Gropius erdachte Trabantenstadt mit dem höchsten Wohnhaus Deutschlands (Fritz-Erler-Allee 120). Christiane F. aus der Gropiusstadt beschrieb in ihrem Buch »Wir Kinder vom Bahnhof Zoo« eindrücklich das Milieu, das teilweise in den Sozialbauten herrschte. Heute sehen viele Wohnblöcke gepflegt aus und vor allem ältere Menschen schätzen den Komfort mit Lift und Hausmeisterservice.

Ländliches Idyll weist im Süden des Bezirks der herrliche ⓯ **Britzer Garten** mit vielen Themengärten und einer der letzten von acht **Berliner Windmühlen** auf. Auch das ⓰ **Schloss Britz** aus dem 18. Jahrhundert ist einen Ausflug wert.

Kleinod in Neukölln: Schloss Britz

Die Gropius-Passagen (Mo–Fr 10–20, Sa 10–22 Uhr, Johannisthaler Chaussee 317, U7: Johannisthaler Chaussee) sind mit 85 000 m² Verkaufsfläche das größte Shopping-Center der Stadt und zählen zu den größten Deutschlands.

Service & Tipps:

ℹ️🏛 **KGB 44 Tourist Information**
Hertzbergstr. 1, 12055 Berlin
U7: Karl-Marx-Straße
✆ (030) 81 49 35 44
www.kreative-gesellschaft-berlin.de
Tägl. 12–18 Uhr
Direkt am Richardplatz, dem historischen Kern von Neukölln, hat die Kreative Gesellschaft Berlin (KGB) ihren Sitz. Hier wird genetzwerkt, es finden Ausstellungen und Konferenzen statt und der Souvenirshop bietet Kunst- und Designprodukte made in Neukölln.

❾ ℹ️ **Neukölln Info Center**
Karl-Marx-Str. 83, 12040 Berlin
U7: Rathaus Neukölln
✆ (030) 902 39 35 30
www.berlin.de/ba-neukoelln
Mo–Fr 9–18 Uhr
Im Rathaus Neukölln geben die Mitarbeiter des Info Centers Auskunft über den Bezirk und informieren über aktuelle

Veranstaltungen. Das Angebot reicht von Informationen der Neuköllner Kultureinrichtungen über Führer durch die Neuköllner Gastroszene bis zu Souvenirs aus Neukölln.

⓰ 🏛🅮🏛 **Museum Neukölln**
Alt-Britz 81, Neukölln
Bus M44/M46: Fulhamer Allee
✆ (030) 627 27 77 27
www.museum-neukoelln.de
Tägl. außer Mo 10–18 Uhr
Eintritt frei
In dem ehemaligen Gutshof Britz befindet sich das moderne Regionalmuseum des Bezirks. Neben einem wechselnden Programm bietet die Dauerausstellung »99 x Neukölln« einen ungewöhnlichen Einstieg in die Geschichte des Bezirks: Gezeigt werden 99 sehr unterschiedliche Objekte aus Neukölln. Über die beweglichen Computerterminals kann man je nach persönlichem Interesse Informationen über die Gegenstände abzurufen. Etwa, dass

einst Mammuts in der Gegend lebten. Weitere Tipps führen zu Hintergrundwissen und stellen wirtschaftliche und geschichtliche Zusammenhänge her.

⓭ ⊙ⓘ Hufeisensiedlung
Information: Fritz-Reuter-Allee 44, Neukölln
U7: Parchimer Allee
Fr, So 14–18, im Winter Fr, So 13–17 Uhr
Führungen: ✆ (030) 420 26 96 12
www.hufeisensiedlung-berlin.de
Von Bruno Taut in den 1930er Jahren entworfenes Wohnquartier mit einem Hauptgebäude in Hufeisenform, das von der UNESCO zum Weltkulturerbe erklärt wurde.

⊙ Sehitlik Moschee
Columbiadamm 128, Neukölln
Bus 104: Friedhöfe Columbiadamm
✆ (030) 692 11 18
www.sehitlik-camii.de
Nach Anmeldung über den Buchungskalender www.moscheeteam.de/termine/index.php
Die Moschee auf dem Gelände des alten Türkischen Friedhofs gilt mit ihrer 12 m hohen Hauptkuppel als die größte Moschee Berlins. Sie ist Teil des Kulturzentrums und dient den Muslimen der angrenzenden Ortsteile als Gebetsstätte. Insgesamt verfügt die Moschee über 1500 Plätze. Eine Führung ist nur nach Voranmeldung möglich.

⓰ ⊙✕🔨⊘ Schloss Britz
Alt-Britz 73, Neukölln
Bus M44/M46: Fulhamer Allee
✆ (030) 60 97 92
www.schlossbritz.de
Tägl. außer Mo 11–18 Uhr
Eintritt € 3/2, Schüler € 1, bis 12 J. frei
Das unter Denkmalschutz stehende prächtige Gutshaus aus dem 18. Jh. und die dazugehörige Parkanlage sind besonders im Sommer beliebt. Neben dem **Museum Neukölln**, das seine Räumlichkeiten im ehemaligen Gutshof hat, sorgen Konzerte und Lesungen für ein abwechslungsreiches Programm. Ein Highlight für Kinder sind die Schafe, Kühe, Ziegen, Pferde und Esel im Gehege.

⓯ 🌳 Britzer Garten
Vgl. Oasen S. 163.

❷ 🌳 Comenius-Garten
Richardstr. 35, Neukölln
U7: Karl-Marx-Straße
✆ (030) 686 61 06
www.comenius-garten.de
Tägl. ca. 10–18 Uhr
Wer den silbernen Türöffner findet, hat Einlass zu einem kleinen Paradies inmitten der Großstadt. Die Anlage mit Obststräuchern und -bäumen, einer Wiese und Blumenbeeten wurde anhand der Theorien von Johann Amos Comenius angelegt, der im 17. Jh. ein Leben im Einklang mit der Natur als Grundlage allen menschlichen Lernens lehrte.

🌼 Pyramidengarten
Columbiadamm 120, Neukölln
Bus 104: Friedhöfe Columbiadamm, www.pyramidengarten-berlin.de, tägl. 24 Std. offen
Auf über 800 m² hegen und pflegen Bewohner aus der Nachbarschaft gemeinsam ihre

Wohnkultur der Gründerzeit im Schloss Britz

48 Stunden Neukölln: *Mit rund 400 Einzelveranstaltungen an über 300 verschiedenen Standorten feiert (sich) Neuköllns Kunstszene Mitte Juni ein Wochenende lang auf Bühnen, in Galerien und vielen Partylocations.*

Ein kleines Paradies: der Comenius-Garten

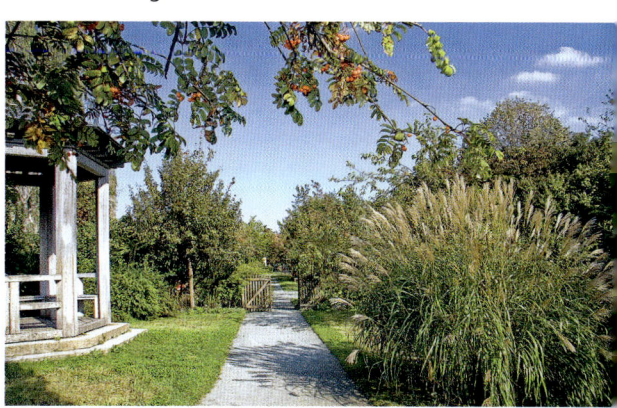

Neuköllner Pflanze: Der Volkspark Hasenheide ist nicht nur bei Familien beliebt. Mit einem kleinen Tierpark, dem Freilichtkino und vielen Bäumen ist er eine wichtige Erholungszone im dicht besiedelten Gebiet. Hier hielt »Turnvater Jahn« 1811 seine ersten Sportkurse ab, ein Denkmal erinnert daran.

Beete. Highlight ist der Backtag: An jedem ersten Sonntag des Monats wird der Lehmofen dafür angefeuert.

Art und Weise Kunstraum & Heilbar

Leinestr. 48, Neukölln
U8: Leinestraße
✆ (0178) 306 37 87
http://art-und-weise.tumblr.com
Tägl. außer Mo 19–2 Uhr
Regelmäßige Ausstellungen, Grammofon-Konzerte, Kickertisch und ein eigens kreierter Shot, der auf den Namen H. E. R. B. hört, haben dem Art und Weise ein breites Stammpublikum beschert.

⑪ Kindl-Brauerei

Am Sudhaus 2, Neukölln
U8: Boddinstraße
✆ (030) 832 15 91 20
www.kindl-berlin.de
www.palastneukoelln.de
Auf dem Gelände der ehemaligen Kindl-Brauerei entsteht derzeit eine Mischung aus Kultur, Wohnen und Gewerbe. Auf rund 5500 m² hat 2014 das **Zentrum für zeitgenössische Kunst** eröffnet. In der ehemaligen Abfüllhalle der alten Kindl-Brauerei residiert der **Club Palast Neukölln**. Auch Bier wird wieder gebraut: Köstliches **Rollberger Biobier**.

kunstraum t27

Thomasstr. 27, Neukölln
U7: Karl-Marx-Straße
✆ (030) 56 82 19 64
www.kunstraumt27.de
Mi–So 15–19 Uhr
Im monatlichen Wechsel gibt es Ausstellungen bildender Kunst, Lesungen, Konzerte, Videoinstallationen und Performances.

Café Rix

Karl-Marx-Str. 141, Neukölln
U7: Karl-Marx-Straße
✆ (030) 686 90 20
www.caferix.de
Mo–Do 9–24, Fr/Sa 9–1, So

10–24 Uhr
Dielen, Stuck und große Spiegel schmücken die historischen Kaffeehaus-Räume des Saalbaus Neukölln. Das dazugehörige Restaurant, die Galerie und das vielfältige Programm des Theaters Heimathafen Neukölln (vgl. S. 208) schaffen zudem eine einzigartige Verbindung aus Gastronomie und Kunst.

Elit Simit

Karl-Marx-Str. 109, Neukölln
U7: Karl-Marx-Straße
✆ (030) 68 08 53 54
www.elitsimit.de
Tägl. 6–22 Uhr
Simit bedeutet so viel wie Sesamring. Die einfache Grundrezeptur ist in der Türkei bereits seit 500 Jahren bekannt. In dem orientalischen Café gibt es das Gebäck in allerlei Varianten, dazu Kaffee, Tee oder auch Suppe oder Salate.

Frollein Langner

Weisestraße 34, Neukölln
U8: Leinestraße
✆ (030) 96 60 20 51
www.frollein-langner.de
Tägl. ab 12 Uhr
Eines der ersten Cafés mit Retro-Wohnzimmeroptik im Kiez. Stets bunt gemischtes Publikum, das sich je nach Uhrzeit an Kaffee und Kuchen oder Bier, Wein und Quiche labt.

Vux

Wipperstr. 14, Neukölln
U-/S-Bahn: Neukölln
kein Tel., www.vux-berlin.com
Mi–Sa 12–19, So 12–18 Uhr
Das vegane Café beglückt mit himmlischen Torten, Cupcakes, Bagels und Suppen.

Kuschlowski

Weserstr. 202, Neukölln
Bus 171/194/M29/M41: Sonnenallee/Pannierstraße
✆ (0176) 24 38 97 01
www.kuschlowski.de
Tägl. ab 20 Uhr

Eine Perle des Jugendstils ist das Stadtbad Neukölln

Vorzugsweise russischen Wodka und dazu kleine Pumpernickel-häppchen genießt man in der Bar von Daniel Neugebauer. Das Mobiliar ist großteils vom Inhaber selbst entworfen.

📖▼ buch|bund
Sanderstr. 8, Neukölln
U8: Schönleinstraße
✆ (030) 61 67 12 20
http://buchbund.de
Mo–Fr 10–19, Sa 11–16 Uhr
Die deutsch-polnische Buch-handlung von Marcin Piekoszew-ski verfügt über zeitgenössische polnische und ausgewählte deutsche Literatur. Mit kleinem Café.

🛏 Scube Park
Columbiadamm 160, Neukölln
Bus 104: Sommerbad Neukölln
✆ (030) 69 80 78 41
http://scube-parks.de
30 kleine Holzhütten mit modernem Innenleben sorgen für eine ruhige Nacht auf einer Wiese in der Nähe vom Schiller-kiez. Auch die Hasenheide, das Sommerbad und die Tempel-hofer Freiheit (vgl. S. 122) sind um die Ecke. Toiletten, Duschen und eine Küche werden ge-meinschaftlich genutzt.

🏊 Sommerbad Neukölln
Columbiadamm 160, Neukölln
Bus 104: Sommerbad Neukölln

✆ (030) 627 88 30
www.berlinerbaeder.de
Juni–Sept. tägl. 8–20 Uhr
Eintritt € 5,50/3,50
Mo–Fr 10–15 Uhr € 3,50/2,
Familienkarte € 11,50
Morgens kann man im 50-m-Becken herrlich seine Bahnen ziehen. Nachmittags wird die große Liegewiese meist von Jugendlichen und türkischen Großfamilien belagert. Dann messen sich halbstarke Schwim-mer am 10-m-Sprungturm und die kleinen Neuköllner plan-schen im Kinderbecken.

🏊 Stadtbad Neukölln
Ganghoferstr. 3, Neukölln
U7: Rathaus Neukölln
✆ (030) 682 49 80
www.berlinerbaeder.de
Mo 12–22.30, Di–Fr 6.30–22.30,
Sa/So 9–22.30 Uhr
Eintritt Mo–Fr 10–15 Uhr € 3,50/2,
sonst € 5,50/3,50, Familienkarte
€ 11,50
Bereits seit über 100 Jahren zählt das Schwimmbad im Stile einer antiken Therme zu den schönsten Jugendstilbädern Europas. Neben den beiden Schwimmhallen mit ihren Wandelgängen und hohen Travertinsäulen bietet es einen Saunabereich und Aquafitness. Jeden letzten Freitag im Monat findet bis 1 Uhr das Mitter-nachtsschwimmen statt. ☀

Schmökern und Kaffee genießen können Sie in der deutsch-polnischen Buhhandlung buch|bund

Im Scube Park übernachtet man mitten in der Natur

Von Wannsee bis Köpenick

Jenseits von Mitte

Von der Zitadelle bis Adlershof, vom Mittelalter bis zu Deutschlands modernstem Technologiepark, von Dörfern über kleinstädtischen Charme bis zu noblen Villenvierteln und Schlössern, dazu Wälder und Wiesen, Flüsse und Seen, Parks und Gärten: Es gibt viel zu entdecken jenseits der Trendbezirke. Die folgenden Highlights sind eine kleine Auswahl.

Die Insel Wannsee

»... und dann nüscht wie raus nach Wannsee«, klingt der 1950er-Jahre-Schlager von Hans Bradtke im Ohr. Der Große Wannsee, eine Ausbuchtung der Havel, mit dem Strandbad Wannsee am östlichen Ufer ist die Badewanne (West-)Berlins. Wannsee heißt auch der vornehme Ortsteil

Getreu dem bekannten Schlager zieht es im Sommer viele Berliner ins Strandbad Wannsee

im äußersten Südwesten der Stadt, ein reizvolles Ausflugsziel voller Kultur und Geschichte mit viel Wald und Wasser,
ideal für eine Radtour. Auch Spaziergänger finden in diesem
Teil des Großbezirks Steglitz-Zehlendorf schöne Wege. Nicht
zuletzt lässt sich die Insel Wannsee mit dem Boot umrunden.

Am Bahnhof Wannsee, der Station für die S- und Regionalbahn, kann man Fahrräder mieten. An der Schiffsanlegestelle
können Literaturfreunde Kopfhörer und Audioplayer ausleihen und sich mit diesem akustischen Denkmal im Ohr auf
den Hörspiel-Parcours zum **Kleist-Grab** in der Bismarckstraße
2–4 begeben. Unterwegs auf gekennzeichnetem Pfad lauscht
man Auszügen aus den Verhörprotokollen zu dem Doppel-
selbstmord und aus Abschiedsbriefen des Dichters und seiner
Freundin. Heinrich von Kleist und Henriette Vogel nahmen
sich am 21. November 1811 am Kleinen Wannsee das Leben.
Knapp zwei Stunden dauert das packende Hörspiel. Über Leben, Sterben und Nachruhm des zu Lebzeiten verkannten
Dramatikers geben auch Informationstafeln Auskunft.

Die Wannseebrücke führt über die Stelle, an der sich der
Große zum Kleinen Wannsee verengt. Wer per Boot dem
Wasserweg folgt, gelangt über sieben Seen und unter der
Glienicker Brücke hindurch in die Havel und vorbei an der
Pfaueninsel und am Strandbad Wannsee wieder zurück zum
Großen Wannsee.

8 Von Wannsee bis Köpenick

Schon zu Zilles Zeiten war der Wannsee ein be-liebtes Ausflugsziel

Von der Liebermann-Villa zur Pfaueninsel

In der Straße Am Großen Wannsee zieht die schmucke **Liebermann-Villa am Wannsee** viele Besucher an. In seinem

»Schloss am See«, 1909/10 erbaut, verbrachte der Maler Max Liebermann (1847–1935) viele Sommermonate und verewigte den wunderbaren Garten auf zahlreichen Gemälden. Einige der schönsten zeigt die Dauerausstellung. Vor dem Haus blüht und gedeiht es üppig im Blumen- und Gemüsegarten. Zum See hin fällt eine Rasenpartie, von Wegen, Birken und Hecken gerahmt, malerisch ab. Von der Café-Terrasse kann man den Ausblick auf den Großen Wannsee genießen.

Der prächtige Nutz- und Staudengarten der Liebermann-Villa

Ein paar Häuser weiter erinnert in einer imposanten Villa (1914/15) die **Gedenkstätte Haus der Wannsee-Konferenz** an die Tagung, bei der 1942 die menschenverachtende »Endlösung der Judenfrage« festgeschrieben wurde. Beide Häuser entwarf der Architekt Paul Otto Baumgarten. Sie gehören zu den repräsentativen Bauten der Kolonie Alsen, die ab 1870 für aufsteigende Berliner Industrielle und Bankiers angelegt wurde. Nach Eröffnung der Wannseebahn 1874 kamen immer mehr wohlhabende Berliner zur Sommerfrische »aufs Land« und ließen sich verspielte oder prächtige Häuser bauen; einige sind noch zu bewundern. Der **Flensburger Löwe**, ein Siegessymbol der preußischen Truppen über Dänemark (1850), schmückte schon 1874 die Kolonie. 1938 wurde die monumentale Skulptur, ein Zinkabguss des dänischen Originals, am heutigen Standort an der Aussichtskanzel Heckeshorn am Großen Wannsee aufgestellt.

Eine Ausstellung in der Gedenkstätte Haus der Wannsee-Konferenz zeigt Hintergründe auf und dokumentiert die Verfolgung der Juden in Deutschland

Rund vier Kilometer lang führt von hier aus ein Weg immer am Wasser entlang mit herrlichen Ausblicken – an »weitsichtigen« Plätzen stehen übergroße Bänke bereit – bis zum Fähranleger an der Pfaueninsel. Unterwegs laden mehrere Badestellen zum Schwimmen und Sonnenbaden ein.

Die **Pfaueninsel** ist ein einmaliges Paradies, Naturschutzgebiet und Landschaftspark zugleich. König Friedrich Wilhelm II. (1744–97) ließ das Schloss im romantischen Ruinenstil errichten. Königin Luise (1776–1810), die Gemahlin seines Nachfolgers, hielt sich gerne in den Sommermonaten auf der Insel auf. Heute spaziert man über die Pfaueninsel, um die Hektik der Großstadt weit hinter sich zu lassen. Hier findet man Ruhe, bezaubernde Blumengärten, überraschende Parkbauten, verschlungene Wege, die immer wieder neue Ausblicke eröffnen, und prächtige Pfauen natürlich.

Auf dem Festland, nördlich der Königstraße, bilden auf einer Anhöhe über der Havel, mitten im Volkspark Glienicke, das **Blockhaus Nikolskoe**, das schon im frühen 19. Jahrhundert Ausflügler bewirtete, und die **Kirche St. Peter und Paul** mit charakteristischem Zwiebelturm ein russisches Ensemble.

Dagegen spiegeln **Schloss und Park Glienicke** den preußischen Traum von Arkadien. Nach Plänen des Architekten Karl Friedrich Schinkel wurde 1824 für Prinz Carl ein früheres Gutshaus zur klassizistischen Villa umgestaltet und zusammen mit den antikisierenden Nebengebäuden zu einem idyllischen Stück »Italien an der Havel«.

Mitten auf der geschichtsträchtigen **Glienicker Brücke** beginnt das Stadtgebiet von Potsdam. Von der Brücke hat man einen schönen Blick auf die wasser- und waldreiche Potsdam-Berliner Kulturlandschaft, die seit 1990 auf der UNESCO-Weltkulturerbeliste steht.

Eine verwunschene Idylle erwartet Besucher auf der Pfaueninsel

Pfauen dürfen auf der Pfaueninsel natürlich nicht fehlen

*Garten auf der
Seeseite der
Liebermann-Villa*

*Schloss Glienicke
ist der stein-
gewordene preu-
ßische Traum von
Arkadien*

Service & Tipps:

🏛 **Haus der Wannseekonferenz**
Am Großen Wannsee 56–58
Wannsee
S1/7: Wannsee, dann Bus 114:
Haus der Wannseekonferenz
www.ghwk.de
Tägl. 10–18 Uhr, Eintritt frei
Sa/So 16 und 17 Uhr kostenlose
Führungen
Gedenk- und Bildungsstätte am
historischen Ort: Hier fand am
20. Januar 1942 die »Bespre-
chung über die Endlösung der
Judenfrage« statt. Verfolgung
und Vernichtung der Juden
hatten längst begonnen.

🏛⊙💌♣🎎 **Liebermann-Villa
am Wannsee**
Colomierstr. 3, Wannsee
Bus 114: Haus der
Wannseekonferenz
☎ (030) 80 58 59 00
www.liebermann-villa.de
April–Sept. Mi–Mo 10–18,
Do 10–20, Okt.–März Mi–Mo
11–17 Uhr
Eintritt Winter € 6/4, Sommer
€ 7/4

Dauerausstellung und wech-
selnde Präsentationen im
Sommerhaus des Malers Max
Liebermann; zauberhafter
Garten, Café mit Terrasse und
Buchladen.

⊙ **Flensburger Löwe**
Am Großen Wannsee
Wannsee
Bus 114: Haus der
Wannseekonferenz
Aussichtskanzel Heckeshorn
Zinkkopie der Originalskulptur,
die preußische Truppen in
Dänemark erbeuteten und
später zurückgaben hatten.

⊙🏛♣🐾 **Schloss Glienicke**
Königstr. 36, Wannsee
S1/7: Wannsee, dann Bus 316
☎ (03 31) 969 42 00
www.spsg.de
April–Okt.: Di–So 10–18 Uhr
Nov.–März: Sa/So/Fei 10–17 Uhr
Eintritt € 5/4
Sa/So 16 Uhr Kammerkonzerte
im Gartensaal:
www.konzerte-schloss-
glienicke.de
Eintritt € 20/17, unter 6 J. frei

Roter Saal, grüner Salon, tiefblaue Bibliothek: Kräftige Farben an den Wänden, edles Mobiliar, von Schinkel entworfen, machen das Schloss zu einem klassizistischen Juwel. Ein Ausstellungsbereich ist den königlichen Hofgärtnern gewidmet. Am Wochenende klassische Konzerte.

⊙ Kirche St. Peter und Paul
Nikolskoer Weg 17, Wannsee
S1/7: Wannsee, weiter mit Bus 218 (fährt stündl.): Pfaueninsel, ☎ (030) 805 21 00
www.kirche-nikolskoe.de
Tägl. 11–16 Uhr, Eintritt frei
1834–37 entstand die Kirche im russischen Stil, heute eine beliebte Hochzeitskirche.

🌳⛴🏰🏛⊙ Pfaueninsel
Nikolskoer Weg, Wannsee
S1/7: Wannsee, dann Bus 218 (fährt stündl.): Pfaueninsel
Fähre: Nov.– Feb. 10–16 Uhr, März, Okt. 9–18, April, Sept. 9–19 Uhr, Mai–Aug. 8–21 Uhr
Überfahrt (hin und zurück): € 3/ € 2,50, Familienkarte € 8
– Schloss auf der Pfaueninsel
☎ (0331) 969 42 00, www.spsg.de
April–Okt. tägl. außer Mo 10–17.30 Uhr
Besichtigung mit Führung € 3/ € 2,50; Tickets vorab im Fährhaus auf der Insel besorgen
Highlights in diesem Märchenschloss sind der prachtvolle Festsaal und ein Kabinett, das mit illusionistischer Malerei die Südsee nach Preußen holt.
– Meierei auf der Pfaueninsel
April–Okt. tägl. außer Mo 10–17.30 Uhr
Eintritt € 2/1,50
Auch Könige liebten das einfache Landleben. Im Erdgeschoss gibt's historische landwirtschaftliche Geräte, im Obergeschoss überrascht ein Festsaal.

🎧⊙ Akustisches Kleist-Denkmal
Ausgabestelle: Souvenirverkauf an der Schiffsanlegestelle am S-Bahnhof Wannsee.
April–Okt. tägl. 10.30–14 Uhr, Rückgabe bis 17 Uhr
Leihgebühr € 3
Eine spannende Tour mit Audioguide über den Hörspiel-Parcours zum Heinrich-von-Kleist-Grab.

⊠ Bootsverleih Berlin Wannsee
Wannseebadweg 25, Nikolassee
Vor dem Haupteingang zum Strandbad Wannsee der Beschilderung folgen
S1/7: Nikolassee
☎ 0171-217 28 87
http://wassersportcenter berlin.de
April–Okt. tägl. 10–18 Uhr
Ruder-/Paddelboot: € 10/Std., Tretboot: € 12/Std., Segelboot: ab € 35/2 Std.
Hier kann man verschiedene Boote mieten für den eigenen Trip auf dem Wannsee.

🚲 Fahrradverleih am Wannsee
Bahnhof Wannsee, Königstr. 5
S1/7: Wannsee
☎ (030) 80 10 89 43
www.fahrradverleihberlin-wannsee.de
Mo–Fr 8–17, Sa/So 9–18 Uhr
Leihgebühr € 10/Tag

🚢 Bootstouren
Anlegestelle Wannsee, Kronprinzessinnenweg
S1/7: Wannsee
www.sternundkreis.de
April–Okt. tägl. 10.30–17.30 Uhr stündl.
Rundfahrt € 11
Sieben-Seen-Rundfahrt: in zwei Stunden einmal um die Insel Wannsee. Andere Touren führen nach Potsdam, Spandau und Tegel.

🏖⛱🍴🚤⊠ Strandbad Wannsee
Wannseebadweg 25, Nikolassee
S1/7: Nikolassee
☎ (030) 70 71 38 33
www.strandbadwannsee.de
Mo–Fr 10–19, Sa/So 8–20 Uhr
Eintritt € 5,50/3,50, Rabatt ab

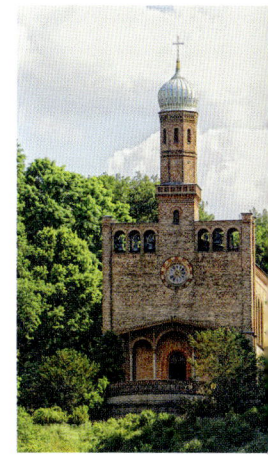

Kirche St. Peter und Paul

Mit der BVG-Fähre von der Anlegestelle Wannsee (S1/7: Wannsee) lässt sich günstig eine kleine Bootsfahrt auf dem Wannsee unternehmen. Mit einem Ticket des öffentlichen Nahverkehrs schippert man in 20 Minuten nach Kladow am Westufer der Havel (stündl. Linienverkehr). Dort gibt es etliche Ausflugslokale.

Bootshaus auf der Pfaueninsel

Auf einer Anhöhe mit schöner Aussicht liegt das gemütliche Blockhaus Nikolskoe

2 Std. vor Schließzeit
Berlins schönstes Strandbad lädt seit 1907 zum Schwimmen, Sonnenbaden, Spiel, Spaß und Sport ein: Strand mit feinstem Ostseesand, 1200 m lang, 80 m breit; Strandkörbe und Liegestühle, Wasserrutschen, Bootsverleih, FKK-Bereich.

☒ Lutter & Wegner im Schloss Glienicke

Restaurant Remise und Weinhandlung
Königstr. 36, Wannsee
S1/7: Wannsee, dann Bus 316
☎ (030) 805 40 00
www.schloss-glienicke.de
Tägl. ab 11 Uhr, Reservierung empfohlen (oft private Veranstaltungen).
Anspruchsvolles Haus mit gehobener Regionalküche. €€€

☒ Haus Sanssouci

Am Großen Wannsee 60
Wannsee
S1/7: Wannsee, dann Bus 114
☎ (030) 805 30 34
www.haussanssouci.de
Tägl. außer Mo 11.30–23 Uhr
Gute Küche in schönem Ambiente, drinnen und draußen. €€

☒ ☻ Blockhaus Nikolskoe

Nikolskoer Weg 15, Wannsee
S1/7: Wannsee, weiter mit Bus 218 (fährt stündl.)
☎ (030) 805 29 14
www.blockhaus-nikolskoe.de
Tägl. 10.30–18 Uhr, im Winter Mo/Di geschl.
Friedrich Wilhelm III. ließ das Haus nach russischem Vorbild für seine Tochter errichten, als sie nach ihrer Hochzeit mit Zar Nikolaus 1819 die Heimat besuchte. Innen gemütlich, außen schöne Terrasse, die vorderen Tische mit Blick auf die Havel. Gekocht wird deftig je nach Saison, Spezialität sind Wildgerichte. Auch Kuchen und Torten. €€

☒ ☻ ▣ Historisches Wirtshaus Moorlake

Moorlakeweg 6, Wannsee
S1/7: Wannsee, weiter mit Bus 218 oder 316 plus Fußweg
☎ (030) 805 58 09
www.moorlake.de
Tägl. ab 10 Uhr, im Winter Mo/Di geschl.
»Schweizer Haus« mit einem der schönsten Biergärten Berlins in idyllischer Wasserlage; gutbürgerliche, saisonale Gerichte; Kaffee und Kuchen, Eis. €€

☒ ▣ Loretta am Wannsee

Kronprinzessinnenweg 260
Wannsee
☎ (030) 80 10 53 33
www.loretta-berlin.de
Bei schönem Wetter tägl. ab 11 Uhr
Großer Biergarten mit Bänken und Liegestühlen mit Blick auf den Wannsee; deftig-bayerische Gerichte. Im Restaurant an der Straße wird etwas feiner aufgetischt. €–€€

☒ Restaurant Seehaase

Am Großen Wannsee 58–60
Wannsee
S1/7: Wannsee, dann Bus 114 oder mit dem eigenen Boot (Anleger)
☎ (030) 80 49 64 74
Tägl. 12–20 Uhr
www.restaurant-seehaase.de
Lauschig direkt am Wasser gelegen; die Küche ist deutsch-türkisch-mediterran. €

☒ Wirtshaus zur Pfaueninsel

Pfaueninselchaussee 100
Wannsee
S1/7: Wannsee, weiter mit Bus 218: Pfaueninsel
☎ (030) 805 22 25
www.pfaueninsel.de
Tägl. außer Di ab 10 Uhr, im Winter Mo/Di geschl.
Biergarten mit Blick auf die Insel; Kaffee, Kuchen, saisonale Gerichte. €

Dahlem – Kulturschätze aus aller Welt

8 Von Wannsee bis Köpenick

Ein paar Jahre noch, dann werden die reichen ethnologischen Sammlungen und außereuropäischen Kunstwerke im Humboldt-Forum in Berlins Mitte zu sehen sein. Auf gepackten Kisten sitzen die Museen Dahlem deshalb aber keinesfalls, auch wenn die Besucherströme bereits nachgelassen haben. Verdient haben das die reichen Sammlungen nicht.

Drei Museen sind in Dahlem in einem Gebäudekomplex vereint und sie laden ein zu einer Weltreise durch alle Kontinente: Das **Ethnologische Museum** gehört zu den international größten und bedeutendsten Sammlungen zur Kunst und den Kulturen der außereuropäischen Welt. Die Südsee-Sammlung holt mit maßstabsgetreuen Booten und spektakulären Häusern Ozeaniens die Atmosphäre der pazifischen Inselwelt nach Berlin – eine Attraktion besonders auch für Kinder. »Kunst aus Afrika« – vorwiegend Skulpturen aus kostbaren Materialien und reich verzierte Masken – wird effektvoll inszeniert. Und die Indianer Nordamerikas werden in der Dokumentation »Vom Mythos zur Moderne« nähergebracht. Dem Ethno-

Ernst Ludwig Kirchners »Artistin Marcella« (1910) im Brücke-Museum in Dahlem   143

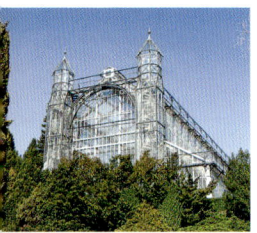

*Der Botanische
Garten Berlin zählt
zu den schönsten
der Welt und
gehört mit rund
20 000 Pflanzen-
arten auch zu den
bedeutendsten*

*Zu den Highlights
im Alliiertenmu-
seum zählen die
Originalfassade
des ersten Wach-
häuschens vom
Checkpoint Charlie
und ein Segment
des amerikanisch-
britischen Spiona-
getunnels*

logischen Museum angegliedert ist das Juniormuseum (vgl. S. 224), das Kinder außereuropäische Gegenstände, Denkweisen und Verhaltensmuster spielerisch vermittelt.

Das **Museum für Asiatische Kunst** vereint die Sammlungen der Indischen und der Ostasiatischen Kunst und präsentiert sie in enger Verbindung zu der jeweiligen Religion. Das **Museum Europäischer Kulturen** wiederum widmet sich den Lebenswelten und Kulturkontakten in Europa vom 18. Jahrhundert bis heute.

Alle drei Museen sind umgeben von zahlreichen Instituten der **Freien Universität (FU) Berlin**. Das Restaurant **Luise** mit herrlichem Biergarten und Spielplatz hält seit Jahrzehnten seinen Stammplatz unter den angesagten studentischen Treffpunkten.

Ganz in der Nähe liegt der **Botanische Garten Berlin**, einer der größten und durch seine Artenvielfalt einer der bedeutendsten wissenschaftlichen Gärten der Welt (vgl. S. 162).

Service & Tipps:

🏛 **Alliiertenmuseum**
Clayallee 135, Dahlem
U3: Oskar-Helene-Heim
✆ (030) 818 19 90
www.alliiertenmuseum.de
Tägl. außer Mo 10–18 Uhr
Eintritt frei
Im ehemaligen Outpost Theater, dem Kino der US-Streitkräfte, erzählt die Dauerausstellung »Wie aus Feinden Freunde wurden« die Geschichte der Westmächte in Berlin, vom Einmarsch der amerikanischen, britischen und französischen

Besatzungstruppen 1945 bis zum feierlichen Abschied 1994.

🏛 **Brücke-Museum**
Bussardsteig 9, Dahlem
Bus 115: Pücklerstraße
✆ (030) 831 20 29
www.bruecke-museum.de
Tägl. außer Di 11–17 Uhr
Eintritt € 5
Herausragende Sammlung von Werken der expressionistischen Künstlergruppe Brücke um die Maler Ernst Ludwig Kirchner, Erich Heckel, Karl Schmidt-Rottluff und anderen. Wechselnde Ausstellungen.

Das Brücke-Museum ist ganz der Kunst des Expressionismus und der Künstlergruppe »Brücke« gewidmet

🏛♻🍴📷 **Domäne Dahlem – Landgut und Museum**
Königin-Luise-Str. 49, Dahlem
U3: Dahlem-Dorf
✆ (030) 666 30 00
Freigelände: tägl. 10–18 Uhr
Eintritt frei (außer zu Marktfesten)
Museum: Sa/So 10–18 Uhr
Eintritt € 1,50, bis 16 J. frei
Hofladen: Mo–Fr 10–18,
Sa 8–13 Uhr
www.domaene-dahlem.de
Landleben in der Großstadt:
Hier werden noch Felder bewirtschaftet und Tiere gehalten; alte Handwerksbetriebe zeigen ihre Fertigkeiten.

🏛♻🍴 **Jagdschloss Grunewald**
Hüttenweg 100, Dahlem
Bus 115: Pücklerstraße plus
15 Min. Fußweg
✆ (0331) 969 42 00
www.spsg.de
Eintritt € 6/5 (Kombiticket:
Schloss und Jagdzeugmagazin,
inkl. Führung im Schloss an
Wochenenden und Feiertagen)
€ 2/1,50 (nur Jagdzeugmagazin)
April–Okt. Di–So 10–18 Uhr
Nov.–März Sa, So, Fei 10–16 Uhr
Kurfürst Joachim II. von
Brandenburg ließ 1542 das Renaissanceschloss »Zum gruenen
Wald« errichten. Nahezu alle
preußischen Herrscher waren

leidenschaftliche Jäger und
nutzten das Schloss zur höfischen Jagd; darüber informiert
das Jagdzeugmagazin. Das
Schloss beherbergt die größte
Berliner Cranach-Sammlung:
rund 30 Werke von Lucas
Cranach dem Älteren, Lucas
dem Jüngeren und ihrer
Werkstatt.

🏛✖🍴📷 **Museen Dahlem**
Lansstr. 8, Dahlem
U3: Dahlem-Dorf
✆ (030) 266 42 42 42,
Sa/So: ✆ (030) 830 14 38
www.smb.museum
Di–Fr 10–18, Sa/So 11–18 Uhr
Eintritt: Bereichskarte Dahlem
€ 8/4, im Onlineshop € 7/3,50

Samstags findet im Gutshof der Domäne Dahlem ein Ökomarkt statt

Der große Biergarten des Gasthauses Luise in Dahlem nahe der Freien Universität zwischen Grunewald und Botanischem Garten ist nicht nur bei Studenten beliebt

Der Europaradweg R1 führt direkt am Müggelsee vorbei. Von Boulogne-sur-Mer bis St. Petersburg verbindet er auf über 3500 km Menschen, Natur und Kultur neun europäischer Länder.

Die »Museumsinsel des Südens« vereint das Ethnologische Museum und das Museum für Asiatische Kunst sowie in einem eigenen Gebäude im selben Komplex das Museum Europäischer Kulturen. Veranstaltungen: Markt der Kontinente an den Adventswochenenden; Filmnächte im Sommer im Garten.

🏛 ⊙ 🐾 **Museumsdorf Düppel**
Clauertstr. 11, Düppel
S1: Mexikoplatz, dann Bus 118: Clauertstraße
☎ (030) 24 00 21 62
www.dueppel.de
www.stadtmuseum.de
Ostern bis Okt. Do 15–19,
So/Fei 10–17 Uhr, Eintritt € 2/1
Lebendiges Mittelalter im Freilichtmuseum: Zur rekonstruierten Dorfanlage aus dem 13. Jh. gehören Wohnhäuser, Speicher, Handwerksstätten. Bei Festen und Märkten werden historische Techniken vorgeführt. Auf den Feldern wächst »Düppeler Roggen«, auf den Weiden grasen Schafe und das »Düppeler Weideschwein«

▨ ✕ 🐾 🐾 **Café & Restaurant eßkultur**
In den Museen Dahlem
Lansstr. 8, Dahlem
U3: Dahlem-Dorf
☎ (030) 830 14 33
esskultur-berlin.de
Kaffee und Kuchen stärken nach dem Museumsbesuch; frische Gerichte zum Lunch. Außerdem: Themenveranstaltungen wie Kulinarische Weltreisen und Literatur zum Essen. Sonntags: Orientalisches Märchenfrühstück im Beduinenzelt (frühzeitig reservieren). €–€€

✕ ▨ 🚻 **Luise**
Königin-Luise-Str. 40–42
Dahlem
U3: Dahlem-Dorf
☎ (030) 841 88 80
www.luise-dahlem.de
Tägl. ab 10 Uhr
Gemütliches Gasthaus mit großem Biergarten; beliebter Studententreff. Gekocht wird von allem etwas (Pizza, Nudeln, Schnitzel), aber gut. Eine Spezialität sind Mozzarella-Gerichte mit Käse von Wasserbüffelmilch aus der Prignitz. €–€€

Der Müggelsee

Was im Westen der Wannsee, ist im Osten der Müggelsee: ein beliebtes Ausflugsziel an schönen Tagen! Der Müggelsee zwischen Rahnsdorf und Friedrichshagen ist eine gewaltige Ausbuchtung der Spree, die hier, vom Südosten aus dem Spreewald kommend, noch Müggelspree heißt. Bei Alt-Köpenick, nach dem Zusammenfluss mit der Dahme, nimmt sie den Namen Spree an und fließt quer durch Berlin, bis sie bei Spandau in die Havel mündet.

Rund dreimal so groß wie der Wannsee, ist der Müggelsee ein Freizeitparadies. Wassersportler haben sämtliche Möglichkeiten vom Schwimmen und Paddeln über Segeln bis zum Motorbootfahren. Auch die Trendsportart Stand-Up-Paddeln (SUP) kann man hier ausprobieren. Skater finden am Südufer eine fast schnurgerade Bahn parallel zum Müggelheimer Damm vor. Radfahrer können den ganzen See umrunden (einmal muss man die Fähre nehmen). Wanderer begnügen sich gern mit Teilstrecken. Unterwegs laden nostalgische Ausflugsgaststätten und idyllische Badestellen zur Rast ein. Andere

Wanderwege in diesem ausgedehnten Naturschutzgebiet führen im Süden hinauf in die bewaldeten Müggelberge. Der höchste erreicht 115 Meter. Auf dem zweithöchsten ragt der **Müggelturm** knapp 30 Meter über die Baumwipfel hinaus und bietet einen herrlichen Rundumblick auf viel Grün und Wasser; die Stadt erscheint weit weg am westlichen Horizont. Mountainbiker stürzen sich ganz in der Nähe auf der ehemaligen Rodelbahn mutig »downhill«, auf der einzigen offiziellen Strecke für diesen Extremsport in Berlin.

Wer es dagegen ganz bequem haben will, lässt sich von einem Ausflugsdampfer über die Gewässer schippern: einmal rund um den Müggelsee oder weiter nach Südosten über die Müggelspree, am Fischerdorf Rahnsdorf vorbei, bis nach Neu Venedig. Hier wurden ehemalige Sumpfwiesen durch Kanäle entwässert. Die Grundstücke dazwischen, mit kleine Datschen oder protzigen Villen bebaut, haben alle einen eigenen Bootssteg. An der historischen Gaststätte **Neu-Helgoland** wenden die meisten Fahrgastschiffe. In der Gegenrichtung nach Nord-Westen verengt sich der Müggelsee bei **Friedrichshagen** wieder zur Müggelspree.

Vierreihig sollen die Maulbeerbäume gestanden haben in den Plantagen, die Friedrich der Große am nördlichen Müggelseeufer für die Seidenraupenzucht anlegen ließ, um kostbare Seidenstoffe nicht mehr importieren zu müssen. 1753 holte der Preußenkönig böhmische Siedler ins Land, die das zarte Gespinst zu feinen Seidenfäden spinnen sollten. Für sie wurden in Friedrichshagen einstöckige Kolonistenhäuser erbaut; entlang der heutigen Bölschestraße sind einige noch erhalten. Ende des 19. Jahrhunderts entdeckten stadtmüde Berliner die Gegend am Müggelsee als ideale Sommerfrische und ließen repräsentative Geschäftshäuser und vornehme Villen erbauen. Auch immer mehr Dichter, Denker und reformbewegte Lebenskünstler jener Zeit wollten »zurück zur

Der alte Müggelturm fiel 1958 leider einem Brand zum Opfer

Seebad Friedrichshagen am Müggelsee

147

Blick von der Dahme auf die Köpenicker Altstadt mit St.-Laurentius-Kirche (links), Rathaus (Mitte) und Schloss (rechts)

Friedrichshagen ist eine idyllische Wohngegend. Hier kennt man sich wie in einer Kleinstadt. Als die Flugrouten für den künftigen BER-Flughafen bekannt wurden, bildete sich eine Bürgerinitiative, die seither jede Woche zur Montagsdemonstration aufruft (www. fbi-berlin.org).

Filmplakat von 1956

Natur«. Im **Friedrichshagener Dichterkreis** fanden sich ab 1888 Gleichgesinnte zusammen. Die Anregung dazu kam von Wilhelm Bölsche (1861–1939) und Bruno Wille (1860–1928), beide Schriftsteller und Journalisten, die gemeinsam 1890 auch die Freie Volksbühne gründeten.

Im Antiquariat und Buchladen Brendel hat der Kulturhistorische Verein Friedrichshagen e.V. ein kleines Museum eingerichtet, das bedeutenden Mitgliedern und dem Wirken des Dichterkreises gewidmet ist. Nach Bölsche wurde die Friedrichshagener Hauptstraße benannt. Die **Bölschestraße** führt 1,3 Kilometer lang schnurgerade vom S-Bahnhof Friedrichshagen bis zum Müggelseedamm: Hier lässt es sich an kleine Läden und Cafés vorbei angenehm flanieren: »Ku´damm des Ostens«, lautet eine etwas hochgestochene Bezeichnung für die pittoreske Einkaufs- und Wohnstraße.

Vorbei an der stillgelegten Bürgerbräu-Brauerei erreicht man bald den Müggelsee und kann trockenen Fußes durch einen Tunnel unter der Spree ans andere Ufer wechseln. Am Westufer des Müggelsees entlang geht es zum **Rübezahl** (ca. 3,5 km), der populären Ausflugsgaststätte mit Biergarten und einem Ferienpark. Ein anderer Wander- und Radweg führt gut fünf Kilometer durch das Naturschutzgebiet Kämmereiheide oder an der Müggelspree entlang bis nach Alt-Köpenick. Man kann aber auch an der Anlegestelle Friedrichshagen auf das nächste Schiff warten oder die Straßenbahn 60 nehmen, die am Nordufer entlang zum historischen **Wasserwerk** fährt.

Köpenick

Die Altstadt von Köpenick ist weltbekannter Schauplatz der »Köpenickiade«. 1906 marschierte der arbeitslose Schuster Wilhelm Voigt in der Uniform eines Hauptmanns in das Rathaus, ließ den Bürgermeister verhaften und beschlagnahmte die Stadtkasse. Die Untertanen der Preußischen Garde gehorchten dem Befehlshaber in Uniform aufs Wort. Dieser »Hauptmann von Köpenick« inspirierte Carl Zuckmayer zu einem Theaterstück, zahlreiche Verfilmungen folgten. Und Köpenick lässt den Hauptmann als hervorragenden Werbeträger zu besonderen Gelegenheiten persönlich auftreten. Regelmäßig marschiert des Hauptmanns Garde vor dem **Rathaus** auf. An der Eingangstreppe steht die bronzene Statue des Wilhelm Voigt. Im ehemaligen Tresorraum erinnert eine ständige Ausstellung an das wahre Geschehen um den falschen Hauptmann. Das Rathaus, 1901–04 in märkischer Backsteingotik erbaut, hat ein eindrucksvolles Treppenhaus und einen schönen Innenhof, der im Sommer zur Kulisse für das Köpenicker Blues & Jazzfestival wird.

Nicht weit entfernt vom Rathaus befindet sich am Ufer des Frauentogs der Kietz, eine slawische Fischersiedlung aus dem 14. Jahrhundert mit hübschen Häuschen.

Mutter Lustig: Ein Denkmal am Frauentog, einem Nebenarm der Dahme, erinnert an Henriette Lustig (1808-1888), die 1835 die Wäsche für einen Berliner Fleischer wusch und damit die erste Lohnwäscherei in Köpenick betrieb. Bald machten es ihr viele Frauen nach. Doch es war ein Mann, Julius Spindler, der 1871 ein großes Wäschereiunternehmen im Ortsteil Spindlersfeld aufbaute. Lange Zeit wurde in Köpenick Berlins schmutzige Wäsche gewaschen.

Der Köpenicker Kietz, ursprünglich eine slawische Fischersiedlung, wurde 1355 erstmals urkundlich erwähnt

149

Auf der Schlossinsel, auf der schon im 9. Jahrhundert eine slawische Burganlage stand, ist heute im aufwendig sanierten Barockschloss (1677–90) eine Dependence des **Kunstgewerbemuseums** Anziehungspunkt. Gezeigt werden in prächtigen Räumen mit original erhaltenen Stuckdecken komplette Raumausstattungen mit Wandbespannungen, Möbeln, Spiegeln, Tafelgerät, Lichtquellen und Kunstwerken aus Renaissance, Barock und Rokoko.

Die 30 m hohe Skulptur Molecule Man *des US-Amerikaners Jonathan Borofsky ragt weithin sichtbar aus der Spree. Sie symbolisiert die drei Stadtteile Kreuzberg, Friedrichshain und Treptow, die hier aufeinander treffen.*

Service & Tipps:

i **Tourist Information Köpenick**
Alt-Köpenick 31–33, Köpenick
S3: Köpenick; dann Tram 62: Rathaus
✆ (030) 655 75 50
www.tkt-berlin.de
Mo–Fr 9–18.30, Sa 10–13 Uhr

✈ Anfahrt nach Alt-Köpenick und Friedrichshagen
Mit dem Schiff ab Hafen Treptow
S-Bahn: Treptower Park
www.sternundkreis.de

🏛👁▾ Köpenicker Schloss/ Kunstgewerbemuseum
Schloßinsel 1, Köpenick
S3: Köpenick, dann Tram 62:
Rathaus
✆ (030) 266 42 42 42
www.smb.museum
April–Sept. Di–So 11–18 Uhr
Okt. –März Do–So 11–17 Uhr
Eintritt € 6/3, im Onlineshop
€ 5/2,50
Meisterwerke der Raumkunst vom 16. bis zum 18. Jh.

🏛👁 Museum Friedrichshagener Dichterkreis im Antiquariat Brandel
Scharnweberstr. 59
Friedrichshagen
S3: Friedrichshagen
✆ (030) 641 11 60
www.brandel-antiquariat.de
Mi–Fr 12–18 Uhr, Sa 9–12 Uhr
Buchladen und Ausstellungen zur Geschichte des Friedrichshagener Dichterkreises.

Der Bezirk Treptow-Köpenick

Die Schmelzwasser der Eiszeit formte vor rund 20000 Jahren die Müggelberge und hinterließ im Berliner Urstromtal viel Wasser. Davon profitiert ganz besonders Treptow-Köpenick, der mit 245000 Einwohnern am dünnsten besiedelte, aber mit 168 Quadratkilometern der flächenmäßig größte Bezirk Berlins. Mehr als die Hälfte des Gebiets besteht aus Wald und Wasser. Und die Hälfte der Berliner Naturschutzgebiete sowie über 40 Prozent der gesamten städtischen Waldfläche liegen in Treptow-Köpenick. Der Müggelsee ist mit 743 Hektar die größte Wasserfläche der Stadt. Zusammen mit sieben Seen, dem Fluss Dahme und Kanälen sind rund 180 Kilometer Wasserwege in der Region schiffbar – von etwa 240 Kilometern in ganz Berlin.

Im Treptower Park, der an den Hafen Treptow grenzt, ist das **Sowjetische Ehrenmal** für die beim Sturm auf Berlin gefallenen Soldaten eine monumentale Attraktion. Am Süd-Ostrand des Parks verbirgt sich die **Archenhold-Sternwarte**, wo man den Himmel über Berlin durch das längste Linsenfernrohr der Welt beobachten kann.

Zum Bezirk gehören auch bedeutende Industriedenkmale in Schöneweide, die sich mit neuem Leben füllen durch eine kreative Kunstszene und die Hochschule für Technik und Wirtschaft. Der Wissenschafts-, Wirtschafts- und Medienstandort Adlershof, seit den 1990er Jahren neu entstanden, ist mit Instituten der Humboldt-Universität, außeruniversitären Forschungseinrichtungen sowie zukunftsorientierten Unternehmen einer der größten Technologieparks der Welt.

🏛 ⛵ **Museum im Wasserwerk**
Müggelseedamm 307
Friedrichshagen
Tram 60: Altes Wasserwerk
✆ (030) 86 44 76 95
www.museum-im-wasserwerk.de
So–Do 10–16 Uhr
Eintritt € 2,50/1,50
Interessante Schau rund um die
Geschichte der Berliner Wasser-
versorgung seit 1850.

🏛 **Museum Köpenick**
Alter Markt 1, Köpenick
S3: Köpenick, dann Tram 62:
Rathaus
✆ (030) 902 97 33 51
www.heimatmuseum-
treptow.de, Di/Mi 10–16, Do
10–18, So 14–18 Uhr
Zur Geschichte des Bezirks:
Themen u. a.: Fischerei und Wä-
scherei in Köpenick sowie die
Industriegeschichte Oberschö-
neweides.

🏛 ⛵ **Rathaus Köpenick**
Alt-Köpenick 21, Köpenick
S3: Köpenick, dann Tram 62:
Rathaus
✆ (030) 90 29 70
www.treptow-koepenick.de
Tägl. 10–18 Uhr, März– Okt.,
Mi, Sa 11 Uhr: Auftritt des
Hauptmanns und seiner Garde
Terminbestätigung:
✆ (030) 64 16 74 31
Ein imposanter Backsteinbau
(Bj. 1901–04), kleine Ausstel-
lung zur wahren Geschichte des
Hauptmanns von Köpenick.

⛵ 🏛 **Archenhold-Sternwarte**
Alt-Treptow 1, Treptow
✆ (030) 536 06 37 19
S-Bahn: Treptower Park
www.sdtb.de
Mi–So 14–16.30 Uhr
Eintritt € 2,50,/2, Führung € 4 /3
Führungen Do 20, Sa 15 Uhr,
Riesenfernrohr in Bewegung
So 15 Uhr
Ende Sept.–März 1. und 3. Fr
20 Uhr: Beobachtung am Teles-
kop, 2. und 4. Fr 20 Uhr:
Abend am Riesenfernrohr

Hauptattraktion ist das längste
bewegliche Linsenfernrohr der
Welt (21 m); Ausstellungen
rund um das Thema Astronomie und kleines Planetarium.

⛵ ⛵ **Modellpark Berlin-
Brandenburg**
Eichgestell 4, Köpenick
S3: Karlshorst, dann Tram
17/27/37: Hegemeisterweg
✆ (030) 36 44 60 19
www.modellparkberlin.de
April bis Sept. tägl. 10–18,
Okt. tägl. 10–17 Uhr
Eintritt € 4.50/2,50, bis 6 J. frei
In wenigen Schritten von
der Glienicker Brücke zum
Brandenburger Tor oder zur
Pfaueninsel: 80 markante
Berlin-Brandenburger Sehens-
würdigkeiten wurden in einem
modellierten Landschaftspark
im Maßstab 1:25 nachgebaut.

⛵ **Sowjetisches Ehrenmal
Treptower Park**
Puschkinallee, Treptow
S-Bahn: Treptower Park
Imposante Gedenkstätte zur
Erinnerung an die schätzungs-
weise 80 000 bei der Schlacht
um Berlin gefallenen sowjeti-
schen Soldaten. Mehr als 7000
sind auf dem 9 ha großen
Ehrenfriedhof im Treptower
Park begraben. Auf einem Hü-
gel und einem Steinsockel mit
Mausoleum erhebt sich eine
12 m hohe Bronzestatue, die
einen russischen Soldaten mit
einem geretteten deutschen
Kind zeigt.

*Die Archenhold-
Sternwarte (1896)
ist die älteste und
größte Volkssstern-
warte Deutsch-
lands*

151

⊡⊙ Müggelturm
Straße zum Müggelturm 1
Köpenick
✆ (0173) 602 23 64

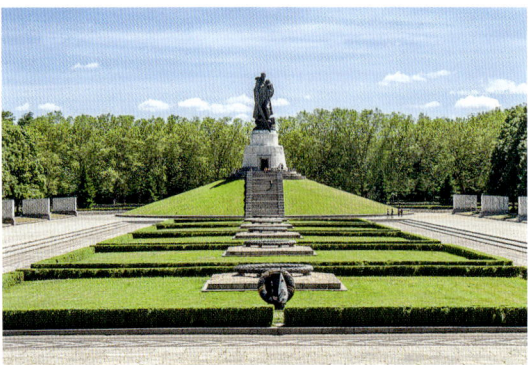

Nicht der Gedanke des Sieges, sondern die Befreiung vom Nationalsozialismus standen im Vordergrund bei der Gestaltung des Sowjetischen Ehrenmals

S3: Köpenick, dann Bus X69: Chausseehaus
www.imbiss-am-mueggel turm.de, tägl. 10–18 Uhr
Eintritt € 1,50/1, Tickets erhältlich im Imbiss am Müggelturm
30 m hoher Aussichtsturm (Bj. 1961) auf dem Kleinen Müggelberg (88 m). Das teilweise verfallene Areal soll demnächst saniert werden.

✿♣⛰ Naturlehrpfad rund um den Teufelssee
Müggelheimer Damm 144
Müggelheim
S3: Köpenick, dann Bus X69 bis Rübezahl
✆ (030) 654 13 71
Von der Schiffsanlegestelle Rübezahl Richtung Müggelturm. Jenseits des Müggelheimer Damms beginnt hinter einem Portal der Lehrpfad um den Teufelssee und das angrenzende Sumpfgebiet. Zahlreiche Infotafeln verweisen auf Besonderheiten der Bodenbeschaffenheit, die sich am Ende der Eiszeit hier gebildet haben, der Tier- und Pflanzenwelt sowie auf die Renaturierungsmaßnahmen. Der Lehrpfad lässt sich gut mit einem Aufstieg zum Müggelturm (vgl. S. 152) verbinden.

⚓ Schlossplatztheater
Alt Köpenick 31–33, Köpenick
S3: Köpenick; dann Tram 62: Rathaus
✆ (030) 651 65 16
www.schlossplatztheater.de
Theater mit und ohne Musik für Jung und Alt.

⚓♰ FEZ Berlin
Vgl. Kinderkapitel S. 220.

⚓ Reederei-Kutzker
✆ (03362) 6251
www.reederei-kutzker.de
Müggelseerundfahrt € 7, bis 6 J. frei
Seit über 100 Jahren im Familienbesitz, Touren auch ins brandenburgische Umland.

♰ Bennos Fahrradverleih
Scharnweberstr. 1 A
Friedrichshagen
✆ (030) 71 57 08 51
www.fahrradimkietz.de
Tägl. 9.30–19.30 Uhr
Fahrrad € 12/Tag, Kinderfahrrad € 6, E-Rad € 25

♰ Downhill Berlin
S3: Köpenick, dann Bus X69 bis Chausseehaus
Weg zum Müggelturm, dort links an der Schranke vorbei über den Waldweg; ca. 500 m, dann knickt der Weg steil nach links ab.
http://downhill-berlin.de
März–Nov., Sa/So 10–20 Uhr
Schulferien zusätzlich Mo, Mi, Fr
Nutzung: Nichtmitglieder € 2
Die ehemalige Rodelbahn ist ein schwieriges und deshalb ideales Revier für erfahrene und entsprechend ausgerüstete Mountainbiker.

◿ Nalani Sup Center
im Seebad Friedrichshagen
Müggelseedamm 216
S3: Friedrichshagen
✆ (030) 65 07 50 56
www.nalani-supsurfing.com
April, Sept./Okt. 14–19,

Mai–Aug. 10 Uhr bis Sonnenuntergang Schulungsboards fürs Steh-Paddeln: € 10/Std., € 18/2 Std., € 32/4 Std. € 50/Tag (8 Std.)

⌘✖✖ Seebad Friedrichshagen
Müggelseedamm 216
Friedrichshagen
S3: Friedrichshagen, dann
Tram 60/61
✆ (030) 64 5 5756
www.seebad-friedrichshagen.
de, Mai–Aug. tägl. 10–19 Uhr
Eintritt € 4/2,50, bis 3 J. € 1,50;
Familienkarte € 9
Sommerbad am Müggelsee
mit Bootsverleih und Imbiss.

▯✖▭ Neu-Helgoland
Neuhelgoländer-Weg 1
Müggelheim
S3: Köpenick, dann Bus X69:
Odernheimer Straße
✆ (030) 659 82 47
www.neu-helgoland.de
April–Sept. tägl. 11–21 Uhr
(Küche), je nach Wetter oder
Veranstaltung Okt.–März
Mo/Di geschl.
2002 brannte die historische
Gaststätte durch Brandstiftung
ab; die Familie baute mit viel
Engagement das Fachwerkhaus
an der Müggelspree wieder auf.
Serviert werden saisonale Ge-
richte der brandenburgischen

Küche im schönen Innenraum,
auf der Terrasse am Wasser und
im großen Biergarten. €–€€

✖ Köpenicker Seeterrassen
Müggelheimer Str. 1 A
Köpenick
S3: Köpenick; dann Tram 62:
Rathaus
✆ (030) 24 35 28 60
www.koepenicker-seeterrassen.
de, Mo–Sa ab 10, So ab 11 Uhr
Hier sitzt man wunderschön
am Wasser und genießt Kaffee
und Kuchen oder regionale
Speisen. €–€€

✖♪ Ratskeller Köpenick
Alt-Köpenick 21, im Rathaus
Köpenick
S3: Köpenick; dann Tram 62:
Rathaus
✆ (030) 655 51 78
www.ratskellerkoepenick.de
Mo–Sa 11–23, So 11–22 Uhr
Urige Gaststätte mit gut-
bürgerlicher Küche. Der
»Hauptmann« bevorzugte
Schweinshaxe in Schwarz-
biersoße. Im dazugehörigen
Jazz-Keller spielen Solisten und
Bands (meist) freitags und/oder
samstags. Das Köpenicker Jazz-
und Bluesfestival (vgl. Service
A–Z/Feste) im Rathaushof ist
über die Grenzen des Bezirks
hinaus populär. €–€€

Die Tradition lebt weiter: die wiederaufgebaute Gaststätte Neu-Helgoland an der Müggelspree

Lust auf was Neues? Dann raus zum Müggelsee, dort können Sie mit Nalani Sup das Stehpaddeln lernen

⊠ ◨ ⊟ ⊠ ⊡ **Rübezahl**
Ferienpark Müggelsee
Müggelheimer Damm 143
Köpenick
S 3: Köpenick, dann Bus X69
Rübezahl
✆ (030) 656 61 68 80
www.ruebezahl-berlin.de
Tägl. 11.30–22 Uhr
Biergarten: April–Okt. 11–18 Uhr
Aus der traditionsreichen
Ausflugsgaststätte wurde
ein moderner Ferienpark mit
Ferienhäusern (mit Sauna und
Whirlpool), großem Fitnessan-
gebot, Wellness, Kunsteisbahn
im Winter, großem Abenteu-
erspielplatz, Bootsverleih,
Restaurant mit Terrasse und
dem historischen Biergarten am
Wasser. Hier gibt es Currywurst,
Bratwurst, Nackensteaks,
Räucherfisch, Kartoffelsalat –
und Bier. €–€€

⊠ **Taverna Der Grieche**
Müggelseedamm 188
Friedrichshagen
S3: Friedrichshagen, dann
Tram 60: Josef-Nawrocki-Straße
✆ (030) 65 48 68 89
Mi–Fr 15–23, Sa/So 12–23 Uhr
Gute griechische Küche und
Ouzo vom Chef; diente in der
leider nur mäßig erfolgrei-
chen Filmkomödie **Hai-Alarm
am Müggelsee** (2013) als
Schauplatz für tiefgründelnde
Gespräche. €

◨ **Schlossplatz Brauerei
Cöpenick**
Grünstr. 24, Köpenick
S3: Köpenick, dann Tram 68:
Rathaus Köpenick
✆ (030) 42 09 68 76
www.brauhaus-coepenick.de
Mo–Sa ab 12, So ab 10 Uhr
Die »kleinste Brauerei der
Welt« hat neben Klassikern wie
dem Schlossplatz-Bier wechseln-
de, vor Ort gebraute exotische
Sorten im Angebot. Raucher-
kneipe mit großer Terrasse. €

Grunewald

Noch ist die ehemalige Abhör-station auf dem Teufelsberg dem Verfall preisgege-ben

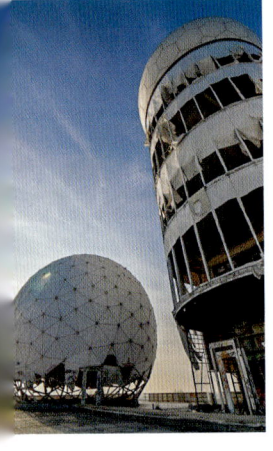

Fit für eine Tour mit dem Fahrrad oder sogar zu Fuß (ca. 7–8 km) und neugierig auf geheimnisvolle Orte? Dann machen Sie sich auf in den Grunewald und auf den Teufelsberg, bevor Sie weiter durch eine ruhige Wohngegend bis zum Olympia-stadion wandern.

120 Meter hoch und damit der höchste, wenn auch künstli-che Berg in Berlin: Der Teufelsberg im Westen der Stadt steckt voller Geheimnisse und Geschichte. Als Teil von Albert Speers Entwurf der »Welthauptstadt Germania« sollte im nördlichen Grunewald, nahe am Olympia-Gelände, eine Hochschulstadt entstehen. Die Grundsteinlegung für ein erstes Gebäude, die »Wehrtechnische Fakultät«, übernahm Hitler 1937 selbst. Die Bauarbeiten kamen nicht weit. Nach dem Krieg wurde der Rohbau abgebrochen und mit dem Trümmerschutt der zer-störten Stadt aufgeschüttet. Die West-Berliner entdeckten den Trümmerberg, der mit 180 000 Bäumen bepflanzt wur-de, bald als Freizeitrevier. Es entstanden Skipiste, Rodelbah-nen, Sprungschanze und ein Kletterfelsen; ein Skilift musste 1972 abgebaut werden: Er störte den Funkverkehr der US-Streitkräfte, die Anfang der 1960er Jahre auf dem Gipfel eine Radarstation und Abhöranlage errichtet hatten. Die West-Alliierten belauschten hier den Osten. Das Gelände war streng abgeschirmt und die genaue Tätigkeit blieb bis heute geheim.

Die weithin sichtbaren Kuppeln der Anlage aber wurden zu einer Art Wahrzeichen West-Berlins.

Nach der Wiedervereinigung wurde die Station aufgegeben, die Alliierten zogen 1994 ab und nahmen Mobiliar und Geräte mit. Ideen für eine neue Nutzung zerschlugen sich ebenso wie Pläne von Investoren. Ab 2003 waren die Gebäude dem Verfall und Vandalen ausgesetzt. Seit 2012 kümmern sich Künstler und Stadtführer in der Initiative Teufelsberg um die Rettung und Sicherung der verfallenen Reste. Führungen und Vermietungen sollen das Geld dafür einbringen.

Blick vom Teufelsberg nach Osten, links in der Ferne ragt der Fernsehturm in den Himmel, etwas weiter rechts der Funkturm

Olympiastadion und Olympiapark

Man muss nicht Fan von Hertha BSC sein oder Anhänger einer der Mannschaften, die sich im alljährlichen Pokalfinale des Deutschen Fußballbunds gegenüber stehen. Das Stadion im Westen Charlottenburgs ist auch ein historisch bedeutender Ort. Doch zunächst gilt die Aufmerksamkeit der schieren Größe des Bauwerks aus Muschelkalk mit seinem wie schwebend

Knapp 75 000 Zuschauer fasst das imposante Olympiastadion

155

erscheinenden Dach über den Zuschauerrängen. Das Stadion wurde im Vorfeld der Fußballweltmeisterschaft 2006 rundum modernisiert. Das spektakuläre Dach nach einem Entwurf der Architekten Gerkan, Marg und Partner erhielt eine Flutlichtbeleuchtung, die keinen Schatten wirft. Einmalig ist die blaue Laufbahn – die Farbe des hier heimischen Fußballclubs Hertha BSC. Wer eine Führung bucht, kann auch in das Allerheiligste vordringen: zu den Spielerkabinen, in die VIP-Lounges, zur Stadion-Kapelle und in die Küche des »Cooking Club« mit Aussicht auf das Spielfeld.

Erbaut wurde das Olympiastadion für die Olympischen Spiele 1936, die Hitler als Propagandaveranstaltung inszenierte, auf einem Gelände, das seit 1909 der sportlichen Ertüchtigung des Volkes diente. Ein Geschichtspfad durchzieht das weitläufige Areal und gibt auf 45 Informationstafeln Auskunft zu den einzelnen Sportstätten und zu den monumentalen Skulpturen, die den Park rahmen. Nach Kriegsende nutzten die britischen Alliierten bis 1994 das frühere »Reichssportfeld«. Nur das Olympiastadion und das Olympiabad durften von den West-Berlinern genutzt werden.

Am westlichen Ende des als Aufmarschgelände geplanten Maifelds erhebt sich der 77 Meter hohe Glockenturm. In seinem Sockelbau ist eine Ausstellung zum Olympiagelände und zur Berliner Sportgeschichte untergebracht. Von der Aussichtsplattform hat man einen herrlichen Blick auf das Olympiagelände und zur weit entfernten Stadt. Unmittelbar zu Füßen des Turms liegt in einer Mulde, der Murellenschlucht, die Waldbühne. Der Höhepunkt in Berlins schönster Open-Air-Arena ist jedes Jahr das Saisonabschlusskonzert der Berliner Philharmoniker vor 20 000 Zuhörern.

Wenn das Wetter mitspielt, sind die Konzerte in der Waldbühne ein unvergessliches Erlebnis

Service & Tipps:

🏛🍽 **Georg-Kolbe-Museum**
Sensburger Allee 25
Charlottenburg
S5: Heerstraße
℡ (030) 304 21 44
www.georg-kolbe-museum.de
Tägl. außer Mo 10–18 Uhr
Eintritt € 5/3, bis 18 J. frei
Wechselnde Ausstellungen im
Atelier des Bildhauers Georg
Kolbe (1877–1947); Skulpturen-
garten unter Kiefern. Das nette
Café K in Kolbes Wohnhaus hat
eine große Kuchenauswahl,
kleine Gerichte und eine lau-
schige Terrasse. €

👁📷 **Glockenturm**
Am Glockenturm 1
Charlottenburg
S5: Pichelsdorf oder Olympia-
stadion
℡ (030) 305 81 23
www.glockenturm.de
April–Okt. tägl. 9–19 Uhr
Eintritt (für Olympiastadion,
Olympia-Park und Glockenturm)
€ 7/5, bis 6 J. frei; Audioguide € 3
Dauerausstellung über den
»Geschichtsort Olympiagelän-
de 1909 – 1936 – 2006« und
Aussichtsturm mit Blick bis zu
den Müggelbergen und nach
Potsdam.

👁📷 **Olympiastadion und
Olympiapark**
Olympischer Platz 3
Charlottenburg
U2, S5: Olympiastadion
℡ (030) 25 00 23 22
www.olympiastadionberlin.de
Mitte März–Okt. tägl. 9–19 Uhr,
Juni–15. Sept. 9–20, im Winter
10–16 Uhr
Eintritt (für Olympiastadion,
Olympia-Park und Glo-
ckenturm) € 7/5, bis 6 J. frei
Audioguide € 3
Hertha BSC-Tour: Mitte März–
Okt. Do 13.30 Uhr, Nov.–Mitte
März 1. Do im Monat 13.30 Uhr
€ 11/9, Familienkarte € 24
Highlights-Tour: tägl. 11, 13,

15 Uhr (Sommer), 11 Uhr (Winter), € 10/8, Familienticket € 22
Sport- und Architekturge-
schichte: März–Okt. So 11.30,

€ 12/10, Familienticket € 26
Rundgang: Skulpturen und
Dokumentationstafeln er-
schließen die Geschichte des
Stadions und des ehemaligen
Reichssportfeldes.

👁📷 **Teufelsberg**
An der Teufelsseechaussee
Grunewald
S5: Heerstraße plus ca. 30 Min.
Fußweg; S7: Grunewald plus ca.
30 Min. Fußweg
℡ (0163) 858 50 96
www.berliner-teufelsberg.com
Tägl. 12 Uhr bis Sonnenunter-
gang stündl. »stille« Rundgän-
ge (ohne Erläuterung, ab Tor
der Anlage), € 7
Sa/So, 12.31 Uhr, ab S-Bahn-
hof Grunewald, Ausgang
Eichkampstr. bzw. Sa/So 13 Uhr
(Tor der Abhörstation), Führun-
gen mit historischen Erläute-
rungen, € 15/8, bis 18 J. nur in
Begleitung Erwachsener
Führungen über das ehemalige
US-Spionageareal.

👁 **Naturschutzzentrum
Ökowerk Berlin e. V.**
Teufelsseechaussee 22
Grunewald
S7: Grunewald plus ca.
20 Min. Fußweg

*Garten des Georg-
Kolbe-Museums
mit »Tänzerinnen-
brunnen« von 1922*

*Das Buch zum
Berg: »Der Berliner
Teufelsberg –
Trümmer, Truppen
und Touristen«
Von Klaus Behling
und Andreas Jütte-
mann, Berlin-Story
Verlag, 48 S., € 5*

✆ (030) 30 0 00 50
www.oekowerk.de
April–Okt. Di–Fr 9–18, Sa/So/
Fei 12–18 Uhr, Nov.–März Di–Fr
10–16, Sa/So/Fei 11–16 Uhr
Eintritt Wasserleben € 2,50/1
Die Ökologische Bildungs- und
Tagungsstätte ist ein grüner
Lernort für Kinder und Schüler
mit Führungen und Workshops.
Das Gelände am Teufelssee mit
Imkerei, Streuobstwiese, einem
Bienenhotel und der Ausstel-

lung »Wasserleben« ist öffentlich zugänglich.

≈ Teufelssee
Teufelsseechaussee
Grunewald
S7: Grunewald plus ca. 20 Min.
Fußweg
Beliebter Badesee mitten im
Naturschutzgebiet; nur am
Südufer darf gebadet werden.
Die meisten Besucher lassen
hier alle Hüllen fallen.

Spandau

Der Bezirk am Westrand Berlins hat eine Altstadt mit klein-
städtischem Charme am Zusammenfluss von Spree und Havel und eine große Nord-Süd-Ausdehnung, die geprägt ist
von Wald, Wiesen, Wasser und dörflichen Siedlungen. Sogar
Landwirtschaft wird bei Gatow und Kladow im Süden noch
betrieben.

Wichtigste Sehenswürdigkeit ist die **Zitadelle Spandau**. Italienische Festungsbaumeister errichteten im 16. Jahrhundert
in einer Ausbuchtung der Havel, dem heutigen Spandauer
See, nahe dem Ostufer ein Bollwerk, das zu den bedeutendsten und besterhaltenen Renaissancefestungen Europas zählt.
Zwei Bauwerke auf dem quadratischen, von Wällen, Mauern
und vier Bastionen gerahmten Gelände sind noch älter: der
30 Meter hohe Juliusturm aus dem 13. Jahrhundert, der von
den Zinnen schöne Ausblicke über die Havellandschaft bietet,
und der Palas, ein Saalbau aus dem 15. Jahrhundert, dessen
Gotischer Saal als Konzertsaal dient.

Bis 1945 wurde die Zitadelle in allen Epochen militärisch
genutzt, zuletzt unter den Nazis als »Heeresgasschutzlabora-

Hinter dem alten Gemäuer der Zitadelle Spandau rockt es mächtig bei Open-Air-Konzerten im Sommer

torium«. Suche und Beseitigung von Giftgasresten dauerten bis in die 1980er Jahre. Seither wurde die Zitadelle mit ihren verschiedenen Gebäuden und Bauteilen zum Schauplatz vielfältiger Kulturaktivitäten und populären Festen. Im Sommer übernimmt das Citadel Music Festival mit Pop-, Rock- und Metal-Konzerten die Regie über den großen Innenhof.

Künstler und Kunsthandwerker haben auf der Zitadelle Ateliers und Ausstellungsräume. Das Stadtgeschichtliche Museum im Zeughaus dokumentiert Spandaus Entwicklung von der slawischen Siedlung bis in die jüngere Vergangenheit. Im Kommandantenhaus wird die Geschichte der Festung nachgezeichnet. Mit der Ausstellung »Enthüllt. Berlin und seine Denkmäler« wird die Zitadelle vollends zur Geschichtsinsel. Die ab 2015 ausgestellten Denkmäler hatten alle einst ihren Platz im Stadtbild, bis sie nach politischen Umbrüchen entfernt wurden oder nicht mehr gefragt waren.

Eine weitere Attraktion der Zitadelle sind die Gewölbe, in denen bis zu 10 000 Fledermäuse überwintern.

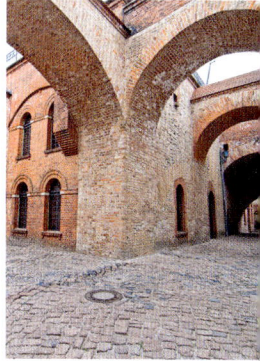

Die Gewölbe der Zitadelle sind eines der größten Quartiere für Fledermäuse in Europa. Wer sie beobachten will, kann an einer Führung teilnehmen

*Spandau ist auch gut mit dem Schiff zu erreichen: Von der Anlegestelle Lindenufer gibt es Fahrten von und nach Tegel, Wannsee und nach Charlottenburg mit Verlängerungsmöglichkeit zum Nikolaiviertel in Mitte.
www.sternund kreis.de*

Service & Tipps:

🏛️◉🐾♟️✕☕ **Zitadelle Spandau**
Am Juliusturm 64, Spandau
U7: Zitadelle
✆ (030) 354 94 40
www.zitadelle-spandau.de
Tägl. 10–17 Uhr,
Eintritt inkl. Freigelände,
Stadtgeschichtliches Museum,
Juliusturm, Ausstellungen
€ 4,50/2,50,
Familienkarte € 10
Führungen: Mitte März–Okt.
Sa/So/Fei 11,13, 15 Uhr
Treffpunkt: Torhaus der
Zitadelle, € 3/2

– Citadel Music Festival
Aktuelle Bands von Rock & Pop
bis Hard & Heavy
www.citadel-music-festival.de

– Freilichtbühne an der Zitadelle
✆ (030) 333 40 21
www.freilichtbuehne-spandau2.de
Theater für Kinder; Sommertheater und Konzerte.

– Fledermauskeller
Haus 4, tägl. 12–17 Uhr
Fledermausführungen nach
Anmeldung
✆ (030) 36 75 00 61
www.bat-ev.de
Schaugehege mit 200 Fledertieren sowie Ausstellung zum
Lebenszyklus der Fledermäuse.

– Zitadellenschänke
✆ (030) 334 21 06
www.zitadellenschaenke.de
Di–Fr 16–24, Sa 11–24, So
11–18, Café Mo–Fr 10–16 Uhr
Kulinarische Zeitreise ins Mittelalter. Mit Biergarten. €€

Schloss Schönhausen

Ein eher bescheidenes Schloss in der Berliner Kulturlandschaft, aber ein Ort, an dem Geschichte geschrieben wurde – mehrmals in 300 Jahren: Schloss Schönhausen im Norden Berlins führt Momente der preußisch-deutschen Geschichte und Politik wie in einem Zeitraffer vor Augen.

Man sieht es dem Museumsschloss nicht an, welcher Aufwand bei der Sanierung (2005–09) des Hauses, welche Sorgfalt bei der Restaurierung der Innenräume erforderlich war, um einen besucherfreundlichen Zustand herzustellen und gleichzeitig das Original, die Brüche und die Veränderungen zeigen zu können.

1740, im Jahr seiner Thronbesteigung, schenkte Friedrich der Große das Anwesen, das zuvor schon sein Großvater Kurfürst Friedrich III./König Friedrich I. genutzt hatte, seiner ungeliebten Gemahlin Elisabeth Christine (1715–97). Während Friedrich Sanssouci zu seinem Lieblingsort erkor, verbrachte die Königin bis zu ihrem Tod nahezu jeden Sommer in Schönhausen und ließ das Schloss nach ihrem Geschmack gestalten und ausbauen. Bedeutendste Zeugnisse aus dem 18. Jahrhundert sind der mit Stuck verzierte Rokoko-Festsaal im Obergeschoss und das eindrucksvolle Treppenhaus. Die Räume im Erdgeschoss zeigen zudem Kunstwerke und private Gegenstände aus dem Besitz der Königin. Die Papiertapeten mit Blumenmuster sind original erhalten und restauriert.

Elegant geschwungen führt die doppelläufige Haupttreppe im Schloss Schönhausen über drei Etagen

Im 19. Jahrhundert und bis zum Ende der Monarchie 1918 bekam Schloss Schönhausen nur gelegentlich königlichen Besuch. In der Zeit des Nationalsozialismus fanden Kunstausstellungen statt, bis in den Räumen »Entartete Kunst« gelagert wurde.

Den Zweiten Weltkrieg überstand der Schlossbau im nördlichen Bezirk Pankow ohne Schäden. Die sowjetische Besatzungsmacht richtete zunächst ein Offizierskasino, später eine Schule ein. Mit Gründung der DDR im Oktober 1949 bestimmte die Staatsführung das Gebäude zum Amtssitz des ersten und einzigen DDR-Präsidenten Wilhelm Pieck. Er residierte von 1949 bis 1960 in Schönhausen und empfing im eigens für ihn angelegten Schlossgarten hohe Staatsgäste.

Piecks Amtszimmer ist mit den originalen Möbeln, die im Deutschen Historischen Museum überdauert hatten, im Obergeschoss zu sehen. Erich Honeckers Zeitgeschmack repräsentiert das anschließende Kaminzimmer im Pseudo-Barock. Besucher staunen heute am meisten über ein Apartment aus der Zeit, als das Schloss Staatsgästehaus der DDR war (1964-1990). Das Damenschlafzimmer im Rokoko-Stil kontrastiert mit den knallig lila Fliesen im angrenzenden Badezimmer. Zu den Gästen, die im Schloss nächtigten, gehörten Indira Gandhi, Fidel Castro und als letzter Staatsgast zum 40-jährigen Jubiläum der DDR im Oktober 1989 Michail Gorbatschow.

Das Schlossensemble umfasst weitere bauliche Anlagen. In einem Konferenzsaal wurden 1990 bei den Tagungen des

Zentralen Runden Tisches und beim Außenministertreffen der »Zwei-plus-Vier-Gespräche« die Weichen zur deutschen Wiedervereinigung gestellt.

Service & Tipps:

🏛️⚇👀 **Schloss Schönhausen**
Tschaikowskistr. 1, Pankow
U-/S-Bahn: Pankow, weiter mit
Tram M1: Tschaikowskistraße
☏ (03 31) 969 42 00
www.spsg.de
April–Sept. tägl. außer Mo
10–18 Uhr, Okt.–März Sa/So/Fei
10–17 Uhr, Eintritt € 6/5
300 Jahre Geschichte zum An-
schauen bergen die behutsam
restaurierten Räume und Säle.

– 🏛️ **Torhäuser des Schlosses Schönhausen**
Ossietzkystr. 44, Pankow
www.pankower-machthaber.de
Tägl. 10–18 Uhr
Ausstellung über »Die Panko-
wer Machthaber im Schloss
Schönhausen«.

– 🌳 **Schlossgarten und Schlosspark**
Der kleine ummauerte Garten
am Schloss wurde im Stil der
1950er Jahre angelegt. Der
östlich angrenzende große
Schlosspark entlang der Panke
– der Fluss gab dem Bezirk
seinen Namen – ist Volkspark
mit Rad- und Spazierwegen,
Liegewiesen und Spielplätzen.

⚇ **Majakowskiring**
Die Führungsriege der DDR
lebte, abgeschirmt vom Volk,
im Pankower »Städtchen« und
da vor allem in den großzügigen Villen und Landhäusern
am oval angelegten Maja-
kowskiring. Heute ist dies eine
beliebte Wohngegend mit
zahlreichen Neubauten.

✕ **Majakowski Gasthaus**
Majakowskiring 63, Pankow
☏ (030) 49 91 82 50
www.majakowski-gasthaus.de
Tägl. ab 12, Sa/So ab 11 Uhr,
Nov.–Mai Mo geschl.
Frische saisonale Küche mit Pro-
dukten aus der Region; schöner
Biergarten. €–€€ ❀

*Schloss Schönhau-
sen, Gartenseite*

161

Oasen in der Stadt

Plätze zum Entspannen

Am Rand des Britzer Gartens steht die 20 m hohe Britzer Mühle

In der Sophienkirche finden auch Kulturveranstaltungen statt

Müde Füße vom Sightseeing und Shoppen? Oder Lust auf ein Naturerlebnis mitten in der Stadt? Berlin bietet mit mehr als 2500 öffentlichen Grünanlagen nahezu an jeder Ecke Gelegenheit für eine Erholungspause, die man auch zur Stärkung nutzen oder mit Aktivitäten verbinden kann. Und wenn es mal draußen stürmt und regnet, kann man sich im Tropenhaus in warme Gefilde träumen.

🄰🌿✖️🚻 Heckmann Höfe

Eingänge Auguststr. 9 und Oranienburger Str. 32, Mitte
S1/2/25: Oranienburger Straße
An der belebten Oranienburger Straße, lockt ein romantischer Hof. Der Eingang ist unauffällig und eng. Doch dann weitet sich der Durchgang zu einem lauschigen Platz mit Bänken und einem Springbrunnen, umgeben von kleinen Remisebauten mit Läden und einem Restaurant.

🄰 Sophienkirche

Große Hamburger Str. 31, Mitte
S5/7/75: Hackescher Markt
✆ (030) 308 79 20
www.gemeinde-am-weinberg.de, tägl. 13–18, So auch vor und nach dem Gottesdienst um 10 Uhr
Raus aus der Hektik am Hackeschen Markt, rein in die Sophienstraße und weiter zur Großen Hamburger Straße, dort ist der Eingang zur Sophienkirche, die 2012 ihr 300-jähriges Bestehen feierte. Die evangelische Pfarrkirche der Spandauer Vorstadt, 1710–12 erbaut, ist mit ihrem schlanken, 69 m hohen Turm weithin sichtbar. Der Turm wurde erst 1735 aufgesetzt und seither kaum verändert. Auch den zweiten Weltkrieg hat die Kirche fast unbeschadet überstanden.
Der grau-weiße Kirchenraum, die Gestaltung stammt von 1892, ist ein stiller Ort – an dem mitunter Orgelmusik oder Gesang zu hören ist.

🌺🏛️ Botanischer Garten und Botanisches Museum Berlin-Dahlem

Königin-Luise-Str. 6–8
Dahlem
Bus X83/101: Königin-Luise-Platz
2. Eingang: Unter den Eichen 5–10
Bus M48: Botanischer Garten
✆ (030) 83 85 01 00
www.botanischer-garten-berlin.de, tägl. ab 9 Uhr, Nov.–Jan. bis 16, Feb. bis 17, März, Okt. bis 18, Sept. bis 19, April, August bis 20, Mai–Juli bis 21 Uhr
Eintritt € 6/3, Museum € 2,50/1,50
Von den Alpen zum Kaukasus, vom tropischen Regenwald in den heimischen Buchenwald, vom Kräutergarten zur Blumenwiese, von Kakteen zu Orchideen: Im Botanischen Garten liegen die Klimazonen der Welt dicht beieinander und entfalten ein spektakuläres Pflanzenreich. Über 20 000 Pflanzenarten werden bewahrt, gepflegt und – der Botanische Garten Berlin

ist eine Einrichtung der Freien Universität – wissenschaftlich erforscht. Auf ausgewiesenen jahreszeitlichen Pfaden lassen sich die Blüten der Saison und andere Besonderheiten leicht entdecken. Publikumsfavorit ist das Große Tropenhaus mit Riesenbambus, Palmen, Bromelien und Orchideen. Auch die Jugendstilarchitektur ist eindrucksvoll. In den anderen Schaugewächshäusern führt die Reise durch die Wüsten Südafrikas und das regenreiche Ostasien bis zur Flora am Mittelmeer, die besonders im Frühjahr mit einem Blütenmeer erfreut.

🏵🎨🛍 **Britzer Garten**
Sangerhauser Weg 1
Mariendorf
U6: Alt-Mariendorf
☎ (030) 700 90 60
www.gruen-berlin.de
Tägl. ab 9 Uhr bis zum Einbruch der Dunkelheit
Eintritt € 2/1, Zuschlag bei Veranstaltungen/Sonderschauen
Im Frühjahr erfreuen die Tulpen mit »Tulipan«, im Spätsommer entzünden die Dahlien ein wahres »Dahlienfeuer« und die »Zauberblüten« im Rhododronhain haben im Mai/Juni ihren großen Auftritt mit einer eigenen Blütenschau. Der Erho-

lungspark (90 ha) im Neuköllner Stadtteil Britz, zur Bundesgartenschau 1985 angelegt, ist zu einem der schönsten Gärten Deutschlands herangewachsen. Man spaziert zwischen Hügeln und Tälern an sanft abfallenden Wiesen und Obstbäumen vorbei zu Blumen- und Kräuterbeeten sowie weiteren Themengärten. Bäche und mittendrin ein großer See formen eine Wasserlandschaft. Überall laden Bänke und Liegewiesen sowie Spielbereiche für Kinder und Erwachsene (Gartenschach) zum Verweilen ein. Schön sitzt man auch im Café Festplatz direkt am See.

🎴🛍 **Gärten der Welt im Erholungspark Marzahn**
Eisenacher Str. 99, Marzahn
S7: Marzahn, dann Bus 195

60 m lang, 29 m breit und 25 m hoch ist das Große Tropenhaus im Botanischen Garten

Der Chinesische Garten, Teil der Gärten der Welt, ist der größte seiner Art in Europa

163

*Islamische Garten-
kultur spiegelt sich
im Orientalischen
Garten wider*

*Für den Geschichts-
park ehemaliges
Zellengefängnis
Moabit erhielten
die Landschafts-
architekten Glaßer
& Dagenbach 2007
den Deutschen
Landschaftsarchi-
tekturpreis*

U5: Hellersdorf, dann Bus 195
℡ (030) 700 90 66 99
Sa/So/Fei 2. Eingang:
Blumberger Damm
S7: Mehrower Allee, dann
Bus X69
Nov.–Feb. tägl. 9–16, März,
Okt. 9–18, April–Sept. 9–20 Uhr
Eintritt € 4/1,50, Nov.–Feb. € 2/1
Der nordöstliche Bezirk Mar-
zahn-Hellersorf steht meist
nicht auf dem touristischen
Besuchsprogramm. Doch die
Gärten der Welt lohnen jede
weite Anreise. Und Zeit sollte
man mitbringen. Hervorge-
gangen aus der »Berliner
Gartenschau« 1987 auf ehemals
landwirtschaftlich genutzten
Flächen, begann 1991 die Um-
gestaltung zum »Erholungspark
Marzahn«. Große Spiel- und
Liegewiesen wurden angelegt,
neue Spielplätze geschaffen,
Bäume gepflanzt und die
»Sondergärten« erneuert. Nach
und nach entstanden einzigartige Themengärten. Mit dem
Chinesischen Garten als »Garten
des wiedergewonnenen Mon-
des« eröffnete im Jahr 2000 der
größte chinesische Garten in
Europa, geplant und ausgeführt
von Experten aus Peking. Weitere stimmungsvolle »Gärten
der Welt« kamen hinzu und
entführen heute nach Japan,
Korea, Bali und in den Orient.
Europa ist mit einem Christli-
chen Garten, einem Irrgarten,
einem Renaissancegarten und

dem Karl-Foerster-Stauden-
garten vertreten.
   30 Jahre nach der »Berliner
Gartenschau« in der DDR findet
die Internationale Gartenschau
2017 auf dem bis dahin erwei-
terten Gelände statt. Dann soll
es auch eine Seilbahn über die
Gärten der Welt und auf den
südlich anschließenden 102 Meter hohen Kienberg geben.

🌳👁 Geschichtspark ehemaliges Zellengefängnis Moabit

Lehrter Str.1/Invalidenstr.,
gegenüber vom Hauptbahnhof
Moabit
U-/S-Bahn: Hauptbahnhof
Von außen nimmt man ihn
nicht wahr: Eine Mauer um-
schließt den Park, der Eingang
gleicht einer Gefängnistür:
Der Geschichtspark ist Gedenkstätte am authentischen
Ort. Hier stand ab 1849 das
Zellengefängnis Moabit, das
preußischen Gefangenen durch
Einzel- statt Gemeinschaftszel-
len die Haft erleichterte und
unter den Nazis zum Ort der
politischen Unterdrückung, Fol-
ter und Mord wurde. Schuster
Voigt, der »Hauptmann von
Köpenick«, und der Dichter
Wolfgang Borchert gehörten
zu den prominenten Insassen.
1958 wurde das Gefängnis
abgerissen.
   2003 ist auf dem Gelände
gegenüber dem Hauptbahn-
hof ein architektonischer
Park entstanden, der durch
Baumgruppen und Bodener-
hebungen Lage und Größe des
Gebäudes andeutet. Die räum-
liche Enge einer Zelle gibt eine
Betonskulptur wieder. Weitere
Kunstwerke und Klanginstallati-
onen vermitteln einen Eindruck
vom Gefängnisalltag. Trotz des
bedrückenden Hintergrundes
ist der Park ein angenehmer,
wenig besuchter Ruhepunkt.
Und wenn die Bahn mal wieder
Verspätung hat, kann man hier
die Wartezeit überbrücken.

🎣🐦🌳 Lietzenseepark
Lietzenseeufer, Charlottenburg
U2: Sophie-Charlotte-Platz
Bootshaus Stella am Lietzensee
Witzlebenplatz 1 A
© (030) 322 35 62
April–Okt. ab 11 Uhr, Nov.–März
Sa/So 11–18 Uhr
Die Wohnungen mit Blick auf
den Lietzensee sind seit jeher
begehrt. Mitten im Wohn-
gebiet Charlottenburg nahe
dem Messegelände rahmt der
Park den c-förmig gebogenen
Lietzensee, der in einer Mulde
liegt. Spaziergänger, Familien
mit und ohne Kinderwagen,
Hundehalter, Jogger, Radfahrer machen gerne die Runde
um den See. Nur am Ostufer
muss man für ein kurzes Stück
auf Seeblick verzichten – den
genießen umso mehr die Gäste
des Terrassenrestaurants am
Hotel Seehof. Am nördlichen
Ufer ist das **Bootshaus Stella
am Lietzensee** ab den ersten
Frühlingsstrahlen ein besonders
begehrter Platz. Hier kann man
den Enten zuschauen und auf
den Sonnenuntergang warten.
Kaffee, Kuchen, Imbiss, Pizza
und Salate in Selbstbedienung.
   Unterhalb der Wundtstraße
gibt es einen Senioren-Aktiv-
platz mit fest installierten
Sportgeräten, die nicht nur von
Senioren kostenlos genutzt
werden können. Wer sich lieber
unter Anleitung bewegt: Mittwochs von 15 bis 16 Uhr steht
ein Coach zur Verfügung.

**🐦🎣 Vogel-Volieren im
Neuen Kranzler Eck**
Zwischen Kurfürstendamm,
Joachimsthaler- und Kantstr.
Charlottenburg
U1/9: Kurfürstendamm
Vorne der Kurfürstendamm,
hinten die Kantstraße, seitlich
die Joachimsthaler Straße und
mittendrin exotisches Vogel-
zwitschern. In zwei großen
Volieren flattern rund 100 bunt-
gefiederte Sittiche, Prachtrosel-
las und Goldfasane. Anliegende
Cafés stellen Tische und Stühle
und große Blumenkübel auf
den Platz und auch an den
Volieren gibt es Sitzgelegenhei-
ten, um die bunten Vögel zu
bewundern und ihren Rufen zu
lauschen – fast wie im Urwald.

🐦🎣🌄 Volkspark Humboldthain
Zwischen Brunnenstraße,
Gustav-Meyer-Allee, Hussiten-
straße, Wedding
U-/S-Bahn: Gesundbrunnen,
S1/2/25 Humboldhain
Was für ein Duft, welch gepflegte Anlage: Der Rosengarten, wunderschön gestaltet
auf einem Plateau über der
Brunnenstraße, ist eine wahre
Oase und mit Gattern vom
übrigen Volkspark abgetrennt.
Hauptanziehungspunkt ist die
Humboldthöhe, ein Aussichts-
berg, 85 Meter hoch, unter
ein Flakturm begraben ist.
   Der Volkspark Humboldthain
im Weddinger Ortsteil Ge-
sundbrunnen war im Zweiten
Weltkrieg stark umkämpft und
am Ende zerstört. Die später ge-
sprengten Reste des Gefechts-
bunkers und eines kleineren
Bunkers wurden mit Trümmerschutt angeschüttet. Von der
Aussichtsplattform reicht der
Blick weit nach Norden über
die Stadtgrenze hinaus, auf der
Westseite bis zur westlichen
Innenstadt. An der steil herausragenden Bunkernordwand
üben Mitglieder des Deutschen
Alpenvereins das Klettern. Das
Innere des Bunkers kann man
im Rahmen einer Führung
erkunden (vgl. S. 231).
   Der kleinere Bunkerberg
im Park dient im Winter als
Rodelbahn.
   1869, zum 100. Geburtstag
Alexander von Humboldts,
begannen die Arbeiten an
diesem Volkspark, der für die
arme Bevölkerung des dicht
besiedelten Weddings zur Erholung geplant war. Und auch

**Oasen in
der Stadt**

*Ein Schmuckstück
im Wedding: der
Humboldthain*

Am Neuen See kann man Ruderboote ausleihen und am Café zu einer Bootstour starten

Locker entspannen auf die Berliner Art, an lauen Sommerabenden natürlich draußen ▷

heute nutzen die Weddinger den großen Park gerne für Spiel, Sport und Erholung. Auch ein Freibad gibt es am Fuß der Humboldthöhe.

♣ ☺ Friedhöfe

Vielleicht nicht der erste Gedanke, eine Pause vom Stadttrubel ausgerechnet auf einem Friedhof einzulegen, doch Friedhöfe bieten eines garantiert: Ruhe und Stille – und für unentwegte Stadtentdecker auch neue Einsichten in die Kulturgeschichte, denn viele Berühmtheiten, die in Berlin gelebt, gearbeitet, geforscht haben, sind auch in der Stadt begraben.

– Alter St.-Matthäus-Kirchhof

Großgörschenstr. 12–14
Schöneberg
S1, U7: Yorckstraße
☎ (030) 781 18 50
www.stiftung-historische-friedhoefe.de
Tägl. Mai–Aug. 8–20, April, Sept. bis 19, März, Okt. bis 18 Uhr, Feb., Nov. bis 17, Dez./Jan. bis 16 Uhr
Der denkmalgeschützte Kirchhof, 1856 gegründet, war Begräbnisstätte für wohlhabende Wissenschaftler, Künstler und höhere Beamte, die sich in aufwendig gestalteten Wandgräbern, Mausoleen und durch Bildwerke verewigen ließen, u. a. die Gebrüder Grimm, Rudolf Virchow und der Komponist Max Bruch. In einem kleinen Haus neben dem Eingangstor lädt das Café finovo mit Kaffee und Kuchen zum stillen Gedenken und lebhaften Erinnern über das Ende (fin) und einen Neubeginn (novo) ein.

– Dorotheenstädtischer Friedhof

Chausseestr. 126, Mitte
U6: Oranienburger Tor
☎ (030) 282 61 19
Hier ruhen u. a. Karl Friedrich Schinkel, Bertolt Brecht, Helene Weigel, Georg Wilhelm Friedrich Hegel, Johann Gottlieb Fichte, Heinrich Mann, Heiner Müller, Bernhard Minetti, Herbert Marcuse, Johannes Rau, Christa Wolf, Otto Sander. Ein Plan am Eingang gibt Auskunft über die Lage der wichtigsten Gräber.

– Kreuzberger Friedhöfe

Vgl. Kreuzberg-Kapitel S. 81.

▣ ✗ ✗ Café am Neuen See

Lichtensteinallee 2
Tiergarten
S5/7/75: Tiergarten
Bus 100: Nordische Botschaften
☎ (030) 254 49 30
www.cafeamneuensee.de
Café: tägl. ab 9 Uhr, Biergarten: Mo–Fr ab 11, Sa/So ab 10 Uhr
Zwischen Landwehrkanal und dem Großen Weg im Tiergarten breitet sich der Neue See mit vielen Armen und kleinen Inseln aus, eine Oase zwischen schilfbewachsenen Ufern. Unter schattigen Bäumen am südöstlichen Ufer liegt das Café am Neuen See, ein romantisches Blockhaus mit preußischen Reminiszenzen – hier befand sich schon Mitte des 19. Jh. ein Ausflugslokal – und schöner Terrasse. Hier kann man tagsüber die Stille genießen, hört Vögel zwitschern und dann und wann vom benachbarten Zoo her ein wildes Tier brüllen.

An warmen Sommerabenden erlebt man aber wahre Pilgerströme zu Fuß und per Rad in einen der schönsten und größten Biergärten Berlins. Dort regiert Selbstbedienung (Pizza, Brezeln, Leberkäse), abends legt manchmal ein DJ auf. Das Restaurant-Café serviert saisonale Gerichte. Große Frühstückskarte. Sportliche Menschen und Romantiker leihen sich ein Boot aus und rudern hinaus in den Sonnenuntergang. ☀

Erleben & Genießen

Übernachten

Hotels, Hostels und Pensionen

Berlin boomt! Die Touristenzahlen steigen Jahr für Jahr und der Hotelmarkt wächst mit. Mehr als 132 000 Betten stehen in rund 800 Beherbergungsbetrieben bereit. Und weitere kommen hinzu! Es gibt kleine, feine Boutique-Hotels, außergewöhnliche Luxushotels, ganz »normale« Unterkünfte mit allem notwendigen Komfort, einige letzte Alt-Berliner Pensionen, und es werden immer mehr große Häuser eröffnet. Das Estrel in Neukölln etwa will seinen bereits 1125 Zimmern noch 700 hinzufügen, in einem Turm, der mit 170 Metern alle Hochhäuser der Stadt überragen soll.

Auch Hostels und ähnliche Billigunterkünfte werden immer größer und zahlreicher. Und doch sind zu besonderen Anlässen, zu Messen und Festivals, die Betten knapp. Wer also in seinem Wunschhotel logieren möchte, sollte frühzeitig buchen. Viele Häuser bieten attraktive Arrangements und ermäßigte Frühbuchertarife und/oder Wochenendpauschalen an. Generell gilt: Nirgendwo sonst in Europa kann man so preisgünstig übernachten!

Seit 2014 erhebt Berlin in allen Hotels, Hostels, Pensionen, Ferienwohnungen und auf Campingplätzen von Privatreisenden eine Tourismusabgabe (City Tax) in Höhe von fünf Prozent des Netto-Übernachtungspreises. Achtung: Die **City Tax** ist nicht im Zimmerpreis enthalten und wird auf der Rechnung zusätzlich ausgewiesen. Geschäftsreisende sind übrigens von dieser Steuer ausgenommen, Haustiere jedoch nicht.

Die hier angegebenen Preiskategorien gelten für ein Doppelzimmer. Frühstück ist in der Regel nicht eingeschlossen.

€	–	bis 80 Euro
€€	–	80 bis 150 Euro
€€€	–	150 bis 250 Euro
€€€€	–	über 250 Euro

Designhotels

Soho House Berlin
Torstr. 1, Mitte, Tram M4/5/6/8: Moll-/Otto-Braun-Straße, ✆ (030) 30 40 50 440
www.sohohouseberlin.de
George Clooney wohnt gerne hier,
Madonna war auch schon da: Das Soho
House Berlin ist ein Private Member Club,

vermietet seine extravagant möblierten Zimmer von »tiny« unterm Dach (18 m²) bis »extra large« (118 m²) aber auch an weniger prominente Menschen. Die müssen vor der Buchung u. a. versichern: keine Fotos, kein Handy. Das Haus mit der markanten Fassade, 1928/29 als Warenhaus erbaut, hatte einen jüdischen Besitzer, wurde 1937 zum Bürohaus für die Reichsjugendführung der NSDAP und 1942 an die NSDAP verkauft. 1946 zog zunächst der Parteivorstand der SED, später das SED-Zentralkomitee in das »Haus der Einheit«.

Heute verfügt das Hotel u.a. über ein Kino und Spa im Keller und einen spektakulären Pool auf der Dachterrasse. €€€€

The Mandala Hotel
Potsdamer Str. 3, Tiergarten
U-/S-Bahn: Potsdamer Platz
✆ (030) 590 05 00 00, www.themandala.de
Spitzenlage am Potsdamer Platz. Große Zimmer (das kleinste City-Studio hat 40 m²) in hellem, freundlichen Design. Exklusiver Ono-Spa (vgl. S. 227), Zwei Restaurants: Qiu und das Sternerestaurant Facil. €€€€

Casa Camper Berlin
Weinmeisterstr. 1, Mitte
U8: Weinmeisterstraße
✆ (030) 20 00 34 10, www.casacamper.com
Barcelona in Berlin: Das Boutique-Hotel (51 Zimmer und Suiten) nahe dem Hackeschen Markt überrascht mit minimalistischem Design. Im Preis sind Frühstück, WLAN sowie ganztägig Getränke und frisch zubereitete kleine Speisen enthalten. Die stehen bereit in der Lounge-Bar Tentempié (Erfrischungen) im Dachgeschoss. Ebenfalls gratis: der Ausblick auf Berlin. Das ebenfalls aus Barcelona importierte Restaurant-Konzept des Dos Palillos (✆ 030-20 00 34 13, www.dospalillos.com, €€€) setzt auf asiatische Gerichte, serviert im Tapas-Stil. €€€

COSMO Hotel Berlin Mitte
Spittelmarkt 13, Mitte
U2: Spittelmarkt
✆ (030) 58 58 22 22, www.cosmo-hotel.de
Ein Haus für unternehmungslustige Leute, die in die bunte Szene Berlins eintauchen wollen. Der Concierge gibt die besten Tipps für angesagte Restaurants, Bars, Clubs und zum Shopping. Die 84 Zimmer haben ein klares funktionales Design, große isolierte Fenster und allen technischen Komfort. Das

Minimalistisch elegant gibt sich das Hotel Q!

Hotel setzt auf Nachhaltigkeit; im Restaurant Scent wird mit regionalen und fair gehandelten Produkten gekocht. €€–€€€

HOTEL Q!
Knesebeckstr. 67, Charlottenburg
Bus M29/109: Bleibtreustraße
www.hotel-q.com
✆ (030) 810 06 60, www.hotel-q.com
Umweltfreundlich und ugewöhnlich. Das minimalistische und kühne Design trägt die Handschrift der GRAFT-Architekten. Die Badewanne schließt unmittelbar ans Bett an. Mit schickem Wellnessbereich und angesagter Bar. €€-€€€

nhow Berlin
Stralauer Allee 3, Friedrichshain
U-/S-Bahn: Warschauer Straße
✆ (030) 290 29 90, www.nh.hotels.de
Europas erstes Music & Lifestyle Hotel ist wie gemacht für die benachbarte Medienbranche und überrascht mit mutigen Farben und Formen. Mit Terrasse und Restaurant an der Spree. €€

25hours Hotel Bikini Berlin
Budapester Str. 40, Charlottenburg
U-/S-Bahn: Zoologischer Garten
✆ (030) 26 36 95 94, www.25hours-hotels.com
»Urban Jungle« in Berlin: Der benachbarte Zoo hat die Designer inspiriert. So blickt man im ganzen Haus auf üppige Pflanzen, aus der Sauna und vielen Zimmern direkt

auf den Zoo, kann in Hängematten oder auf Kissen relaxen und genießt von der Terrasse im zehnten Stock die Aussicht auf die ganze Stadt – und dort oben im Restaurant Neni (€–€€) ostmediterrane Küche oder in der Monkey Bar einen kühlen Cocktail. Die 149 freundlich Zimmer haben ein klares Design und viele verspielte Details. Top: Kostenlose Leihfahrräder. €€

Von Luxus bis Budget

Das Stue
Drakestr. 1, Tiergarten
Bus 100: Nordische Botschaften
℡ (030) 311 72 20, www.das-stue.com
Der Prachtbau mit imposantem Treppenaufgang wurde 1939 als Königlich Dänische Gesandtschaft erbaut. Im Inneren überrascht modernes spanisches Design; an den Wänden ziehen Werke berühmter Fotografen die Blicke an. Zimmer und Suiten haben hohe Räume mit Blick auf den Zoo oder den Park. Avantgarde auch in der Küche: Paco Pérez wurde für sein Restaurant Cinco mit einem Michelin-Stern ausgezeichnet. Spa mit Pool, Sauna und Fitness, Yoga im Garten. €€€€

Grand Hyatt Berlin
Marlene-Dietrich-Platz 2, Tiergarten
U-/S-Bahn: Potsdamer Platz
℡ (030) 25 53 12 34
www.berlin.grand.hyatt.de
Edles Design und höchster Komfort: Das Grand Hyatt lässt keine Luxuswünsche offen. Das zieht internationale Prominenz an. Im Vox Restaurant wird in der offenen Showküche exzellent gekocht; die Vox Bar gilt als eine der besten Bars Deutschlands, nicht nur wegen der 240 Whisky-Sorten. Toller Spa auf dem Dach mit Edelstahlpool (vgl. S. 226). €€€€

Hotel Adlon Kempinski
Unter den Linden 77, Mitte
U-/S-Bahn: Brandenburger Tor
℡ (030) 226 10, www.kempinski.com
Das elegante Grand Hotel nahe dem Brandenburger Tor ist eine Rekonstruktion (mit einem Stockwerk mehr als das Original), doch die Legende lebt: Hier nahm Kaiser Wilhelm II., der das Haus 1907 eröffnete, gerne ein Bad, hier wurden in den 1920er Jahren rauschende Bälle gefeiert, gingen die Prominenten der Zeit ein und aus oder blieben als Stammgast. Das neue Adlon hat sich schon allein wegen der Lage einen Spitzenplatz in der Luxuswelt erobert: tolle Lobbybar, edle Zimmer, Wellness mit Pool und vier Restaurants, darunter das mit zwei Michelin-Sternen ausgezeichneten Lorenz Adlon Esszimmer. €€€€

Eindrucksvoller Empfang im Stue, dem ersten Luxus-Boutique-Hotel Berlins

Hotel de Rome
Behrenstr. 37, Mitte
U6: Französische Straße
✆ (030) 460 60 90
www.hotelderome.de
Luxuriöse Zimmer und Suiten im einstigen Hauptquartier der Dresdner Bank. Die Suiten nehmen die frühere Vorstandsetage ein. Viele Details im Haus wie Säulen, Glasdecken, Stuckelemente, Treppenhäuser sind original erhalten. Die ehemalige Schalterhalle ist heute Ballsaal, der Tresorraum im Keller ein großer Wellnessbereich mit 20-m-Pool. Großartig: die Lounge auf der Dachterrasse. Mit Gourmetrestaurant und Bebel Bar. €€€€

The Ritz-Carlton
Potsdamer Platz 3, Tiergarten
U-/S-Bahn: Potsdamer Platz
✆ (030) 33 77 77, www.ritzcarlton.com
Karl Friedrich Schinkel, Berlins Stararchitekt des 19. Jh., stand Pate bei der Ausstattung der 303 edel-gediegenen Zimmer und Suiten. Der persönliche Service wird großgeschrieben. Zum Verwöhnprogramm gehören Whirlpool, Saunen, Pool und auf Wunsch ein Butler. €€€€

Waldorf Astoria Berlin
Hardenbergstr. 28, Charlottenburg
U-/S-Bahn: Zoologischer Garten
✆ (030) 814 00 00
www.waldorfastoria.com
Hoch hinaus mit allem Luxus: Die Zimmer sind groß und klassisch-elegant und bieten – je höher, je besser – herrliche Ausblicke auf die Stadt. Mit Guerlain Spa (vgl. S. 226), Gourmet-Restaurant Les Solistes, Romanischem Café und Peacock Gallery Bar. €€€€

DORMERO Hotel Brandenburger Hof Berlin
Eislebener Str. 14, Charlottenburg
U3: Augsburger Straße
✆ (030) 21 40 50
www.dormero-hotel-brandenburgerhof.de
Fünf Sterne in einem ehemaligen Wohnhaus, individuell ausgestattet im edel-nüchtern-funktionalen Bauhaus-Design. Japanisch gestalteter Innenhof und Wintergarten. €€€–€€€€

Hotel am Steinplatz
Am Steinplatz 4, Charlottenburg
U-/S-Bahn: Zoologischer Garten
✆ (030) 55 44 44 40, www.marriot.de

Stilvoll gestaltet sind die Gästezimmer im ackselhaus – hier das Zimmer Strandhaus

Stilvoll modern und individuell ausgestattete Zimmer in einem aufwendig restaurierten Jugendstilbau. Der war schon in den 1950er Jahren bevorzugter Ort der (Film-) Prominenz. Das neue Boutique-Hotel lässt in Design und Ausstattung die Zwanziger Jahre wieder aufleben. Mit Restaurant & Bar sowie Spa-Bereich und Fitness-Raum mit Aussicht über Berlin. €€€–€€€€

The Westin Grand Berlin
Friedrichstr. 158–164, Mitte
U6: Französische Straße
✆ (030) 202 70, www.westingrandberlin.com
Glamouröse Lobby mit effektvoller Freitreppe unter einem 30 m hohen Glas-Atrium. Die Zimmer und Suiten liegen zum idyllischen Garten oder zum Boulevard Unter den Linden. Außerdem: Spa-Suiten zur Rundum-Entspannung und ein luxuriöser Spabereich mit Pool. Besonderer Clou: Der Küchenchef zieht seine Kräuter im Hotelgarten, ein Bienenvolk auf dem Dach liefert den Honig. €€€–€€€€

ackselhaus & blue home
Belforter Str. 21, Prenzlauer Berg
U2: Senefelderplatz
✆ (030) 44 33 76 33, www.ackselhaus.de
Zwei typische Berliner Mietshäuser, sorgfältig restauriert, überraschen mit

Die schicke Fassade des Ellington Hotels

ganz unterschiedlichen, mit Antiquitäten und Kuriositäten individuell gestalteten Zimmern, Suiten und Apartments. China, Afrika, Ozean, Strandhaus und Movie heißen einige der Themenzimmer. Der Hinterhof, ebenfalls typisch Berlin, wurde mit viel Grün und gemütlichen Ruhezonen zur mediterranen Oase. €€–€€€€

Hotel Palace Berlin
Budapester Str. 45 im Europa-Center
Charlottenburg
U-/S-Bahn: Zoologischer Garten
✆ (030) 250 20, www.palace.de
Von außen sieht das Gebäude nicht allzu vielversprechend aus. Innen aber erwartet den Gast gepflegte Hotelkultur. Das privat geführte Fünf-Sterne-Hotel wendet sich besonders an Tagungsgäste und Geschäftsreisende, hat große helle Zimmer, klassisch oder modern möbliert, jeweils mit zeitgemäßer Technik ausgestattet. Wellnesslandschaft mit Pool und Saunen; Gourmetrestaurant First Floor. €€–€€€€

Kempinski Hotel Bristol Berlin
Kurfürstendamm 27, Charlottenburg
U1: Uhlandstraße
✆ (030) 88 43 40, www.kempinskiberlin.de
1952 eröffnete das Hotel genau an der Stelle des früheren Weinhauses und Restaurants Kempinski. Die jüdische Familie Kempinski musste emigrieren, das Haus wurde

im Krieg zerstört. Das neue »Kempi« wurde schnell zur ersten Adresse in West-Berlin für die Stars von Film, Show und Sport, Adel und Politik. Jüngst wurde es aufwendig modernisiert. Ein Highlight ist der Bristol Spa mit mediterraner Badelandschaft. Das Terrassencafé Reinhard's am Kudamm ist ein idealer Logenplatz zum Sehen und Gesehen werden. €€–€€€€

Ameron Hotel ABION Spreebogen
Alt-Moabit 99, Moabit
U9: Turmstraße
✆ (030) 39 92 00, www.abion-hotel.de
Modernes Hotel direkt am Spreeufer; Bar mit herrlicher Terrasse, Restaurant in der historischen Meierei. Nebenan in einem historischen Backsteinbau bietet die exklusive Stadtresidenz **Abion Villa** luxuriöse Suiten in verschiedenen Kategorien und Größen. €€–€€€

Ellington Hotel Berlin
Nürnberger Str. 50–55, Schöneberg
U3: Augsburger Straße
✆ (030) 68 31 50, www.ellington-hotel.com
The Duke heißt das Restaurant und damit ist klar, wer der Namensgeber des Hotels ist. Jazzlegende Duke Ellington spielte einst an dieser Stelle im Kellerlokal Badewanne. Das Haus mit seiner 185 m langen Fassade konserviert prächtige Details der Erbauungszeit (1928–32). Zuletzt arbeitete hier die Oberfinanzdirektion. Die Stahltüren im Tresorraum im Keller sichern heute edle Weine. Die einstigen Büroräume wurden in 285 moderne Zimmer mit allem Komfort verwandelt. Einladend ist der hübsche Innenhof mit Bar. Sonntags gibt es Jazz live zum Brunch. €€–€€€

Estrel Berlin
Sonnenallee 225, Neukölln
S41/42: Sonnenallee
✆ (030) 68 31-0
Reservierung: ✆ (030) 683 12 25 22
www.estrel.com
Deutschlands größtes Hotel hat 1125 Zimmer und Suiten, fünf Restaurants, drei Bars, einen Sommergarten mit eigenem Bootsanleger und einen großen Wellness- und Fitness-Bereich. Im angrenzenden Estrel Festival Center gibt es Shows im Las Vegas-Stil. Die Zimmer in verschiedenen Kategorien sind großzügig und modern eingerichtet. €€–€€€

Hotel Villa Kastania
Kastanienallee 20/Bayernallee 1
Charlottenburg
U2: Theodor-Heuss-Platz
✆ (030) 300 00 20
www.villakastania.com
Privathotel mit 45 geschmackvoll und
wohnlich eingerichteten Zimmern und
Suiten in einer ruhigen Wohngegend nahe
der Messe Berlin. Hallenbad mit Sonnenter-
rasse, Regenwald-Aromadusche, Saunen,
Ruheraum und Beauty-Anwendungen.
Gemütliches Restaurant mit schöner Gar-
tenterrasse. €€–€€€

Mövenpick Hotel Berlin
Schöneberger Str. 3, Kreuzberg
S1/2/25: Anhalter Bahnhof
✆ (030) 23 00 60
www.moevenpick-berlin.com
Im ehemaligen Siemens-Verwaltungsge-
bäude wurde der imposante Chefetagen-
Eindruck mit schweren Türen, hohen
Decken und Eichenholzmobiliar bewahrt,
aufgefrischt durch moderne Akzente wie
frei stehende Badewannen. Rund 300
Zimmer um ruhige, begrünte Innenhöfe,
individuell gestaltet. Mittendrin liegt das
ausgezeichnete Restaurant Hof Zwei, dessen Glasdach sich öffnen lässt. Die Anhalter
Bar in Haus ist nicht nur bei Hotelgästen
beliebt. €€–€€€

**Wyndham Grand Berlin Potsdamer
Platz Hotel**
Hallesche Str. 10–14, Kreuzberg
S1/2/25: Anhalter Bahnhof
✆ (0800) 101 08 80
www.wyndhamhotelgroup.de
Gegenüber Tempodrom und Liquidrom
liegt das großzügig elegante Hotel im ehemaligen Postpalais, in dem rund 60 Jahre
lang West-Berlins Briefpost verteilt wurde.
Denkmalgeschützte Architekturelemente
harmonieren mit japanisch inspiriertem
Design. Restaurant mit offener Showküche
und stilvolle Bar. €€–€€€

Almodóvar Biohotel
Boxhagener Str. 83, Friedrichshain
U5: Samariterstr.
✆ (030) 69 20 97 08-0
www.almodovarhotel.de
Alles Bio in diesem Lifestyle-Hotel: Design-
möbel aus Plantagenholz, Naturkosmetik
und Yogamatte im Zimmer, alle Speisen –

vegan und vegetarisch – aus kontrolliert
biologischem Anbau. Wellness-Oase auf
dem Dach. €€

Hotel Augusta
Fasanenstr. 22, Charlottenburg
U1: Uhlandstraße
✆ (030) 883 50 28, www.hotel-augusta.de
Großbürgerliches Wohnhaus am Kurfürstendamm, die Zimmer sind individuell und
haben nostalgischen Charme. €€

Hotel Klassik Berlin
Revaler Str. 6, Friedrichshain
U-/S-Bahn: Warschauer Straße
✆ (030) 319 88 60
www.hotelklassik-berlin.de
Mitten im Szenekiez Revaler-/Simon-Dach-
Straße, auch ideal für Besucher der O_2-
World. »Klassisch«-solides Hotel mit allem
notwendigen Komfort (inkl. Frühstück,
WLAN), Restaurant und Bar. €€

Sarotti-Höfe
Mehringdamm 53–57, Kreuzberg
U6: Mehringdamm
✆ (030) 60 03 16 80
www.sarotti-hoefe.de
Zwischen 1883 und 1921 ließ der Dampf-
schokoladenfabrikant Hugo Hoffmann hier
die berühmte Schokolade mit dem Mohren
herstellen. Der Charme des Hotels liegt in
der Mischung von historischer Bausubstanz
mit modernem Design und Möbeln im
Kolonialstil. Zum Wohlfühlen bietet die
Wellness-Schmiede Massagen im Haus an –
natürlich auch eine mit Schokolade. €€

Scandic Berlin Potsdamer Platz
Gabriele-Tergit-Promenade 19
Tiergarten
U2: Mendelssohn-Bartholdy-Platz
✆ (030) 700 77 90
www.scandichotels.com
Skandinavien am Potsdamer Platz: Helle,
freundliche Zimmer in den Farben der
vier Jahreszeiten. Das Hotel wurde für
sein Nachhaltigkeitskonzept und für Bar-
rierefreiheit mit diversen Preisen ausgezeichnet. €€

Der Hüttenpalast in einer ehemaligen Fabrikhalle ist eine der originellsten Unterkünfte in Berlin

Originelle Herbergen

Arte Luise Kunsthotel
Luisenstr. 19, Mitte
U-/S-Bahn: Brandenburger Tor
℡ (030) 28 44 80, www.luise-berlin.com
Wohnen im Kunstwerk: Alle 50 Zimmer wurden jeweils von einem Künstler nach eigenem Konzept gestaltet. Die »Berliner Gesellschaft « ist dabei ebenso vertreten, wie »Glamour«, »Cabaret« oder der »Mauerspringer«. In der Belétage des Altbaus finden sich Einzel- und Doppelzimmer mit Bad. In der Mansarde gibt es preiswerte Zimmer (Etagendusche) für klamme Künstler. »Der arme Poet«, eine witzige Hommage an Spitzweg, verfügt immerhin sogar über ein Bad. €–€€€

Hotel Friedenau – Das Literaturhotel
Fregestr. 68, Friedenau
S1: Friedenau
℡ (030) 859 09 60
www.literaturhotel-berlin.de
Mit Herta Müller und Günter Grass hat der Stadtteil Friedenau gleich zwei Literaturnobelpreisträger hervorgebracht. Uwe Johnson wohnte oft in dem damaligen Hotel Hospiz Friedenau. Heute führt Christa Moog, selbst Schriftstellerin, das charmante kleine Haus. Im »Uwe Johnson-Salon«, mit Biedermeiermöbeln und Kronleuchtern, wird das Frühstücksbuffet aufgebaut, hier finden regelmäßig Lesungen und Gespräche statt. Die Bücher in den Regalen kann man ausleihen, z. B. für eine Mußestunde im schönen Garten. €€

Hüttenpalast
Hobrechtstr. 66, Neukölln
U7/8: Hermannplatz
℡ (030) 37 30 58 06
www.huettenpalast.de
Kreativspielplatz nennen die beiden Besitzerinnen die ehemalige Fabrikhalle, in der sie mit ausrangierten Wohnwagen, liebevoll aufbereitet, und selbst gezimmerten Holzhütten originelle Schlafstätten geschaffen haben. Wie auf dem Campingplatz gibt es Gemeinschaftsbäder. Wem die kuschligen Nester zu beengt sind, kann auch ein Zimmer mit eigenem Bad mieten. Mit idyllisch-verwildertem Hinterhofgarten und Café. €–€€

Propeller Island City Lodge
Albrecht Achilles Str. 58
Wilmersdorf
U7: Adenauerplatz
℡ (030) 891 90 16
www.propeller-island.de
Schlafen im Kunstwerk: Nichts für Herrn und Frau Normaltourist, die nach dem Stadtbummel eine erholsame Nacht brauchen. Aber genau richtig für Menschen, die das »abgefahrene« Berlin suchen. In diesem Hotel ist nichts normal. Da sind die Wände und der Boden schief, versteckt sich das Bad in Omas Kleiderschrank oder hängen die Möbel an der Decke und stiften Spiegel Verwirrung. In einem Zimmer kann man sogar in Särgen schlummern! Die 27 fantasievollen Räume von originell bis schrill hat der Berliner Musiker und Künstler Lars Stroschen gestaltet. €–€€

Alt-Berliner Pensionen

Abendstern
Stuttgarter Platz 8, Charlottenburg
S5/7/75: Charlottenburg
☎ (030) 31 01 34 92
www.hotel-abendstern.de
Alt-Berliner Haus mit gutem Komfort unweit der Messe und des Kurfürstendamms.
€–€€

Hotel-Pension Funk
Fasanenstr. 69, Charlottenburg
U1: Uhlandstraße
☎ (030) 882 71 93
www.hotel-pensionfunk.de
14 individuelle Zimmer und ein Frühstückssalon in der Beletage eines Gründerzeitbaus, ausgestattet mit original Interieur des Jugendstils oder der Belle Époque. Hier wohnte in den Goldenen 1920er Jahren und bis 1937 die Stummfilmdiva Asta Nielsen, bevor sie zurück in die dänische Heimat flüchtete. Zimmer z.T. mit Bad. €–€€

Pension Kreuzberg
Großbeerenstr. 64, Kreuzberg
U6/7: Mehringdamm
☎ (030) 251 13 62
www.pension-kreuzberg.de
Farbenfrohe, einfache Pension in einem Kreuzberger Gründerzeithaus. €

Hostels

Baxpax Downtown Hostel
Ziegelstr. 28, Mitte
S1/2/25: Oranienburger Straße
☎ (030) 27 87 48 80, www.baxpax.de
Das Nötigste genügt: Betten, Bettwäsche und kleine Ablagen in fröhlich-kreativ ausgemalten Zimmern. Hinzu kommen Gemeinschaftsräume, eine Bar auf dem Dach, viel internationales Publikum und um zwei Ecken die lebhafte Oranienburger Straße. Bett im Schlafsaal ab € 19, DZ mit Bad ab € 45. €

EastSeven Berlin Hostel
Schwedter Str. 7, Prenzlauer Berg
U2: Senefelderplatz
☎ (030) 93 62 22 40, www.eastseven.de
Die jungen Gäste aus aller Welt sind begeistert von der familiären Atmosphäre, den günstigen Preisen und dem tollen Service in dem mehrfach ausgezeichneten Hostel.

Einzel-, Doppel- Mehrbettzimmer, Lounge und Garten mit Grill, in dem sich die Gäste gerne treffen. Mitten im Szenekiez. €

Generator Berlin Mitte
Oranienburger Str. 65, Mitte
U6, S1/2/25: Oranienburger Straße
☎ (030) 921 03 76 80
www.generatorhostels.com
Mitten in Mitte, Schlafsäle mit sechs und acht Betten, auch Doppelzimmer.

Generator Berlin Prenzlauer Berg
Storkower Str. 160
☎ (030) 417 24 00
Das 890-Betten-Haus hat Zimmer für zwei und Schlafsäle mit bis zu 14 Betten. »Female Dorms« haben Schminktische im Zimmer. Fröhlich buntes Design in allen Räumen. Betten im Schlafsaal ab € 10, im Doppelzimmer ab € 18,95. €

The Circus Hostel
Weinbergsweg 1 A, Mitte
The Circus Hotel
Rosenthaler Str. 1, Mitte
beide U8, Tram M1/8: Rosenthaler Platz
☎ (030) 20 00 39 39, www.circus-berlin.de
Hotel und Hostel liegen einander gegenüber, nur Schritte entfernt von den Ausgehvierteln Mitte und Prenzlauer Berg. Bett im Schlafsaal ab € 19 (€). Das Hotel hat individuell designte Zimmer verschiedener Kategorien und Größe. Es gibt auch Apartments in der Nähe. €–€€€

Schicke Aussicht vom Bett im Circus Hotel

Essen und Trinken

Von Currywurst bis Sterneküche

Von alpenländischer bis zu morgenländischer Küche, von asiatischen Currygerichten bis zu spanischen Tapas, von italienischer Pasta bis hin zu koscherer Küche – in Berlin ist einfach jede Küche vertreten. Kein Wunder, ist doch die hiesige Geschichte geprägt durch Ein- und Zuwanderer. Wie sehr diese das Gesicht und die Atmosphäre der Stadt beeinflussen, zeigt sich nirgends deutlicher als in der Gastronomie. Überdies sind auch regionale Spezialitäten wieder sehr gefragt.

Die urberliner Küche gibt sich als rustikale, bodenständige Küche wie zum Beispiel in Form von Eisbein mit Sauerkraut oder gebratener Leber mit Apfel- und Zwiebelringen. Darüber hinaus hat Berlin zahlreiche Bürgersteig-Delikatessen im Angebot. An fast jeder Straßenecke gibt es mindestens eine Pizzeria, gefolgt von

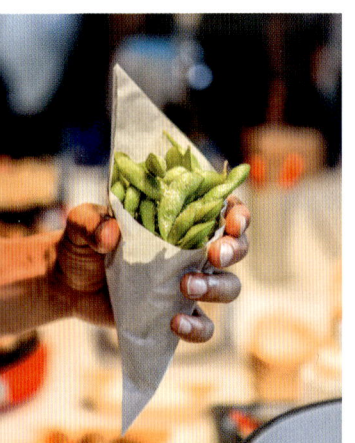

indischen, vietnamesischen oder türkischen Schnellrestaurants, die ebenso wie die Crêperien, Suppenküchen und Döner-Imbisse preiswert sind und oft bis spät in die Nacht geöffnet haben.

In der **Goltzstraße** etwa, auf Höhe des Winterfeldplatzes in Schöneberg, kann man sich durch alle Landesküchen dieser Welt essen. Aber auch rund um den Savignyplatz in Charlottenburg gibt es viele verschiedene Restaurants. Nicht zu vergessen die Lokale in den einzelnen Kiezen, die meist zu einem geringen Budget auftischen, wonach einem gerade der Sinn steht. Donnerstags sollte man unbedingt in der **Markthalle Neun** in Kreuzberg vorbeischauen, dort findet zwischen 17 und 22 Uhr Berlins **Street Food Market** statt. An rund 20 Ständen gibt es verschiedenste Spezialitäten von Allgäuer Käsespätzle über in Bananenblättern serviertem Hähnchencurry bis hin zu koreanischem Kimchi.

Ganz weit oben auf der Snackliste der Berliner steht die **Currywurst**. Bei der Brühwurst mit oder ohne Darm, die mit einer Tomatensauce und Currypulver serviert wird, handelt es sich um eine echte Berliner Spezialität. Ein traditionsreicher Imbiss ist **Bier's Kudamm 195**. Bereits seit 1965 geht hier die beliebte Wurst samt Pommes über die Theke des Familienbetriebs, und die Unterschriften an der Wand verraten, dass schon so mancher Prominente hier des Nachts seinen Hunger stillte. Vielleicht schenkt Familie Bier daher gerne auch Champagner zur Schlemmerplatte aus. Das Ost-Berliner-Pendant ist **Konnopke's Imbiss** unter der U-Bahntrasse in Prenzlauer Berg. Keine 50 Meter südlich der Station Eberswalder Straße verkauften die Konnopkes bereits 1960 die erste Currywurst des Berliner Ostens. Als dritter im Bunde hat die Imbisskette **Curry 36** mittlerweile ebenfalls Kultstatus erreicht. Der Name geht auf die erste Filiale am Mehringdamm 36 zurück. Und gleich nebenan stehen täglich zig Menschen Schlange und warten vor **Mustafa's Gemüse-Kebap** auf die heißbegehrte Fladenbrottasche, die mit Fleisch, Gemüse, Salat und leckeren Saucen gefüllt ist.

Wer es weniger eilig hat, nimmt Platz in einem hübschen **Straßencafé** in einem der Kieze und genießt bei selbstgebackenem Kuchen und Kaffeespezialitäten das bunte Treiben der Menschen. Sobald die ersten warmen Sonnenstrahlen den Frühling ankündigen, stellt so gut wie jede Lokalität Tische und Stühle vor die Tür und oft sitzt man hier mit bereit gelegten Decken bis weit in den Oktober gemütlich draußen.

Unbedingt einen Besuch wert ist die Markthalle Neun im Herzen Kreuzbergs am Donnerstag zum Street Food Thursday mit vielen Spezialitäten

Manch ein Gastronom erhöht den Erlebnisfaktor durch ungewöhnliche Locations oder ausgefallene Ideen. Auch hier ist die Auswahl und Kreativität schier unbegrenzt: **Dinner-Krimi**, **Dunkelrestaurant**, Speisen in luftiger Höhe mit Blick über die ganze Stadt, auf dem Wasser oder an der Tafelrunde wie zu König Arthurs Zeiten. Die Gastronomieszene Berlins lässt kaum Wünsche offen und ist – wie die ganze Stadt – ständig in Bewegung. So gibt es auch kulinarisch immer Neues zu entdecken: Schließt ein Lokal, eröffnet gewiss gleich ein Neues mit einem ausgefallenen Programm. In Berlin ist im wahrsten Sinne des Wortes für jeden Geschmack etwas dabei.

Die folgenden Preiskategorien beziehen sich auf ein Hauptgericht mit einem nicht-alkoholischen Getränk:

€   – bis 10 Euro
€€   – 10 bis 20 Euro
€€€   – 20 bis 35 Euro
€€€€   – mehr als 35 Euro

Charlottenburg – Wilmersdorf

Bieberbau
Durlacher Str. 15, Wilmersdorf
U-/S-Bahn: Bundesplatz
℃ (030) 853 23 90, www.bieberbau.de
Di–Sa 18–24 Uhr
Chefkoch Stephan Garkisch und sein Team kochen in der alten Jugendstilvilla in Wilmersdorf Drei- bis Fünf-Gängemenüs, die teilweise experimentell anmuten, jedoch immer exzellent zubereitet sind. €€€€

First Floor
Budapester Str. 45, Charlottenburg
Bus 200: Budapester Straße
℃ (030) 25 02 10 20, www.firstfloor.palace.de
Di–Sa 18.30–23 Uhr
Mit seiner modernen, europäischen Küche erkochte sich Matthias Dieter im Hotel Palace Berlin einen Stern. Beeindruckend große Weinkarte. €€€€

Les Solistes
Hardenbergstr. 28, Charlottenburg
U-/S-Bahn: Zoologischer Garten
℃ (030) 81 40 00 24 21
www.lessolistes.de, tägl. 6–24 Uhr
Das Hauptrestaurant des Waldorf Astoria wurde von dem Drei-Sterne-Koch Pierre Gagnaire persönlich konzipiert. Zum Gelingen der modernen Avantgardeküche hat er im Solistes seinem langjährigen Kollegen Roel Lintermanns das Zepter des Küchenchefs übergeben. €€€€

Fräulein Fiona
Fritschestr. 48, Charlottenburg
U2: Sophie-Charlotte-Platz,
Bus M49: Kaiser-Friedrich-/Kantstraße
℃ (030) 95 60 22 72
Mo–Do 18–23, Fr/Sa 18.30–23.30 Uhr
Übersichtliche Speisekarte mit wechselndem Angebot feinst abgestimmter

Gerichte. Fiona und Tom beherrschen ihr Handwerk und servieren originelle deutsche Küche in schönem Ambiente. €€€

Goodtime Grill
Kurfürstendamm 90, Charlottenburg
Bus M19/M29: Lehniner Platz
✆ (030) 31 99 77 70, www.goodtime-grill.de
Tägl. 12–24 Uhr
Herzstück des gehobenen asiatischen Restaurants ist der traditionelle, japanische Robata-Grill. Er sorgt für das typische Raucharoma der Speisen, die nach fernöstlicher Esskultur, in der Mitte des Tisches platziert, gemeinsam genossen werden können. €€€

La Mano Verde
Uhlandstr. 181, Charlottenburg
U1, Bus M19/M29/109: Uhlandstraße
✆ (030) 82 70 31 20
www.lamanoverdeberlin.com
Tägl. außer So 12–15.30 und 18–23 Uhr
Das vegane Gourmetrestaurant gehört an die Spitze der Lokale der Stadt. Auch die Smoothies und alkoholfreien Cocktails sind zu empfehlen. €€–€€€

Marjellchen
Mommsenstr. 9, Charlottenburg
Bus M19/M29/109: Bleibtreustraße
www.marjellchen-berlin.de
Tägl. ab 17 Uhr
Ramona Azzaro kocht nach Rezepten ihrer Großmutter pommersche und ostpreußische Spezialitäten. Lokal und Wirtin sind ein Unikat. €€

Zillemarkt
Bleibtreustr. 48 A, Charlottenburg
S5/7/75: Savignyplatz
✆ (030) 881 70 40, www.zillemarkt.de
Mo–Fr 12–24, Sa/So/Fei 10–24 Uhr
Wer typisch Berlinerisch essen möchte, ist im urigen Zillemarkt genau richtig. Zu der deftigen Hausmannskost bestellt man

Gourmetrestaurants

Berlin isst immer besser! In den letzten Jahren haben sich vermehrt Berlins Küchenchefs der Topgastronomie der traditionsreichen Landesküche angenommen. Vom Trend zu regionalen Produkten eingenommen besinnen sie sich seitdem auf das, was vor den Toren der Hauptstadt zu finden ist. So kommen Gemüse wie etwa Schwarzwurzeln und Teltower Rübchen auf die Teller oder auch das Havelländer Apfelschwein, Fisch aus der Müritz und Wild aus der Schorfheide. Auch vegetarische Gerichte sind darunter. Die Sterneköche stöbern in alten Kochbüchern, sind im Austausch mit Lieferanten aus dem Umland und interpretieren so die deutsche Küche neu. Die Revolution in den Kochtöpfen hat so manchem experimentierfreudigen Küchenchef der jungen Generation einen Stern eingebracht und beförderte Berlin in den vergangenen Jahren zur deutschen Gourmethauptstadt. Insgesamt leuchten derzeit 19 Sterne in insgesamt 14 Restaurants am Berliner Küchenhimmel, davon fünf mit zwei Sternen und neun mit jeweils einem Stern. Dass ausgezeichnete Gaumenfreuden in Berlin auch bezahlbar sein können, zeigt jüngst das Restaurant La Soupe Populaire von Sternekoch Tim Raue. Es wurde Ende 2013 mit dem »Bib Gourmand« als preiswertes Haus geehrt. Raue beweist im Atelierhaus der alten Bötzow-Brauerei in Prenzlauer Berg außerdem, dass einfache Gerichte aus Großmutters Küche durchaus das Zeug für die *haute cuisine* haben: Feldsalat mit Topinambur, Königsberger Klopse mit Kartoffelpüree und Roter Bete und als Dessert Quarkkeulchen mit Orange und Rumrosinen oder schlichter Bienenstich.

Auf demselben hohen Niveau kocht Christian Lohse im Fischers Fritz. Sein Erfolgsrezept sind maritime Spezialitäten. Als Vorspeise beispielsweise Carpaccio vom Heilbutt an Fenchelsalat, grünen Oliven und Burrata, gefolgt von Rochenflügel mit Zitronen-Kapernbutter und karamellisierter Petersilienwurzel. Tipp: Wer in den Genuss der Berliner Sterneküche kommen möchte, kann bei der Mittagskarte oft den Geldbeutel schonen. Die Vorspeisen, Zwischengerichte und Desserts liegen beim Lunch im Sternerestaurant Vau bei 15 Euro, jeder Hauptgang ist für 18 Euro zu haben.

am besten das hauseigene Bier. Im Sommer lädt der lauschige Innenhof ein. €€

Ali Baba
Bleibtreustr. 45, Charlottenburg
S5/7/75: Savignyplatz
☏ (030) 881 13 50, www.alibaba-berlin.de
So–Do 11–2, Fr/Sa 11–3 Uhr
Seit gefühlt 100 Jahren beglückt der rustikale Laden Pasta- und Pizzaliebhaber bis spät in die Nacht. €

Bier's Kudamm 195
Kurfürstendamm 195, Charlottenburg
Bus M19/M29/109/110: Bleibtreustraße
☏ (030) 881 89 42
Mo–Do 11–5, Fr/Sa bis 6, So 12–5 Uhr
Der Imbiss mit dem hohen Promi-Faktor ist Kult. Hier kann man sogar Champagner zur Currywurst bekommen. Das Angebot nutzen seit Jahren Anwohner, Angestellte der Umgebung und Nachtschwärmer. €

Friedrichshain

Schwarzer Hahn
Seumestr. 23, Friedrichshain
Tram M13: Wühlisch-/Gärtnerstraße
☏ (030) 21 97 03 71
www.schwarzerhahn-heimatkueche.de
Tägl. außer So 17.30–23 Uhr
Nach Heimat soll es schmecken, sagen die beiden Köche des Hauses. Dabei wird Wert auf Herkunft und Qualität der Produkte gelegt. Unter den Klassikern tummeln sich Brathendl und Schnitzel, die Menüs wechseln. €€€

Datscha
Gabriel-Max-Str. 1, Friedrichshain
Tram M13: Simplonstraße
☏ (030) 70 08 67 35, www.cafe-datscha.de
Tägl. 9–1 Uhr
Freunde russischer Spezialitäten, wie z.B. Pelmeni, sollten einen Besuch des auf Retro getrimmten Cafés nicht missen. Auch das Frühstücksangebot ist reichhaltig. €€

Aunt Benny
Oderstr. 7 (Eingang Jessnerstr.)
Friedrichshain
U-/S-Bahn: Frankfurter Allee
☏ (030) 66 40 53 00, www.auntbenny.com
Di–Fr 9–19, Sa/So 10–19 Uhr
An großen Holztischen gibt es alles, was das Kuchenherz begehrt – von Apfel-

crumble bis Scones mit Lemoncurd und dazu leckere Kaffeespezialitäten. Empfehlenswert ist außerdem das Frühstücksangebot. €

Fischschuppen
Boxhagenerstr. 68, Friedrichshain
S-Bahn: Ostkreuz
☏ (030) 22 43 50 39
Mo–Sa 10–22.30, So 12–21.30 Uhr
In der liebevoll eingerichteten kleinen Kajüte brät der Smutje frische Meerestiere. Und wer nicht genug bekommen kann, der kauft in dem angeschlossenen Fischgeschäft noch frischen Fisch für zuhause. €

Nil
Grünberger Str. 52, Friedrichshain
Tram M10, U5: Frankfurter Tor
☏ (030) 29 04 77 13, www.nil-imbiss.de
Tägl. 11–24 Uhr
In Berlins erstem sudanesischen Imbiss gibt es vorwiegend vegetarische Küche und Fisch. Sagenhaft ist das Thunfischsteak und nirgends schmeckt die Erdnusssauce wie bei El Walid El Sayed. €

Kreuzberg

Markthalle Neun
Eisenbahnstr. 42/43, Kreuzberg
U1: Görlitzer Bahnhof
☏ (030) 577 09 46 61
www.markthalleneun.de
Wochenmarkt Fr/Sa 10–18, Kantine tägl. außer So 12–16, Streetfood Thursday Do 17–22, Café 9 tägl. außer So 7.30–17.30 Uhr
Am Donnerstagabend locken verführerische Düfte in die Markthalle: Allgäuer Käsespätzle, britische Pies, thailändische Tapioka Dumplings, mexikanische Tacos und peruanische Ceviche – Streetfood vom Feinsten. Tipp: das **Café 9** mit dem besten Kaffee weit und breit. €–€€

Bäckerei Melek Pastanesi
Oranienstr. 28, Kreuzberg
U1/8: Kottbusser Tor, U1: Görlitzer Bahnhof
☏ (030) 614 51 86
Tägl. 0–24 Uhr

Wann immer man durch die Oranienstraße kommt, aus der Tür der kleinen türkischen Bäckerei strömt stets der Duft von Frisch-gebackenem. Das Angebot an Kuchen, Gebäck und Baklava ist gigantisch und der Kaffee verdient hier den Namen Schwarzes Gold. Alles ist sehr günstig – also wieder-kommen und durchprobieren. €

Chapter One

Mittenwalder Str. 30, Kreuzberg
U7: Gneisenaustraße
℡ (030) 25 92 27 99
www.chapter-one-coffee.com
Di–Sa 9–18, So 11–18 Uhr
In dem minimalistisch eingerichteten, kleinen Café gehen überaus freundliche Menschen ihrer Leidenschaft nach: Slow Coffee (vgl. S. 16). Allein der Anblick wie der Kaffee im auf dem Tresen stehenden Syphon aufsteigt ist einen Besuch wert.

Curry 36

Mehringdamm 36, Kreuzberg
Bus 140, M19, U6/7: Mehringdamm
℡ (030) 251 73 68, www.curry36.de
Tägl. 9–5 Uhr
Die legendäre Imbissbude gehört zu den Klassikern der Stadt. Tag und Nacht kann man hier Currywurst mit und ohne Darm erstehen. Darüber hinaus außerdem auch allerlei andere Würstchensorten, Pommes rot-weiß sowie original Berliner Buletten. €

Green Rice

Adalbertstr. 11, Kreuzberg
U1/8: Kottbusser Tor
℡ (030) 61 50 73 67
Tägl. 12–24 Uhr
Jedes Gericht der kleinen Speisekarte des winzigen Vietnamesen ist ausgezeichnet. Alles wird stets frisch und schnell zuberei-tet. Warten muss man höchstens auf einen freien Platz auf einer der Bänke. €

Henne

Leuschnerdamm 25, Kreuzberg
Bus 140: Waldemar-/Adalbertstraße
℡ (030) 614 77 30, www.henne-berlin.de
Di–Sa 18–23, So 17–22 Uhr

Das urige Altberliner Restaurant mit schö-nem Biergarten ist Kult. Die Karte ist im Wesentlichen auf die nach Geheimrezept gewürzten Jungmasthähnchen mit Berliner Kartoffel- oder Krautsalat reduziert. Größe-re Auswahl besteht bei den Fassbieren. €

Mustafa's Gemüse-Kebap

Mehringdamm 32, Kreuzberg
U6/7: Mehringdamm
http://mustafas.de
Tägl. 10–2 Uhr
In Berlin soll es mehr Dönerbuden geben als in Istanbul. Dennoch ist zu Stoßzeiten auf dem Gehweg vor der Bude von Tarik Kara kein Durchkommen mehr. Wer in den Genuss von der mit gebratenem Hühner-fleisch, Gemüse, Soße und frischem Feta befüllten Fladenbrottasche kommen will, muss mitunter eine 60-minütige Wartezeit in Kauf nehmen. Witzige Webseiten! €

Spätzle Express

Wienerstr. 11, Kreuzberg
U1: Görlitzer Bahnhof
℡ (030) 69 53 44 63
www.spaetzleexpress.de
Tägl. 12–22 Uhr
Spätzle aller Art, Maultaschen und Kar-toffelgerichte sind je in Portionsgröße S, M oder L orderbar. Dazu Fassbier, Wein und eine Dessertauswahl. Nicht nur für Schwa-ben mit Heimweh ein Genuss. €

Mitte

Fischers Fritz

Charlottenstraße 49, Mitte
U6: Französische Straße
℡ (030) 20 33 63 63
www.fischersfritzberlin.com
Tägl. 12–14, 18.30–22.30 Uhr
Im Restaurant des Hotel Regent werden in gediegener Atmosphäre Fisch und Meeres-früchte serviert. Besonderes Highlight ist der zu buchende »Kitchen Table«, ein Tisch direkt in der Küche. Hier kann man dem Küchenteam über die Schulter schauen, sich sein persönliches Menü zusammenstellen lassen und vielleicht noch den ein oder an-deren Tipp mit nach Hause nehmen. €€€€

Vau

Jägerstr. 54/55, Mitte
U2: Hausvogteiplatz, U6: Französische Straße

☏ (030) 202 97 30, www.vau-berlin.de
Tägl. außer So 12–14.30 und 19–22.30 Uhr
Promikoch Kolja Kleeberg lädt im Herzen
Berlins mit seiner persönlich akzentuier-
ten, klassischen französischen Küche zum
Genießen und Erleben ein. Und wem das
Budget für die abendliche Stﾟerneküche
fehlt, der sollte zum Lunch vorbeikommen
– die Mittagsmenüs sind deutlich günstiger.
€€€€

The Grand
Hirtenstr. 4, Mitte
Tram M4/5/6/8: Moll-/Otto-Braun-Straße
☏ (030) 27 89 09 95 55
www.the-grand-berlin.com
Bar/Restaurant tägl. ab 11.30, Club Do–Sa
ab 23 Uhr
Kombination aus Club, Bar und Restaurant
in einem denkmalgeschützten Schulge-
bäude. Vor allem die Berliner Schickeria,
Szenegänger und Promis zieht es in die
noble Location. €€€

Pauly Saal & Bar
Auguststr. 11–13, Mitte
S1/2/25: Oranienburger Straße
☏ (030) 33 00 60 70, www.paulysaal.com
Tägl. außer So 12–15 und 18–3 Uhr
Die Jüdischen Mädchenschule gehört mit
ihrem Innenhof zu den schönsten Locations
Berlins. Ende 2013 bekam das in der alten
Turnhalle gelegene Restaurant, das ganz
im Stil der 1920er Jahre gehalten ist, einen
Michelin-Stern. Michael Höpfl kredenzt
klassische Küche gepaart mit hochwertigen
regionalen wie saisonalen Produkten. €€€

Sra Bua
Behrenstr. 72, Mitte
U-/S-Bahn: Brandenburger Tor
☏ (030) 22 61 19 59
www.srabua-adlon.de
Tägl. außer So/Mo 18–23 Uhr
Inspiriert von seinen Asienreisen richtet
Tim Raue u.a. feine Currys an, verzichtet
jedoch auf Kohlenhydrate wie Reis, Nudeln
oder Brot. €€–€€€

Chicago Williams BBQ
Hannoversche Str. 2, Mitte
U6: Oranienburger Tor
☏ (030) 28 04 24 22
www.chicagowilliamsbbq.de
Tägl. 17–24 Uhr
Etwas abseits der Touristenmeilen liegt

diese neue amerikanische Lokalität. Im
Hinterhof werden Pastrami, Beef und
Rippchen geräuchert. Bestellt wird an der
Theke. Zum gegrillten Fleisch unbedingt
das Bier des Hauses kosten. €€

Chén Ché
Rosenthaler Str. 13, Mitte
U8, Tram M1/8: Rosenthaler Platz
☏ (030) 28 88 42 82, www.chenche-berlin.de
Tägl. 12–24 Uhr
Im zweiten Hinterhof gelegen ist das
Teehaus eine wahre Oase der Ruhe. Neben
feinen Teesorten gibt es traditionelle
nordvietnamesische Küche, meist in kleinen
Tonkochtöpfen serviert. €€

Dudu
Torstr. 134, Mitte
U8, Tram M1/8: Rosenthaler Platz
☏ (030) 51 73 68 54, www.dudu-berlin.de
Mo 12–24 Uhr, Sa/So/Fei 14–24 Uhr, Reser-
vierung mind. 24 Std. zuvor erforderlich
Nicht erst seit Georg Clooneys Besuch einer
der angesagtesten Asia-Läden der Stadt. €€

Pizzeria papa pane di sorrento
Ackerstr. 23, Mitte
Tram M8: Pappelplatz
☏ (030) 28 09 27 01
www.papapane.de
Tägl. 12–24 Uhr
Dank der stets gleichbleibend guten Qualität hat Papa Pane ein großes Stammpublikum. Ein besonderer Genuss ist meist die
Pizza des Tages mit saisonal außergewöhn-
lichem Belag. Reservierung angebracht! €€

Zur letzten Instanz
Waisenstr. 14–16, Mitte
U2: Klosterstraße
☏ (030) 242 55 28
www.zurletzteninstanz.com
Tägl. außer So 12–1 Uhr
Das älteste Lokal Berlins weist neben der
unvergleichlichen Inneneinrichtung und
dem süßen Biergarten an der alten Stadt-
mauer über eine feine Speisekarte mit
z. B. pochierten Hechtklößchen und Spinat-
raviolis auf. €€

181

Dada Falafel
Linienstr. 13, Mitte
U6: Oranienburger Tor
℗ (030) 27 59 69 27, www.dadafalafel.de
Tägl. 9–2 Uhr
In der Dada-Galerie, in der auch Ausstellungen und Konzerte stattfinden, werden die besten Kichererbsenbällchen Berlins serviert. Nicht zu trocken, mit frischem Salat und Sauce gibt es Falafel und vieles andere als Tellergericht, nebenan auch zum Mitnehmen. €

Mogg & Melzer
Auguststr. 11–13, Mitte
S1/2/25: Oranienburger Straße
℗ (030) 330 06 07 70
www.moggandmelzer.com
Mo–Fr ab 8, Sa/So ab 10 Uhr
Wer das Deli in der ehemaligen jüdischen Mädchenschule besucht, sollte sich keinesfalls das Pastrami-Sandwich entgehen lassen und danach zum Kaffee den New York Cheesecake. €

Yumcha Heros
Weinbergsweg 8, Mitte
U8, Tram M1/8: Rosenthaler Platz
℗ (030) 76 21 30 35
www.yumchaheroes.com
Tägl. 12–24 Uhr
Die beste Adresse, wenn man auf handgemachte Dumplings steht. Besonders nett ist es auf der Terrasse vor dem Laden zu sitzen, so umgeht man auch den Umstand, den Geruch der offenen Küche in den eigenen Kleidern mit nach Hause zunehmen. €

The Barn
Auguststr. 58, Mitte
U8: Weinmeisterstraße
℗ (0151) 24 10 51 36
http://barn.bigcartel.com
Mo–Fr 8–18, Sa/So 10–18 Uhr
Slow Coffee-Mekka: Handgebrüht oder vom Barista mit Crema serviert, in diesem winzigen Laden ist der Kaffee ein Genuss. Dazu gibt´s Karottenkuchen oder frisch belegte Brote. €

Neukölln

Barini
Böhmische Str. 46, Neukölln
U7: Karl-Marx-Straße
℗ (030) 250 55 97 18, www.barini-nk.de
Mo–Fr ab 9, Sa ab 10, So 10–18 Uhr
Aus dem hübschen Café wird abends eine Bar. Gekocht wird mediterran, ein Crossover aus italienischen und türkischen Speisen. €€

Café Jacques
Maybachufer 8, Neukölln
U8: Schönleinstraße
℗ (030) 694 10 48
Tägl. ab 18 Uhr
Ein schöner Mix aus orientalischen und französisch-mediterranen Speisen, dazu Kerzenscheinambiente und stets freundliche Kellner. €€

Sala da mangiare
Mainzer Str. 23, Neukölln
U8: Boddinstraße
℗ (0173) 359 19 86,
www.saladamangiare.de
Tägl. außer So 18.30–22.30, Mittagstisch Di–Fr 12–14.30 Uhr
Im Wohnzimmerrestaurant von Mauro Pagila wird Hausmannskost aus dem nördlichen Mittelitalien serviert. Die handgemachte Pasta ist dabei unbestritten Königin der kleinen Speisekarte in Handzettelform. Keine Kreditkarten. €–€€

List
Weichselstr. 66, Neukölln
U-/S-Bahn: Neukölln
Kein Tel., www.daslist.de
Tägl. ab 12 Uhr
Urgemütlich! Inhaberin Julia serviert mit Liebe gemachte Brote, Kuchen und sorgfältig ausgewählte Weine. Einmal im Monat kann man sich für die Brotzeit anmelden und bei selbstgemachten Aufstrichen, Salaten und anderen Köstlichkeiten die anderen 15 Gäste kennenlernen. (Brotzeit: € 17, Anmeldung: julia@daslist.de) €

Pankow – Prenzlauer Berg

Dunkelrestaurant Nocti Vagus
Saarbrücker Str. 36–38, Prenzlauer Berg
Tram M2/4/5/6/8: Prenzlauer Allee/Mollstraße
www.noctivagus.com

Tim Raues neuester Hit heißt La Soupe Populaire und befindet sich in der Bötzow Brauerei

Tägl. 18–24, Reservierung tägl. 10–22 Uhr
Ein wahres Erlebnis für die Sinne ist ein Dinner in absoluter Dunkelheit! Das blinde Personal geleitet den Gast durch den Abend und serviert das Menü. Zur Auswahl steht eine Fleisch-, Fisch- und vegetarische Variante oder ein Überraschungs-Menü. Außerdem gibt es Themenabende wie Krimi-Dinner oder 1001 Nacht. €€€

La Soupe Populaire
Prenzlauer Allee 242, Prenzlauer Berg
Tram M2: Prenzlauer Allee/Metzer Straße
✆ (030) 44 31 96 80
http://lasoupepopulaire.de
Do–Sa 12–4 Uhr
Tim Raue verbindet in seinem Restaurant in der Bötzow Brauerei Kunst und Kulinarik: Passend zu jeder Ausstellung entwirft der Sternekoch seine Karte, bestehend aus vier Vorspeisen, vier Hauptgerichten und zwei Desserts. €€€

Das Wins
Winsstr. 53, Prenzlauer Berg
Tram M10: Winsstraße
✆ (030) 31 16 55 72, www.dasWins.de
Di–Sa 8–24, So 10–24 Uhr
Gehobene moderne, deutsche Küche mit stimmigem Preis-Leistungs-Verhältnis. €€–€€€

Frau Mittenmang
Rodenbergstr. 37, Prenzlauer Berg
U-/S-Bahn: Schönhauser Allee
✆ (030) 444 56 54,
www.fraumittenmang.de
Mo–Fr ab 17, Sa/So ab 10 Uhr
Moderne europäische Küche. Weinliebhaber sollten den Rueda probieren. €€

Lorbeer
Pappelallee 77, Prenzlauer Berg
Tram 12: Raumerstraße
✆ (030) 26 34 93 30
www.restaurant-lorbeer.de
Mo–Do, So 9–24, Fr/Sa bis 1 Uhr
Das Angebot der raffinierten deutschen Küche, die Sorten selbstgebackenen Brots und köstlicher Aufstriche wechseln wöchentlich. Auch vegetarisches und veganes Essen. €€

Bekarei
Dunckerstr. 23, Prenzlauer Berg
✆ (030) 34 62 22 30, www.bekarei.com
Tägl. 8–20 Uhr
Die Bäckerei gehört zu den Treffpunkten im Kiez. Die Besitzer haben Rezepte aus ihrer Heimat Portugal und Griechenland mitgebracht und backen außerdem täglich leckere Torten und Quiches. €

Burgerie
Schönhauser Allee 50, Prenzlauer Berg
U2, Tram 1/10/12: Eberswalder Straße
✆ (030) 83 21 24 41, www.burgerie.com
Tägl. 11–23, Fr/Sa bis 24 Uhr
Die Burger mit auf Lavastein gegrilltem Biobeef und dazu knusprigen Pommes, Wedges oder Kartoffelspalten in Bioqualität sind jeden Cent wert. €

Café CK
Marienburger Str. 49, Prenzlauer Berg
Tram M2: Marienburger Straße
✆ (030) 68 83 49 05, http://cafeck.tumblr.com
Mo–Fr 8–19, Sa/So 9–19 Uhr
Kaffeeliebhaber und -kenner kommen ins CK um sich vom Cup-Tasting-Meister persönlich bedienen zu lassen.

Konnopke's Imbiss

Schönhauser Allee 44 B, Prenzlauer Berg
U2, Tram 1/10/12: Eberswalder Straße
℄ (030) 442 77 65
http://konnopke-imbiss.de
Mo–Fr 9–20, Sa 11.30–20 Uhr
Die geheime Saucenkreation von Charlotte
Konnopke wurde einst aus der Not heraus
geboren – bedingt durch den Mauerbau
war lange kein Ketchup erhältlich. Heute
gibt es sie in vier Schärfegraden und Konnopkes Currywurst ist gefragt wie nie: Zu
Stoßzeiten bildet sich oft eine lange Schlange Wartender unter der U-Bahn-Trasse. €

Net Viet

Stargarder Str. 22, Prenzlauer Berg
U-/S-Bahn: Schönhauser Allee
www.netviet.de, tägl. 12–24 Uhr
Das vietnamesiche Restaurant bietet
neben den typischen Curry-, Nudel- und
Reisgerichten auch sehr leckeren Tee. Die
Bedienung ist ausgesprochen freundlich
und die Tischdeko wechselt jeden Tag. Bei
gutem Wetter kann man bequem an den
hübschen Holzgartenmöbeln vor der Tür
sitzen. Zum Nachtisch wird meist gratis eine
Art Milchreis gereicht. €

No fire no glory

Rykestr. 45, Prenzlauer Berg
Tram M2: Marienburger Straße
℄ (030) 28 83 92 33, www.nofirenoglory.de
Mo–Fr 9–20, Sa/So 10–22 Uhr
Hinter dem großen Tresen mit der wunder-
schönen antiken Kasse thront eine Faema
E61, der Mercedes unter den Espressoma-
schinen. Damit wissen die Baristi hervorragend umzugehen.

Pizza Zia Maria

Pappelallee 32 A, Prenzlauer Berg
Tram 12: Stargarder Straße
℄ (030) 691 28 41, www.zia-maria.de
Tägl. 12–24 Uhr
Die Pizzeria, die gleichzeitig eine Galerie
ist, schaut bei jedem Besuch anders aus.
Immer gleich gut sind die Pizzastücke, die
viertelweise geordnet werden, sodass man
beliebige Varianten probieren kann. €

Zaika

Wicherstr. 57, Prenzlauer Berg
S8/9/41/42/85, Tram M2: Prenzlauer Allee
℄ (030) 40 00 34 35
www.restaurant-zaika.de
Tägl. 12–24 Uhr
Direkt am Humanplatz kann man wunderbar in der Sonne sitzen und bei Zaika köstliche Daal, Bhaturas oder Tandori-Gerichte
essen. Es gibt immer einen Begrüßungs-
drink und knuspriges Naan vorab. €

Schöneberg

Café Bleibergs

Nürnberger Str. 45 A, Schöneberg
U3: Augsburger Straße
℄ (030) 21 91 36 24, www.bleibergs.de
Mo–Do 10–20, Sommer Fr 9–16,
Winter Fr 9–13, So/Fei 13–20 Uhr
In dem kleinen Café von Frau Bleiberg wird
nach allen Regeln des Kaschrut, den jüdi-
schen Speisevorschriften, gekocht. €€

Double Eye

Akazienstr. 22, Schöneberg
U7: Eisenacher Straße
℄ (0179) 456 69 60, http://doubleeye.de
Mo–Fr 9.30–18.30, Sa 10–15.30 Uhr
Ob Galão, White Flat oder Cappuccino –
für Kaffeespezialitäten wie es sie in dem
beliebten Café im Akazienkiez gibt, steht
man gerne an.

Osteria Ribaltone

Motzstr. 54, Schöneberg
U4: Viktoria-Luise-Platz
℄ (030) 214 36 55, www.ribaltone.de
Tägl. 17–24 Uhr
Unverwechselbarer Italiener, etwas versteckt am Viktoria-Luise-Platz. Wer sich
zwischen den vielen traditionellen Speisen
nicht entscheiden kann, der nehme am
besten die Tageskartenempfehlung. Und
am besten reservieren! €€

Trattoria a' Muntagnola

Fuggerstr. 27, Schöneberg
M19/M29, U1: Wittenbergplatz
℄ (030) 211 66 42, www.muntagnola.tv
Tägl. 17–24 Uhr
Das urige italienische Restaurant ist ein
Familienbetrieb, in dem man sich gemütlich
durch die Küche Süditaliens schlemmen
kann. Viele Zutaten werden aus der Hei-
matregion geliefert. €€

Berkis

Winterfeldtstr. 45, Schöneberg
U1–4, Bus M19: Nollendorfplatz
℡ (030) 77 90 04 02, www.berkis.de
Tägl. 11.30–24, So 13–24 Uhr
Der etwas andere Grieche: das Familien-
unternehmen hat sich der gesunden, Jahrhunderte alten kretischen Ernährungsweise
verschrieben, die viel Gemüse und Olivenöl
beinhaltet. Das Fleisch für Gyros, Souvlaki
und Co stammt von Biobauern aus der
Region. €

Tiergarten – Moabit

5 – cinco by Paco Pérez

Drakestr. 1, Tiergarten
Bus 100/200: Nordische Botschaften
℡ (030) 311 72 20, www.5-cinco.com
Mi–So 19–22.30 Uhr
Im eleganten Design-Hotel Stue führt der
vierfache Sternekoch Paco Pérez das Zepter.
Die Speisekarte basiert auf den reichhal-
tigen und herausragenden Zutaten der
iberischen Halbinsel. €€€€

Paris Moskau

Alt Moabit 141, Moabit
U-/S-Bahn: Hauptbahnhof
℡ (030) 394 20 81
www.paris-moskau.de
Tägl. ab 18 Uhr
Von der S-Bahn aus gesehen hält das kleine
Fachwerkhäuschen beinahe trotzig die
Stellung am Rande des riesigen, neuen
Innenministeriums. Innen erwarten den
Gast Holzmobiliar und weiße Tischtücher.
Seit 30 Jahren betreibt Wolfram Ritschl
das Gourmetrestaurant und bietet sowohl
französisch-russische Menüs als auch A la
Carte-Gerichte mit Zutaten aus der Region
an. €€€

Restaurantschiff Patio

Kirchstr. 13 A, Moabit
S5/7/75: Bellevue
℡ (030) 40 30 17 00, www.patio-berlin.de
Tägl. außer So 18–24 Uhr
Gästen mundet auf dem Restaurantschiff
Lammrücken an Wurzelgemüse oder
Eismeerforelle mit Mango-Chili-Risotto
sowie Pizza und vegane Speisen. €€€

Lanninger im Abion Hotel

Alt-Moabit 99, Moabit
S5/7/75: Bellevue

℡ (030) 39 92 07 98, www.lanninger.de
Tägl. 12–1 Uhr
Es gibt wenige Möglichkeiten so schick
und entspannt direkt an der Spree zu sitzen
wie auf der Terrasse des Lanninger. In der
kalten Jahreszeit sitzt man innen wie im
Wintergarten und lässt sich die regionale,
leichte Küche schmecken. €€

Lei e Lui

Wilsnacker Str. 61, Moabit
U9: Turmstraße
℡ (030) 30 20 88 90, www.lei-e-lui.de
Mi–Sa 17–24 Uhr
Ob Rote Bete-Süßkartoffel-Kokoscreme mit
Ingwer, Apfel, frischer Minze und blauen
Trauben oder Gorgonzola-Lauch-Risotto
mit Lachsfilet – für die mediterran-orien-
talische Küche werden fast ausschließlich
Bio-Zutaten verwendet. €€

Zunfthalle

Arminiusstr. 2–4, Moabit
U9: Turmstraße
℡ (030) 60 98 86 64 45
www.zunfthalle-berlin.de
Öffnungszeiten je nach Veranstaltung
Neben Bio-Bäcker, Tortenmanufaktur und
Burgerladen, gibt es auch Orientalisches
bei der Tante aus Marokko, Frisches aus
dem Meer an der Fisch-Bar sowie gute
Weine im offenen Weinladen. Außerdem
im Programm: Live-Jazz-Abende, Kreativ-
und Gourmetmarkt sowie Brunchen im
Hofladen. €€

Buchkantine

Dortmunder Str. 1, Moabit
U9: Hansaplatz
℡ (030) 94 88 37 28
www.buchkantine.de
Mo–Fr 9–18.30, Sa bis 17 Uhr
Die Buchkantine, ein Mix aus Buchhandlung und Bisto-Café ist fest verankert im
Kiezleben und seit dem Umbau zieht die
große, gen Süd-Westen gelegene, Terrasse
noch mehr Gäste an. Nebst Frühstücksvari-
ationen gibt es Suppen, Wraps, Salate und
leckere Burger. Und ab 16 Uhr außerdem
Flammkuchen. €–€€

185

Bars und Kneipen

Von klassisch bis schräg

Die Kreuzberger Nächte haben zwar einen legendären Ruf, doch mittlerweile hat sich auch in vielen anderen Teilen der Stadt eine bunte Barszene etabliert. Man muss in Berlin also keinesfalls einen bestimmten Stadtteil ansteuern, um einen netten Abend zu verbringen. Jeder einzelne Kiez ist eine kleine Welt für sich und verfügt über eine eigene, dem Stadtteil entsprechende Ausgehmeile. In Mitte bewegt sich rund um den **Rosenthaler Platz** und die **Torstraße** die typische Berliner Mischung aus Mode- und Kunstszene durch die ansässigen Bars und Clubs.

Mondäne Salonatmosphäre im Galander Charlottenburg

Auch die Flaniermeile zwischen **Hackescher Markt** und **Friedrichstraße** ist abends gut besucht. Während es in den Kneipen und Cafés rund um den **Helmholtzplatz** vergleichsweise ruhig zugeht, zeigt sich die ausgedehnte Restaurant- und Kneipenlandschaft des **Simon-Dach-Kiezes** in einem schillernden Partylicht. Auch auf beiden Seiten der **Oberbaumbrücke** wird in Berlins bekanntesten Clubs die Nacht zum Tag gemacht. **Kreuzkölln**, wie Nord-Neukölln aufgrund seiner Nähe zu Kreuzberg genannt wird, gehört mit seiner individuell gestalteten Barszene zu den jüngsten Ausgehvierteln. Und auch der bei Studenten beliebte **Sprengelkiez** rund um die Osterkirche und der **Antonkiez** zwischen Nettelbeckplatz und Leopoldplatz im **Wedding** machen mehr und mehr von sich reden, wenn es um die jugendlich Abendgestaltung geht. Im Gegensatz dazu hat das Nachtleben rund um den **Nollendorfplatz** Tradition: Bereits seit den frühen 1920er Jahren gilt der Platz als Zentrum der Homosexuellenszene West-Berlins.

Neben klassischen Bars ist derzeit ein Trend zur **Tanzbar** zu beobachten. Anstelle von neuen Clubs eröffnen zunehmend eher kleinere, überschaubare Läden, in denen man sich auf einen Cocktail trifft und zu fortgeschrittener Stunde auch das Tanzbein schwingen kann. Neben dem **Kitty Cheng** in der Torstraße zählt auch **The Grand** zu diesen Orten. Neu dabei ist die Club-Bar der Amano-Group, das **Dean**.

Es gibt natürlich auch viele Cocktailbars in Berlin. Wer nicht gerade die üblichen Adressen in Mitte ansteuern möchte, sollte den Weg in die Saphire Bar am Rande des Volksparks Friedrichshain finden. Neben 300 Cocktails serviert man hier mediterranes Fingerfood. Unumgänglich für echte Liebhaber der alkoholischen Mixgetränke ist außerdem **Becketts Kopf** (vgl. S. 111) im Herzen des Prenzlauer

Bergs. Ohne vorherige Reservierung kommt man in den stilistisch reduzierten Laden, der nur über eine Klingel Einlass gewährt, jedoch nur schwer in den Genuss astreiner Cocktails. Dasselbe Prozedere gilt für das stylische **Green Door** in Schöneberg.

Neben den eleganten Hotelbars der Sternehotels hat Berlin außerdem urige Eckkneipen und Trinktempel mit besonderen Konzepten zu bieten: In der **Berliner Republik** beispielsweise berechnet der Börsenrechner ab 17 Uhr die aktuellen Bierpreise.

Charlottenburg – Wilmersdorf

Galander Charlottenburg
Stuttgarter Platz 15, Charlottenburg
S-Bahn, Bus 109/X34: Bahnhof Charlottenburg
☏ (030) 36 46 53 63
www.galander-charlottenburg.de
Tägl. außer Mo ab 18 Uhr
In dem mondänen Salon der Gründerzeit – Dielenboden, warme Braun- und Rottöne, opulente Beleuchtungselemente – genießt man leckere Drinks, die von Caroline Schlicher zubereitet werden.

Pavement Bar & Lounge
Uhlandstr. 161, Charlottenburg
U1, Bus M19/M29/109: Uhlandstraße
www.pavement-berlin.de
Tägl. außer So ab 19 Uhr
Die Pavement Bar ist eine noch junge, stylische, kleine Lounge direkt am trubeligen Ku'damm. Das magentafarbene Licht verströmt eine angenehme Atmosphäre und die Drinks, die Bartender Brani mixt, gehören dem klassischen Sortiment an. Da bleibt man gerne auf ein weiteres Glas, und das zu moderaten Preisen.

Schwarzes Café
Kantstr. 148, Charlottenburg
S-Bahn: Savignyplatz
☏ (030) 313 80 38
www.schwarzescafe-berlin.de
Tägl. rund um die Uhr geöffnet
Legendär: Zu jeder Tageszeit kann man hier auf zwei Etagen Cocktails, Kaffee und leckere Snacks bekommen. Außerdem gehört zu dem ranzig-schönen Altbau der wohl kleinste Balkon der Stadt.

Union Jack
Schlüter Str. 15, Charlottenburg
Bus M49: Schlüterstraße
☏ (030) 312 55 57, www.unionjack-berlin.de
Tägl. außer So ab 19 Uhr
Der britische Pub gehört zu den besten Whiskey-Bars des Landes. Mehr als 400 Sorten Single Malt Whiskey schenkt die Chefin und Kennerin aus.

Weinstube Vaust
Pestalozzistr. 8, Charlottenburg
S-Bahn: Savignyplatz
☏ (030) 54 59 91 60, www.vaust-berlin.de
Tägl. außer Mo ab 17 Uhr
Selbstgebrautes Bier, Wein und hauseigene Limonade – das klingt verlockend. Dazu die passenden rustikalen, vegetarischen und veganen Speisen. Spezialität des Hauses ist der aus dunklem Bier hergestellte Braufladen, belegt mit Kürbis-Crèmesse, Lauch, marinierten Champignons, Tomaten, Käse und Rucola-Pistou.

Friedrichshain

Bar Kosmetiksalon Babette
Karl-Marx-Allee 36, Friedrichshain
U5: Schillingstraße
www.barbabette.com
Tägl. ab 18 Uhr
Wo einst in dem gläsernen Kubus Haare geschnitten und auf Lockenwickler gedreht wurden, werden heute Cocktails gemischt. Die KMA36 ist beliebter Veranstaltungsort für Previews, Ausstellungen und Modenschauen. Da lässt es sich herrlich zwischen dem 1960er- und 1970er-Jahre-Inventar sitzen und gucken, was der Abend so bringt.

Booze Bar
Boxhagener Str. 105, Friedrichshain
Tram 21: Niederbarnimstraße
☏ (030) 95 59 11 45, www.booze-bar.de
Tägl. ab 19 Uhr

»No Happy Hour. No Shishas. No Shit. Only drinking.« In der Booze Bar kann man tatsächlich einfach nur gepflegt gute Cocktails trinken.

Die Tagung
Wühlischstr. 29, Friedrichshain
Tram M13: Simplonstraße
✆ (030) 29 77 37 88
Die alteingesessene Kneipe verbreitet durch FDJ-Plakate und andere DDR-Reliquien ein ostalgisches Flair. Das Berliner Stammpublikum sinniert hier bei günstigen Drinks und alternativer Musik vergangenen Friedrichshainer Zeiten nach.

Hops & Barley
Wühlischstr. 22/23, Friedrichshain
Tram M13: Wühlisch-/Gärtnerstraße
✆ (030) 29 36 75 34
www.hopsandbarley-berlin.de
Tägl. 17–3 Uhr
Bierfans aufgepasst: In der Friedrichshainer Hausbrauerei gehen nur selbst gebrautes Pils, Hefeweizen, Schwarzes und wechselnde Spezialbiere über die Theke.

Kptn. A. Müller
Simon-Dach-Str. 32, Friedrichshain
Tram M13: Libauer Straße
✆ (030) 54 73 22 57
www.kptn.de
Tägl. 18–5 Uhr
Der Kptn ist eine typische Kneipe im Simon-Dach-Kiez: Durchgesessene Sofas, schummriges Licht und gute Musik, dazu günstiges Bier und Longdrinks sowie ein überwiegend junges, studentisches Publikum.

Primitiv Bar
Simon-Dach-Str. 28, Friedrichshain
Tram M13: Simplonstraße
http://myspace.com/primitivclub
Tägl. ab 18 Uhr
Die kuschelige Bar besteht aus zusammengewürfelten Retromöbeln. Der Laden ist meist sehr voll, vor allem, wenn Burlesque-Abend ist. Cocktail-Tipp: Illegal Russki, auch bekannt als White Russian.

Saphire Bar
Bötzowstr. 31, Friedrichshain
Tram M10: Arnswalder Platz
✆ (030) 25 56 21 58, www.saphirebar.de
Tägl. ab 20 Uhr
Der Edelstein unter den Cocktailbars kommt in futuristischem Design mit weißen Ledersesseln und einer langen Theke daher, die stets sehr gut besucht ist. Das wiederum liegt an den ausgezeichneten Getränken, die auf Wunsch nach persönlichen Vorlieben kreiert werden. Die kleine Schwester, die Saphire Martini Lounge, befindet sich in der Nähe (Sredzkistr. 62).

Kreuzberg

Bar Raclette
Lausitzer Str. 34, Kreuzberg
Bus M29: Ohlauer Straße
U1/8: Kottbusser Tor
✆ (030) 61 28 71 21, www.bar-raclette.de
Tägl. 19–2 Uhr
Vor allem die verwinkelten Nischen und der offene Kamin machen die Bar so gemütlich. Dazu liefern die Jungs hinter dem Tresen auch noch ordentliche Drinks ab. Perfekt!

Club der Visonäre
Am Flutgraben 1, Kreuzberg
U1: Schlesisches Tor, Bus 265: Heckmannufer
✆ (030) 69 51 89 42
www.clubdervisionaere.de
Im Sommer tägl. ab 14, Sa/So ab 12 Uhr
An lauen Sommerabenden gibt es wohl kaum einen schöneren Ort, wo man, die Füße im Wasser baumelnd, zusammen auf dem Steg sitzen und sein Helles genießen kann. Im Hintergrund sorgt ein DJ für die passende Musikuntermalung. Meistens kostet der Spaß ein paar Euro Eintritt.

Coole Location am Wasser: Club der Visonäre

John Muir

Skalitzer Str. 50, Kreuzberg
U1: Görlitzer Bahnhof
✆ (0173) 161 11 41
www.johnmuirberlin.com
Tägl. ab 18 Uhr
Einige Stufen abwärts und den schweren roten Vorhang beiseite geschoben, erwartet einen das John Muir mit schummrigem Licht und alten Tischen und Stühlen. Die Karte ist übersichtlich, die Cocktails ebenso wie der Kaffee kräftig.

Lerchen und Eulen

Pücklerstr. 33, Kreuzberg
U1: Görlitzer Bahnhof, Bus 140: Wrangelstraße
www.lerchenundeulen.de
Tägl. ab 14 Uhr
Die charmante Einrichtung, die fairen Preise und das ausgesprochen fröhliche Personal heben den Wohlfühlcharakter der Bar ungemein. Unbedingt auch den hauseigenen Kaffee probieren.

Limonadier

Nostitzstr. 12, Kreuzberg
U6/7: Mehringdamm
✆ (0170) 601 20 20, www.limonadier.de
Tägl. ab 19 Uhr
Cocktailbar im Stil der 1920er Jahre. Neben hausgemachten Limonaden und Likören gibt es hochwertige Spirituosen gemixt mit frisch gepressten Säften. Im Sommer sitzt man wunderbar auf der Terrasse.

Möbel Olfe

Reichenberger Str. 177, Kreuzberg
U1/8: Kottbusser Tor
✆ (030) 23 27 46 90, www.moebel-olfe.de
Tägl. außer Mo ab 18 Uhr
Direkt am Kotti (Kottbusser Tor) betört dieser immer volle, immer laute Ort mit hochprozentigem polnischen Bier und großer Auswahl an Wodka sowohl das Homo- als auch Hetero-Publikum.

Paloma Bar

Skalitzer Str. 135, Kreuzberg
U1/8: Kottbusser Tor
www.facebook.com/palomaberlin
Do–Sa 21–5.30 Uhr
Die Bar erinnert an Omas Wohnzimmer, wäre da nicht die große Fensterfront mit Blick auf den Kotti und die elektronische Musik.

Bars und Kneipen

Schmitz Katze

Oranienstr. 163, Kreuzberg
U8, Bus M29: Moritzplatz
✆ (030) 70 71 50 42
Tägl. ab 15 Uhr
Schmitz Katze ist eine richtig typische Bierkneipe ohne viel Schnickschnack: Es gibt diverse Biersorten, Wein, Schnaps und kleinere Snacks. Außerdem kann man Billard und Dart spielen sowie Fußball gucken. Die Musik geht vorzugsweise in Richtung Rock. Rauchen ist erlaubt.

Mitte

Alt-Berlin

Münzstr. 23, Mitte
U8: Weinmeisterstraße
Tägl. außer So ab 18 Uhr
Dunkle Holzvertäfelung, Schultheiss, deftige Hausmannskost und dazu kontrastierendes Mitte-Publikum. Auch Quentin Tarrantino soll hier bereits am Tresen gesessen haben.

Buck & Breck

Brunnenstr. 177, Mitte
Tram M8: Brunnen-/Invalidenstraße
http://buckandbreck.com
Tägl. ab 19 Uhr
Die wohl kleinste Anlaufstelle der Stadt im Bereich Cocktails gibt sich geheimnisvoll: Der kleine Raum, den die Theke gänzlich einnimmt ist nur nach dem Klingeln zu betreten. Die Flaschen, die beim Mixen in Windeseile geschwungen werden, sind mit Farbcodes versehen und so verrät bloß die kleine Karte etwas über die gehobene Spirituosenauswahl.

Butcher's

Torstr. 116 (Eingang im Imbiss Fleischerei), Mitte
U8, Tram M1/8: Rosenthaler Platz
✆ (0176) 64 32 83 30
www.butcher-berlin.de
Mi–Sa ab 21 Uhr
Wer auf dem Weg zu den Toiletten im Imbiss Fleischerei die rote Telefonzelle erblickt, ist den erstklassigen Drinks, die Tino Hiller serviert, auf der Spur.

189

Das Dean in der Rosenthaler Straße vereint in seinem Club-Bar-Konzept edles Bar-Flair mit stylisher Club-Atmosphäre

Kitty Cheng
Torstr. 99, Mitte
U8, Tram M1/8: Rosenthaler Platz
℡ (030) 92 36 89 75, www.kittycheng.de
Tägl. außer Mo ab 21 Uhr
Die Berliner C-Prominenz schlürft hier an der Theke gerne Cocktails und begibt sich zum Tanzen eine Etage tiefer auf die Tanzfläche.

Die Berliner Republik
Schiffbauerdamm 8, Mitte
U-/S-Bahn: Friedrichstraße
℡ (030) 30 87 22 93
www.die-berliner-republik.de
Tägl. 10–6 Uhr
Ein bunt gemischtes Publikum lässt sich hier 18 verschiedene frisch gezapfte Biersorten schmecken. Gezahlt wird ab 17 Uhr je nach Preislage der hauseigenen Bierbörse.

Dean
Rosenthaler Str. 9, Mitte
U8, Tram M1/M8: Rosenthaler Platz
℡ (030) 809 41 50
www.amanogroup.de/eat-drink/dean
Mi–Sa ab 21 Uhr
In dem Eckhaus an der Rosenthaler Straße war zuvor das Delicious Doughnuts, einer der ersten Clubs der Nachwende-Ära. An die Stelle des abgeranzten Looks ist die Edelvariante einer Club-Bar getreten: schwarzer Marmortresen, vergoldete Spiegeldecke, samtene Sitzecken. Dazu gibt es einmal in der Woche Livemusik.

Drayton Bar Berlin
Behrenstr. 55, Mitte
U6: Französische Straße

℡ (030) 680 73 04 73
www.draytonberlin.com
Di–Sa ab 19 Uhr
Die Bar ist weit mehr als ein Anhängsel des Restaurants Cookies & Cream. Die wechselnde Karte bietet 15 Drinks, die Barchef Christian Gentemann mit frischen Kräutern und Gewürzen mixt. Preislich liegen sie zwischen 9 und 12 Euro.

Le chat gris
Cremant Bar & Club
Linienstr. 40, Mitte
U2: Rosa-Luxemburg-Platz
℡ (0171) 839 89 91
Tägl. ab 19 Uhr
Schwarzer Tresen, Betonwände und ganz viel Glas machen die loungige Hipster-Bar aus. Die Karte ist übersichtlich, dafür aber auch nicht überteuert. Im Keller verbirgt sich ein Club, der meist freitags seine Pforten öffnet.

Mein Haus am See
Brunnenstr. 197/198, Mitte
U8, Tram M1/M8: Rosenthaler Platz
℡ (030) 27 59 08 73
http://mein-haus-am-see.blogspot.de
Tägl. rund um die Uhr geöffnet
»Not a bar, not a club, something sexier in between!« lautet das Motto des Ladens. Fest steht, dass man zu jeder Tages- und Nachtzeit vorbeikommen kann. Von der Empore aus hat man einen tollen Überblick, Bier und Cocktails holt man sich an der Bar. Getanzt wird vor allem im Kellerclub Cosmic Kaspar. Es gibt ein buntes Programm aus Vernissagen, Lesungen und DJ-Auftritten.

Moabit

The Lir
Flensburger Str. 7, Moabit
S2/5/75: Bellevue
✆ (030) 392 85 02, www.thelir.de
Tägl. 17–2 Uhr
Neben Guinness, Kilkenny, Stout, Ale und
Cider verspricht die Karte des irischen Pubs
auch Cocktails und Wein. Man sitzt herrlich
gemütlich am Kamin oder im Sommer in
dem kleinen begrünten Biergarten.

Sugar Tapas Bar
Wilhelmshavener Str. 14, Moabit
U9: Birkenstraße
✆ (0176) 84 16 84 81
http://sugar-tapas-bar.blogspot.de
Tägl. 17–1 Uhr
Prima Auswahl an Cocktails, Longdrinks
und leckeren Tapas. Dazu gute Musik,
freundliches Personal und bei gutem Wetter, die Möglichkeit draußen zu sitzen.

Neukölln

Ä
Weserstr./Ecke Fuldastr., Neukölln
Bus M41: Fuldastraße
✆ (030) 30 64 87 51, www.ae-neukoelln.de
Tägl. ab 17 Uhr
Ein bunt gemischtes Publikum erfreut sich
an den Konzerten, Lesungen, spielt Kicker
oder kommt einfach nur, um entspannt ein
Bier zu trinken.

Fuchs und Elster
Weserstr. 207, Neukölln
Bus M29/41/171/194: Sonnenallee/
Pannierstraße
www.fuchsundelster.com
Mo–Mi 12–24, Do–So bis 3 Uhr
Mischung aus Café und Bar: Gemütlich mit
großen Sofas und Kerzenschein kann man
hier abends wunderbar ein Glas Wein trin-
ken. Legendär sind die Partys im Keller.

Kuschlowski
Weserstr. 202, Neukölln
Bus M29/M41/171/194: Sonnenallee/
Pannierstraße
✆ (0176) 22 09 58 76, www.kuschlowski.de
Tägl. 20–3 Uhr
Zu dem angesagten Trödelmarktmobiliar
und der gemusterten Tapete gesellt sich in
dieser Kneipe noch ein alter Kaminofen. Das

Publikum ist bunt gemischt. Bei den Getränken beachte man die Auswahl an Wodkas.

Lenau Stuben
Hobrechtstr. 62, Neukölln
U7/8: Hermannplatz
✆ (030) 693 48 54
Eine Kneipe mit Tradition: Braune Möbel,
ein Billardtisch, schummrige Beleuchtung
und Deko mit Pokalen in den Regalen. Der
Wirt ist stets freundlich und das Bier sehr
günstig.

Mama
Hobrechtstr. 61, Neukölln
U8: Schönleinstraße
✆ (0157) 71 94 49 16
Tägl. 19–5 Uhr
Abends ist es hier immer brechend voll mit
jungen Leuten aus aller Herren Länder.
Getrunken wird in den unverputzten vier
Wänden tschechisches Bier, gesessen auf
altem Trödelmobiliar.

Nathanja und Heinrich
Weichselstr 44, Neukölln
Bus M29/171/194: Pflügerstraße
✆ (030) 624 91 14
http://nathanja-heinrich.de
Tägl. außer Mo 13–3 Uhr
Nackte, braune Wände und zusammen-
gewürfeltes Innenleben – das ist der Stil
vieler Szenebars, aber, es mag an der Größe
liegen, alles wirkt hier etwas stilvoller und
ruhiger. Auch das Publikum ist etwas älter
als in anderen Etablissements im Kiez.

Tier
Weserstr. 41, Neukölln
Bus M29/41/171/194: Sonnenallee/
Pannierstraße
✆ (0178) 233 95 13, tägl. Ab 19 Uhr
Echt tierisch: Sehr gut gemixte Drinks à la
Gin Tonic und im Sommer ein Platz auf der
Terrasse.

Yuma Bar
Weserstr.14, Neukölln
U7/8: Hermannplatz
✆ (030) 60 94 13 68, www.yuma-bar.de

Bars und Kneipen

Tägl. ab 18 Uhr
Die Yuma Bar sticht allein schon durch ihr etwas schickeres Äußeres im Reuterkiez hervor. Die Cocktails sind ausgezeichnet, neben Klassikern probieren sich die beiden Barkeeper auch immer mal wieder in neuen Kreationen. Freitags spielt der DJ vorzugsweise Hip Hop, Jazz, Funk und Soul.

Prenzlauer Berg

Dr. Pong
Eberswalder Str. 21, Prenzlauer Berg
U2, Tram M1/M10/12: Eberswalder Straße
www.drpong.net
Mo–Sa ab 20, So ab 18 Uhr
Eine Tischtennisplatte, ein Kicker, Musik und eine Theke mit Kühlschrank, mehr braucht es nicht, um Scharen von Menschen Abend für Abend in die unscheinbaren Räumlichkeiten von Dr. Pong zu locken. Mitunter spielen hier 40 Leute Rundlauf.

Eka
Dunckerstr. 9, Prenzlauer Berg
M10: Husemannstraße
℅ (030) 95 99 12 79, www.eka-leka.de
Tägl. ab 18 Uhr
Portugiesisches Flair am Helmholtzplatz, nicht nur, weil man hier wunderbar in der Abendsonne sitzen kann. Auch das Bier Sagres schmeckt herrlich mild nach Sommerurlaub. Donnerstags ist Bingo-Abend. Manchmal finden Konzerte in der kleinen Kneipe statt.

Eselsbrücke
Gethsemanestr. 11, Prenzlauer Berg
U-/S-Bahn: Schönhauser Allee
℅ (030) 445 66 21, tägl. ab 18 Uhr
Zu später Stunde ist die Kneipe stets gut besucht. Es gibt Bier, Whiskey und Rockmusik zu fairen Preisen.

Hermann
Schönhauser Allee 173, Prenzlauer Berg
U2: Senefelderplatz
℅ (030) 44 31 28 54
www.facebook.com/bravebelgians.HERMAN

Tägl. 18–4 Uhr
Saison Dupont, Hoegaarder, Moinette Blonde: Steht man in der belgischen Bierbar an der Theke, trifft der Blick ein immens hohes Regal mit vielen Flaschen. Inhaber Bart Neirynck kennt sich aus und empfiehlt gerne eine der rund 100 Biersorten, die er im Angebot hat.

Trespassers
Fehrbelliner-/Ecke Christinenstraße
Prenzlauer Berg
U2: Senefelderplatz
℅ (030) 53 06 70 58, www.trespassers.eu
Tägl. 16–2 Uhr
Mexiko in Prenzlauer Berg! In der Eckbar gibt es mexikanische Snacks und Tapas sowie eine Reihe hausgemachter, aromatischer Wodka-Variationen. Getreu dem Motto »Life is to short for lausy drinks« wird hier ausgeschenkt.

Schöneberg

Bar am Lützowplatz
Lützowplatz 7, Schöneberg
U1: Nollendorfplatz
℅ (030) 262 68 07
www.baramluetzowplatz.de
Tägl. ab 19 Uhr
Die Berliner Bar-Ikone erlebt nach dem Umbau ihren zweiten Frühling in dem schmalen, schlauchartigen Raum mit dem ewig langen Tresen. Um die 30 Cocktails stehen auf der Karte, bevorzugt mit lokalen Spirituosen gefertigt.

Goldstück
Winterfeldtstr. 17, Schöneberg
U3/4, Bus M19: Nollendorfplatz
℅ (0176) 23 15 14 91
www.goldstueck-berlin.com
Tägl. außer Mo ab 11.30 Uhr
Ob Bier, Wein oder Cocktail, in der Souterrain-Bar ist man immer bestens beraten. Man sitzt gemütlich unter einer Decke aus Notenblättern, alte Schwarzweißaufnahmen schmücken die Backsteinwände. Während der Angry Hour (20–22 Uhr) gibt es ausgewählte Cocktails für € 5.

Green Door
Winterfeldtstr. 50, Schöneberg
U1–4: Nollendorfplatz
℅ (030) 215 25 15
http://greendoor.de

Hohe Cocktailkunst wird am langen Tresen in der Bar am Lützowplatz geboten

Tägl. ab 18 Uhr
In den retrotapezierten Wänden hinter der grünen Tür ist Dandy-Feeling angesagt: Zu feinen Cocktails, trinkt man das bereit gestellte Glas Wasser und raucht Zigarre.

Möve im Felsenkeller
Akazienstr. 2, Schöneberg
S1: Julius-Leber-Brücke, Bus M48/M85: Kaiser-Wilhelm-Platz
☏ (030) 781 34 47
Mo–Fr 16–1, Sa 12–2 Uhr
Ein Keller ist es nicht, dafür eine sehr authentische, rustikale Kneipe mit Seltenheitswert. Hier wird meist am Tresen dicht gedrängt gestanden, das frisch Gezapfte genossen und geredet. Wer früh genug da ist, lässt sich den leckeren Eintopf nicht entgehen.

Neues Ufer
Hauptstr. 157, Schöneberg
U7: Kleistpark
☏ (030) 78 95 79 00
www.neuesufer.de
Mo–Fr ab 14, Sa/So ab 11 Uhr
Vorgänger des Cafés war das »Andere Ufer«, in dem David Bowie Stammgast gewesen sein soll. Tatsache ist, dass es ein herrlicher Ort ist, um in der Sonne zu sitzen oder auch drinnen bei einem Drink mit anderen Gästen ins Gespräch zu kommen.

Reza Café Bar
Maaßenstr. 4, Schöneberg
U1, Bus M29/106: Nollendorfplatz

☏ (030) 21 91 23 04, www.cafe-reza.de
Tägl. 9–3 Uhr
Das Café, eingerichtet im französischen Stil der 1920er Jahre, mutiert abends zur Bar. Dann kommen die kleinen schwarzen Tischchen und die Schwarzweißaufnahmen an den Wänden erst richtig zur Geltung. Das bunt gemischte Publikum trinkt Wein, Bier oder auch Champagner oder Whisk(e)y.

Voima Bar
Winterfeldtstr. 22, Schöneberg
U2, Bus M19/29/48/85: Bülowstraße
www.voima.de
Mi–So 18–3 Uhr
Finnische Biersorten und anderen Spirituosen sowie Cocktails aus dem hohen Norden haben schnell Fans gefunden. Eine finnische Fahne vor dem Eingang weist den Weg.

Wedding

Moritz Bar
Adolfstr. 17, Wedding
U9: Nauener Platz
☏ (0173) 680 76 70
www.moritzbar.com
Tägl. ab 19 Uhr
Eine beliebte Adresse im Antonkiez, vor allem Studenten zieht es an den langen Tresen, über dem nackte Glühbirnen von der Decke baumeln. Der etwas ranzige Look, die kleine Karte mit Flaschenbieren und Cocktails sowie Events wie »Whiskey & Rhymes« kommen bestens an.

Clubs

Von szenig bis schick

Wummernde Bässe am Montagmorgen, Tanzen am Sonntag-nachmittag: Berlin ist bekannt für sein ausferndes Nacht-leben, und manche Clubs haben inzwischen am Wochenende rund um die Uhr geöffnet. Dank der fehlenden Sperrstunde können Bars, Kneipen und Clubs so lange öffnen wie sie Lust haben. Die Clubszene ist weltweit einmalig! Berlin gilt als Wiege des Technos, und auch Elektro ist eine Musikrichtung, die viel Publikum in die Clubs zieht, die sich oft in leerstehenden Fabrikhallen etabliert haben. Wann wo was los ist, erfährt man am besten aus den Stadtmagazinen Zitty, Tip, 030 oder im Internet unter www.virtualnights.com.

Für jeden Geschmack ist etwas dabei: ob kleine, trashig eingerichtete Kellerclubs, mit edlen Holzdielen versehene Tanzsäle oder traditionelle Ballhäuser, in denen mitunter schon seit über 100 Jahren geschwoft wird – hier wird die Nacht zum Tage gemacht. Zum Ausgehen und Feiern zieht es die Jüngeren vor allem ans Spreeufer rund um die **Oberbaumbrücke**. Die **Revaler Straße**, die direkt an die Kneipenmeile der Simon-Dach-Straße anschließt, trägt aufgrund der Vielzahl an Clubs den Beinamen Techno-Strich.

In Kreuzberg und dem angrenzenden Treptow befinden sich neben unter-schiedlichen Clubs rund um das **Schlesische Tor** herum auch die **Arena Berlin**, ein Ort für Konzerte, Messen und Partys. Davor ankert das **Badeschiff**: schwim-mender Pool und begehrte Partylocation. Auch um das **Kottbusser Tor** tobt das Nachtleben. Außerdem laden zahlreiche Strandbars zum Feiern und Verweilen bis in die frühen Morgenstunden ein. Rund um den **Ostbahnhof** und den nahe gelegenen Bahnhof **Ostkreuz** sind weitere bekannte Clubgrößen angesiedelt. Im Norden von Neukölln, an der Grenze zu Kreuzberg, die vom Maybachufer am Landwehrkanal und dem Kottbusser Damm gebildet wird, liegt Berlins derzeitiges In-Viertel **Kreuzkölln**. Im Umkreis der Reuter-, Hobrecht- und Weserstraße findet sich das momentane Zentrum für Subkultur und damit auch ein angesagtes Par-tyviertel.

Während rund um den **Winterfeldtplatz** bereits seit den 1920er Jahren Berlins Gay-Viertel auszumachen ist, hat sich die **Torstraße** in **Mitte** erst vor Kurzem zum neuen Ausgehviertel entwickelt: In den hier ansässigen Bars und Clubs ist die Ber-liner Kreativ-Schickeria anzutreffen. Auch im Wedding in der Nähe des Humbold-hains öffnen in letzter Zeit immer mehr neue Bars und Clubs. Man darf gespannt sein, welches Stadtviertel als nächstes das hippe Nightlife von Berlin bereichert.

Charlottenburg – Wilmersdorf

Puro Sky Lounge
Tauentzienstr. 9–12, Charlottenburg
Bus M19/M29/M46, U1/9: Kurfürstendamm
✆ (030) 26 36 78 75
www.puroberlin.de
Mi–Sa ab 20 Uhr
Über den Dächern Berlins im 20. Stock des Europa-Centers feiert das junge Publikum gerne bis zum Sonnenaufgang. Im Sommer 2013 wurde der Lounge-Club um eine Dachterrasse bereichert. Jeden Donnerstag

ab 21 Uhr legen DJs bei der After Work-Party auf.

Friedrichshain

://about blank
Markgrafendamm 24 C, Friedrichshain
S-Bahn: Ostkreuz
http://aboutparty.net
Do–Sa ab 23 Uhr, So je nach Veranstaltung
Die Musik auf den drei Floors ist meist elektrolastig. Jeden zweiten Donnerstag können Newcomer ihr Können an den

Das meist junge Publikum lässt den Kiezclub Cassiopeia nicht nur am Wochenende brummen

Turntables beweisen. Im Hof stehen Bänke, Kicker und Tischtennisplatten.

Berghain

Am Wriezener Bahnhof 20, Friedrichshain
S3/5/7/75: Ostbahnhof
✆ (030) 29 36 02 10
www.berghain.de
Do/Fr veranstaltungsabhängig, Sa ab 24 Uhr
Das mehrstöckige Labyrinth in dem ehemaligen Kraftwerk wurde vor einigen Jahren zum besten Club der Welt gewählt. Hier legen berühmte DJs auf, hier werden die ausschweifendsten Partys gefeiert. Die Tür zum Techno-Himmel gehört zu den härtesten der Stadt.

Cassiopeia

Revaler Str. 99, Friedrichshain
U-/S-Bahn: Warschauer Straße
✆ (030) 47 38 59 49
http://cassiopeia-berlin.de
Tägl. ab 23 Uhr
In der Industriehalle auf dem Gelände des ehemaligen Reichsbahnausbesserungswerks finden laufend Konzerte und Partys statt – von Hip-Hop, Reggae, Dancehall, Drum'n'Bass, Elektro und Punkrock bis hin zu Hardcore und Metal. Besonders bekannt ist der Kiezclub für seine monatlichen Hip-Hop-Partys, aber auch die Mittwochs- und Sonntagspartys mit Reggae und Dancehall-Sounds locken zahlreiche Stammgäste an.

Kosmonaut

Wiesenweg 1–4, Friedrichshain
Tram 21, Bus 240: Neue Bahnhofstraße
http://kosmonaut.cc/with_love.html
Je nach Veranstaltung
Elektronische Musik wird hier groß geschrieben. Neben seiner Funktion als Club ist das alte Gebäude außerdem Veranstaltungsort für Kunst- und Kulturprojekte. Im Außenbereich lässt es sich im Sommer wunderbar feiern.

Rosi's

Revaler Str. 29, Friedrichshain
S-Bahn: Ostkreuz
✆ (030) 20 07 83 09
www.rosis-berlin.de
Do–Sa ab 23 Uhr
Auf zwei meist immer vollen Floors, die je nach Abend mit Indie, Funk oder Drum'n'Bass beschallt werden, geht es hoch her. Im beliebten Hof stehen Sofas, ein uralter Kicker, eine Hollywoodschaukel und ein heiß begehrter Imbiss mit allem was Partygänger bei Kräften hält.

Guten alten Techno gibt's im Suicide Circus

Salon zur wilden Renate
Alt-Stralau 70, Friedrichshain
S-Bahn: Treptower Park
✆ (030) 25 04 14 26, www.renate.cc
Bar, Garten, Labyrinth Mi–Sa ab 18, Partys
ab 24 Uhr
Ein bisschen wie bei Alice im Wunderland:
nicht nur aufgrund der skurrill dekorier-
ten Räumlichkeiten, sondern auch wegen
des bunten Partyvölkchens. Es gibt viele
Sitz- und Liegegelegenheiten und im Keller
das Labyrinth »Peristal Singum«. Gefeiert
wird wild und ausgelassen zu Elektro und
Minimal.

Suicide Circus
Revaler Str. 99, Friedrichshain
U-/S-Bahn: Warschauer Straße
✆ (0170) 555 20 24
www.suicide-berlin.com
Mi/Do ab 23, Fr/Sa ab 24 Uhr
Wer am Montagmorgen auf dem Weg zur
Arbeit an der Warschauer Brücke vorbei
kommt, hört meist noch die wummern-
den Bässe aus einem der nahe gelegenen
Clubs. Der Startschuss zum Feiern fällt im
Suicide bereits mittwochs mit der Party-
reihe »Well Done!«. Der Tanzbereich ist
groß, die DJs bekannt in der Technoszene.
Beliebt ist vor allem der Open-Air-Bereich
im Sommer.

Kreuzberg

Farbfernseher
Skalitzer Str. 114, Kreuzberg
U1: Görlitzer Bahnhof
http://farb-fernseher.de
Mi–Sa 22–5.30 Uhr
Bar und Club zugleich: Die Tanzfläche ist
mit geschätzten 5 x 5 m ultra klein, was
aber niemanden davon abhält, sich hier
eng an eng zum Elektro-Pop zu bewegen.
Jüngeres Publikum.

Gretchen
Obentrautstr. 19–21, Kreuzberg
U6/7, Bus 140/248/M29/M41: Mehringdamm
✆ (030) 25 92 27 02
www.gretchen-club.de
Fr/Sa ab 23.30 Uhr, unter der Woche je
nach Veranstaltung
Das Booking des Gretchens ist sehr
vielschichtig – von Elektro über Dubstep,
Indie bis Jazz ist alles dabei. Ebenso bunt
durchmischt ist auch das Publikum, das sich
auf den zwei Floors in den ehemaligen
Stallungen eines preußischen Regiments
bewegt.

Kottimonarch
Skalitzer Str. 134, Kreuzberg
U1/8: Kottbusser Tor
✆ (030) 61 65 60 03
www.kottimonarch.de
Di–Sa ab 21 Uhr und je
nach Veranstaltung
Trashiger Bar-Club direkt am Kotti.
Neben Lesungen und Konzerten sorgen
unterschiedliche DJs für für gute Unterhaltung.

Lido

Cuvrystr. 7, Kreuzberg
U1: Schlesisches Tor
✆ (030) 69 56 68 40
www.lido-berlin.de
Tägl. je nach Veranstaltung
Früher war das Lido ein Kino, und seit ein paar Jahren ist es als Konzertbühne und Club das Wohnzimmer der Rock-Indie-Elektro-Pop-Szene. Beliebt sind auch die Balkan-Beats-Partys.

Magnet Club

Falckensteinstr. 48, Kreuzberg
Bus 265, U1: Schlesisches Tor
✆ (030) 44 00 81 40
www.magnet-club.de
Tägl. ab 23, Konzerte ab ca. 20 Uhr
Liebhaber von Indiepop, Alternative und Punkrock werden täglich mit Konzerten und Partys verwöhnt. Im hinteren Bereich finden Konzerte statt, während der Mainfloor zum Tanzen einlädt.

Ritter Butzke

Ritterstr. 24–26, Kreuzberg
U1/8: Moritzplatz
✆ (030) 322 97 01 07
www.ritterbutzke.de
Fr–Sa ab 22 Uhr
Der Multifloor-Club liegt in zwei Werkhallen der unter Denkmalschutz stehenden Butzke-Werke. Gefeiert wird auf drei Ebenen und diversen, wild geschmückten Zwischenräumen sowie einem Außenbereich.

SO36

Oranienstr. 190, Kreuzberg
U1: Görlitzer Bahnhof, Bus M29: Heinrich-platz
✆ (030) 61 40 13 06
www.so36.de
Öffnungszeiten je nach Veranstaltung
Eine Institution mit buntem Programm aus Partys (Café Fatal, Bad Taste Party, orientalische schwul-lesbische Party Gayhane, Electronic Ballroom, u.a.) und Konzerten sowie Kiezbingo, Roller Skate Disco und Nachtflohmarkt. Benannt nach dem historischen Postzustellbezirk Berlin SO 36.

WaterGate

Falckensteinstr. 49, Kreuzberg
U1: Schlesisches Tor
✆ (030) 61 28 03 94
www.water-gate.de
Mi–So 22–5 Uhr
Das Feinste aus Elektro, House, Techno und Minimal direkt an der Spree. Dank der durchgehend verglasten Front bietet der Waterfloor einen zauberhaften Blick aufs Wasser. Auch auf dem Steg wird im Sommer gerne dem Sonnenaufgang entgegen getanzt. Das Publikum: Kreative mit gutem Einkommen, auch über 40.

Auf zwei Dancefloors heizt das WaterGate mit renommierten DJs der Partymeute ein

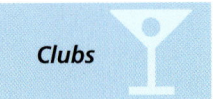

Clubs

Mitte

Bohannon
Dircksenstr. 40, Mitte
U-/S-Bahn: Alexanderplatz
✆ (030) 69 50 52 87, www.bohannon.de
Mo, Fr/Sa ab 23 Uhr
Der Kellerclub hat sich ganz den Klängen
von Funk, Jazz und Soul verschrieben.
Es finden auch häufig Konzerte statt.

Clärchens Ballhaus
Auguststr. 24, Mitte
S1/2/25: Oranienburger Straße
✆ (030) 282 92 95, www.ballhaus.de
Das mehr als hundert Jahre alte Tanzlokal
mit tollem Biergarten ist ein Berliner Original. Schon Heinrich Zille war hier Stammgast. In den legendären Wänden stehen
abwechselnd Walzer und Chacha, Swing,
Salsa oder Tango auf dem Programm. Freitags und Samstags ist abends Tanzparty mit
einer wilden Musik- und Gästemischung.
Der beeindruckende, prächtige alte Spiegelsaal im Obergeschoss ist ebenfalls Veranstaltungsort wie z. B. für die Pasta-Opera
(4-Gang-Menü, Kerzenlicht und Arien).

Felix
Behrenstr. 72, Mitte
U-/S-Bahn: Brandenburger Tor
✆ (030) 301 11 71 52
www.felix-clubrestaurant.de
Mo, Fr/Sa 23–5, Do 20–5 Uhr
Hohe Decken und edles Design: Die Bar auf
der oberen Ebene bietet einen tollen Blick
auf die Tanzfläche, die schon so mancher
Star betreten hat. Besonders beliebt ist die
»Monday Ladies Lounge«.

KitKat Club
Köpenicker Str. 76, Mitte
U8, Bus 265: Heinrich-Heine-Straße
✆ (030) 278 98 30, www.kitkatclub.org
Fr/Sa ab 23, So Afterhour ab 8 Uhr
Der Fetisch-Club ist weit über die Grenzen
Berlins hinaus bekannt. Hier kann man
nicht nur zu elektronischer Musik das Tanz-
bein schwingen, sondern sich auch auf ein
erotisches Abenteuer begeben.

Roter und Grüner Salon
Rosa-Luxemburg-Platz 1, Mitte
U2, Tram M8: Rosa-Luxemburg-Platz
✆ (030) 41 71 75 12
www.roter-salon-berlin.de
www.gruener-salon.de
Tägl. je nach Veranstaltung
Die Salons in den beiden Seitenflügeln der
Volksbühne zählen zu den angesagtesten
Locations der Stadt. Edler Parkettboden,
Kronleuchter, Spiegelwände und Samtsofas
machen das besondere Ambiente aus. Es
gibt Lesungen, Konzerte und wechselnde
Partyreihen mit Indie, Elektro, Pop und
Rock.

Tube Station
Friedrichstr. 180–184, Mitte
U2/6: Stadtmitte
✆ (030) 20 61 61 70, www.tube-station.de
Do–Sa ab 23 Uhr
Einer der wenigen Hip-Hop-Clubs der
Stadt. Wer auf R`n`B, New und Old School
Hip-Hop steht, ist in der gestylten Location
richtig. Der große Innenhof bietet im Som-
mer eine Outdoor-Bar mit vielen Sitzgele-
genheiten zum Chillen.

Neukölln

Griesmühle
Sonnenallee 221, Neukölln
Bus M41, S41/42: Sonnenallee
www.facebook.com/griessmuehle
Fr 16–24, Sa 12–24 Uhr
Direkt am Wasser gelegen und mit einem
großen Biergarten ausgestattet, zieht es
vor allem im Sommer das Partyvolk hierher.

Klunkerkranich
Karl-Marx-Str. 66, Neukölln
U7: Rathaus Neukölln
www.facebook.com/derklunkerkranich
Tägl. 17–3 Uhr
Der Mix aus Strandbar, Open-Air-Bühne
und Dachgarten auf dem Parkdeck des
Einkaufszentrums Neukölln Arcaden ist
Kult. Es gibt Tische und Bänke, lauschige
Sitzecken, eine Sandfläche und sehr viele
Grünpflanzen. Schöner kann man den Son-
nenuntergang über Berlin kaum genießen.

Soulcat
Pannierstr. 53, Neukölln
U7/8, Bus M29/M41: Hermannplatz
www.soulcat-berlin.de

Im Adagio wird samstags mit Stil zu Dance Classics und Club Hits gefeiert

Mo–Sa ab 19 Uhr
Goldene Wände tapeziert mit Plattenco-
vern – die Deko ist so heiß wie die Musik.
Jeden Abend gibt es hier das Beste an Black
Music aus den 1950er und 1960er Jahren.
Dazu hausgemachte Cocktailkreationen
und Bier vom Fass.

Tiergarten

Adagio
Marlene-Dietrich-Platz 1, Tiergarten
U-/S-Bahn: Potsdamer Platz
☎ (030) 258 98 90
www.adagio.de
Fr/Sa ab 22 Uhr
In prunkvollem Ambiente wird im Adagio
Club nahe des Potsdamer Platzes gefeiert.
Alte Holzfußböden, große Kronleuchter,
Wand- und Deckenmalereien erinnern an
vergangene Epochen. Getanzt wird zu
Klassikern, aktuellen Hits aus den Charts
und R'n'B.

40 Seconds
Potsdamer Str. 58, Tiergarten
U-/S-Bahn: Potsdamer Platz
☎ (030) 89 06 42 40
http://40seconds.de
Fr/Sa ab 23 Uhr
In nur 40 Sekunden geht es per Aufzug in
ungeahnte Partyhöhen. Der Club gehört zu
den Stilvollen: Marmorfußboden, Cocktail-

bar aus dunklem Holz und drei Dachterras-
sen, die einen sagenhaften Ausblick über
die Stadt bieten. Gespielt wird vor allem
House und Deephouse.

Wedding

Boiler Room
Gerichtstr. 65, Wedding
S1/2/25: Humboldthain
http://boilerroom.tv
Je nach Programm
Im Heizungskeller des alten Weddinger
Hallenbads, das als Kunst- und Kulturzentrum fungiert, finden in unregel-
mäßigen Abständen die aus London
importierten Boiler Room Partys statt. Da
legen renommierte DJs wie Sven Väth vor
ausgewählten Publikum auf und die Party
wird simultan via Internet in die ganze
Welt übertragen.

Brunnen 70
Brunnenstr. 70, Wedding
U8, Bus 247: Voltastraße
http://zurmoebelfabrik.de/brunnen70
Do–Sa ab 22 Uhr
Via Fahrstuhl geht es hinab in die Keller-
räume eines ehemaligen Möbelhauses. Hier
warten mehrere Dancefloors auf Elektro-
und Housefans. Außerdem gibt es in den
Katakomben noch ein Kino und sogar eine
Minigolfanlage.

199

Konzerte

Musikstadt Berlin

Die Berliner Philharmoniker, die Staatskapelle Berlin, das Konzerthausorchester und fünf weitere Sinfonieorchester bilden die Spitze des klassischen Konzertprogramms. Daneben sorgen unzählige Kammermusikensembles, weit über zweihundert Chöre mit über tausend Sängerinnen und Sängern sowie Musikstudierende, die sich in Meisterklassen und Prüfungen präsentieren, für ein vielseitiges und abwechslungsreiches Programm in großen Konzertsälen, aber auch in Kirchen, Kulturhäusern und privaten Institutionen.

Hallen für Popkonzerte gibt es gleich mehrere und im Sommer sorgen die Charlottenburger Waldbühne sowie die Kindl-Bühne in der Wuhlheide für fantastische Musikerlebnisse unter freiem Himmel. Auch für Jazzfreunde gibt es eine ganze Reihe kleiner Clubs, in denen täglich Stars und Newcomer auftreten. Und im Radialsystem am Ostbahnhof finden immer wieder ungewöhnliche Konzerte statt, in denen man mitunter sogar im Liegen lauschen kann!

Die Flaggschiffe

Konzerthaus Berlin
Gendarmenmarkt, Mitte
U2/6: Stadtmitte
✆ (030) 203 09 21 00, www.konzerthaus.de
Das Konzerthausorchester unter Leitung von Iván Fischer gibt rund 100 Konzerte pro Saison. Hinzu kommen eigene Kammermusikabende, Kinder und Familienprogramme, »Espressokonzerte« zur Mittagspause, thematische Reihen und Festivals. Regelmäßig zu Gast ist die **Staatskapelle**, das Orchester der Staatsoper unter Daniel Barenboim.

Philharmonie und Kammermusiksaal
Herbert-v.-Karajan-Str. 1, Tiergarten
U-/S-Bahn: Potsdamer Platz, Bus 200: Philharmonie
✆ (030) 25 48 89 99
www.berlinerphilharmoniker.de
Der »Tempel« der klassischen Musik in Berlin am Kulturforum. Stammhaus der Berliner Philharmoniker und ihres Chefdirigenten Sir Simon Rattle. Außerdem

Ein Highlight im Sommer ist das Classic Open Air am Gendarmenmarkt

sind herausragende Gastdirigenten und -orchester, auch Barenboims Staatskapelle, Spitzensolisten und im Kammermusiksaal exzellente kleinere Formationen zu erleben. Dienstags um 13 Uhr gibt es während der Saison **Lunchkonzerte** (Eintritt frei!) im Foyer der Philharmonie mit renommierten (Nachwuchs-)Musikern.

Weitere Konzertsäle

Haus des Rundfunks, Großer Sendesaal
Masurenallee 8–14, Charlottenburg
U2: Theodor-Heuss-Platz
℡ (030) 97 99 31 24 97
www.haus-des-rundfunks.de
www.roc-berlin.de
Im Konzertsaal am Berliner Standort des Rundfunks Berlin-Brandenburg (RBB) konzertieren u. a. die Rundfunk-Orchester und -Chöre Berlins (ROC), das Deutsche Symphonie-Orchester Berlin und das Rundfunk-Sinfonieorchester Berlin sowie der RIAS-Kammerchor und der Rundfunk-Chor Berlin.

Hochschule für Musik Hanns Eisler Berlin
Standort Charlottenstraße: Charlottenstr. 55, Mitte
U2/6: Stadtmitte
℡ (030) 688 30 57 00
Standort Marstall: Schloßplatz 7, Mitte
Bus 100/200: Lustgarten
℡ (030) 68 83 05-200, www.hfm-berlin.de
Musikstudenten aller Fächer und Klassen präsentieren sich in öffentlichen Workshops und Prüfungskonzerten, häufig bei freiem Eintritt.

Kammermusiksaal Friedenau
Isoldestr. 9, Schöneberg-Friedenau
S41/42/45, U9: Bundesplatz
℡ (030) 859 19 25
www.kammermusiksaal-friedenau.de
Die Friedenauer Kammerkonzerte widmen sich der Alten Musik und anderen fast vergessenen Klängen.

Piano Salon Christophori
Uferhallen, Uferstr. 8, Wedding
U9: Nauener Platz
℡ 0176-39 00 77 53
www.konzertfluegel.com
Soloklavierkonzerte, Liederabende mit Klavierbegleitung, Kammermusik mit Piano inmitten einer umfangreichen Sammlung

historischer Konzertflügel, frisch restauriert oder kurz davor.

Universität der Künste Berlin UdK
℡ (030) 31 85 23 74, www.udk-berlin.de
- Joseph-Joachim-Konzertsaal
Bundesallee 1–12, Wilmersdorf
U9: Spichernstraße, Eintritt frei
Kammerkonzerte, Wettbewerbe, Meisterkurse und teilweise öffentliche Prüfungen
- Konzertsaal der UdK
Hardenberg-/Fasanenstraße
Charlottenburg
U-/S-Bahn: Zoologischer Garten
UdK-Konzertsaalkasse Di–Fr 15–18 Uhr
Der Saal für große Auftritte z. B. des Symphonieorchesters der Universität der Künste Berlin

Hallen für Sport und Mega-Events

Arena
Eichenstr. 4, Treptow
S-Bahn: Treptower Park
℡ (030) 887 08 90
www.arena-berlin.de
In der großen Halle, in der einst Omnibusse repariert wurden, finden Konzerte, Theater, Partys, Festivals und Messen statt.

Columbiahalle
C-Halle (Columbiahalle) und C-Club
Columbiadamm 13–21, Kreuzberg
U6: Platz der Luftbrücke
℡ (030) 69 81 28 14, www.c-halle.com
Beliebter Ort für Pop-Rock-Konzerte, Club-Events und Messen.

Kesselhaus/Kulturbrauerei
Knaackstr. 97, Prenzlauer Berg
U2, Tram M10/M1/12: Eberswalder Straße
http://Kesselhaus-berlin.de
Das ehemalige Maschinenhaus ist mit seiner rohen Industriearchitektur ein vielseitiger Veranstaltungsort (Rock, Pop, Show, Klassik).

Max-Schmeling-Halle
Am Falkplatz, Prenzlauer Berg
U-/S-Bahn: Schönhauser Allee

201

www.max-schmeling-halle.de
Heimstatt der Berliner (Handball-)Füchse
und BR Volleys sowie Bühne für Pop-/Rock-
Konzerte und große Shows.

O₂ World
O₂ Platz 1, Friedrichshain
U-/S-Bahn: Warschauer Straße
℡ (030) 20 60 70 80
www.o2world-berlin.de
»Teufelsgeiger« David Garret, Helene
Fischer oder Lady Gaga: Für Megastars ist
Berlins modernste Konzert- und Sporta-
rena die beste Bühne; 17 000 Fans finden
Platz.

Tempodrom
Möckernstr. 10, Kreuzberg
S1/2/25: Anhalter Bahnhof
Tickets ℡ 01805-55 41 11
www.tempodrom.de
Klassische Konzerte ebenso wie Rock und
Pop, Reiterspektakel, Zirkus, Holiday on
Ice.

Das charakteristische Dach des Tempodroms

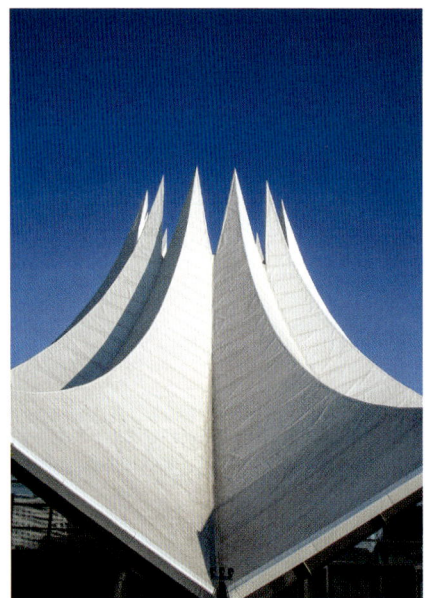

Velodrom
Paul-Heyse-Str. 26, Prenzlauer Berg
S8/85/41/42: Landsberger Allee
℡ (030) 44 30 45, www.velodrom.de
Konzerte und Großveranstaltungen wie
das Berliner Sechstagerennen.

Open-Air

Kindl-Bühne Wuhlheide
An der Wuhlheide 197, Köpenick
S3: Wuhlheide
℡ (030) 53 07 91 44, www.wuhlheide.de
Freilichtbühne für Rock- und Popkonzerte
im Landschaftspark Wuhlheide.

Waldbühne
Glockenturmstr. 1, Charlottenburg
U1: Olympiastadion, S5: Pichelsberg
℡ 01805-57 00 70 (Tickets)
www.waldbuehne-berlin.de
Berlins schönste Open-Air-Bühne für 20 000
Zuschauer (Rock, Pop, Schlager, Klassik).

Jazzclubs
Über Orte und Termine informiert im Internet: www.jazz-guide-berlin.de

A-Trane
Bleibtreustr. 1 / Ecke Pestalozzistr.
Charlottenburg,
S5/7/75: Savignyplatz
℡ (030) 313 25 50, www.a-trane.de
Tägl. ab 21, Konzerte ab 22 Uhr
Jamsession So ab 0.30 Uhr bei freiem
Eintritt
Berliner Szene- und Weltklasse-Ensembles
präsentieren vorwiegend Modern Jazz und
Avantgarde.
Den Hunger vor und nach dem Konzert
kann man im Jazzcafé gegenüber stillen
(Grolmanstr. 53).

Badenscher Hof
Badensche Str. 29, Wilmersdorf
U7/9: Berliner Straße
℡ (030) 861 00 80, www.badenscher-hof.de
Mo–Fr ab 16, So ab 18 Uhr
Konzerte Di/Mi, Fr/Sa ab 21 Uhr
Jazzclub, Musikcafé, Restaurant.

b-flat
Rosenthaler Str. 13, Mitte
U8, Tram M1/8: Rosenthaler Platz
℡ (030) 283 31 23, www.b-flat-berlin.de
So–Do ab 20, Fr/Sa ab 21 Uhr

Modern Jazz aus Berlin und mit internationalen Gästen sowie Acoustic Music; täglich Live-Programm

Jazzinstitut Berlin
Einsteinufer 43–53, Tiergarten
U2: Ernst-Reuter-Platz
℡ (030) 318 51 35
www.jazz-institut-berlin.de
Eintritt frei
Am gemeinsamen Ausbildungsort der Musikhochschulen UdK und Hanns Eisler geben Studierende in unterschiedlichen Formationen Konzerte.

Quasimodo
Kantstr. 12a, Charlottenburg
U-/S-Bahn: Zoologischer Garten
℡(030) 312 80 86, www.quasimodo.de
Tägl. ab 21, Livemusik ab 22 Uhr, Mi Jamsession
Beliebter Jazzkeller mit Tradition unter dem Delphi-Filmpalast. Auftritte von jungen Talenten und Stars der Szene. Auch Funk, Soul, Latin, Blues, Rock.

Yorckschlösschen
Yorckstr. 15, Kreuzberg
U6/7: Mehringdamm
℡(030) 215 80 70
www.yorckschloesschen.de
Tägl. ab 10, Mitte Okt.–Mitte April ab 17 Uhr, Mi/Sa Livemusik, im Winter auch Do/Fr, So ab 11 Uhr: Jazz zum Brunch
Seit über 100 Jahren eine Institution in Berlin und seit den 1970er Jahren eine »Heimat für Jazz und Blues« aus Berlin. Nostalgische Einrichtung, schöner Sommergarten, zentraleuropäische Küche.

Zosch
Tucholskystr. 30, Mitte
S1/2/25: Oranienburger Straße
Tel. (030) 280 76 64
www.zosch-berlin.de
Tägl. ab 16 Uhr, Konzerte ab ca. 20 Uhr
Veranstaltungskneipe in einem Haus, das noch so aussieht wie zu DDR-Zeiten, mit Jazzkonzerten im Keller.

Neue Musik

Unerhörte Musik im BKA
Mehringdamm 34, Kreuzberg
U6/7: Mehringdamm
℡ (030) 202 20 07

Das Radialsystem V versteht sich als Ort kreativer Entwicklung und offener Raum für den Dialog der Künste in Berlin

www.bka-theater.de
www.unerhoerte-musik.de
Seit 25 Jahren immer dienstags, 20.30 Uhr: »Die Unerhörte Musik« bietet häufig Uraufführungen und zeitgenössische Konzerte mit Musik des 20. und 21. Jh.

Radialsystem V
Holzmarktstr. 33, Friedrichshain
S5/7/75: Ostbahnhof
℡ (030) 28 87 88 50, www.radialsystem.de
Das Forum für die darstellender Künste in einem ehemaligen Pumpwerk an der Spree bringt unterschiedliche Genres zusammen: Alte Musik und DJs, Tanz und Performance, außerdem Konzerte im Liegen sowie Neue Musik in Zusammenarbeit mit den Festivals Ultraschall Berlin und MaerzMusik. Mit schöner Café-Terrasse an der Spree, geöffnet während der Veranstaltungszeit.

Sophiensaele
Sophienstr. 18, Mitte
U8: Weinmeisterstraße,
S5/7/75: Hackescher Markt
℡ (030) 283 52 66, www.sophiensaele.com
Spielort und Produktionsstätte für Neue Musik (Ultraschall Berlin, MaerzMusik), freies Theater und Performance in den ehemaligen Festsälen des 1902 erbauten Hauses für den Berliner Handwerkerverein.

Theater
Von Brecht bis Performance

Opulente Show und große Oper, Etabliertes und Experimentelles, Tradition und Avantgarde, leichte Unterhaltung und anspruchsvolle Kost, Staatsballett und Tanzperformance, Kinder- und Jugendtheater, Musical, Kabarett, Revue und Varieté: Wer aktuelle Bühnenkunst in all ihren Spielarten erleben will, findet ein riesiges Angebot. Berlin ist die deutsche Theatermetropole mit traditionsreichen Sprechbühnen, innovativen Ensembles und mit drei herausragenden Opernhäusern eine der weltweit bedeutenden Städte des Musiktheaters. Zur aufregenden Vielfalt Berlins tragen aber auch – geschätzt – Hunderte freier Gruppen und Projekte bei, die allabendlich für ein abwechslungsreiches Programm sorgen.

Tickets

Begehrte Eintrittskarten sollte man möglichst frühzeitig bestellen, beim jeweiligen Veranstalter/Theater oder unter
www.berlin-buehnen.de
www.eventim.de
www.oper-in-berlin.de
www.ticketonline.de, ✆ 01806-447 00 00
sowie bundesweit an Vorverkaufsstellen.
Kurzentschlossene erhalten, sofern verfügbar, **Last-Minute-Tickets** für denselben Abend (bis zu 50 % Rabatt) bei:

Hekticket
– Karl-Liebknecht-Str. 13
– Hardenbergstr. 29 D
✆ (030) 230 99 30

www.hekticket.de
Tägl. außer So ab 14 Uhr
Ermäßigte Tickets für einige Aufführungen am selben Tag gibt es auch in den Filialen der Berlin Tourist Information (vgl. Service).

Oper, Operette, Ballett, Musical

Deutsche Oper Berlin
Bismarckstr. 35, Charlottenburg
U2: Deutsche Oper
✆ (030) 34 38 43 43
www.deutscheoperberlin.de
Das größte Opernhaus (1859 Plätze mit besten Sichtverhältnissen) der Stadt pflegt das klassische Repertoire, widmet sich aber auch Opern des 20. Jh.

Im September 1961 eingeweiht: die Deutsche Oper an der Bismarckstraße

Hauptstadtoper
Verein zur Förderung der Musik-
theaterkunst e. V.
Landsberger Allee 61, Friedrichshain
✆ (030) 36 44 44 66
www.hauptstadtoper.de
In der kleinsten Oper Berlins kann man Sänger und Musiker hautnah erleben.
Im Programm u.a. musikalisches Kabarett
und Uraufführungen.

Komische Oper Berlin
Behrenstr. 55–57, Mitte
U6: Französische Straße
✆ (030) 47 99 74 00
www.komische-oper-berlin.de
Intendant Barrie Kosky holte für sein Haus
mit frischen Inszenierungen auf künstlerisch
hohem Niveau, darunter glanzvolle Ope-
retten, schon nach seiner ersten Spielzeit
die Auszeichnung »Opernhaus des Jahres
2013«.

Neuköllner Oper
Karl-Marx-Str. 131–133, Neukölln
U7: Karl-Marx-Straße
✆ (030) 68 89 07 77
www.neukoellneroper.de
Originelles Off-Musiktheater, das immer
wieder mit Ausgrabungen und pfiffigen
Eigenproduktionen begeistert.

Staatsballett Berlin
✆ (030) 206 09 26 30
www.staatsballett-berlin.de
Das größte Ballettensemble Deutschlands
tritt in allen drei Opernhäusern auf. Der
Spielplan umfasst Klassisches Ballett ebenso
wie zeitgenössische Choreografien.

Staatsoper im Schillertheater
Bismarckstr. 110, Charlottenburg
U2: Ernst-Reuter-Platz
✆ (030) 20 35 45 55 (Kasse)
www.staatsoper-berlin.de
Während der Sanierung der Staatsoper
Unter den Linden dient das Schillertheater
(voraussichtlich bis 2016) als Ausweich-
spielstätte. Intendant Jürgen Flimm und
Generalmusikdirektor Daniel Barenboim
stehen für hochkarätige Aufführungen
mit Stargästen wie Placido Domingo, Anna
Netrebko oder Rolando Villazón.

Stage Theater am Potsdamer Platz
Marlene-Dietrich-Platz 1, Tiergarten

U-/S-Bahn: Potsdamer Platz
✆ 01805-44 44
www.stage-entertainment.de
»Hinterm Horizont«, das Berlin-Musical
mit den Hits von Udo Lindenberg, erlebte
bereits mehr als 1000 Aufführungen.

Stage Theater des Westens
Kantstr. 12, Charlottenburg
U-/S-Bahn: Zoologischer Garten
✆ 01805-44 44
www.stage-entertainment.de
Auf der traditionsreichen Bühne machte
»Gefährten«, die erste deutschsprachige
Fassung der internationalen Erfolgsproduk-
tion »War Horse« Station. Programm seit
Oktober 2014: Mamma Mia (ABBA).

Theater

Ballhaus Ost
Pappelallee 15, Prenzlauer Berg
U2, Tram M1/10/12: Eberswalder Straße
✆ (030) 44 03 91 68
www.ballhausost.de
Ein Ort für Künstler der freien Szene, die
sich in vielfältigen Genres präsentieren:
Theater, Tanz, Performance, Puppenspiel.
Lesungen.

Ballhaus Naunynstraße
Naunynstr. 27, Kreuzberg
U1/8: Kottbusser Tor
✆ (030) 75 45 37 25
http://www.ballhausnaunynstrasse.de
Wagner Carvalho und Tunçay Kulaoğlu
führen die erfolgreiche Arbeit von Shermin
Langhoff fort, die seit 2013 Intendantin
am Gorki ist. Die Themen der Stücke und
Performances kreisen um die Lebenswirk-
lichkeit von Migranten.

Berliner Ensemble
Bertolt-Brecht-Platz 1, Mitte
U-/S-Bahn: Friedrichstraße
✆ (030) 284 08-155 (Kasse)
www.berliner-ensemble.de
Bert Brecht hat das 1891 erbaute Theater
am Schiffbauerdamm mit »seinem« Ensemble berühmt gemacht. Seit 1999 sorgt

205

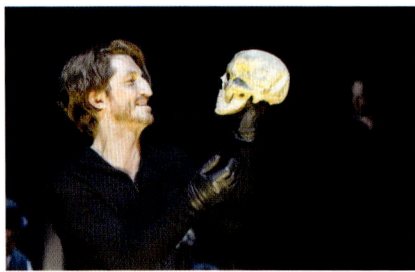

Christopher Nell in Shakespeares Hamlet in einer aktuellen Inszenierung von Leander Haußmann am Berliner Ensemble

Intendant und Regisseur Claus Peymann für diskussionswürdige Inszenierungen. Zu den Hausregisseuren gehört Bob Wilson.

Deutsches Theater/Kammerspiele/ Box & Bar
Schumannstr. 13 A, Mitte
U6: Oranienburger Tor
℡ (030) 284 41-225, -226
www.deutschestheater.de
Intendant Ulrich Khuon bringt mit einem hervorragenden Ensemble und Stamm-regisseuren klassische Theaterstücke und zeitgenössische Dramatik, oft mit Autoren gemeinsam entwickelt, auf die einst von Max Reinhardt geprägte Bühne. Auf zwei

weiteren Schauplätzen im Haus experimen-tiert u. a. der Nachwuchs.

Gorki
Am Festungsgraben 2, Mitte
Tram M1: Am Kupfergraben
℡ (030) 20 22 11 15, www.gorki.de
Ein junges internationales Ensemble unter Leitung der Intendantin Shermin Langhoff konfrontiert klassische Stoffe und neue Stücke mit den Realitäten der Stadt und erkundet gesellschaftliche (Um-)Brüche.

Grips-Theater
Altonaerstr. 22, Tiergarten
U9: Hansaplatz
Grips im Podewil: Klosterstr. 68, Mitte,
U2: Klosterstraße, ℡ (030) 39 74 74 77
www.grips-theater.de
Kinder, Jugendliche und Erwachsene lieben das Ensemble, das mit Witz und Grips zum Nachdenken über aktuelle Themen und Probleme verführt. Dauerbrenner ist die musikalische Revue »Linie 1«.

HAU Hebbel am Ufer
HAU1: Stresemannstr. 29
HAU2: Hallesches Ufer 32
HAU3: Tempelhofer Ufer 10
U1/6: Hallesches Tor, U1: Möckernbrücke
Kreuzberg, ℡ (030) 25 90 04 27
www.hebbel-am-ufer.de
Ein Name, ein Konzept, drei Spielstätten für Avantgarde und innovative Projekte der Berliner und der internationalen Szene: Theater, Tanz und Performance treffen auf Musik, Videokunst und Debatten.

Das Hebbel am Ufer ist mit drei Bühnen breit aufgestellt und zeigt ein internationales Programm

Haus der Berliner Festspiele

Schaperstr. 24. Wilmersdorf
U9: Spichernstraße
℡ (030) 25 48 90, www.berlinerfestspiele.de
Hauptspielstätte für diverse Festivals und
Reihen der Berliner Festspiele (Theater-
treffen, Foreign Affairs, Jazz-Fest).

Monbijoutheater

Monbijoustr., Mitte
S1/2/25: Oranienburger Straße
℡ (030) 288 86 69 99 (Tickets)
www.hexenkessel-hoftheater.de
In der Open-Air-Arena hat man immer gut
lachen, egal ob mit Shakespeare, Molière
oder den Meistern der Commedia dell'Arte
(Mai–Sept.). Im Winter wird die »Märchen-
hütte« auf dem Bunkerdach nebenan zur
zünftigen Bühne mit Aufführungen für
Kinder und Erwachsene.

*Oskar Kaufmann, der Architekt des Hebbel-
Theaters (heute HAU1), entwarf auch die
Volksbühne am Rosa-Luxemburg-Platz*

Renaissance-Theater

Knesebeckstr. 100, Charlottenburg
U2: Ernst-Reuter-Platz
℡ (030) 312 42 02
www.renaissance-theater.de
Das einzige Art-déco-Theater Europas
ist ein architektonisches Schmuckstück.
Meist glänzen Stars aus Bühne, Film und
Fernsehen in Ur- und Erstaufführungen von
Stücken des gehobenen Boulevard.

Schaubühne am Lehniner Platz

Kurfürstendamm 153, Wilmersdorf
U7: Adenauerplatz
℡ (030) 89 00 23 (Kasse)
www.schaubuehne.de
Aktuelle Inszenierungen klassischer und
zeitgenössischer Dramen.

Schlosspark Theater

Schloßstr. 48, Steglitz
U-/S-Bahn: Rathaus Steglitz
℡ (030) 217 67 74
www.schlossparktheater.de
Dieter Hallervorden belebt das traditionsreiche Theater mit unterhaltsamen Stücken.

Shakespeare Company Berlin

Spielort: Naturpark Schöneberger Südgelände, Prellerweg 35, Tempelhof
S2/25: Priesterweg
Bei gutem Wetter: Freilichtbühne am Wasserturm, bei Regen: Bühne in der Lokhalle
Tickets: ℡ (030) 20 60 56 36
www.shakespeare-company.de

Viel Spaß mit Shakespeare: Die Truppe
spielt mit Lust und Leidenschaft in der
(Rest-)Kulisse des Globe-Theaters aus Roland Emmerichs Shakespeare-Film.

Theater und Komödie am Kurfürstendamm

Kurfürstendamm 206–209
Charlottenburg, U1: Uhlandstraße
℡ (030) 88 59 11 88
www.komoedie-berlin.de
Komödien-Klassiker, moderne Stücke und
Musical-Adaptionen gespielt von Stars aus
Film und Fernsehen.

Volksbühne

Rosa-Luxemburg-Platz, Mitte
U2: Rosa-Luxemburg-Platz
℡ (030) 24 06 57 77
www.volksbuehne-berlin.de
Frank Castorf und Gleichgesinnte sorgen
für unkonventionelle Inszenierungen
klassischer und zeitgenössischer Stücke
im großen Saal. Im Roten und im Grünen
Salon: Lesungen, Musikalisches, Tanz.

Kabarett

BKA

Mehringdamm 34, 5. Etage, Kreuzberg
U6/7: Mehringdamm
℡ (030) 202 20 07
www.bka-theater.de
Perlen der Kleinkunst von Comedy über
Kabarett bis zu Liederabenden und jede
Woche einmal »Unerhörte Musik«.

Theater

Von Anbeginn im Heimathafen Neukölln dabei: die »Rixdorfer Perlen«

Die Stachelschweine
Europa-Center, Tauentzienstr. 9–12
Charlottenburg
U-/S-Bahn: Zoologischer Garten
℗ (030) 261 47 95
www.diestachelschweine.de
(West-)Berliner Institution seit über 60 Jahren: Mit vergnüglichem Biss gegen Politik und Gesellschaft.

Die Wühlmäuse
Berliner Kabarett-Theater
Pommernallee 2–4, Charlottenburg
U2: Theodor-Heuss-Platz
℗ (030) 30 67 30 11, www.wuehlmaeuse.de
Die Stars des Kabaretts zu Gast bei Didi Hallervorden.

Kabarett-Theater Distel
Friedrichstr. 101, Mitte
U-/S-Bahn: Friedrichstraße
℗ (030) 204 47 04, www.distel-berlin.de
Das satirische Ost-Pendant zu den Stachelschweinen versteht sich heute als »Stachel am Regierungssitz«.

Mehringhof Theater
Gneisenaustr. 2 A, Kreuzberg
U6/7: Mehringdamm
℗ (030) 691 50 99
www.mehringhoftheater.de
Politisches Kabarett; ein Hit ist die Jahresend-Revue.

Quatsch Comedy Club
Friedrichstraße 107, Mitte
U-/S-Bahn: Friedrichstraße
℗ (030) 27 87 90 30
www.quatsch-comedy-club.de
Stars, Sternchen und Newcomer der Comedyszene gastieren auf der kleinen Bühne im Friedrichstadtpalast.

Kieztheater

Heimathafen Neukölln
Karl-Marx-Straße 141, Neukölln
U7: Karl-Marx-Straße
℗ (030) 56 82 13 33, 30 61 10 13 13
www.heimathafen-neukoelln.de
Szene-Volkstheater von Pop bis Comedy und Polit-Satire (nicht nur) für das Neuköllner Volk.

Nottkes das KiezTheater
Jungfernstieg 4 C, Lichterfelde
S2/25: Lichterfelde-Ost
℗ (030) 92 27 40 62
www.nottkes-daskieztheater.de
Katja Nottke, Schauspielerin, Sängerin und Dramaturgin, spielt, singt, inszeniert und lädt andere Kiezgrößen auf ihre kleine Bühne ein.

Prime Time Theater
Müllerstr. 163, Eingang Burgsdorfstraße
Wedding, U6, S41/42: Wedding
℗ (030) 49 90 79 58
www.primetimetheater.de
»Gutes Wedding, schlechtes Wedding« zur besten Sendezeit (20.15 Uhr): Die Theater-Live-Soap über das Multikulti-Leben im Wedding und seinem »Umland« ist Kult!

Theater O-TonArt
Kulmer Str. 20 A, Schöneberg
S1/2/25: Yorckstraße
℗ (030) 37 44 78 12, www.o-tonart.de
Comedy und freche Chansons im (Hinter-) »Hoftheater für königliche Unterhaltung«.

Varieté, Revue, Show

Admiralspalast
Friedrichstr. 101–102, Mitte
U-/S-Bahn: Friedrichstraße
℗ (030) 47 99 74 99, www.admiralspalast.de
Konzerte, Kabarett, Comedy, Shows und Theater im prachtvoll restaurierten historischen Ambiente.

Bar jeder Vernunft
Schaperstr. 24, Wilmersdorf
U3/9: Spichernstraße
✆ (030) 883 15 82
www.bar-jeder-vernunft.de
In dem Jugendstil-Spiegelzelt treten die
großen Stars der Kleinkunst sowie junge
Unbekannte auf.

Chamäleon
Rosenthaler Str. 40/41, Mitte
S-Bahn: Hackescher Markt
✆ (030) 400 05 90
www.chamaeleon-variete.de
Hochkarätige Artistik-Shows in einem tol-
len Jugendstil-Ballsaal in den Hackeschen
Höfen.

Estrel Festival Center
Estrel Hotel, Sonnenallee 225, Neukölln
S41/42: Sonnenallee
✆ (030) 68 31 68 31
www.estrel.com
Doppelgänger-Revue »Stars in Concert«.
Die Doubles der Beatles haben eine eigene
Show.

Friedrichstadtpalast
Friedrichstr. 107, Mitte
U6: Oranienburger Tor
✆ (030) 23 26 23 26, www.show-palace.eu
www.friedrichstadtpalast.de
Aufwendig inszenierte Shows mit Tanz,
Musik und Akrobatik sowie mit allen opti-
schen und technischen Raffinessen auf der
größten Bühne der Welt.

Stage Bluemax Theater
Marlene-Dietrich-Platz 4, Tiergarten
U-/S-Bahn: Potsdamer Platz
✆ (030) 25 92 44 50, www.bluemangroup.de
Die »blauen Männer« der Blue Man Group
haben ein eigenes Theater für ihre mitrei-
ßende Show mit Trommeln und viel Farbe.

TIPI – Das Zelt am Kanzleramt
Große Querallee, Mitte, U55: Bundestag,
Bus 100: Haus der Kulturen der Welt
✆ (030) 39 06 65 50, www.tipi-das-zelt.de
Im Wechsel: Highlights aus Show, Chanson
und Kabarett.

Ufa-Fabrik
Viktoriastr. 10–18, Tempelhof
U6: Ullsteinstraße
✆ (030) 75 50 30, www.ufafabrik.de
Kino, Kabarett, Theater, Kleinkunst,
Comedy, Varieté, Tanz auf dem einstigen
Filmgelände der Ufa.

Wintergarten Varieté Berlin
Potsdamer Str. 96, Tiergarten
U1: Kurfürstenstraße
✆ (030) 58 84 33
www.wintergarten-berlin.de
Artistik, Illusion und Zauberei, Tanz, Musik
und Komik in wechselnden Shows.

Praktisch: Im TIPI können Sie vor der Vorstellung speisen und anschließend die Show genießen

209

Shopping

Einkaufsmeilen, Luxuskaufhäuser und Szeneshops

Die Vielfalt an Shopping-Möglichkeiten in Berlin ist riesig. Anders als in anderen deutschen Städten hat Berlin jedoch aufgrund seiner Geschichte weder *das* Zentrum noch *die* Fußgängerzone. Das ureigene Lebensgefühl der Metropole spiegelt sich in den verschiedenen Kiezen wieder. Jeder Kiez ist eine kleine Welt für sich, mit unverwechselbarem Gesicht und Charakter. Gerade in den Szenebezirken Mitte, Friedrichshain, Kreuzberg und Prenzlauer Berg sind sehr viele kleine Boutiquen und Concept Stores junger Designer ansässig. Darüber hinaus gibt es in jedem Stadtteil gleich mehrere Einkaufszentren. Der **Kurfürstendamm**, kurz Ku'damm, ist die wohl berühmteste Prachtstraße im westlichen Teil der Stadt, er zählt zu den noblen Einkaufsadressen Berlins. Zwischen Uhlandstraße und Adenauerplatz trifft sich die internationale Markenwelt aus Luxus, Lifestyle und Design.

Auf Höhe der Kaiser-Wilhelm-Gedächtnis-Kirche am **Breitscheidplatz** geht die Flaniermeile über in die **Tauentzienstraße** mit Geschäften zahlreicher internationaler Modeketten. Direkt am **Wittenbergplatz** liegt das **Kaufhaus des Westens** (**KaDeWe**). Das größte Warenhaus des europäischen Festlands lockt seit 1907 mit erstklassigen Produkten, exklusiven Luxusartikeln und außerordentlichem Gourmetangebot. Der **Zoobogen** an der Budapester Straße mit seinem architektonischen Herzstück aus den 1950er Jahren, dem **Bikinihaus**, ist nach der Umbauphase seit 2014 ein Besuchermagnet. Die urbane Markthalle mit zeitlich begrenzt zu mietenden Holzständen bietet alles andere als das übliche Standardprogramm eines Shoppingcenters. Auch die **Mall of Berlin** am Leipziger Platz ist seit dem Sommer 2014 ein neues Einkaufsziel. Dort, wo 1897 das berühmte Warenhaus Wertheim eröffnete, knüpft die Mall an alte Traditionen an und bildet eine Verbindung von Potsdamer Platz und Friedrichstraße.

Nur eine deutsche Filiale betreibt das französische Kaufhaus Galeries Lafayette – in Berlin

Die **Friedrichstraße** ist der zweite sehr beliebte Einkaufs-Boulevard. Als Nord-Süd-Achse im Herzen Berlins vereint sie in sich ausschnitthaft all das, was die Stadt in den letzten 100 Jahren prägte: von den Amüsierbetrieben der Goldenen Zwanziger über den geschichtsträchtigen Checkpoint Charlie bis zur Architektur des neuen Berlins. Zwischen Showrooms von Autoherstellern und Edelboutiquen haben auch die **Galeries Lafayette** hier ihre einzige Dependance in Europa außerhalb Frankreichs. Internationale Designerware aus den Bereichen Mode, Schmuck und Accessoires findet man in den **Friedrichstadtpassagen** in den **Quartieren 205** und **206**.

Viele junge Designer haben sich in der Spandauer Vorstadt zwischen **Hackescher Markt** und **Rosenthaler Platz** angesiedelt. In der **Alten** und **Neuen Schönhauser Straße,** der **Mulack-, Gips-** und **Münzstraße** reiht sich ein Fashion-Store an den anderen. Un-

Shoppen in der Neuen Schönhauser Straße

verwechselbare Mode, ausgefallenes Schuhwerk, Schmuck und Accessoires und Souvenirs gibt es auch in Europas größtem Hofensemble: den **Hackeschen Höfen**.

Weiter östlich in der **Kastanienallee** und **Oderberger Straße** haben sich ebenfalls viele junge internationale Marken und einheimische Modeschaffende mit ihren Läden und Ateliers niedergelassen. Der Stadtteil Friedrichshain wird nicht um sonst »Fashionhain« genannt: Rund um die **Wühlisch-** und **Kopernikusstraße** werden Szene-Shopper fündig. Ebenso wie im **Reuterkiez** und in der **Bürknerstraße** in Nordneukölln (Kreuzkölln) oder der **Bergmannstraße** in Kreuzberg. In etlichen **Factory Outlets** gibt es außerdem neben Schnäppchen aus den Bereichen Mode, Schuhe und Schmuck auch Porzellan, Schokolade, Gebäck und Feinkost zu günstigen Preisen.

Charlottenburg – Wilmersdorf

Antiquitäten & Bücher:

Antiquariat Düwal
Schlüterstraße 17
Charlottenburg
Bus M49: Schlüterstraße
℡ (030) 313 30 30, www.duewal.de
Mo–Fr 15–18, Sa 11–14 Uhr und nach Vereinbahrung
Bekannt für seine wertvollen Bücher: deutsche Literatur in Erst- und Gesamtausgaben, alte Drucke, wissenschaftliche Bücher und solche aus diversen Sammelgebieten. Es werden auch Suchaufträge entgegengenommen oder ganze Bibliotheken nach Wunsch des Kunden erstellt.

Antiquitäten
Suarezstr. 3–63, Charlottenburg
U2: Sophie-Charlotte-Platz
www.suarezstrasse.com
Die Suarezstraße und unmittelbare Umgebung gilt als Berlins Antiquitätenmeile.

Bücherbogen am Savignyplatz
Stadtbahnbogen 593
Charlottenburg
S5/7/75: Savignyplatz
℡ (030) 31 86 95 11
www.buecherbogen.com/savigny.html
Mo–Fr 10–20, Sa bis 18 Uhr
Die Buchhandlung gibt es bereits seit 1980. Sie ist für ihr internationales Sortiment an Fachbüchern zu Architektur, Kunst, Fotografie und Design bekannt.

Elektronik:

Apple Store
Kurfürstendamm 26, Charlottenburg
U1/9, Bus M19/M29/M46/109:
Kurfürstendamm
℡ (030) 590 09 00 00
www.apple.com/de/retail/kurfuerstendamm
Tägl. außer So 10–20 Uhr
Seit 2013 hat Berlin einen Apple Flagship-
store. In den ehemaligen Räumlichkeiten
der Filmbühne Wien finden Liebhaber alle
Produkte mit dem Logo des angebissenen
Apfels.

Feinkost & Co:

Berliner Kaffeerösterei
Uhlandstr. 173, Charlottenburg
U1: Uhlandstraße
℡ (030) 88 67 79 20
www.berliner-kaffeeroesterei.de
Mo–Sa 9–20, So 10–19 Uhr
In einer der letzten Privatmanufakturen
kann man aus vielen verschiedenen
Kaffeesorten wählen, darunter auch sehr
exotische. Mit Café.

Hamann Erich Schokoladenmanufaktur
Brandenburgische Str. 17, Charlottenburg
U7, Bus 101: Konstanzer Straße
℡ (030) 873 20 85
www.hamann-schokolade.de
Mo–Fr 9–18, Sa bis 13 Uhr
Hier entsteht seit 1912 die herbe Berliner
Schokolade mit der blauen Schleife.

Im Ladengeschäft der Berliner Kaffeerösterei

Rogacki
Wilmersdorfer Str. 145/146
Charlottenburg
U1/7: Bismarckstraße
℡ (030) 343 82 50, www.rogacki.de
Mo–Mi 9–18, Do 9–19, Fr 8–19, Sa 8–16 Uhr
Der traditionsreiche Familienbetrieb gehört
zu den bekanntesten Delikatessengeschäf-
ten Berlins. Mit Imbissständen.

Kaufhäuser:

KaDeWe
Tauentzienstr. 21–24, Charlottenburg
U1–3, Bus M19/M29/M46: Wittenbergplatz
℡ (030) 212 10
www.kadewe.de
Mo–Do 10–20, Fr 10–21, Sa 9.30–20 Uhr
Auf sechs Etagen gibt es hier Feinstes aus
den Bereichen Mode, Kosmetik, Schmuck,
Bücher, CDs sowie Wohnaccessoires. Das
absolute Highlight des Hauses ist die Fein-
kostabteilung im sechsten Stockwerk.

Stilwerk
Kantstr. 17, Charlottenburg
U-/S-Bahn: Zoologischer Garten
℡ (030) 31 51 50
www.stilwerk.de
Stores Mo–Sa 10–19, Haus Mo–Sa 8–22,
So 11–22 Uhr
Rund 50 Geschäfte bieten ein hochklassiges
Markenangebot aus den Bereichen Einrich-
tung und Wohndesign. Einen tollen Aus-
blick bietet die Dachterrasse des Hauses.
Zum Schaufensterbummel auch sonntags
geöffnet.

Kosmetik:

Kiehl's since 1851
Kurfürstendamm 21, Charlottenburg
U1/9, Bus M19/M29/M46/109:
Kurfürstendamm
℡ (030) 88 91 36 91, www.kiehls.com
Tägl. außer So 11–20 Uhr
Das Kosmetiklabel aus New York, das einst
aus einer Apotheke hervorging, steht für
innovative und hochwertige Pflegeproduk-
te für Haut und Haar.

The English Scent
Goethestr. 15, Charlottenburg
S-Bahn: Savignyplatz
℡ (030) 324 46 55
www.english-scent.de

Mo/Di, Do/Fr 10–14 und 15–18.30, Mi
14–18.30, Sa 10–15 Uhr
Die britischen Düfte sind wie maßgeschnei-
derte Kleidung. Viele der Herrendüfte sind
ebenso für Frauen geeignet. Außerdem
führt der altmodisch eingerichtete Laden
auch Seifen, Rasierschaum und andere
Kosmetika.

Mode & Design:

14 oz. (im Haus Cumberland)
Kurfürstendamm 194, Charlottenburg
Bus M19/M29/M46/109: Bleibtreustraße
℡ (030) 88 92 18 14
www.14oz-berlin.com/berlin
Tägl. außer So 10–19 Uhr
Im vorderen Teil des herrschaftlichen
Hauses führt der Gründer der Modemesse
Bread & Butter Karl-Heinz Müller einen
Store mit hochpreisiger Markenware aus
den Bereichen Casual, Urban und Denim
Wear. Filiale in Mitte, Neue Schönhauser
Str. 13.

Friedrichshain

Mode & Design:

Zartbitter
Wühlischstr. 27, Friedrichshain
Tram M13: Wühlischstraße/Gärtnerstraße
℡ (030) 20 05 33 07
Mo–Fr 11.30–20, Sa 11–18 Uhr
So wie Schokolade sorgt auch dieser Shop
für Glücksgefühle beim Shoppen. Ein
großes Jeanssortiment und Regale voller
bekannter skandinavischer Labels.

Broke & Schön Shop Berlin
Krossener Str. 9/10, Friedrichshain
Tram M13: Simplonstraße
℡ (030) 77 90 65 34
www.facebook.com/brokeundschoen
Mo–Fr 11.30–20, Sa 11–19 Uhr
Ein kleiner Laden voll mit Vintage inspi-
rierten Kleidern, Taschen, Schuhen und
einzigartigen Accessoires.

kaufbar
Gärtnerstr. 4, Friedrichshain
Tram M13: Wühlisch-/Gärtnerstraße
℡ (030) 29 77 88 25, www.kaufbar-berlin.de
Di–Do 15–24, Fr–Mo 10–24 Uhr
In der Cafébar ist grundsätzlich alles kauf-
bar – von der Tasse, aus der man gerade

seinen Kaffee trinkt, über die Stehlampe
in der Ecke bis hin zum Sofa, auf dem der
Nachbar sitzt.

Musik:

HHV.de selected Store
Revaler Str. 9, Friedrichshain
Tram M10/M13: Revaler Straße
℡ (030) 66 30 98 03
www.selectedstore.de
Tägl. außer So 12–20 Uhr
Eine tolle Auswahl an Platten und Street-
wear bietet hhv.de in seinem minimalistisch
eingerichteten selected store.

Kreuzberg

Feinkost & Co:

**Knofi – Feinkostspezialitäten vom
Mittelmeer**
Bergmannstr. 11 und 98, Kreuzberg
U6/7: Mehringdamm
℡ (030) 69 56 43 59
www.knofi.de
Tägl. 7–24 Uhr
Das Knofi ist Café, Galerie und Feinkostge-
schäft in einem. Besonders zu empfehlen
sind die hausgemachten Pasten.

Kochhaus Kreuzberg
Bergmannstr. 94, Kreuzberg
U7: Gneisenaustraße
www.kochhaus.de/kochhaus-kreuzberg
Mo–Fr 10–21, So 13–18 Uhr
Gegliedert nach Vor-, Haupt- und Nach-
speisen sind das Rezept und alle benö-
tigten Zutaten für das jeweilige Gericht
an einem Tisch zu finden. Darüber hinaus
bietet das Kochhaus diverse Spezialitäten,
Kochutensilien sowie Kaffee und Snacks an.
Weitere Fialen befinden sich in Schöneberg
in der Akazienstr. 1 und in Prenzlauer Berg
in der Schönhauser Allee 46.

Mode & Design:

Molotow
Gneisenaustr. 112, Kreuzberg

U6/7: Mehringdamm
☎ (030) 693 08 18
www.molotowberlin.de
Mo–Fr 13–18, Sa 12–16 Uhr
Seit beinahe 30 Jahren wird in dem Laden ausschließlich Mode von heimischen Designern präsentiert.

Voo Store
Oranienstr. 24, Kreuzberg
U1/8: Kottbusser Tor, Bus M29/140: Adalbert-/Oranienstraße
☎ (030) 61 65 11 19, www.vooberlin.com
Tägl. außer So 11–20 Uhr
In dem abgerockten Hinterhof findet man in Loftatmosphäre tolle Stücke von Labeln wie Acne, Kenzo, Wood Wood oder Stutterheim – Mode und Accessoires vom Feinsten.

Schuhe:

Trippen Factory Outlet
Köpenicker Str. 187, Kreuzberg
U1: Schlesisches Tor
☎ (030) 280 75 17, www.trippen.com
Tägl. außer So 10–18 Uhr
Hochwertige und stilvolle Lederschuhe, die nachhaltig gefertigt sind, haben ihren Preis. Der Fabrikverkauf des Berliner Schuhherstellers Trippen bietet Schnürschuhe, Sandalen und Stiefel der Vorjahreskollektion sowie Einzelpaare des aktuellen Angebots zu reduzierten Preisen. Erhältlich sind sowohl Damen-, Herren- als auch Kinderschuhe.

Szene-Shopping im Voo Store in Kreuzberg

Zalando Outlet Store Berlin
Köpenicker Str. 20, Kreuzberg
U1: Schlesisches Tor, Bus 140: Manteuffel-/Köpenicker Straße
☎ (0800) 990 03 33, www.zalando.de
Tägl. außer So 11–20 Uhr
Alle Zalando-Kunden können am Kreuzberger Spreeufer zum Schnäppchenpreis Schuhe und Modeartikel erwerben. Die dazu nötige Zalando-Outlet-Card kann auch vor Ort ausgestellt werden.

Mitte-Tiergarten

Bücher:

Dussmann Kulturkaufhaus
Friedrichstr. 90, Mitte
U-/S-Bahn: Friedrichstraße
☎ (030) 20 25 11 11
www.kulturkaufhaus.de
Mo–Fr 9–24, Sa 9–23 Uhr
Auf fünf Etagen wird hier eine riesige Auswahl an Büchern, Musik und Papeterie geboten. Eine Oase der Entspannung ist das Restaurant-Café mit dem **vertikalen Garten** des französischen Botanikers und Gartenkünstlers Patrick Blanc.

Ocelot, not just another bookstore
Brunnenstr. 181, Mitte
U8, Tram M1/M8/12: Rosenthaler Platz
www.ocelot.de
Tägl. außer So 10–20 Uhr
Die schönen Räumlichkeiten, das ausgewählte Sortiment an Büchern und eReadern sowie das feine Kaffee- und Zeitungsangebot lassen einen gern länger verweilen und machen den Buchkauf zu einem tollen Erlebnis.

Elektronik:

Sony Store
Potsdamer Str. 4
Tiergarten
U-/S-Bahn: Potsdamer Platz
☎ (030) 25 75 11 88
www.sonycenter.de
Tägl. außer So 11–19 Uhr
Der Sony Store im Sony Center am Potsdamer Platz ist deutschlandweit der einzige Flagshipstore des Unternehmens und damit eine Top-Adresse, wenn es um japanische Unterhaltungselektronik geht.

Feinkost & Co:

Atelier Cacao
Linienstr. 139/140, Mitte
U6, Tram M1/M6/12: Oranienburger Tor
✆ (030) 34 50 26 80
www.atelier-cacao.de
Tägl. außer So 9–18 Uhr
In der Schokoladenmanufaktur gibt es
handgemachte Pralinen, Torten und Schokolade in Bio-Qualität. In dem angeglieder-
ten Café mit Kinderspielecke und ruhigem
Innenhof kann man sich dem süßen Genuß
gleich hingeben. Führungen geben Einblick
in die Arbeit der Manufaktur. Wer auf den
Geschmack kommt, bucht einen der Scho-
koladen- oder Pralinenkurse.

Cemilzade Confiserie Orientale
Linienstr. 113, Mitte
S1/2/25: Oranienburger Straße
✆ (030) 60 92 59 57
www.confiserie-orientale.com
Di–Fr 11–19, Sa 12–18 Uhr
Einen guten Lokum erkennt man daran,
dass er nicht an den Zähnen klebt. Die
türkische Süßigkeit wird von einem der
besten Konditoren Istanbuls hergestellt, die
vorzügliche Qualität kann man bei einer
Tasse Mocca auch direkt vor Ort genießen.

Kosmetik:

Frau Tonis Parfüm
Zimmerstr. 13, Mitte
U6, Bus M29: Kochstraße
✆ (030) 20 21 53 10
www.frau-tonis-parfum.com
Tägl. außer So 10–18 Uhr
In der Duftwerkstatt am Checkpoint Charlie
werden nach persönlichem Belieben unterschiedliche Duftkomponenten zu einem
einzigartigen Parfum kombiniert.

Mode & Design:

Aus Berlin
Karl-Liebknecht-Str. 17, Mitte
U-/S-Bahn: Alexanderplatz
✆ (030) 41 99 78 96
www.ausberlin.de
Tägl. außer So 10–20 Uhr
Von der Mütze über den Strampelanzug bis
hin zum Keksausstecher – alle Produkte in
den Regalen hier wurden in Berlin entworfen und hergestellt.

Fruchthaus
Zionskirchstr. 39, Mitte
Tram M1/12: Zionskirchplatz
✆ (030) 47 37 26 65
www.stopstaringclothing.com/sunshop
Tägl. außer So 12–20 Uhr
Armin Lang bietet zeitlose Abend- und
Pin-Up-Kleider von Stop Staring Clothing,
Yvonne Warmbier und Kitch Nation.
Früher war hier ein Obstgeschäft, daher
der Name.

Marron
Auguststr. 77/78/Tucholskystr., Mitte
S1/2/25: Oranienburger Straße
✆ (030) 28 09 48 78
http://marronberlin.de
Mo–Fr 11–19, Sa bis 18 Uhr
Geschirr, Wohnaccessoires und Möbel sind
designpreisverdächtig. Im Vordergrund
stehen eine klare Gestaltung und hochwertige Umsetzung.

Wunderkind Berlin
Tucholskystr. 36, Mitte
S/2/25: Oranienburger Straße
✆ (030) 28 04 18 17, www.wunderkind.com
Tägl. außer So/Mo 11–19 Uhr
Modekunst: In der Boutique von Wolfgang
Joop hängen aktuelle Teile der Kollektion
und einige wenige Einzelstücke vergangener Saisons. Hier lohnt sich zur Abwechslung das Reichsein, denn die Kleider haben
ihren Preis.

Schuhe:

Shusta
Rosenthaler Str. 72, Mitte
U8, Tram M1/8: Rosenthaler Platz
✆ (030) 76 21 97 80, www.shusta.de
Tägl. außer So 11–20 Uhr
Neben Feinem für die Füße von Gardenia,
Mellow Yellow oder Buttero bietet der
Shusta auch Mode und Taschen.

Vintage:

Made in Berlin
Friedrichstr. 114, Mitte

Dieser Einladung zum Stöbern kann man nicht widerstehen: Waahsinn Berlin

U6, Tram M1/6/12: Oranienburger Tor
℡ (030) 24 04 89 00
http://kleidermarkt.de
Tägl. außer So 12–20 Uhr
Drei Etagen voll Secondhand-Fashion aus den Jahren 1960 bis 1990! Mittwochs von 12 bis 15 Uhr gibt es 20 Prozent Rabatt.

Sommerladen
Linienstr. 153, Mitte
S1/2/25: Oranienburger Straße
℡ (0177) 299 17 89
Mo–Fr 13–20, Sa 12–17 Uhr
Secondhand vom Feinsten mit der Garderobe der gut verdienenden Nachbarschaft. Auch für Männer.

Waahsinn Berlin
Rosa-Luxemburg-Str. 17, Mitte
U2, Tram M8: Rosa-Luxemburg-Platz
℡ (030) 282 00 29
www.waahsinn-berlin.de
Tägl. außer So 12–20 Uhr
Das schrille Warenhaus bietet neue und gebrauchte Möbel, Lampen, Accessoires und Kleidung im Retrolook.

Prenzlauer Berg

Curiosa & Geschenke:

o3-Berlin
Oderberger Str. 3, Prenzlauer Berg
U2, Tram M1/M10/12: Eberswalder Straße
℡ (030) 44 03 96 17, www.o3-berlin.de
Tägl. außer So/Mo 12–20 Uhr
Ein buntes Sortiment aus Unikaten und

Einzelstücken ausgewählter Designer schmückt das Souterraingeschäft. Vom Ohring, über T-Shirts bis zur Handyhülle ist alles selbst entworfen und in Handarbeit und Kleinserien produziert.

Victoria met Albert
Dunckerstr. 81, Prenzlauer Berg
Tram M10: Husemannstraße
℡ (030) 44 67 47 72
www.victoriametalbert.com
Tägl. außer So 11–20 Uhr
Neben ausgewählter Kleidung namhafter Hersteller bietet dieser wunderschöne Laden tolle Accessoires, hübsches Geschirr und Bilderrahmen im Antiklook.

Feinkost & Co:

Herr Nilson Godis
Stargarder Str. 58, Prenzlauer Berg
Tram 12: Stargarder Straße
℡ (030) 54 59 45 85
www.herrnilsson.com
Mo–Fr 11–19, Sa/So 13–18 Uhr
Leckere Süßigkeiten aus Skandinavien. Für alle Naschkatzen von Süßem, Saurem, Lakritzigem und Schokoladigem!

Goldhahn & Sampson
Dunckerstr. 9, Prenzlauer Berg
Tram M10: Husemannstraße, Tram 12: Raumerstraße
℡ (030) 41 19 83 64
www.goldhahnundsampson.de
Mo–Fr 8–20, Sa 10–20, So je nach Kochkursangebot

Feinkost, regionale Lebensmittel gepaart mit Kochschule und Café. Hier liegen große Brotlaibe neben Berliner Spezialitäten, Kochbüchern und internationalen Delikatessen in den Regalen.

Mode & Design:

Flagshipstore
Oderberger Str. 53, Prenzlauer Berg
U2, Tram M1/M10/12: Eberswalder Straße
℡ (030) 43 73 53 27
www.flagshipstore-berlin.de
Mo–Fr 13–19, Sa 12–19 Uhr
Highlights aus den Kollektionen von über 30 lokal und international aufstrebenden Labels.

Heimzucht
Danziger Str. 10, Prenzlauer Berg
U2, Tram M1/M10/12: Eberswalder Straße
℡ (030) 68 91 12 99
Tägl. außer So 12–20 Uhr
Hier wird Stil gezüchtet: Mode, Schmuck, Accessoires, Kunst und Trashiges – darunter viele Berliner Labels.

Schuhe:

Goldmarie
Stargader Str. 78, Prenzlauer Berg
U-/S-Bahn: Schönhauser Allee
℡ (030) 44 71 62 00
Mo–Fr 11–20, Sa 10–20 Uhr
Niemand weiß, wie in diesen winzigen Laden so viele verschiedene und ausgefallene Schuhe passen. Und auch bei der Anprobe des siebten Paars steht einem die liebenswürdige Dame mit ihrer Berliner Schnauze munter plappernd zur Seite.

Pauls Boutique bietet tolle Vintage-Mode

Vintage:

Garments Vintage Clothing
Stargarder Str. 12 A, Prenzlauer Berg
U-/S-Bahn: Schönhauser Allee
℡ (030) 74 77 99 19
www.garments-vintage.de
Tägl. außer So 12–19 Uhr
Der kleine Laden ist ein Eldorado für alle, die gehobene Secondhandkleidung lieben. Hier hängen Stücke von Prada, Marc Jacobs und Co neben ausgesuchten Vintageteilen.

Pauls Boutique
Oderbergerstr. 47, Prenzlauer Berg
U2, Tram M1/M10/12: Eberswalder Straße, Tram M10: Friedrich-Ludwig-Jahn-Sportpark
Kein Tel., www.paulsboutiqueberlin.de
Tägl. außer So 12–20 Uhr
Sneakers, T-Shirts, Jeans, Lederjacken und alles, was man sonst noch anziehen kann, reiht sich bis unter die Decke.

Stiefelkombinat-Berlin
Eberswalder Str. 21, Prenzlauer Berg
U2, Tram M1/M10/12: Eberswalder Straße
℡ (030) 51 05 12 34
www.stiefelkombinat.de
Tägl. außer So 10–22 Uhr
Hier lebt die Mode vergangener Epochen und mit mehr als 3000 Paar Stiefeln trägt der Laden seinen Namen wohl zu Recht.

Steglitz

Einkaufszentren
Die Schloßstraße ist eine sehr beliebte Shoppingmeile mit vier Einkaufscentern: der Boulevard Berlin, der z. B. eine Filiale des angesagten südkalifornischen Labels Hollister führt, das Schloss am Rathaus Steglitz, das Forum Steglitz und gleich daneben das Schloss-Straßen-Center am Walther-Schreiber-Platz. Letzteres wird vor allem gerne wegen einer der wenigen Primark Shops in Deutschland aufgesucht. Ein zweiter Store des irischen Mode-Riesen hat 2014 am Alexanderplatz eröffnet.

Mit Kindern in Berlin

Fledermäuse, Planschbäder und Museen

Ein Städtetrip mit Kind? Kann das gut gehen? Und ob! Denn Berlin ist nicht nur Kulturmetropole und Szenehauptstadt; in den letzten Jahren ist eine ganze Elterngeneration herangewachsen, die einige Stadtteile in regelrechte Kinderwagenhochburgen verwandelt und mit der sich eine auf ihre Bedürfnisse abgestimmte Infrastruktur entfaltet hat. Es gibt

Vergnügen für Kinder am Kollwitzplatz

in fast jedem Bezirk **Eltern-Kind-Cafés**, zahlreiche **Spielplätze** und ein reiches Freizeitangebot für Familien. Darüber hinaus bieten die vielen Grünflächen ausreichend Platz zum Spielen und Toben. Die Wälder Berlins sowie die glasklaren **Badeseen** laden zu Ausflügen in die unmittelbare Umgebung ein. Auch klassische Attraktionen, wie beispielsweise der **Reichstag**, haben sich auf kleine Besucher eingestellt: Ein spezieller Audioguide mit Figuren der Kindersendung »Bernd das Brot« vermittelt auf spielerische Weise Wissen über die Arbeit im Bundestag und das Reichstagsgebäude. Abseits der klassischen Pfade locken Attraktionen wie der **Fledermauskeller** in der **Zitadelle Spandau** oder ein Blick hinter die Kulissen der großen Welt des Films im **Filmpark Babelsberg**. Neben vielen eigens auf Kinder zugeschnittenen, kulturellen Angeboten wenden sich auch die großen Museen, Theater und Opernhäuser nicht nur an interessierte Erwachsene: Zu bestimmten Terminen finden oft besondere Führungen, Workshops und Lesungen für Kinder statt oder es wird kostenloser Zutritt an bestimmten Tagen gewährt. Ohnehin haben in den meisten Berliner Gedenkstätten, regionalen und historischen Museen sowie Sammlungen Jugendliche unter 18 Jahren freien Eintritt. (Eine Liste findet sich unter: www.berlin.de/orte/museum/freier-eintritt).

Wenngleich Berlin mit einer Fläche von fast 892 Quadratkilometern neunmal so groß ist, wie das Pariser Stadtgebiet, lässt sich hier gut und gerne vieles per Rad erreichen. Auch **Stadtführungen** werden auf dem Drahtesel samt Kindersitz oder als **Segway-Tour** angeboten. Mindestens ebenso spannend für Kinder ist eine Tour mit dem **Velotaxi** oder eine **Schiffsrundfahrt**. Durch Berlin fließt nicht nur die Spree, auch die Havel und Dahme durchqueren die Stadt. Da ist **Wassersport** angesagt! Wer es am Wasser weniger aktiv mag, dem bieten die Grünstreifen entlang der Flüsse und Kanäle immer ein Plätzchen zum Picknicken.

Charlottenburg – Wilmersdorf

🏛 **Bröhan Museum**
Schloßstr. 1 A, Charlottenburg
Bus M45/309: Schloss Charlottenburg
✆ (030) 32 69 06 00
www.broehan-museum.de
Tägl. außer Mo 10–18 Uhr
Eintritt € 6/4, unter 18 J. frei, jeder 3. So ab

11 Uhr frei (Familiensonntag)
Wie wäre es mit einer Entdeckungsreise in die Welt des Jugendstils? Am Familiensonntag gibt es eine 90-minütige Gratis-Führung für Kinder (5–12 J.) und Eltern. Danach bietet sich ein Picknick im Schlosspark an.

🏛 **The Story of Berlin**
Vgl. S. 73.

🐾🦅 Zoologischer Garten und Aquarium Berlin
Budapester Str. 32, Charlottenburg
☎ (030) 25 40 10
www.zoo-berlin.de
Tägl. 9–18 Uhr
Eintritt Zoo € 13/6,50, Eintritt Zoo und Aquarium € 20/10
Zwischen Breitscheidplatz und Tiergarten liegt der Hauptstadtzoo, der als artenreichster Zoo der Welt gilt. In zahlreichen Schauaquarien und -terrarien können Wasserbewohner, Insekten und Reptilien aus nächster Nähe beobachtet werden.

✕ Mambini
Tegeler Weg 1, Charlottenburg
Bus 109: Schlossbrücke
☎ (030) 34 50 27 75
www.mambini-cafe.de
Mo–Fr 10–19, Sa/So bis 20 Uhr
Bällebad, Rutsche und ein Spielplatz im Außenbereich bieten ausreichend Platz zum Toben in der Nähe vom Schloss Charlottenburg. Das Angebot reicht von Antipasti über Pizza und Pasta bis hin zu Steak und Burgern. €€

🖥️🍴 Charlottchen
Droysenstr. 1, Charlottenburg
S-Bahn: Charlottenburg
☎ (030) 324 47 17

www.charlottchen-berlin.de
Mo–Fr ab 15, Sa/So/Fei ab 10 Uhr
Im Spielzimmer sorgen Burg und Rutsche für ausgelassenes Spielvergnügen. Abends unterhalten Kabarettisten, Musiker und Schauspieler auf der Bühne die älteren Gäste. Montags und dienstags bietet die Speisekarte ein extra Snackangebot zu kleinen Preisen. Mit Kindertheater.

🖈 Waldhochseilgarten Jungfernheide
Heckerdamm 260, Charlottenburg
U7: Halemweg
☎ (030) 34 09 48 18
www.waldhochseilgarten-jungfernheide.de
März–Aril Mo–Fr ab11, Sa/So/Fei ab 10, Mai–Sept. Mo–Fr 10–20, Sa/So/Fei 9–20, bis Mitte Okt. tägl. 10–18, ab Mitte Okt. Mo–Fr 11–17, Sa/So/Fei 10–17, bis Mitte Nov. tägl. 11–16 Uhr, danach auf Anfrage
Eintritt 3 Std. € 18–21/15–18, bis 14 J. € 12–15, Kinderparcours 2 Std. € 8–10
Mitten im Volkspark Jungfernheide kann man zwischen 3 und 17 m Höhe verschiedene Parcours überwinden und die schöne Anlage mal aus der Vogelperspektive betrachten.

Bunt und unterhaltsam präsentiert die Story of Berlin die Stadtgeschichte

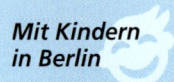

Mit Kindern in Berlin

Friedrichshain – Lichtenberg

🏛 **Computerspielmuseum**
Karl-Marx-Allee 93 A, Friedrichshain
U5: Weberweise
✆ (030) 60 98 85 77
www.computerspielemuseum.de
Tägl. außer Di 10–20 Uhr
Eintritt € 8/5, Familienticket € 17
Hier erinnern sich Mama und Papa an ihre
Anfänge mit Pac Man, Donkey Kong oder
Asteroid. Alle dürfen den 3D-Simulator und
Riesenjoystick ausprobieren oder sich im
Wii-Bowling messen. Spaßgarantie für die
ganze Familie!

🏛 **Fussballmuseum**
Anton-Saefkow-Platz 13, Friedrichshain
S8/41/42: Storkower Straße, Tram M8:
Anton-Saefkow-Platz
✆ (030) 40 69 44 42, www.dfm-berlin.de
Di–Do 10–16, Fr–So 10–18 Uhr
Eintritt € 4/2, Familien (2 Erw., 2 Kinder) € 8
»Toni, Toni, du bist Gold wert!« ertönt es
aus dem Fernsehgerät im ersten Raum des
Museums, hier läuft eine zehnminütige
Zusammenfassung des legendären WM-
Finales Deutschland gegen Ungarn von
1954. Die interaktive Ausstellung nimmt
den Besucher mittels Fotos, Trikots und Ki-
ckertischen weiter mit auf Entdeckungstour
durch den deutschen und europäischen
Fußball.

🎧 **Stadt im Ohr**
✆ (030) 20 07 88 41
www.stadt-im-ohr.de
Verleih, Audio-App € 5–10
Der Kater vom Helmholtzplatz nimmt
Groß und Klein auf Entdeckungstour
durch die Straßen, Hinterhöfe und Plätze
des Kiezes. Er kennt Läden, trifft Musiker und Alteingesessene, die ihre ganz
persönlichen Geschichten zu erzählen
wissen. Die »Familienhörspiele zum Mit-
laufen« sind online abrufbar oder in Museen oder Cafés des jeweiligen Stadtteils
(siehe Internet) ausleihbar.

🐾 **Tierpark Berlin**
Am Tierpark 125, Lichtenberg
U5: Tierpark
✆ (030) 51 53 10, www.tierpark-berlin.de
Nov.–März 9–17 Uhr, April–Sept. 9–19,
Sept.–Okt. 9–18, Eintritt € 12/6
Für den Besuch des größten Landschafts-
tiergartens Europas (160 ha) in einem
ehemaligen Schlosspark sollte man mehre-
re Stunden einplanen. Neben klassischen
Zoobewohnern wie Löwen und Elefanten
bieten besondere Gehege direkten Zugang
zu den Tieren, z. B. der Variwald mit den
Lemuren. An der Kasse kann für Kind und
Gepäck ein Bollerwagen entliehen werden.

🎭 **Theater an der Parkaue**
Parkaue 29, Friedrichshain
Tram 16, M13: Rathaus Lichtenberg
✆ (030) 55 77 52 52 , www.parkaue.de
Programmabhängig
Das einzige staatliche Kinder- und Jugendtheater bietet Klassiker, altbekannte My-
then und Märchen sowie aktuelle Stücke
für Groß und Klein.

☕ **Driss im Wunderland**
Sonntagstr. 26, Friedrichshain
Bus 240, Tram 21: Neue Bahnhofstraße
✆ (030) 85 01 27 89
www.drissimwunderland.de
So/Mo 10–19, Mi–Sa 9.30–19 Uhr
Das rot-weiß gehaltene Café des Marokka-
ners Driss bietet nicht nur für die ganz Kleinen ausreichend Spielfläche. Die Größeren
können sich z.B. am Kickertisch vergnügen.
Zwischendurch probiert die ganze Familie
die hausgemachten Spezialitäten aus dem
Heimatland des Inhabers. €

🧗 **Boulderhalle**
Hauptstr. 13, Friedrichshain
Tram 21: Gustav-Holzmann-Straße
✆ (030) 55 4994 22
https://ostbloc.de
Tägl. außer Do 10–23, Do bis 24.30 Uhr
Eintritt € 8,50/4,50, Mo–Fr bis 14 Uhr € 5,50
Bouldern, das Klettern ohne Seil, geschieht
immer in einer absprungsicheren Höhe und
ist daher auch sehr gut für Kinder geeignet.

Köpenick

🎠🧗 **FEZ**
Straße zum FEZ 2, Köpenick
Tram 27/63/67: Freizeit- und Erholungs-

Mount Mitte
in der Caroline-
Michaelis-Str. 8
(www.mountmitte.
de) bietet Kindern
ab 7 Jahren jede
Menge Kletterspaß

zentrum
℃ (030) 53 07 10
www.fez-berlin.de
Tägl. außer Mo 9–22, Sa 13–19, So/Fei
12–18 Uhr, gesonderte Öffnungszeiten
für Schwimmhalle und Museum und in den
Schulferien
Eintritt frei, unterschiedliche Preise für
Museum, Theater etc.
Hier kann gespielt, geschwommen, getanzt
und gebastelt werden. Im »orbitall« z.B.
wird dank moderner Technik aktiv alles
rund um das Thema Raumfahrt näher
gebracht. Das Museum Alice widmet sich
in der Mitmach-Ausstellung seit 2014 dem
Phänomen Globalisierung. Und die Astrid
Lindgren-Bühne hat sowohl den kleinen
Wassermann als auch den kleinen König
samt seinem Pferd Grete zu Gast.

Kreuzberg

🏛 **Science Center Spectrum**
Möckernstr. 26, Kreuzberg
U1: Möckernbrücke
℃ (030) 90 25 42 84
www.sdtb.de
Di–Fr 9–17.30, Sa/So/Fei 10–18 Uhr
Eintritt € 6/3,50, unter 6 J. frei, unter 18 J.
ab 15 Uhr frei, Mini-Familienkarte
(1 Erwachsener, 2 Kinder unter 15 J.) € 7,
Maxi-Familienkarte (2 Erwachsene, 3 Kinder
unter 15 J.) € 13
Warum fällt das Flugzeug nicht vom
Himmel? Und wieso ist er blau? Jeder, der
Kinder hat, kennt diese Fragen. Lassen
Sie Ihre Kinder bei vielen Experimenten
im Spectrum des Technikmuseums selbst
nach Antworten suchen.

🐾🚶 **Kinderbauernhof im Görlitzer Park**
Wiener Str. 59 B, Kreuzberg
℃ (030) 611 74 24
www.kinderbauernhofberlin.de
April–Okt Mo/Di, Do/Fr 10–19,
Sa/So 11–18, Okt–April Mo/Di, Do/Fr
10–17, Sa/So 11–17 Uhr, Eintritt frei
Hühner, Esel, Schweine und jede Menge
Angebote wie die Fahrradwerkstatt, Kanin-
chen-AG oder den Malworkshop bietet die
kleine Farm hinter der Schwimmhalle am
Spreewaldplatz.

📧 **Café Kreuzzwerg**
Hornstr. 23, Kreuzberg
Bus 140, M19: Yorckstraße/Großbeeren-
straße
℃ (030) 97 86 76 09
www.cafe-kreuzzwerg.de
Mo 15–18, Di–So 10–18 Uhr
Eine große Terrasse, Bällebad und Co. sowie regelmäßige Veranstaltungen machen
das Café zum beliebten Treffpunkt von
Familien. Lecker: das große Frühstücksbuffet am Wochenende. €

Mitte

🏛 **Märkisches Museum**
Am Köllnischen Park 5, Mitte
U2: Märkisches Museum
℃ (030) 24 00 21 62, www.stadtmuseum.de
Tägl. außer Mo 10–18 Uhr
Eintritt € 5, Kinder frei
Wie sah eigentlich früher der Berliner
Bär aus und wie riecht ein Fuchs die Stadt?
Die Ausstellung »Frag deine Stadt!« im
Heimatmuseum von Berlin ist speziell für
Kinder ab acht Jahren konzipiert.

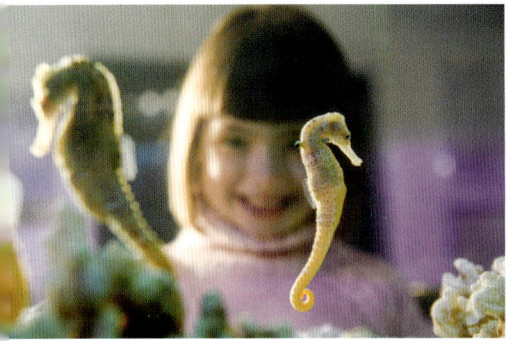

Seepferdchen im AquaDom & Sea Life Berlin

🏛 **Museum für Naturkunde**
Invalidenstr. 43, Mitte
U6, Bus 245: Naturkundemuseum
✆ (030) 20 93 85 91
www.naturkundemuseum-berlin.de
Tägl. außer Mo 9.30–18, Sa/So/Fei
10–18 Uhr, Eintritt € 5/3, bis 6 J. frei,
Familienkarten € 6–10
Das riesige Dinosaurierskelett, ausgestopfte
Vögel und versteinerte Insekten faszinieren
Kinder stets aufs Neue. Außerdem gibt es
eine tolle Multimediashow zum Sonnen-
system.

🔆 **AquaDom & Sea Life Berlin**
Spandauer Str. 3, Mitte
S-Bahn: Hackescher Markt
✆ (030) 99 28 00, www.visitsealife.com
Tägl. 10–19 Uhr
Eintritt € 17,50/12,50 (3–14 J.)
In den schön gestalteten Becken leben
zahlreiche schützenswerte Arten. Während
des interaktiven Rundgangs erfährt man
sehr viel über die Tiere und ihren Lebensraum. Interessant ist auch, was sich so alles
in heimischen Gewässern wie Spree und
Havel tummelt. Highlight ist die Fahrt mit
dem gläsernen Aufzug durch den 25 m
hohen Salzwasserturm.

🍼 **Kinderwagenkino**
Rosa-Luxemburg-Str. 30
Mitte
U8, Tram M8: Rosa-Luxemburg-Platz

✆ (030) 242 59 69
www.babylonberlin.de/kinderwagen
kino.html
Mi 11 Uhr, Eintritt € 7/8
Ins Babylon Kino dürfen Eltern ihren Nachwuchs mitnehmen. Lautstärke, Helligkeit –
alles ist auf Babys Bedürfnisse abgestimmt,
selbst die Windeln gibt es an der Kasse
gratis.

🌊 **Kinderbad Monbijou**
Oranienburger Str. 78, Mitte
✆ (030) 282 86 52
www.berlinerbaeder.de
Juni–Sept. tägl. 10–19 Uhr
Eintritt € 5,50/3,50
Sommerbad nur für Kinder mit ihren Eltern
gegenüber der Museumsinsel. Hier kann
man prima planschen und neue Kräfte
tanken für´s Kulturprogramm.

Neukölln

🏛 **Puppentheater-Museum**
Karl-Marx-Str. 135, Neukölln
U7: Karl-Marx-Straße
✆ (030) 687 81 32
www.puppentheater-museum.de
Tägl. außer Sa 9–15, So 11–16 Uhr
Eintritt € 3/2,50
20 000 Marionetten und andere Figuren
aus vier Jahrhunderten Puppentheater versetzen Besucher in eine fantastische Welt.

🌳🦌 **Tierpark Neukölln und Naturhaus
im Volkspark Hasenheide**
Hasenheide 82, Neukölln
U7/8: Hermannplatz
✆ (030) 61 10 19 06
www.volkspark-hasenheide.de/
9-0-Naturhaus.html
Sommer 9–19.30, Winter 9–17.30 Uhr
Eintritt frei
Zwar gibt es keine Löwen im Volkspark,
dafür aber Lamas, Pfauen, Damhirsche und
viele Kleintiere wie Ziegen oder Hühner.
Und zwar umsonst und draußen!

☕ **Café Blume**
Fontanestr. 32, Neukölln
U8: Boddinstraße
✆ (030) 64 49 07 78
www.cafe-blume-berlin.de
Mo–Fr 10–23, Sa 10–24, So 10–20 Uhr
Anlaufpunkt für Familien im Schillerkiez,
mit Rutsche im Nebenzimmer. Hier wird

sonntags (10–15 Uhr, € 11/3–6, inkl. Saft
und Wasser) zum Brunch geladen, und
das direkt neben dem Volkspark Hasenheide.

Prenzlauer Berg – Pankow

🏛 **MACHmit! Museum für Kinder**
Senefelderstr. 5
Prenzlauer Berg
Tram M10: Prenzlauer Allee/Danziger
Straße, Tram M2: Fröbelstraße
✆ (030) 74 77 82 00
www.machmitmuseum.de
Tägl. außer Mo 10–18 Uhr
Eintritt € 5,50/3,50 (ab 3 J.)
In der 1910 geweihten Eliaskirche befin-
det sich ein Museum, das zum Lernen im
Spiel und mit allen Sinnen anregt. Kindern
im Grundschulalter wird hier ein buntes
Programm aus Klettern, Basteln und Malen
sowie wechselnden, interdisziplinären
Ausstellungen geboten.

✈☀ **Jugendfarm Moritzhof**
Schwedter Str. 90
Prenzlauer Berg
U-/S-Bahn: Schönhauser Allee
✆ (030) 44 02 42 20
www.jugendfarm-moritzhof.de
Mo–Fr 11.30–18, Samstags 13–18 Uhr
Eintritt frei
Kleintiere füttern und streicheln sowie bei
den alltäglichen Stallarbeiten helfen gehört
ebenso zum Moritzhof wie das beliebte
Ponyreiten.

✈☀ **Kinderbauernhof Pinke-Panke**
Am Bürgerpark 15, Pankow
S1/25/85: Wollankstraße
✆ (030) 47 55 25 93
www.kinderbauernhof-pinke-panke.de
April–Okt Di–Fr 12–18.30, Sa/So/Fei
10–18.30, Nov–März Di–Fr 12–17.30,
Sa/So/Fei 10–17.30 Uhr
Eintritt frei
Esel, Gänse, Hängebauchschweine und
Meerschweinchen machen den Besuch
des Kinderbauernhofs am Bach Panke zur
ersten Wahl: Es darf bei der Fütterung und
im Garten geholfen, an der Feuerstelle gegrillt und auf dem Hüttenbauplatz gebaut
werden.

✗ **Tapas-Bar Alois S.**
Senefelder Str. 18, Prenzlauer Berg

S-Bahn, Tram M2: Prenzlauer Allee
✆ (030) 44 71 96 80
www.aloiss.de
Mo–Fr 16–2, Sa 14–2, So 10–24 Uhr
Auf der Terrasse können sich Mama und
Papa die Tapas schmecken lassen, während
die Kinder den direkt angrenzenden Spielplatz unsicher machen. €€

✗ **Pizza Nostra**
Lychener Str. 2
Prenzlauer Berg
U2, Tram M1/M10/12: Eberswalder Straße
✆ (030) 41 71 70 00,
www.pizza-nostra.de
Tägl. außer Mo 12–24, So 13–24 Uhr
Giuseppe Giugliano ist der netteste Pizza-
bäcker Berlins. Gerne lässt er die kleinen
Besucher einen Blick in den großen Stein-
ofen werfen. Der dünne, reich belegte
Teig kann stückweise geordert werden.
€

☕📖 **Café Schönhausen**
Florastr. 27, Pankow
Bus M27: Mühlenstraße
✆ (030) 42 00 45 36
www.schoen-hausen.de
Tägl. 10–18 Uhr
In liebevoller und kindgerecht gestalteter
Atmosphäre kann man entspannt Kaffee
und Kuchen genießen, während der Nach-
wuchs fröhlich im Spielzimmer tobt. Mit
Laden für kreative Geschenke. €

📖 **Lila Lämmchen**
Dunckerstr. 78/79
Prenzlauer Berg
Tram M2: Fröbelstraße
✆ (030) 41 72 22 97
www.lilalaemmchen.de
Mo–Fr 10–18.30, Sa bis 16 Uhr
Gleich zwei Filialen gibt es nahe dem
Helmholtzplatz: Im ersten Laden finden
sich Schuhe und Strumpfwaren für Kinder
sowie Regenkleidung und Erwachsenenun-
terwäsche aus kbA- Baumwolle, Wolle und
Seide. Das zweite Lila Lämmchen bietet
Naturtextilien für Babys und Kinder sowie
Spielzeug und Bücher.

223

Schöneberg

🏛 **Jugendmuseum**
Hauptstr. 40/42, Schöneberg
Bus 104/187/M48/M85: Albertstraße
✆ (030) 902 77 61 63
www.jugendmuseum.de
Mi/Do 15–18, Sa/So 14–18 Uhr, Eintritt frei
Die alte Villa ist ein lebendiges Geschichts-
museum mit ungewöhnlichen Ausstellungen zur Stadtgeschichte, Werkstätten,
Theaterfundus und einer kleinen Museums-
druckerei. Die Schau »Villa Global« thematisiert die Migrationsgeschichte Berlins.

📧 **Emma & Paul**
Gleditschstr. 47, Schöneberg
U7: Kleistpark
✆ (030) 23 62 83 68, www.emma-paul.de
Mo–Fr 9.30–18.30, Sa–So 10–18.30 Uhr
Im Familiencafé treffen sich Eltern und
Kinder in gemütlicher Runde. Das Spielzim-
mer bietet Abwechslung für Kinder bis zum
Grundschulalter. €

🏊 **Stadtbad Schöneberg**
Hauptstr. 39, Schöneberg
Bus 104/187/M48/M85: Albertstraße
✆ (030) 780 99 30
www.berlinerbaeder.de
Mo 14–22.30, Di–Fr 6.30–22.30, Sa/So
9–22.30, Eintritt € 5,50/3,50, Mo–Fr 10–15
Uhr 3,50/2, Familienkarte (2 Erwachsene,
max. 5 Kinder) € 11,50
Beliebtes Familienbad mit Außenbecken,
Rutsche, Strömungskanal und ein an-
genehm warmes Salzwasserbecken. Am
Wochenende ist zwischen 10 und 16 Uhr
Spaßbaden mit schwimmenden Badeinseln
und allerlei Wasserspielzeug angesagt.

Spandau

🔆🐾🐛🧗 **Zitadelle Spandau**
Am Juliusturm 64, Spandau
✆ (030) 36 75 00 61
www.zitadelle-spandau.de
Tägl. 10–18 Uhr, Fledermausführungen
nach Anmeldung , Eintritt € 4,50/2,50, Familienkarte € 10 (2 Erw., bis zu 3 Kinder)

Burgen finden Kinder immer interessant.
Das älteste Bauwerk Berlins ist großartig
für eigene Erkundungen. Die Gewölberäu-
me und das Pulvermagazin in der Bastion
Königin bekommt man bei einer Führung
zu sehen. Wer sich die Fledermäuse zeigen
lassen möchte, sollte eine Taschenlampe
mitbringen. Neben verschiedenen Ausstellungen und Veranstaltungen bietet die Zitadelle außerdem ein eigenes Puppentheater.

Steglitz/Dahlem

🏛 **Domäne Dahlem – Landgut und Museum**
Königin-Luise-Str. 49, Dahlem
U3: Dahlem-Dorf
✆ (030) 666 30 00
www.domaene-dahlem.de
Freigelände: tägl. 8–20, im Winter bis
19 Uhr, Eintritt frei (außer zu Marktfesten)
Museum: Sa/So 10–18 Uhr
Eintritt € 1,50, bis 16 J. frei
Das historische Rittergut des ehemaligen
Dorfes Dahlem ist heute ein Freilandmu-
seum, zu dem auch ein Bio-Bauernhof
gehört. Kinder können nicht nur Bauern-
hoftiere erleben, sondern auch Traktor
fahren. Deutschlands einziger Bauernhof
mit U-Bahn-Anschluss hat einen eigenen
Hofladen. Erntefrisches Gemüse aus der
Region bietet zudem der samstägige
Ökomarkt.

🏛 **JuniorMuseum**
Arnimallee 23, Dahlem
U3: Dahlem-Dorf
✆ (030) 266 42 42 42
www.smb.museum/bildung-und-vermitt
lung.html, tägl. außer Mo 9–18, Sa/So
11–18 Uhr, Eintritt Bereichskarte € 8/4
Die aktuelle Ausstellung »Was essen wir.
Wir essen Reis.« ist dem vielerorts wichti-
gen Grundnahrungsmittel Reis gewidmet.
In der ausstellungseigenen Küche dürfen
die kleinen Besucher dazu sogar den
Kochlöffel schwingen. Angegliedert an das
Ethnologische Museum (vgl. S. 143).

❀📧 **Botanischer Garten**
Vgl. S. 162.

Wedding

🏛 **Das klingende Museum**
Zingster Str. 15, Wedding
U-/S-Bahn: Gesundbrunnen

Action ist garantiert bei den Stuntshows im Filmpark Babelsberg

℡ (030) 36 46 62 23
www.klingendes-museum-berlin.de
Jeden 1. Sa im Monat 15–18 Uhr oder
nach Voranmeldung
Eintritt veranstaltungsabhängig
Ein Museum für die Sinne: Hier gibt es
Musik zum Anfassen, Ausprobieren und
Erleben. Mit diversen Kursen und Workshops.

🏛💻 Labyrinth Kindermuseum
Osloer Str. 12, Wedding
Tram M13/M50: Osloer Straße/Prinzenallee
℡ (030) 800 93 11 50
www.labyrinth-kindermuseum.de
Fr/Sa 13–18, So/Fei 11–18 Uhr, Eintritt € 4,50,
Fr ab 13 Uhr € 3,50, Familienticket € 13
Lernen durch Selbermachen ist die Devise
des Museums mit wechselnden Themenausstellungen. Da wird gehüpft, geklettert,
verkleidet und gebaut. Die Tribüne bietet
Platz für kleine Pausen.

🏊 Freibad Humboldthain
Eingang: Hussitenstr., Wedding
S1/2/25: Humboldthain
℡ (030) 464 49 86, www.berlinerbaeder.de
Mai–Sept. tägl. 10–19 Uhr
Eintritt € 4/2,50, Familienkarte (2 Erw.,
1 Kind) € 9, jedes weitere Kind € 2
Schönes Schwimmbad im Volkspark Humboldthain mit Riesenrutsche, Planschbecken
und Liegewiesen unter Bäumen.

🏊 Freibad Plötzensee
Nordufer 26, Wedding
Tram 50/M13: Virchow-Klinikum
℡ (030) 45 02 05 33
www.strandbad-ploetzensee.de
Mai–Sept. tägl. 9–19 Uhr
Eintritt € 4/2,50, Familienkarte (2 Erw.,
1 Kind) € 9, jedes weitere Kind € 2, Eintritt
ab 2 Std. vor Schluss € 2,50, Strandkorb € 5
Das Strandbad mit seinem leicht abfallenden Sandstrand und sauberem Wasser ist
bestens geeignet für Buddeln, Matschen
und Baden.

Potsdam

🎬 Filmpark Babelsberg
Großbeerenstr. 200, Potsdam
Bus 601/690: Filmpark
℡ (0331) 721 27 50
www.filmpark-babelsberg.de
April–Okt. tägl. außer Mo (im Sept. Mo/Di)
10–18 Uhr
Eintritt € 21/14, bis 4 J. frei
»Spot an und Action« heißt es in den
Studios in Babelsberg. Original Kulissen,
Requisiten, Kostüme und Technik geben
den Besuchern einen Einblick ins Filmgeschäft. Highlights sind die Attraktionen wie
Erlebniskino, Stunt- und Making-of-Shows.
Im Hexenhaus und auf dem Dschungelspielplatz haben auch die Kleinsten ihren
Spaß. ❄️

Wellness

Spa, Liquidrom oder Hamam

Vom Schweben im Solebecken über Floating bis zu klassischen Massagen und Schönheitsanwendungen: Es gibt viele gute Gründe für einen Besuch im Wellness-Tempel. Neben den Angeboten der Hotels (vgl. S. 168), die meistens auch Tagesgästen zur Verfügung stehen, gibt es in Berlin eine Vielzahl freier Spa-Einrichtungen, mit ganz unterschiedlichen Schwerpunkten. Lassen Sie sich verwöhnen!

Centrovital Day Spa
Neuendorfer Str. 25, Spandau
U7 Rathaus Spandau,dann Bus 136/236:
Kirchhofstraße
✆ (030) 818 75-0, www.centrovital-berlin.de
Mo–Sa 7–23, So/Fei 7–22 Uhr
2 Std. € 14 (Sa/So 17), 4 Std. € 19 (Sa/So 22),
Tageskarte € 25 (Sa/So € 28)
Die ehemalige Schultheiss-Brauerei am Spandauer See beherbergt ein modernes Hotel mit Sport- und Gesundheitszentrum. Das Day Spa lockt mit einem 25-m-Pool, Funbecken und Whirlpool, diversen Beauty-Anwendungen, einem Ayurveda-Zentrum sowie einer abwechslungsreichen Sauna-landschaft. Der Sportclub ist mit multime-dialen Technogym-Geräten ausgestattet. Außerdem: umfangreiches Kursprogramm, Kinderbetreuung, Dachterrasse mit Außen-liegebereich, Restaurant und Bar mit Kamin.

Club Olympus Berlin Day Spa & Fitness
Marlene-Dietrich-Platz 2, Tiergarten
U-/S-Bahn: Potsdamer Platz
✆ (030) 25 53 1890
www.berlin.grand.hyatt.de
Tägl. 6–23 Uhr; Tageseintritt für Nicht-Hotel-Gäste € 70
Großzügige Wellness-Anlage im Dachge-schoss des Grand Hyatt-Hotels mit 15 m langem Innenpool, Whirlpool, Sauna und weiteren Wohlfühl-Einrichtungen sowie Fitness-Geräten. Top ist die Sonnenterrasse mit Ausblick zum Kulturforum. Viele Massa-gen und Kosmetikbehandlungen.

Floating
Allein oder zu zweit kann man in kleine oder größeren Becken oder Muscheln in hochkonzentrierter Heilsole dem Alltag ent-schweben und bei sanftem Licht und zarten Klängen entspannen.

– float Berlin Mitte
Hausvogteiplatz 11, Mitte
U2: Hausvogteiplatz
✆ (030) 20 14 37 97
www.float.de
Tägl. 10.30–20/21 Uhr, So/Fei nach Vereinbarung
Single: 60 Min. € 65; Paar: 60 Min. € 95

– Tranxx Floating und Massagewelt
Akazienstr. 27/28, Schöneberg
S1: Julius-Leber-Brücke,
U7: Eisenacher Straße
✆ (030) 78 95 72 80, www.tranxx.de
Tägl. 10–22 Uhr
Single: 60 Min. ab € 49, Paar: 60 Min. ab € 79

Guerlain Spa Waldorf Astoria
Hardenbergstr. 28, Charlottenburg
U-/S-Bahn: Zoologischer Garten
✆ (030) 814 00 00 29 50
www.waldorfastoriaberlin.com
»Beauty Revelation« (Gesichts- und Körper-anwendung), 90 Min. € 190, Halbtagespa-ket »Das Waldorf« 3 Std. € 250
Wie das Hotel gehört auch der großzügi-ge Spa zur Luxus-Spitzenklasse. Exklusiv für Waldorf Astoria Berlin hat Guerlain seine »Beauty Revelation« entwickelt, eine Kombination aus Gesichts- und Körperbe-handlungen sowie Massage. Wer dieses oder ein ähnliches Paket bucht, kann auch als externer Gast den gesamten Spabereich nutzen. Auf 1000 m² gibt es neben den Behandlungsräumen einen Indoor-Pool, Dampfbad, Sauna und Whirlpool sowie einen Fitnesscenter. Besonders schön: die Sonnenterrasse auf dem Dach im fünften Stock mit Ausblick.

Hamam
Türkisches Bad nur für Frauen
Frauenzentrum Schokoladenfabrik e. V.

Mariannenstr. 6, Hinterhaus, Kreuzberg
U1/8: Kottbusser Tor
✆ (030) 615 14 64, www.hamamberlin.de
Mo 15–23, Di–So 12–23 Uhr, Do Kinder
willkommen, Eintritt 3 Std. € 16
»Hamam« bedeutet Wärme und das ist
im türkischen Bad ein Zusammenspiel von
Reinigung und Pflege für Körper und Seele.
Massagen und kosmetische Anwendungen
können – nach Voranmeldung – hinzuge-
bucht werden.

 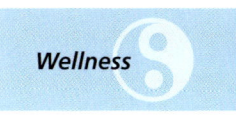
Liquidrom
Möckernstr. 10, Kreuzberg
U1/7: Möckernbrücke
✆ (030) 258 00 78 20
www.liquidrom-berlin.de
Tägl. 10–24 Uhr, Tageskarte € 29,50,
2 Std. € 19,50
In der höhlenartigen Kuppelhalle sorgen
Unterwassermusik, Farb- und Lichtspiele für
wohlige Entspannung. Besonders beliebt
sind die abendlichen Livemusik-Veranstal-
tungen (mehrmals wöchentlich).

ONO SPA
im Mandala Hotel
Potsdamer Str. 3, Tiergarten
U-/S-Bahn: Potsdamer Platz
✆ (030) 590 05 11 00, www.onospa.de
Mo–Sa 10–22, So bis 20 Uhr
Fitness Lounge: 24 Std. geöffnet
Eintritt Day Spa 4 Std. € 80; Massagen:
90 Min. € 150
Wohlfühlen hoch oben über dem Potsda-
mer Platz in exklusiv-eleganter Atmosphäre.
Zur Wahl stehen Biosaunen, Finnische Sau-
nen, Ruheoasen, Solarium und verschiedene
Massagen und Beauty-Behandlungen zur
Entspannung, Zweisamkeit, Eile oder Luxus.
Originell ist die Via Sensus auf der Dach-
terrasse, ein Rundgang über verschiedene
Steine als Fußreflexzonenmassage.

Sultan Hamam Berlin
Bülowstr. 57, Schöneberg
U2: Bülowstraße
✆ (030) 21 75 33 75, www.sultan-hamam.de
Herren: Mo 12–23, Frauen: Di–Sa 9.30–23,
Familien: So 12–23 Uhr
Eintritt 3 Std. € 16, 5 Std. € 21
Ruhe, Erholung und Reinigung für Kör-
per, Geist und Seele: Das Sultan Hamam
vereint die Tradition eines orientalischen
Badehauses mit einer modernen Wellness-
Oase. Dampfbad, Sauna und Ruheräume.

Terminvereinbarung für Peeling & Einseifen,
Massagen und Kosmetik.

Surya Villa, Ayurveda Wellness Zentrum
Rykestr. 3, Prenzlauer Berg
U2: Senefelderplatz
✆ (030) 48 49 57 80
www.ayurveda-wellnesszentrum.de
Tägl. außer So 10.30–20 Uhr
Ayurvedische Ganzkörpermassage mit
warmen Kräuterölen: 60 Min. € 69, 90 Min.
€ 89; Bio-Sauna: 2 Std. € 7
Sri Lanka mitten in Berlin: Die »Sonnen-
Villa« bietet traditionelle Ayurveda-Be-
handlungen, asiatische Massagen, Sauna,
Dampfbad, Kosmetik, Yoga und Meditation.

Thermen am Europa-Center und Day SPA
Nürnberger Straße 7, Charlottenburg
U-/S-Bahn: Zoologischer Garten
www.thermen-berlin.de
Thermen: ✆ (030) 25 75 76-0
Mo–Sa 10–24, So/Fei 10–21 Uhr
3 Std./€ 17,50, Tageskarte ab € 19,50
Day Spa: ✆ (030) 25 75 76 32, tägl. 11–20 Uhr
Thalgo-Wellness: € 55, Verwöhntag: € 120
Die Thermen in luftiger Höhe sind eine In-
stitution in Berlin, und das seit mehr als 40
Jahren. Im großen 32°C warmen Innen- und
Außen-Pool mit solehaltigem Wasser lässt es
sich auch im Winter angenehm schwimmen.
Hinzu kommen Innen- und Außensaunen
(finnische, Bio- und Kräuter-Sauna) sowie
Dampfbäder, Tauchbecken mit Temperatu-
ren zwischen 19 und 40°C, Schwallduschen,
Thermen-Geysir und Außenwasserfälle.

Vabali Spa Berlin
Seydlitzstr. 6, Moabit
U-/S-Bahn: Hauptbahnhof
✆ (030) 911 48 60, www.vabali.de
Tägl. 10–24 Uhr, Eintritt: Mo–Fr: 2 Std. € 18,50,
4 Std. € 23,50, Tageskarte € 28,50, Sa/So/Fei 2
Std. € 20,50, 4 Std. € 25,50, Tageskarte € 30,50
Bali in Berlin: Auf dem Gelände eines
stillgelegten Freibades lädt ein exklusives
Wellness-Ressort in asiatischem Ambiente zur
Rundum-Entspannung ein. Mit Saunen, Mas-
sagen, Schönheitsanwendungen, Fitnessbe-
reich und Restaurant. ❀

227

Stadttouren
Mit Kennern durch die Stadt

Zu Lande, zu Wasser, in der Luft, dabei selbst aktiv werden oder sich bequem chauffieren lassen – im Bus, in der Kutsche, im Velotaxi oder Tuk-Tuk – begleitet von allgemeinen Erklärungen oder zu ausgewählten Themen: Berlin bietet endlos viele Möglichkeiten, die Stadt zu entdecken. Und immer wieder kommen neue Tourenthemen hinzu. Ein beliebtes Fortbewegungsmittel wurde indes verbannt: Bierbikes für feucht-fröhliche »Ballermänner«.

Stadtrundfahrten und -flüge

Bus und Straßenbahn
Kreuz und quer durch die Stadt, einsteigen, aussteigen, umsteigen, wann und wo man will: Mit einem VBB-Tagesticket oder der WelcomeCard lässt sich Berlin preiswert entdecken. Beispiele:
Bus 100: Zoologischer Garten – Tiergarten – Unter den Linden – Alexanderplatz
Bus 200: Zoologischer Garten – Potsdamer Platz - Unter den Linden – Alexanderplatz
Bus 29: Grunewald – Kurfürstendamm – Wittenbergplatz – Lützowufer – Checkpoint Charlie – Kreuzberg – Hermannplatz
Bus 104: Westend – Schöneberg – Neukölln – Treptow – Alt-Stralau
Tram M1: Museumsinsel – Hackescher Markt – Prenzlauer Berg – Pankow – Schloss Schönhausen
Tram M10: Warschauer Brücke – Friedrichshain – Prenzlauer Berg – Mauerpark – Bernauer Straße – Nordbahnhof

City Circle Touren
BBS Berliner Bären Stadtrundfahrt
℅ (030) 35 19 52 70, www.sightseeing.de
Tagesticket € 20/10, unter 6 J. frei
Rundfahrten durch die Innenstadt mit Ausstiegs- und Zustiegsmöglichkeit.

Berolina Stadtrundfahrten
℅ (030) 88 56 80 30
www.berolina-berlin.com
Ticket (48 Std): € 22, Kinder (bis 14 J.) € 11
Ticketverkauf in Hotels und beim Fahrer
Zu- und Ausstieg an 20 Haltepunkten. Es werden auch Kombitickets mit Schiffstour und/oder Eintrittskarten angeboten.

Autorundfahrten
eTukTours
Start: Ballongarten am WELTBallon, Zimmer-/Wilhelmstr., Mitte, U2/6: Stadtmitte

℅ (030) 68 91 02 66, www.etuktuk.com
Touren tägl. 12 und 15 Uhr, 2 Std. ab € 49 p. P.
Umweltfreundlicher im Elektrogefährt die Highlights der Stadt erleben. Man kann selbst fahren oder sich chauffieren lassen.

Oldie Käfer Tour Berlin
Start: Europa-Center, Tauentzienstr. 9–12 Charlottenburg, U-/S-Bahn: Zoologischer Garten
℅ (030) 120 64 13 30
www.oldie-kaefer-tour-berlin.de
Mit dem (West-)Kult-Auto über den Kudamm (€ 19,90 p.P.) oder eine große Ost-West-Runde drehen (€ 39,90 p.P.).

Trabi Safari
Start: Ballongarten am WELT-Ballon, Zimmer-/Ecke Wilhelmstr., Mitte
U2/6: Stadtmitte
℅ (030) 27 59 22 73
www.thewallride.com
Ab € 79 p. P. bei 4 P. pro Trabi, € 89 p. P. bei 2 P.
Mit bunten Trabis im Konvoi zu Mauerpark, Todesstreifen, East Side Gallery und Checkpoint Charlie. Das Fahrgefühl ist gewöhnungsbedürftig. Live-Erklärungen über Funk.

Auf dem Wasser
Die Stadt vom Wasser aus erleben: Berlin hat ca. 180 Kilometer Wasserstraßen, die in unterschiedlichen Routen von Reedereien befahren werden. Die kürzeste (1 Std.) ist die »City-Tour« zwischen Nikolaiviertel und Haus der Kulturen der Welt.

Berliner Geschichtswerkstatt
℅ (030) 215 44 50
www.berliner-geschichtswerkstatt.de
Termine und Start siehe Internet
Schiffsfahrten mit historischen Erläuterungen, Literatur und Musik oder zu Themen

Mit den Ausflugsschiffen der Stern- und Kreisschifffahrt lernt man Berlin vom Wasser aus kennen

wie »Frauengeschichte(n)«, »Krumme Touren«, »Litera-Touren«.

Berliner Wassertaxi Stadtrundfahrten (BWTS)
Am Historischen Museum, Mitte
U-/S-Bahn Friedrichstraße
S3/5/7/75: Hackescher Markt
✆ (030) 65 88 02 03
www.berlinerwassertaxi.de
Rundfahrten (1 Std.) in verglasten Amsterdamer Wasserbussen starten ab 10 Uhr etwa alle 30 Minuten.

Reederei Riedel
✆ (030) 67 96 14 70, www.reederei-riedel.de
Stadtkernfahrten (1 oder 1,5 Std.) zwischen Regierungsviertel und Nikolaiviertel; Spreefahrten (1,5 Std.) von Hansabrücke bis O$_2$ World (und zurück); Brückenfahrten: große Citytouren (3,5 Std.) mit verschiedenen Zustiegsmöglichkeiten; abendliche Touren.

Stern- und Kreisschifffahrt
Treptower Hafen, Treptow
S-Bahn: Treptower Park
✆ (030) 536 36 00
www.sternundkreis.de
Mehr als 30 »Erlebnistouren« auf allen Berliner Gewässern, Dauer von 1 Std. bis zur Ganztagsfahrt, z. B. Historische

Stadtrundfahrten (1 Std.) ab/bis Nikolaiviertel oder Haus der Kulturen der Welt, oder rund um die Müggelberge ab Hafen Treptow (5 Std.). Die längste Tour dauert knapp neun Stunden: vom Hafen Treptow durch den Teltowkanal in den Jungfernsee, vorbei an der Pfaueninsel nach Wannsee, über die Havel nach Spandau, weiter auf der Spree nach Charlottenburg und »mittenmang« durch den Tiergarten, das Regierungsviertel und die historische Innenstadt unter der Oberbaumbrücke hindurch zurück zum Hafen Treptow (April–Okt. Mi 10.30 Uhr, € 27).

In der Luft
Air Service Berlin & Commander Frank
WELT-Ballongarten am Checkpoint Charlie, Wilhelm-/ Ecke Zimmerstr.
U2/6: Stadtmitte, ✆ (030) 53 21 53 21
www.air-service-berlin.de
Ballonfahrt € 19,90/14,90, Kinder bis 10 J. 4,90, Rundflüge siehe Internet
Der **Fesselballon Hi-Flyer** eröffnet einen atemberaubenden Blick aus 150 m über die City. Wer einen noch größeren Überblick erhalten will, kann vom Flughafen Schönefeld zum Rundflug im **Doppeldecker** über Berlin und Potsdam abheben. Rundflüge gibt es auch im **Helikopter** oder **Wasserflugzeug** (Wasserlandeplatz Air Service Berlin, Bulgarische Straße, Treptow).

Per Rad und Segway

Fahrradstation am Bahnhof Friedrichstraße
Eingang Dorotheenstr. 30, Mitte
☏ (030) 28 38 48 48
www.fahrradstation.com
Mo–Fr 10–19.30, Sa 10–18, So 10–16 Uhr
Fahrradvermietung und geführte Thementouren (Mauer, Ost-West, Frauen etc.). Fünf weitere Vermietstationen (Mo–Sa) im Stadtgebiet, eine in Potsdam.

Berlin on Bike
Knaackstr. 97, Kulturbrauerei
Prenzlauer Berg
☏ (030) 43 73 99 99, www.berlinonbike.de
Fahrradvermietung (€ 10/ 24 Std.) und begleitete Radtouren durch die City, darunter »Nightseeing«, durch den »ungeschminkten« Osten, zu Schauplätzen der Streetart und zur Zukunft Berlin. Außerdem **Weinfahrten** zu den Rebgärten Berlins. Auch geführte Spaziergänge und Touren im Kanu auf der Spree.

Finding Berlin Tours
Schlesische Str. 29/30, Kreuzberg
☏ 0176 99 33 39 13
www.findingberlin-tours.com
Per Rad u.a. mitten hinein in das Berliner Kiez-Leben oder »Pickfein – die kostbare kulinarische Berlin-Tour« erleben.

Free Berlin Tours
Startpunkt: Propststraße/Nikolaikirche, Nikolaiviertel, Mitte, U-/S-Bahn: Alexanderplatz
☏ (030) 28 70 44 92
www.fahrradtouren-berlin.com
€ 13/9, Leihfahrrad € 5
Dreistündige Stadtrundfahrten per Rad: Berlin's Best, Berliner Mauer/ Drittes Reich, »Arm aber sexy«, Top Secret.

Stadt und Rad
Hardenbergplatz 9–11, Charlottenburg
Panoramastr. 1 A, Mitte
☏ (030) 68 83 62 17, www.stadtundrad.de
Das »Beste von Berlin« in der City; zu

Schauplätzen der Teilung und des Kalten Kriegs (jeweils 4,5 Std., € 14/12; Leihfahrrad plus € 5). Auch Leihfahrräder ohne Tour.

Segway-Touren
Die Stehroller sind beliebt. Die »Personal Transporter«, die mit Batterie lautlos gleiten, reagieren auf leichte Körperbewegung. Teilnahme ab 15 Jahren.
– **SEG2GO – Segway Point Berlin-Mitte**
Im City-Quartier DomAquarée
Karl-Liebknecht-Str. 5, Mitte
☏ (030) 75 63 95 93
www.seg2go.de
2-stündige Tour tägl. 10, 12.30, 15 und 17.30 Uhr, € 57 p. P.
– **City Segway Tours**
Panoramastr. 1A, Mitte
☏ (030) 24 04 79 91
www.citysegwaytours.com
Schnupperfahrt (90 Min.) € 43, 4-Std.-Tour € 67.
– **Segway City Tour**
www.segway-citytour.de
☏ (030) 49 20 59 80
Standard-Tour Sa 10.30, 14, So 11 Uhr
2 ½ Std. ab € 59,80

Spaziergänge

Alternative Berlin Tours
Treffpunkt: Fernsehturm am Alexanderplatz, neben dem Eingang von Starbucks
U-/S-Bahn: Alexanderplatz
☏ (0162) 81 98 264
www.alternativeberlin.com
Tägl. 11 und 13 Uhr, die Teilnehmer zahlen am Ende, was ihnen die Tour wert war. Englisch ist kein Problem für Sie? Dann gehen Sie mit Insider-Führung auf eine rund dreistündige Walking-Tour durch das andere Berlin: Sie entdecken Streetart und Graffiti, besuchen Orte der Subkulturen, begegnen (Lebens-)Künstlern und Musikern und erfahren viel über Leben und Initiativen in den Kiezen.

art: Berlin
☏ (030) 28 09 63 90
www.artberlin-online.de
Preise nach Dauer und »Zugaben« ab € 10 (1 Std)
Themenschwerpunkte: Kunst, Design, Mode, Architektur; Galerien- und Atelierbesuche, Kiezrundgänge, versteckte Gärten, kulinarische Entdeckungen.

Berliner Unterwelten e.V.
Brunnenstr. 108 A, im U-Bhf. Gesundbrunnen, Wedding
Treffpunkt: Bad-/Ecke Hochstr.
U-/S-Bahn: Gesundbrunnen
℡ (030) 49 91 05 17
www.berliner-unterwelten.de
ab € 10/8, Dauer 90 Min.
U-Bahn-Schächte, Luftschutzbunker, Flucht-
tunnel, Brauereikeller, Rohrpost: Berlins
Untergrund steckt voller Geschichten.
Das **Berliner Unterwelten-Museum** (mit
Führung durch »Dunkle Welten«, Mi–Mo
10, 12, 14 und 16 Uhr) und weitere Touren
geben Einblicke in die geheimnisvolle Welt
unter Berlin.

Berlin kulinarisch erleben
℡ (030) 530 66 165
www.eat-the-world.com
3 Std. inkl. Kostproben € 30, Kinder bis
12 J. € 15
Vom französischen Café bis zum orientalischen Imbiss kann man sich in Berlin kulinarisch »durch die Welt essen« und erfährt
Besonderheiten über das jeweilige Viertel
(Kreuzberg, Friedrichshain, Prenzlauer
Berg, Schöneberg).

CITY GUIDE BERLIN
℡ (03 31) 64 72 05 01
www.cityguideberlin.com
Nach individuellen Wünschen: Ungewöhnliche Touren zu Fuß, per Rad, im Oldtimer,
auf dem Boot, per Traktor, im Heißluftbal-
lon oder im Hubschrauber. Auch Themen-
führungen.

closeup berlin – Nahaufnahme Berlin
℡ (0176) 48 25 12 21
www.closeup-berlin.de
Mo, Fr 10 Uhr, 2 Std. € 15
Wie aus Pferdeställen Restaurants, aus
Fabriken Galerien und aus ärmlichen
Mietskasernen Luxuswohnungen wurden:
Der Rundgang durch »Berliner Hinter-
höfe« vereint Zeugnisse der Geschichte
und Brennpunkte des modernen Lebens.
Weitere Stadtrundgänge: Kreuzberg 36,
Prenzlauer Berg, Berliner Mauer etc.

Spaziergang mit Friedrich dem Großen
Treffpunkt: Brandenburger Tor, Mitte
U-/S-Bahn: Brandenburger Tor
℡ (030) 45 02 38 74
www.koenig-friedrich.de

Tägl. 14 Uhr, € 15/7
Dr. Olaf Kappelt führt in der Rolle des Preu-
ßenkönigs unterhaltsam und kenntnisreich
durch die Hauptstadt.

Multimedia-Mauerguide
Ausleihstationen: Gedenkstätte Berliner
Mauer (vgl. S. 57), Brandenburger Tor (im
U-Bhf.), Checkpoint Charlie
www.mauerguide.com
Leihgebühr € 8/4 pro Std. oder € 10/Tag
Ein GPS-Navigationsgerät für Fußgänger:
An 22 Gedenkorten entlang des Mauerver-
laufs können Infos, Fotos, Filmsequenzen
und Tonmitschnitte abgerufen werden.

StattReisen Berlin
℡ (030) 455 30 28, www.stattreisenberlin.de
Ticket: € 9,50/7, Dauer 2 Std.
Der Anbieter schlägt seit rund 30 Jahren
»Pfade durch den Großstadtdschungel«
für Touristen, Berliner und Schulklassen.
Schwerpunkte: Geschichte und Gegenwart
(Preußen, Paläste, Politik; das jüdische Berlin; Berlin unterm Hakenkreuz; Grenzgän-
ge – grenzenlos; Herbst 1989), literarische
Spaziergänge (u. a. mit Fontane, Brecht
und Franz Biberkopf), Kieztouren u. a.
durch die »Weltstadt Kreuzberg«; Dorfidyl-
le und Industriemetropole sowie Friedhofs-
führungen und Kindertouren (»Emils neue
Detektive«).

Zeitreisen
℡ (030) 44 02 44 50
www.zeit-reisen.de, www.videobustour.de
€ 19,50/16,50
Sa 11 Uhr, Überblickstour: »Zeitreise durch
Berlin« mit authentischen Filmsequenzen
vom Kaiserreich über das Dritte Reich bis zu
Mauerbau und Mauerfall
Sa 13.30 Uhr, Thementouren im wöchent-
lichen Wechsel:
Berlin – Hauptstadt des Verbrechens
(Krimitour)
Filmstadt Berlin – Das Rollende Kino
Tanz auf dem Vulkan: Die Goldenen
Zwanziger Jahre
Hitlers Berlin – Die Stadt unter dem
Hakenkreuz

Frühling im Britzer
Garten

Vor den Toren der Stadt

Potsdam, Schwielowsee, Märkische Schweiz,
Schorfheide-Chorin, Oderbruch, Ruppiner Seenland,
Spreewald, Rheinsberg

Potsdam

UNESCO-Weltkulturerbe und preußisches Arkadien

Wenn man von Berlin aus einen Ausflug ins Umland macht,
dann als Erstes nach Potsdam, das ja bisweilen sogar als Vorort
der Hauptstadt bezeichnet wird. Wobei es für einen Vorort
viel zu bieten hat – mehr als ein Dutzend Schlösser und viele
andere Baudenkmäler verteilen sich über die Stadt, die sich
wunderbar in die Havellandschaft schmiegt und nicht umsonst in Teilen zum Weltkulturerbe der UNESCO gehört. »...
daß gantze Eylandt mus ein paradis werden«, schrieb Fürst
Moritz von Nassau-Siegen bereits 1664 an den Großen Kurfürsten Friedrich Wilhelm, den er in Sachen Gartengestaltung und
Architektur beriet. Und von da an verwandelte sich Potsdam
in ein preußisches Arkadien, an dem Generationen von Bau-
meistern und Landschaftsgestaltern mitwirkten. Nicht allein
Friedrich der Große hat die Stadt nachhaltig geprägt. Auch
seine Vorgänger und Nachfolger trugen mit ihrem jeweiligen
Geschmack das Ihrige zu dem Gesamtkunstwerk bei, das heute
zugleich lebendiger Wissenschaftsstandort ist.

Ob man die historische Innenstadt oder die Parklandschaften
erkunden will – die Tourist Information bietet eine interessante
Auswahl an Führungen an. Mit dem Auto sollte man sich nicht
in den oft verstopften Straßen fortbewegen, stattdessen ist
das Fahrrad ideales Verkehrsmittel. Außerdem kann man sich
gut mit den touristischen Straßenbahn-Linien auf den Weg
machen. Die Innenstadt lässt sich auch gut zu Fuß entdecken.

Läuft man vom Hauptbahnhof aus über die Lange Brücke in
Richtung Zentrum, sticht als Erstes ein riesiger Barockbau ins
Auge: das Potsdamer ❶ **Stadtschloss**. Auch wenn es seinem
Vorgängerbau aus dem 18. Jahrhundert verblüffend ähnlich
sieht – es ist eine der neuesten Errungenschaften der Stadt.
Erst Mitte der 2000er Jahre hat man sich dazu durchgerun-
gen, das alte Hohenzollernschloss wiederaufzubauen, das im
Zweiten Weltkrieg ausgebrannt und später abgerissen worden
war. Nachdem es der Brandenburgische Landtag bezogen hat,
schließt sich mit ihm die alte Wunde, die lange Zeit am Alten
Markt klaffte. Vor dem Schloss wurde auch das charakteristische Fortunaportal mit der vergoldeten Glücksgöttin auf der
Spitze neu errichtet.

Weiteres markantes Gebäude am Platz ist die ❷ **Nikolaikirche**. Vorbild für die mächtige Hallenkirche, die 1830 nach
einem Entwurf von Karl Friedrich Schinkel entstand, ist der
Petersdom in Rom. Die quadratische Anlage schmückt ein Gie-

Die Kuppel des Alten Rathauses krönt der neuvergoldete Atlas

Ursprünglich als Graben zur Entwässerung der sumpfigen Gebiete Potsdams angelegt: der Stadtkanal

belvorbau mit sechs Säulen, auf dem Dach thront eine weithin sichtbare Kuppel. Im Inneren haben sich von den ursprünglichen Malereien der Christus als Weltenrichter mit den zwölf Aposteln in der Apsis sowie in der Kuppel die vier Propheten auf Goldgrund erhalten. Mit ihr gibt der Sakralbau die imposante Kulisse für Gottesdienste und Konzerte ab. Wer den Aufstieg auf die 42 Meter hohe **Aussichtsplattform** nicht scheut, wird mit einem wunderbaren Panoramablick auf Stadt und Umgebung belohnt.

In der Mitte des Alten Marktes prunkt ein 16 Meter hoher **Obelisk** mit Faksimiles der vier bedeutenden Potsdamer Baumeister Knobelsdorff, Schinkel, Gontard und Persius, der zugleich mit dem Stadtschloss entstand und derzeit restauriert wird. Ebenfalls am Platz steht mit dem **Alten Rathaus** ein weiterer Bau aus der Zeit Friedrichs des Großen. Die Fassaden schmücken sieben korinthische Kolossalsäulen, über denen sich überlebensgroße Skulpturen und ein Turm mit Treppengiebel erheben, der seinerseits eine goldene Atlasfigur trägt.

Nebenan befindet sich das **Knobelsdorffshaus**, dessen Fassade Karyatiden und Giebelfiguren von Friedrich Glume und Johann Peter Benckert zieren. In beiden Gebäuden ist vor einiger Zeit wieder das ❸ **Potsdam Museum** untergekommen, das anhand einer Dauerausstellung die Stadtgeschichte aufrollt.

An dem Alte Fahrt genannten Havel-Arm werden die Palazzi Chiricati und Pompei sowie das Palais Barberini neu errichtet, die den Zweiten Weltkrieg auch nicht überstanden haben. Das Palais Barberini soll ab 2016 die Sammlung ostdeutscher Kunst des Unternehmers Hasso Plattner aufnehmen.

Das einzige Gebäude, das die Zeit mehr oder weniger unbeschadet überdauert hat, ist der barocke **Marstall** westlich vom Stadtschloss. 1685 als Orangerie entstanden wurde er später zum Reitpferdestall des Soldatenkönigs umfunktioniert. Inzwischen beherbergt der stattliche Bau Deutschlands ältestes

❹ **Filmmuseum**. Zum Fundus gehören 500 Originalkostüme und -requisiten bekannter Filme, die von 1912 an in den Babelsberger Filmstudios gedreht wurden. Vom Museum sind es nur ein paar Schritte zum

❺ **Neuen Markt,** der als einer der schönsten Barockplätze Europas gilt. Nicht nur Institutionen aus Wissenschaft und Forschung sind hier zuhause, es haben sich auch allerlei Lokale angesiedelt, in denen es sich schön und gut speisen lässt. Mittelpunkt des Platzes ist der von Johann Gregor Memhardt erbaute Kutschstall mit einem triumpfbogenartigen Portal samt Quadriga. Heute lädt hier das **Haus der Brandenburgisch-Preußischen Geschichte** mit der Dauerausstellung »Land und Leute« zur Zeitreise durch die Regionalgeschichte ein. Hinter dem Neuen Markt ist vor einigen Jahren mithilfe von Spenden der alte, zugeschüttete **Stadtkanal** wieder hergestellt worden. Mindestens einmal im Jahr wird er mit Wasser geflutet. Auf der anderen Seite des Kanals gelangt man in das Gebiet der barocken Stadterweiterungen. Zur Zeit Friedrichs II. wurden die eingeschossigen Typenhäuser, die sein Vater hatte erbauen lassen, mit einem weiteren Stockwerk und allerlei schmückenden Elementen versehen. Besonders schönes Beispiel ist das Gebäude in der Wilhelm-Staab-Straße 10, in dem sich der von

Der einstige barocke Marstall beherbergt heute Deutschlands ältestes Filmmuseum

Friedrich der Große

Ohne den Hohenzollernkönig Friedrich II., eine der markantesten Persönlichkeiten der deutschen Geschichte, wäre Potsdam nicht, was es heute ist. Am 24. Januar 1712 wurde Friedrich II., auch der Große oder Alter Fritz genannt, als Sohn von Friedrich Wilhelm I., dem sogenannten Soldatenkönig und Sophie Dorothea von Hannover geboren. Aufgrund der schweren Konflikte mit seinem Vater verbrachte er seine frühen Jahre in Neuruppin und Rheinsberg, bevor er 1740 König in, später von Preußen wurde. Während seiner Regentschaft begann er, Potsdam nach seinen Vorstellungen zu gestalten. Wichtigster Bestandteil sind sicherlich Schloss und Park Sanssouci. In der Sommerresidenz ging er ohne seine Gemahlin Elisabeth Christine – er verbannte sie sozusagen mit Beginn seiner Regentschaft ins Schloss Schönhausen – seinen Vorlieben für Musik, Literatur und Philosophie nach und erholte sich später auch von den Anstrengungen der drei Schlesischen Kriege. Als genialer Feldherr gelang es ihm, durch den Siebenjährigen Krieg von 1756 bis 1763 Preußen als Großmacht neben Frankreich, Großbritannien, Österreich und Russland zu etablieren. Außerdem führte er in seinem Staat, als dessen erster Diener er sich betrachtete, im Rahmen seines aufgeklärten Absolutismus zahlreiche Reformen durch und gilt als Verfechter des Toleranzgedankens. Er starb am 17. August 1786 im Schloss Sanssouci und fand hier – in der obersten Weinbergterrasse – schließlich auch die letzte Ruhe.

*Älter als sein Berliner Namensvetter:
das Potsdamer
Brandenburger Tor*

1830–49 nach Plänen Schinkels entstandene **Nikolaisaal**, Potsdams schönster Konzertsaal, versteckt.

Ein Stück weiter südwestlich, an der Breiten Straße, soll die frühere ❻ **Garnisonkirche** wieder aufgebaut werden. Von Philipp Gerlach zwischen 1730 und 1735 errichtet, war sie ein Hauptwerk des preußischen Barock. Große Bedeutung hatte die Kirche auch deshalb, weil sich hier die Gruft von Friedrich Wilhelm I. und Friedrich den Großen befand und sie 1817 Ort der Vereinigung von Reformierten und Lutheranern war. Nachdem das Gotteshaus 1945 zur Ruine ausgebrannt war, sprengte man sie 1968, so dass nur die Fundamente übrig blieben. Nach der Wende setzen sich Bürger mit Spenden für den Wiederaufbau ein. Es gibt aber auch etliche Gegner, weil sich hier 1933 Reichskanzler Adolf Hitler und Reichspräsident Paul von Hindenburg an der Gruft der Preußenkönige trafen, was als Symbol des Militarismus und der Machtübernahme gesehen wird. Außerdem wurde 1991 bereits das berühmte Carillon, das Glockenspiel, nachgebildet, das seitdem regelmäßig erklingt. Während weiter westlich das ❼ **Naturkundemuseum** im sehenswerten Ständehaus der Zauche mit Aquarium und Ausstellungen zur Tierwelt Brandenburgs lockt, bildet weiter nördlich der Luisenplatz den westlichen Abschluss der barocken Stadterweiterung. Markantes Gebäude ist das ❽ **Brandenburger Tor**, das die Architekten Carl von Gontard und Georg Christian Unger 1770 nach dem Vorbild römischer Triumphbögen errichteten. Von ihm führt die Brandenburger Straße, Potsdams Haupteinkaufsmeile, geradewegs zur ❾ **Pfarrkirche St. Peter und Paul** am Bassinplatz. Mit seinem byzantinisch-romanischen Stil, in denen sich klassizistische Elemente mischen, ist der um 1870 vollendete katholische Sakralbau typisch für den damaligen Eklektizismus. Mit diesem kontrastiert das angrenzende ❿ **Holländische Viertel**, das ein besonders liebenswertes Stück Potsdam ist mit hübschen Läden und Lokalen. Das Viertel geht auf den Soldatenkönig Friedrich Wilhelm I. zurück, der die Straßenzüge mit roten Backsteinhäusern im niederländischen Stil für die Handwerker errichten ließ, die er aus dem Nordwesten Hollands anwarb. Dabei war ihm der ebenfalls aus Holland stammende Schiffbaumeister Jan Bouman behilflich. Mehr über ihn und das Viertel ist im 1735 entstandenen **⓫ Jan Bouman Haus** mit wechselnden Ausstellungen zu erfahren. Ganz in der Nähe bildet schließlich das **⓬ Nauener Tor** den nördlichen Abschluss der Innenstadt. Für das enblematische, im Stil der englischen Neugotik errichtete Gebäude lieferte Friedrich II. höchstpersönlich 1755 die Skizze. Mit dem traditionsreichen **Café Heider** und dem Markt am Mittwoch und Samstag ist es beliebter Treffpunkt von Potsdamern und Potsdambesuchern.

Wer hier genügend verweilt und sich ein bisschen erholt hat, kann sich auf den Weg nach **Sanssouci** machen. Ein Ort der Sorglosigkeit sollte es sein – dieses Sanssouci, das wörtlich übersetzt »ohne Sorge« heißt. So erträumte es sich Friedrich der Große, als er den **⓭ Park Sanssouci** anlegen ließ. Und so kann man die 290 Hektar große Gartenanlage auch heute noch erleben. Von König Friedrich II. um 1744 begonnen, entwickelte sie sich zunächst um die sechs Weinbergterrassen herum, die mitsamt einem barocken Parterre dem Schloss zu Füßen liegen. An ihnen vorbei führt die zwei Kilometer lange Hauptallee zum Neuen Palais. Während sich im östlichen Teil Zier- und Nutzgärten, Fontänen und von Skulpturen gesäumte Rondelle aneinanderreihen, ist der westlich gelegene Rehgarten von Wiesen und Waldstücken geprägt. Ein weiteres Stück Gartenlandschaft steuerte schließlich Peter Joseph Lenné im Auftrag von Friedrich Wilhelm IV. mit dem **Park Charlottenhof** bei. Für den gesamten Rundgang durch das 70 Kilometer lange Wegenetz sollte man etwa 2,5 Stunden veranschlagen – außerdem genügend Zeit für die Schlösser.

Schloss Sanssouci, die Sommerresidenz Friedrichs II. von Preußen: »Quand je serai là, je serai sans souci« (Wenn ich da sein werde, werde ich ohne Sorge sein)

Üppige Karyatiden von Georg Wenzeslaus von Knobelsdorff am vorspringenden halbovalen Mittelbau von Schloss Sanssouci

Allen voran ⑭ **Schloss Sanssouci**, das Lieblingsschloss Friedrichs des Großen. Zunächst ließ dieser hier nur einen Terrassengarten anlegen, wo er Pflaumen, Feigen und Wein anbauen wollte. Da ihm das Fleckchen so gut gefiel, wünschte er sich bald auch eine Sommerresidenz an dieser Stelle. So errichtete Georg Wenzelslaus von Knobelsdorff in nur zwei Jahren, von 1745 bis 1747, das Weinbergschloss im Stil des friderizianischen Rokoko. Mit seinen zwölf intim anmutenden Räumen ist es eher eine Art Musenhof als ein Prunkschloss. Doch der noch junge Monarch wollte hier auch nicht repräsentieren, sondern sich stattdessen, abseits der steifen Etikette des Stadtschlosses, mit Musik, Literatur und Philosophie beschäftigen. Erst später führte er von hier aus auch die Staatsgeschäfte. Er liebte Sanssouci mit seinem bezaubernden Schlosspark so sehr, dass er hier auch begraben werden wollte. Dieser Wunsch erfüllte sich erst 1991. Sein Grab befindet sich seitdem auf der obersten Weinbergterrasse neben dem Schloss. Eine einfache Grabplatte markiert es. Einige Besucher legen Kartoffeln auf das Grab des »Kartoffelkönigs«, denn Friedrich der Große förderte den Anbau der damals noch unbekannten Kartoffeln in Preußen.

Betritt man die Vorhalle mit goldenen Stuckaturen, führt eine kleine Galerie mit französischer Malerei des 18. Jahrhunderts in die kreisförmige Bibliothek, die eine wundervolle Zedernholztäfelung ausschmückt. Von da aus geht es ins Schlaf- und Arbeitszimmer des Alten Fritz. Neben Porträts der Königsfamilie ist hier auch der Sessel zu sehen, in dem Friedrich der Große am 17. August 1786 starb. Schönstes Rokoko dekoriert wiederum das Musikzimmer mit Gemälden von Antoine de Pesne. Die philosophischen Tafelrunden fanden indessen im Marmorsaal statt, der von einem Kuppeldach gekrönt wird und sich zur Terrasse hin öffnet. Allegorische Figuren aus Stuck, die Musik, Architektur, Astronomie und Malerei verkörpern, bilden das Gegenstück zum prunkvollen Marmorfußboden. Weiteres Kleinod ist das Voltairezimmer: Ganz in Gelb gehal-

Ein Höhepunkt der Bildergalerie Friedrichs des Großen: Caravaggios »Der ungläubige Thomas« (um 1601)

Ausgeschmückt mit Gemäldekopien Raffaels: Raffael-saal im Mittelbau des Orangerie-schlosses im Park von Sanssouci

ten, macht es mit den hübschen Vogel- und Blumenmotiven an den Wänden einen besonders freundlichen Eindruck.

Ein Stück weiter östlich von Schloss Sanssouci liegt gleich eine weitere architektonische Perle, die ⑮ **Bildergalerie**. Von außen wirkt Deutschlands ältester Museumsbau relativ schlicht. Umso prunkvoller ist sein Innenleben. Von 1755 bis 1764 wurde er nach Plänen von Johann Gottfried Büring erbaut, um die Gemäldesammlung Friedrichs des Großen aufzunehmen. Das lang gestreckte Innere ist mit seiner überkuppelten Mitte, vergoldeten Ornamenten und Marmorfußböden so glanzvoll ausgeschmückt, dass es gar nicht all der Kunst bedurfte, um das Auge zu fesseln. Werke aus Hochrenaissance, Manierismus und Barock sind hier zu bewundern, darunter Caravaggios »Ungläubiger Thomas«. In prachtvoll geschnitzten Rahmen mischen sich auch Gemälde Friedrichs II. unter die erlesene Ausstellung.

Über die Maulbeerallee gelangt man westlich von Schloss Sanssouci zu den ⑯ **Neuen Kammern**. Auch wenn das Schloss mit seinem unspektakulären Namen im Schatten des berühmten Nachbarn steht – bei näherem Hinsehen entpuppt es sich als wunderschöner Rokoko-Bau. Von 1745 bis 1747 ebenfalls nach Entwürfen von Knobelsdorff erbaut war es ursprünglich als Orangerie geplant. Weil Räumlichkeiten für Gäste fehlten, widmete es Friedrich II. 1771 zum Wohngebäude um. Seine Pläne führten Karl von Gontard und vor allem Georg Christian Unger aus. Hinter der Fassade mit Nachbildungen von antiken Statuen aus Carrara-Marmor liegt ein quadratischer Mittelsaal, von dem zur einen Seite repräsentative Fest- und Empfangsräume, zur anderen Gästeapartments abzweigen. Besonderer Blickfang ist der zentrale Jaspissaal, der mit edlen Steinen ausgekleidet und einem Deckengemälde mit Venus-darstellung ausgestattet ist. Schön anzusehen sind außerdem die Ovidgalerie mit Darstellungen der »Metamorphosen« auf vergoldeten Stuckreliefs und der Buffetsaal mit kostbaren Skulpturen.

Über die Hauptallee gelangt man nun zum ❶ **Orangerie-schloss**, das sich rechts auf einer Anhöhe erhebt. Es geht auf Friedrich Wilhelm IV., den »Romantiker auf dem Thron« zurück, der eine besondere Vorliebe für Italien hatte. Mit der Ausführung betraute er zwischen 1859 und 1864 Ludwig Persius, Friedrich August Stüler und Ferdinand Hesse. Sie schufen einen prunkvollen, 300 Meter langen Bau mit Säulengalerie in der Mitte und einem Belvedere-Aufbau samt Türmen, der sich an italienischen Renaissancevillen orientiert. Im Inneren besticht vor allem der prächtige Raffaelsaal, in dem rund 50 Kopien des italienischen Meisters auf roter Seidenbespannung hängen. Wunderbar ist der Blick vom Aussichtsturm, zu dem 120 Treppenstufen hochführen.

Am westlichen Ende der Hauptallee des Parks Sanssouci erhebt sich der gewaltige Schlossbau des Neuen Palais

Weiter geht es zum ❶ **Neuen Palais**. Schon von weitem sichtbar ist es der größte und pompöseste Schlossbau, den Friedrich der Große selber als »Fanfaronnade« bezeichnete. Da der Rokoko-Bau vor allem Besucher beeindrucken sollte, mussten gleich mehrere Baumeister zwischen 1763 und 1769 alles aufbieten, um ein Gebäude von 220 Metern Länge mit über 300 Zimmern zu schaffen. Allein über 400 Skulpturen schmücken das Dach mit Kuppel. Diese wird wiederum von drei Grazien gekrönt, die die Krone Preußens tragen. Im Inneren geht es durch prunkvolle Festsäle wie den Marmorsaal mit Gemälden französischer Künstler des 18. Jahrhunderts und diverse Gästezimmer. Glanzvoller Höhepunkt ist der Muschelsaal, dessen Wände aus unzähligen Muscheln, Korallen und Glasstückchen bestehen. Weiteres Kleinod ist das Schlosstheater, eines der wenigen aus dieser Zeit erhaltenen Theater – liebenswerte

Morgenstimmung im Rosengarten von Schloss Charlottenhof

Kulisse für Konzerte oder die Aufführungen der Potsdamer Winteroper.

Vom hier ausfolgt man nun in südöstlicher Richtung dem Theaterweg zum Park ⑲ **Charlottenhof**. Hauptsehenswürdigkeit ist das gleichnamige Schloss, ein Meisterwerk Karl Friedrich Schinkels. Auch dieses war ein Auftrag Friedrich Wilhelms IV., für den er eigene Skizzen beisteuerte, aus denen der prominente Baumeister ein klassizistisches Kleinod zauberte. Neben dem Vestibül liegen Speisezimmer und Schreibkabinett, besonderer Blickfang ist das Zeltzimmer mit blau-weißer Stoffbespannung. Die ⑳ **Römischen Bäder**, eine asymmetrische, aus mehreren Gebäuden bestehende Anlage, ist eine romantische Welt für sich. Von Schinkel geplant, wurde der Bau von 1829 bis 1840 vor allem von Ludwig Persius vollendet. Hinter der

Die Römischen Bäder in der unmittelbaren Nähe von Schloss Charlottenhof

Villa mit Turm im Stil italienischer Landhäuser des 15. Jahrhunderts öffnet sich ein Innenhof mit offener Arkadenhalle, an dem das römisch anmutende Badehaus liegt.

Nördlich der Römischen Bäder führt der sogenannte Schafgraben zum exotischsten Bau des Parks, dem ㉑ **Chinesischen Teehaus**. Das verspielte, vor Gold nur so strotzende Gebäude, in dem sich die höfische Gesellschaft zu Teezeremonien einfand, ist ein eindrucksvolles Beispiel für die aufkommende Chinamode im 18. Jahrhundert. Johann Gottfried Büring baute für Friedrich II. einen kleeblattförmigen Pavillon, den vergoldete Figuren – Musikanten und Teetrinker – schmücken.

Auf dem Weg Zum Grünen Gitter durch den Marlygarten erreicht man schließlich die letzte Station des Rundgangs, die ㉒ **Friedenskirche**. Sie entführt einen wiederum in die Welt Friedrich Wilhelms IV., der zusammen mit seiner Gemahlin die letzte Ruhe fand. Mit dem Sakralbau wollte der Monarch ein geistliches Gegenstück zum allzu heiteren Sanssouci schaffen und ließ die Architekten Persius, Stüler und Hesse ein Gebäude im Stil einer frühchristlichen Basilika errichten. Im Inneren umgeben kostbarer Marmor und ein venezianisches Originalmosaik das Mausoleum des Königspaars. Zusammen mit dem Glockenturm und dem künstlich angelegten Friedensteich im Marlygarten bildet die Kirche den romantisch-verträumten Abschluss vom Park Sanssouci.

Zwischen Heiligem See und Jungfernsee, wartet mit dem ㉓ **Neuen Garten** ein weiterer Höhepunkt der Landschaftsarchitektur auf. 1786 von Johann August Eyserbeck und Peter Jo-

*Im August stellt die **Potsdamer Schlössernacht** den Jahreshöhepunkt im Park Sanssouci dar. Während die Gebäude festlich illuminiert werden, sorgen Konzerte sowie Tanz- und Theatervorführungen für anspruchsvolle Unterhaltung. www.schloesser nacht-2010.de*

Am Ufer des Heiligen Sees: das Marmorpalais für Preußenkönig Friedrich Wilhelm II.

seph Lenné im Auftrag von Friedrich Wilhelm II. angelegt, ist er der erste englische Landschaftsgarten der preußischen Könige. Gefällige Wege schlängeln sich an von Schilf gesäumten Ufern vorbei, wobei Sichtachsen Bauten wie die Gotische Bibliothek, das Grüne Haus, Muschelgrotte, Meierei und **Orangerie** mit weiter entfernten Punkten der Wasserlandschaft verbinden. Architektonisches Highlight ist das ㉔ **Marmorpalais**, das zwischen 1787 und 1791 nach Plänen von Carl von Gontard und Carl Gotthard Langhans für Friedrich Wilhelm II. entstand. Mit dem Gebäude, dessen altrosa Fassade sich malerisch im Wasser des Heiligen Sees spiegelt, hielt zugleich der Klassizismus in Preußen Einzug. Nach aufwendiger Restaurierung erstrahlen Grottensaal, Konzertsaal und Wohnräume mit prachtvollen Seidenbespannungen, Marmorkaminen, antiken Skulpturen und englischer Wegdewood-Keramik heute wieder in schönstem Glanz. Besonderes Kleinod ist das orientalische Kabinett, das mit blauweißem Atlas, Leopardenseide und einem Diwan an ein türkisches Zelt erinnert.

Ganz anders präsentiert sich das ㉕ **Schloss Cecilienhof** im nördlichen Teil des Neuen Gartens. Paul Schultze-Naumburg erbaute es zwischen 1913 und 1917 für Kronprinz Wilhelm und dessen Gattin Cecilie von Mecklenburg-Schwerin. Das verschachtelte Gebäude mit Fachwerkfassade im englischen Tudorstil hat so gar nichts von einem prunkvollen Schloss. Stattdessen wirkt es wie ein verspielter Landsitz. Und wohl kaum jemand würde vermuten, dass ausgerechnet hier das

Das Domizil für Kronprinz Wilhelm und seine Gemahlin Kronprinzessin Cecilie: Schloss Cecilienhof im Neuen Garten

Schicksal Deuschlands besiegelt wurde. Als Harry S. Truman, Joseph W. Stalin und Winston Churchill hier während der Potsdamer Konferenz vom 17. Juli bis 2. August 1945 am runden Tisch zusammensaßen, legten sie die neuen Grenzverläufe des inzwischen befreiten Europas, die Aufteilung des besiegten Deutschlands und die Höhe der Reparationszahlungen fest.

Verlässt man den Neuen Garten durch das westliche Albrechtstor, gelangt man zum **Pfingstberg**, den Lenné um 1860 im englischen Stil gestaltete. Ein Serpentinenweg führt zu der Anhöhe hinauf, auf der sich vom ㉖ **Belvedere** aus die wohl schönste Weitsicht von Potsdam bietet. Das stolze Gebäude mit Doppelturm und Kolonnaden im Stil italienischer Renaissance-Villen ist ein Gemeinschaftswerk mehrerer Baumeister. Nachdem es sorgsam rekonstruiert wurde, fungiert es auch als stilvoller Schauplatz von Konzerten und Theaterstücken. Dicht dabei steht der kleine **Pomonatempel**, ein Jugendwerk des gerade 19-jährigen Karl Friedrich Schinkel von 1801. Ursprünglich war es als Teepavillon konzipiert – Namensgeberin war die römische Göttin des Obstsegens Pomona.

Mit Kupferblech beschlagene Zwiebeltürme: die Alexander-Newski-Kirche der Russischen Kolonie Alexandrowka

Ein Stück weiter südlich gelangt man in die ㉗ **Russische Kolonie Alexandrowka**. Die dreizehn Holzhäuser, die Friedrich Wilhelm III. um 1826 erbauen ließ, sollten Zar Alexander ein bleibendes Denkmal setzen. In den Blockhäusern, die von hundert Militärsoldaten errichtet wurden – in Wirklichkeit handelt es sich um simple Fachwerkhäuser, die mit Holzbohlen und Schnitzwerk verziert sind –, fanden die Sänger des preußischen Garderegiments eine Heimat, die nach dem Sieg der preußischen und russischen Truppen über Napoleon als »Geschenk« des Zaren in preußischen Diensten blieben. Nördlich der Holzhäuser steht die hübsche **Alexander-Newski-Kirche** auf dem Kapellenberg, die nach dem Vorbild der nicht mehr existierenden Kiewer Desjatin-Kirche des russischen Architekten Wassilij P. Stassow entstand. Während ein kleines **Museum** Einblick in das frühere Leben in der Kolonie gibt, lädt die urige **Russische Teestube** zu Spezialitäten wie Soljanka, Borschtsch und Kaviar ein.

Wer noch Zeit hat, sollte einen Abstecher zum ㉘ **Park Babelsberg** mit dem gleichnamigen **Schloss** unternehmen. Von 1834 bis 1835 als Sommerresidenz für den späteren Kaiser Wilhelm I. und Prinzessin Auguste von Sachsen-Weimar im neugotischen Tudorstil entstanden, wirkt es mit seinen Zinnen, Erkern und Türmen wie eine romantische Burg. Nach Entwürfen Schinkels begonnen, sorgte Ludwig Persius 1844 für eine Erweiterung, die schließlich Johann Heinrich Strack mit oktogonalen Räumen und Spitzbogenfenstern zur Vollendung führte. Der Landschaftsgarten, der frei zugänglich ist, geht auf die Gartenbaumeister Peter Joseph Lenné sowie Hermann Fürst Pückler-Muskau zurück. Spaziert man durch die hügeligen Anlage, kann man nicht nur Flatowturm, Gerichtslaube, Dampfmaschinenhaus und das Kleine Schloss entdecken – das ein nettes Café-Restaurant ist – es ergeben sich auch immer wieder schöne Ausblicke auf das gegenüberliegende Potsdam.

Im Zentrum der Ausstellung im Jan Bouman Haus steht der niederländische Baumeister Jan Bouman, unter dessen Leitung im 18. Jh. die hübschen Giebelhäuser im Holländischen Viertel errichtet wurden

Wohl kaum eine andere Brücke hat so viel Geschichte geschrieben wie die ㉙ Glienicker Brücke, die von Potsdam nach Berlin führt. Hier wurden während des Kalten Krieges der verfeindeten Mächte mehrmals Agenten ausgetauscht.

Service & Tipps:

🚌 **Anreise**
www.mobil-potsdam.de
Von Berlin-Hbf. fährt alle 30 bzw. 60 Min. der Regionalexpress RE1 in ca. 30 Min. nach Potsdam-Hauptbahnhof. Außerdem verbinden mehrere S-Bahn-Strecken Berlin mit der Stadt, die u. a. an den S-Bahnhöfen Babelsberg und Griebnitzsee halten. Vom Hauptbahnhof starten tagsüber mehrere touristische Linien im 20-Minuten-Takt: Die **Charlottenhof-Linie** fährt mit den Bussen 605 und 606 zum Schloss Charlottenhof, die **Schlösser-Linie** fährt mit den Bussen 695 und X15 zum Park Sanssouci, die **Krongut-Linie** bringt einen mit Tram 92 nach Bornstedt, die **Tropen-Linie** mit Tram 96 zum Volkspark und zur Biosphäre, die **Cecilienhof-Linie** fährt mit Bus 603 zum Neuen Garten und zum Belvedere, die **Filmstadt-Linie** mit Bus 694 zum Park Babelsberg und zur Medienstadt Babelsberg, die **Filmpark-Linie** mit Bus 690 zum Filmpark Babelsberg sowie die **Kultur-Linie** mit Tram 93 zum Kulturstandort Schiffbauergasse mit dem Hans-Otto-Theater.

ℹ️ **Besucherzentren der Stiftung Preußische Schlösser und Gärten Berlin-Brandenburg**
Besucherzentrum an der Historischen Windmühle
An der Orangerie 1, Potsdam
✆ (03 31) 969 42 00
www.spsg.de
April–Okt. tägl. 8.30–18, Nov.–März 8.30–17 Uhr
Besucherzentrum am Neuen Palais
April–Okt. tägl. 9–18, Nov.–März tägl. außer Mo 9–17 Uhr
Hier gibt es Besuchertipps zu Schlössern und Veranstaltungen, Kombitickets, Familien- und Tageskarten für die verschiedenen Schlösser in Potsdam und Umgebung.

ℹ️ **Tourist Information Potsdam**
Brandenburger Str. 3, Potsdam
✆ (03 31) 27 55 80
www.potsdam-tourismus.de sowie www.potsdamtourismus.de
April–Okt. Mo–Fr 9.30–18, Sa/So 9.30–16, Nov.–März Mo–Fr 10–18, Sa/So/Fei 10–16 Uhr
– **Tourist Information Potsdam im Hauptbahnhof**
Ganzjährig Mo–Sa 9.30–20, So/Fei 10–14 Uhr
Großes Angebot an geführten Stadtrundgängen, z. B. zum

Thema Potsdamer Hinter-
höfe oder Villenkolonie
Babelsberg.

🖼 Potsdam per Pedales
Hauptbahnhof, S-Bahnsteig
sowie S-Bahnhof Griebnitzsee,
Potsdam
✆ (03 31) 7 48 00 57
März–Okt. 9.30–19 Uhr
www.potsdam-per-pedales.de
City- und Trekkingräder mit Zu-
behör und Kartenmaterial. Auch
Stadtführungen per Fahrrad.

🏛 ❹ Filmmuseum
Marstall/Breite Str. 1 A, Potsdam
✆ (03 31) 2 71 81 12
www.filmmuseum-potsdam.de
Bis Herbst 2014 wegen Reno-
vierung geschl.
Im prachtvollen barocken
Marstall befindet sich eines
der ältesten Filmmuseen
Deutschlands.

🏛 ⓫ Jan Bouman Haus
Mittelstr. 8, Potsdam
✆ (03 31) 280 37 37
www.jan-bouman-haus.de
Mo–Fr 13–18, Sa/So/Fei
11–18 Uhr
Eintritt € 2/1, bis 12 J. frei
Das liebenswerte kleine Museum im Holländischen Viertel
veranschaulicht die Geschichte
dieses Stadtteils.

🏛 ❼ Naturkundemuseum
Breite Str. 13, Potsdam
✆ (03 31) 2 89 67 07
www.naturkundemuseum-
potsdam.de
Tägl. außer Mo 9–17 Uhr
Eintritt € 4/2 (13–18 J.)/1
(6–12 J.)/Familienkarte € 10
Ehemaliges Ständehaus der
Zauche aus dem 18. Jh. mit
rund 250 000 Exponaten

🏛 ❸ Potsdam Museum
Am Alten Markt, Potsdam
✆ (03 31) 289 68 21
www.potsdam-museum.de
Tägl. außer Mo 10–18 Uhr
Eintritt € 5, bis 18 J. frei

Mit alten Stichen, Grafiken,
Gemälden, Fotos, Möbeln
etc. lädt die Dauerausstellung
»Potsdam – eine Stadt macht
Geschichte« zur Entdeckungs-
reise durch die Wohn- und All-
tagskultur der letzten tausend
Jahre ein.

🗺 ❻ Garnisonkirche/Ausstel-
lungs- und Versöhnungskapelle
Breite Str./Dortustr.
✆ (03 31) 2 01 18 30
www.garnisonkirche-
potsdam.de
Tägl. außer Mo 12–18 Uhr
Von Philipp Gerlach 1730–35
erbaut, sind von der 1945 aus-
gebrannten und 1968 gespreng-
ten Garnisonkirche nur die
Fundamente übrig geblieben,
auf denen die Garnisonkirche
wieder aufgebaut werden soll.

🗺🖼 ❷ Nikolaikirche
Alter Markt, Potsdam
Tägl. 9–19 Uhr
Markant ist nicht nur die
Tambourkuppel in 77 m Höhe,
charakteristisch ist auch der von
Karl Friedrich Schinkel entwor-
fene Grundriss.

*Die Garnisonkirche
vor ihrer Zerstö-
rung*

*Das Wahrzeichen
der Stadt: die klas-
sizistische Nikolai-
kirche nach Plänen
von Karl Friedrich
Schinkel*

⊙ 🏛 ✕ **㉗ Russische Kolonie Alexandrowka**
Russische Kolonie, Potsdam
Ein besonders exotisches
Stück Potsdam, das zum Welt-
kulturerbe der UNESCO gehört,
bestehend aus 13 russischen
Blockhäusern für die Sänger des
preußischen Garderegiments
(Bj. 1826) mit Kirche, Teestube
und Museum.

❾ ⊙ **St. Peter und Paul**
Bassinplatz, Potsdam
℡ (03 31) 2 30 79 90
www.peter-paul-kirche.de
Di–Sa 10–18, So 12–16 Uhr
Von August Stüler und Wilhelm
Salzenberg zwischen 1867 und
1879 errichtete katholische
Pfarrkirche.

⊙ 🏛 **⓭ Park Sanssouci und Schlösser**
⓯ Bildergalerie Mitte Mai–Mitte
Okt. tägl. außer Mo 10-17 Uhr,
㉑ Chinesisches Haus Mai–Okt.
tägl. außer Mo 10–18 Uhr,
⓰ Neue Kammern April–Okt.
tägl. außer Mo 10–18 Uhr,
⓲ Neues Palais April–Okt. Mi–
Mo 10–18, Nov.–März 10–17
Uhr, **⓱ Orangerieschloss** April
Sa/So/Fei 10–18, Mai–Okt. tägl.
außer Mo 10–18 Uhr (Besichtigung außer So nur mit Führung), **⓴ Römische Bäder** Mitte
Mai–Mitte Okt. tägl. außer Mo

10–18 Uhr, **⓳ Schloss Charlottenhof** Mai–Okt. tägl. außer
Mo 10–18 Uhr, **⓮ Schloss Sanssouci** April–Okt. tägl. außer Mo
10–18 Uhr (Besichtigung mit
Audioguide), Nov.-März Di–So
10–17 Uhr (Besichtigung nur mit
Führung).
Hauptbesuchermagnet von
Potsdam ist Schloss Sanssouci.
Doch neben dem Weinberg-
schloss Friedrichs des Großen
gibt es in der wundervollen
Parkanlage, die für sich schon
sehenswert ist, noch weitere
Schlösser wie das Neue Palais,
Charlottenhof oder die Orangerie sowie kuriose Gebäude
wie das Chinesische Haus zu
entdecken, die den Besuch
unbedingt lohnen.

⊙ 🏛 🖼 **㉓ ㉖ Neuer Garten und
Belvedere auf dem Pfingstberg**
April-Okt. tägl. 10–18, Juni–Aug.
10–20, Nov.–März Sa/So 10–16
Uhr, **㉔ Marmorpalais** April Sa/
So/Fei 10–18, Mai–Okt. tägl. au-
ßer Mo 10–18, Nov.–März Sa/So/
Fei 10–16 Uhr (Besichtigung nur
mit Führung), **㉕ Schloss Cecilien-
hof** April–Okt. tägl. außer Mo
10–18, Nov.–März tägl. außer
Mo 10–17 Uhr
Weiteres Highlight neben
Schloss und Park Sanssouci ist
der Neue Garten im Stil eines
englischen Landschaftsparks,
der noch einmal zwei Schlösser
– das Marmorpalais und Schloss
Cecilienhof in sich birgt. Das
Belvedere auf dem Pfingstberg
nebenan bietet den schönsten
Blick über Potsdam.

🎭 **Hans-Otto-Theater**
Berliner Str. 27 A, Potsdam
℡ (03 31) 981 18
www.hansottotheater.de
Mo–Fr 10–18, Sa 10–14 und
1. Std. vor Vorstellungsbeginn
Spektakulär ist der Bau des Kölner Architekten Gottfried Böhm
mit seinen aus roten Scheiben
bestehenden Dach vom Wasser
aus – und auch mit dem Boot

*Das prächtige
Chinesische Haus
im Rehgarten des
Parks Sanssouci*

erreichbar. Innen erwartet das Publikum ein klassisches Mehrspartentheater mit Schwerpunkt Schauspiel.

🐦 Kabarett Obelisk Potsdam
Charlottenstr. 31, Potsdam
℗ (03 31) 29 10 69
www.kabarett-potsdam.de
Traditionsreiches Kabarett-Ensemble, das sich schon zu DDR-Zeiten mit gekonnter Satire hervortat und heute mit Titeln wie »Besser Wahlschlappen als gar keine Badelatschen« Furore macht.

🐦 Nikolaisaal
Wilhelm-Staab-Str. 10/11
Potsdam
℗ (03 31) 288 88 28
www.nikolaisaal.de
Mo–Fr 11–18 Uhr, Sa 11–14 Uhr und 1. Std. vor Veranstaltung
Veranstaltungssaal im historischen Barockgebäude, in den der französische Architekt Rudy Ricciotti einen modernen Neubau integriert hat.

☒ Speckers Landhaus
Jägerallee 13, Potsdam
℗ (03 31) 280 43 11
www.speckers.de
Di–Sa 12–14 und 18–23 Uhr
In dem hübschen Landhaus mit schöner Terrasse stehen u. a. Entenbrust mit glasierter Feige auf Spitzkohl, oder Gänseleberterrine mit Eisweingelee auf der Speisekarte. €€€

☒ Der Butt
Gutenbergstr. 25, Potsdam
℗ (03 31) 200 60 66
www.der-butt.de
Tägl. ab 12 Uhr
Ob es Fisch aus einheimischen Gewässern wie Zander, Regenbogenforelle und Havel-Aal oder aus fernen Meeren sein soll wie Ostseedorsch, Husumer Scholle oder Jacobsmuschel – in dem traditionsreichen Haus kommen Fischliebhaber auf ihre Kosten. €€

☒ Der Hammer
Am Neuen Markt 9, Potsdam
℗ (03 31) 200 68 87
www.kutschstall-potsdam.de
Tägl. ab 10, warme Küche ab 12 Uhr
In der historischen Schmiede lässt sich heute gut und preiswert Deutsches mit mediterranem Einschlag speisen, im Sommer auch auf der Terrasse. €€

☒ 🍴 Mövenpick Restaurant Zur Historischen Mühle
Zur Historischen Mühle 2
Potsdam
℗ (03 31) 28 14 93
www.moevenpick-restaurants.com
Tägl. 8–23 Uhr
In nächster Nähe zu Schloss Sanssouci kann man sich hier den ganzen Tag über mit Frühstücks-Spezialitäten, Kalbsleber nach Berliner Art, Gegrilltem und Abendmenüs stärken. Mit großer Terrasse und Kinderspielplatz. €€

☒ Restaurant Waage
Am Neuen Markt 12, Potsdam
℗ (03 31) 817 06 74
www.restaurant-waage.de
Di–Sa 12–24, So 12–22 Uhr
Gehobene italienische Küche mit allerlei Fischgerichten im alten Wiegezimmer von Wiegemeister Schatzenberg. Auch günstiger Businesslunch. €€

☒ Lewy
Dorturstr. 17, Potsdam
℗ (03 31) 200 88 02
www.lewy-potsdam.de
Tägl. 11–23 Uhr
Liebenswertes Wein-Bistro unter historischem Dach, wo vom französischen Frühstück bis zur Lammkeule viel Schmackhaftes und Kreatives geboten wird. €

☕ Café Heider
Friedrich-Ebert-Str. 29, Potsdam
℗ (03 31) 270 55 96
www.cafeheider.de

Vor den Toren der Stadt – Potsdam

Am schönsten von der Wasserseite aus: das Hans-Otto-Theater des Kölner Architekten Gottfried Böhm

Imposant von innen: der spektakuläre Nikolaisaal des französischen Architekten Rudy Ricciotti

Mo–Fr ab 8, Sa ab 9, So ab 10 Uhr
Seit 1878 wird am Nauener Tor die Konditoreitradition mit erlesenen Kuchen, Torten, Pralinen und Eis gepflegt. Mit Mittagstisch.

▣✖◨♫ Café Rothenburg
Gutenbergstr. 33, Potsdam
✆ (03 31) 56 77 26
www.cafe-rothenburg.de
Tägl. 11–24 Uhr
Tagsüber Café und Restaurant, abends Kneipe mit gemütlichem

Gastraum und kleinem Hofgarten. Gutbürgerliche Küche. Öfters Livemusik.

▣ La Maison du Chocolat
Benkertstr. 20, Potsdam
✆ (03 31) 2 37 07 30
www.schokoladenhaus-potsdam.de
Tägl. ab 10 Uhr
Neben rund 40 Kuchensorten, z. B. Trüffeltorte, stehen auch Salate und Spezialitäten der französischen Landhausküche auf der Speisekarte.

Schwielowsee
Caputh, Ferch und Petzow

Ein besonders liebenswertes Stück Havelland ist das Gebiet um den **Schwielowsee** südwestlich von Potsdam, der Teil einer ganzen Kette von Seen ist, zu denen sich die Havel erweitert. Er lässt sich nicht nur mit dem Auto umrunden. Ideales Verkehrsmittel ist das Fahrrad, mit dem man unkompliziert an den interessantesten Stellen Station machen kann. Unterwegs bieten diverse Badestellen und Strandbäder die Möglichkeit, sich im Wasser der Havel zu erfrischen.

Gleich gegenüber vom Potsdamer Hauptbahnhof (mit Fahrradverleih) führt eine schmale Landstraße am Templiner See mit dem **Forsthaus Templin** und dem **Waldbad Templin** vorbei durch ein Waldstück nach ❶ **Caputh**. Auf den ersten Blick mag der Ort recht unscheinbar wirken. Doch ist er gespickt mit einigen sehenswerten geschichtsträchtigen Bauten aus verschiedenen Epochen. Neben der von Friedrich August Stüler im frühchristlichen Stil erbauten **Dorfkirche** mit hölzerner Kassettendecke erstrahlt das frühbarocke **Schloss Caputh** in neuem Glanz und bildet hin und wieder den stilvollen Rahmen für Konzerte der »Caputher Musiken«. Ursprünglich stand hier nur ein bescheidenes Anwesen, das der Große Kurfürst Friedrich Wilhelm 1671 seiner Gemahlin, der Kurfürstin Dorothea schenkte. Von da an wurde aus ihm eine kleine, aber sehr feine Sommerresidenz im Barockstil. Im Inneren geben unzählige Gemälde, Lackmöbel, verzierte Spiegel, Marmorskulpturen und Porzellan eine Vorstellung von der Raumdekoration in der Zeit um 1700. Besonders schön ist der Festsaal mit seinem barocken Deckengemälde. Der dürfte auch die illustren Gäste beeindruckt haben, die hier 1709 zum sogenannten Drei-König-Treffen von Friedrich I., dem sächsischen Kurfürsten (und zugleich polnischen König) August dem Starken sowie dem dänischen König Friedrich IV. mit einer Yacht von Potsdam zum Gartenfest herbeisegelten. Besonderer Blickfang ist außerdem der Fliesensaal, dessen Wände und Decke mit über 7000 blau-weißen holländischen Fayence-Fliesen ausgekleidet sind. Der kleine **Schlosspark**, den Peter Joseph Lenné 1820 zum Landschaftsgarten umgestaltete, besitzt eine eigene Schiffsanlegestelle. Der Park lädt nicht nur zum Flanieren am Wasser ein – im ehemaligen Kavalierhaus, das General Heinrich Ludwig August von Thümen 1830 im Stil klassizistischer Landhäuser erbauen ließ, lässt sich auch wunderbar speisen und wohnen.

Freizeitrevier: den Schwielowsee bei Potsdam kann man auf dem Fernradweg F1 umrunden

Auch zu Fuß ist der Schwielowsee gut zu erkunden – in Kombination mit den Ausflugsdampfern der Weißen Flotte Potsdam, die verschiedene Punkte am See ansteuern.

251

Ganz anders als Schloss Caputh sieht das **Sommerdomizil Albert Einsteins** aus, das ebenfalls im Ort am Waldrand zu finden ist. Von Architekt Konrad Wachsmann um 1929 erbaut, besteht es aus einem schlichten Holzhaus mit weißen Fensterläden, Flachdach und einer großen Sonnenterrasse. Ganz ohne Luxus kam der Nobelpreisträger aus, wenn er sich hier in der warmen Jahreszeit erholte und nach Aussagen von Zeitgenossen besonders glückliche Stunden verbrachte. Unten am See lag seine Jolle »Tümmler«, mit der er immer wieder gern auf den märkischen Gewässern schipperte. »Komm nach Caputh, pfeif auf die Welt«, schrieb er seinem Sohn Eduard und hielt sich selber an diese Devise. Selbst wenn die Besucher Max Planck, Heinrich Mann oder

Das Sommerhaus von Albert Einstein in Caputh

Liebermann hießen – hier durften getrost die Krawatten gelockert, beengende Jacketts abgelegt, ja sogar Schuhe und Strümpfe ausgezogen werden. Nach der Machtergreifung durch die Nazis war es mit der Idylle allerdings vorbei. Das Sommerhaus wurde konfisziert und später von der Wehrmacht genutzt, bevor es zu DDR-Zeiten als Begegnungsstätte und Gästehaus für Wissenschaftler diente. Inzwischen wurde es saniert und steht Besuchern zur Besichtigung offen.

Von Caputh geht es weiter nach ❷ **Ferch**, wo die Landschaft noch lieblicher wird. Allerlei Fischrestaurants, Cafés, kleine Hotels und schöne Seegrundstücke säumen das Ufer. Gleichzeitig führt einen der **Kunstpfad Ferch** auf die Spuren der Kreativen, die sich hier einst niederließen und zur Havelländischen Malerkolonie gehörten. Für die Pleinair-(Freilicht-)Künstler war die Landschaft rund um die Havel ideale Inspirationsquelle. Auf kleinstem Raum fanden sie Hügel und Seen, Wälder, Heidelandschaft, Schilfgürtel und Moore, dazwischen boten sich Bauwerke wie die hübsche **Fischerkirche** von Ferch im Fachwerkstil als Motive an. Begründet hat die Malerkolonie Karl Hagemeister, der sich hier von 1877 an zu einem völlig neuen Stil inspirieren ließ. Zu ihm gesellte sich zeitweise der Wiener Maler Carl Schuch, außerdem kamen Kollegen wie Max Liebermann oder Lovis Corinth zu Besuch. Nachdem Theodor von Brockhusen, der »deutsche van Gogh«, in Baumgartenbrück den märkischen Frühling verewigte, entdeckte wiederum der Düsseldorfer Hans Wacker die Gegend für sich. Spätestens 1928 war Ferch ein weithin bekanntes Malerdorf. Viele Werke der Pleinairisten sind heute im **Museum der Havelländischen Malerkolonie** zu bewundern, das im Kossätenhaus aus dem 18. Jahrhundert untergekommen ist. Kleine Wunderwerke der Natur warten derweil am Ortsausgang von Ferch im **Japanischen Bonsaigarten** auf

»… der Schwielow ist breit, behaglich, sonnig und hat die Gutmütigkeit aller breit angelegten Naturen«, schwärmte der Schriftsteller Theodor Fontane 1873. in seinem dritten Band seiner »Wanderungen durch die Mark Brandenburg« – und das kann man auch heute noch nachvollziehen.

Freunde der Botanik. Mehr als tausend Miniaturpflanzen, von Satsuki-Azaleen bis zu japanischen Zierkirschen verteilen sich über einen liebevoll angelegten Wandel- und Teegarten mit einem Pavillon für Teezeremonien (Fercher Str. 61, April–Okt. tägl. außer Mo 10–18 Uhr).

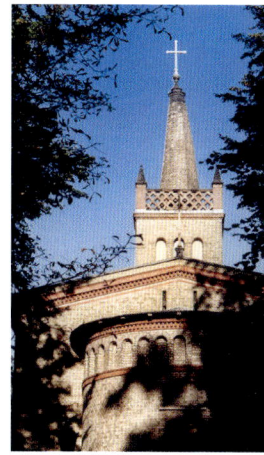

Nächste Station am Schwielowsee ist ❸ **Petzow**. So klein der Ort ist – auch hier haben berühmte Garten- und Baumeister Hand angelegt. Zum Beispiel an der **Dorfkirche** mit ihren romanischen Rundbogenfenstern, die bei Hochzeitspaaren besonders beliebt ist, aber auch den schönen Rahmen für Konzerte abgibt. Sie entstand 1842 auf dem Grelleberg nach Plänen Karl Friedrich Schinkels, Gustav Emil Prüfer zeichnete für die Ausführung. Vom Turm bietet sich eine fantastische Aussicht auf die Seenlandschaft der Havel. Auch das benachbarte **Schloss Petzow**, ein Herrenhaus im englischen Tudorstil mit verspielten Stufengiebeln und Ecktürmchen geht auf Schinkel zurück, und harrt heute immer noch einer umfassenden Sanierung. Dessen ungeachtet kann man durch den angrenzenden **Schlosspark** am Seeufer spazieren, wo sich auch eine Schiffsanlegestelle befindet. Das 15 Hektar große Gelände hat Peter Joseph Lenné um 1838 gestaltet.

Verlässt man Petzow in Richtung Geltow, entführt an der linken Straßenseite der **Frucht-Erlebnis-Garten** in die Welt des Sanddorns. Die vitaminreiche, auch »Zitrone des Nordens« genannte Frucht wird hier nicht nur angebaut, sondern auch zu mehr als fünfzig Produkten verarbeitet, vom Gelee bis zum Sanddorn-Secco. Im Restaurant Orangerie mit schöner Terrasse kann man sich davon überzeugen, wie gut sich Sanddorn-Sauce oder -beize mit Gänsebrust oder Hühnchen vertragen.

Nördlich vom Schwielowsee lockt schließlich ❹ **Werder** zu einem Abstecher in seine **historische Inselstadt**. Schon von weitem ist der Turm der neugotischen **Heilig-Geist-Kirche** zu sehen, die im 19. Jahrhundert nach einem Entwurf von Stüler gebaut wurde und das kuriose barocke Ölgemälde »Christus als Apotheker« in sich birgt. Weiteres Wahrzeichen des denkmalgeschützten Stadtkerns ist die Jahrhunderte alte **Bockwind-**

Den Ausblick vom Turm der Dorfkirche Petzow pries schon Fontane mit den Worten: »Das Ganze ein Landschaftsbild im großen Stil – nicht von relativer Schönheit, sondern absolut.«

Der 45 m hohe Turm der Heilig-Geist-Kirche und die rekonstruierte Bockwindmühle dominieren die Silhouette von Werder

Ein Besucher-magnet ist das traditionsreiche, seit 1879 alljährlich gefeierte Baum-blütenfest von Werder

mühle. Ringsum säumen Obstbauern- und Fischerhäuser die kopfsteingepflasterten Straßen. Im Mittelalter von Germanen und Slawen als Fischerdorf gegründet, wurde hier später Wein und Obst angebaut. Daran erinnert nicht zuletzt das alljährlich Ende April/Anfang Mai stattfindende **Baum-blütenfest**, wenn die Bäume in voller Pracht stehen, ihren betörenden Duft ver-breiten und die ausgeschenkten Obstweine so manchen in Rausch versetzen. Im ehemaligen Stadtgefängnis lässt auch ein **Obstbaumuseum** die Entwicklung der Obstkammer Berlin anhand von alten Kiepen, Körben und Bildern Revue passieren. Dass Werder inzwischen hauptsächlich vom Tourismus lebt, lässt sich an den vielen Cafés und Fischrestaurants ablesen, die rund um das Seeufer zu Mußestunden am Wasser einladen.

Service & Tipps:

Anreise
stündlich von Berlin-Hbf. mit RE1 Richtung Magdeburg bis Potsdam und weiter mit RB23 oder Bus 607 bis zum Bahnhof Schwielowsee, ca. 1 Std.

Schwielowsee Tourismus
Straße der Einheit 3
14548 Schwielowsee/Ortsteil Caputh
✆ (03 32 09) 708 99, www.schwielowsee-tourismus.de
April–Okt. Mo–Fr 10–16, Sa 10–14 , Nov.–März Mo–Fr 11–15 Uhr

Schifffahrt in Potsdam
Lange Brücke 6, Potsdam
✆ (03 31) 275 92 10
www.schifffahrt-in-potsdam.de
Die Ausflugsdampfer der Wei-ßen Flotte steuern von Potsdam aus diverse Orte am Schwie-lowsee wie Caputh, Ferch oder Petzow an.

❷ Museum der Havelländi-schen Malerkolonie
Beelitzer Str. 1 /Dorfstr., Ferch
✆ (03 32 09) 210 25
Mai–Okt. Mi–So 11–17,
Nov.–April Sa/So 11–17 Uhr
Eintritt € 2,50/2, unter 14 J. frei
Ausstellungen mit Werken der Pleinair-Künstler Karl Hage-meister, Hans Wacker, Hans-Otto Gehrke, Carl Schuch und anderen.

❹ Obstbaumuseum
Kirchstr. 6/7, Werder
✆ (033 27) 78 44 74
Mo/Di, Do/Fr 11–17, Sa/So 13–17 Uhr, Okt.–März nach Voranmel-dung, Eintritt € 3,50/2
Im ehemaligen Stadtgefäng-nis wird die Geschichte und Entwicklung des Obstanbaus, der Fischerei und des Weinbaus eindrücklich dokumentiert.

Kavalierhaus
Lindenstr. 60, Caputh
✆ (03 32 09) 846 30
www.kavalierhaus-caputh.de
April–Sept. tägl. ab 11, März und Okt. Mi–So ab 11, Nov.–Feb. Sa/So ab 11 Uhr
Das zum Schloss gehörige Kavalierhaus mit Terrasse bietet gehobene Küche in stilvollem Rahmen. Außerdem kann man hier gut übernachten. €€

Fährhaus Caputh
Straße der Einheit 88, Caputh
✆ (03 32 09) 702 03
www.faehrhaus-caputh.de
März–Nov. tägl. ab 11.30 Uhr
Uriges Traditionslokal mit gut-bürgerlicher Küche und schöner Terrasse am Wasser. Legendär sind die Fischspezialitäten und der köstliche Blechkuchen. €

Landhaus Ferch
Dorfstr. 41, Ferch
✆ (03 32 09) 703 91
www.Landhaus-Ferch.de
Mo–Fr ab 11.30, Sa/So ab 11 Uhr

Das freundliche Haus am Wasser lädt zu schmackhafter gutbürgerlicher Küche und Kunstausstellungen ein. Außerdem kann man hier in komfortablen Zimmern übernachten (DZ ab € 70). €€

☒☕♿ ❸ **Frucht-Erlebnis-Garten** Fercher Str. 60, Petzow ✆ (033 27) 469 10

www.sandokan.de Mo–Fr 10–17, Sa/So 10–18 Uhr Hier dreht sich alles um den Sanddorn, der hier angebaut und zu Saft, Konfitüre, Secco und anderen Produkten verarbeitet wird. Neben dem Hofladen lädt auch die hübsche Orangerie mit Terrasse zu fruchtigen Speisen ein. €

Märkische Schweiz

Idyll zwischen Buckow, Pritzhagener Mühle und Stobbertal

Nicht mehr als fünfzig Kilometer östlich von Berlin liegt die Schweiz. Nein, nicht die Alpenrepublik der Eidgenossen, vielmehr die Märkische Schweiz, einer von mehreren Höhenzügen in Hauptstadtnähe, die sich vom ansonsten weitgehend flachen Brandenburg abheben. Natürlich darf man hier keine hohen Berge und mit Schnee bedeckte Gipfel erwarten. Aber etwas gebirgig ist es schon, zumindest für norddeutsche Verhältnisse. Im Übrigen kennzeichnen dichte Wälder, Schluchten – die sogenannten Kehlen –, Bäche, Moore und kleine Seen die Landschaft und machen sie zu einem idealen Wandergebiet. Tagelang kann man hier auf den unzähligen Wegen unterwegs sein, die den Naturpark erschließen. Ein besonders schöner führt durch das wildromantische Stobbertal, in dem der Stobber vor sich hin plätschert. Nicht viel mehr als elf Kilometer ist die Wanderung lang, doch bekommt man einen guten Einblick in die vielfältige Landschaft. Im Übrigen geht es dabei ganz schön auf und ab, so dass man mindestens drei

Die »Perle der Märkischen Schweiz«: Buckow am Schermützelsee

Stunden veranschlagen sollte. Gutes Schuhwerk ist selbstverständlich, im Sommer außerdem Mückenschutz.

Ausgangspunkt für die Tour ist **Buckow**, ein staatlich anerkannter Kneipp-Kurort, der am idyllischen Schermützelsee liegt. Hier hat der Gesundheitsurlaub schon eine lange Tradition. »Majestät, in Buckow geht die Lunge auf Samt«, soll der Leibarzt von König Friedrich Wilhelm IV. gesagt haben und dem Monarchen die gute, klare Luft empfohlen haben. Nach ihm hat sich auch manch anderer Prominente in Buckow erholt. Wohlhabende Berliner ließen sich Sommerhäuser am Seeufer errichten, außerdem weilte neben Egon Erwin Kisch auch Bertolt Brecht oft und gern in seiner »Eisernen Villa«, einem von dem Bildhauer Georg Roch um 1911 erbauten, eleganten Atelierhaus am Schermützelsee, wo er sich von der Umgebung unter anderem zu den »Buckower Elegien« inspirieren ließ. Heute befinden sich mehrere Kurkliniken in dem hübschen Städtchen. Doch ist es auch bei Gesunden ein beliebtes Ausflugs- oder Urlaubsziel. Rund um den Markt laden viele nette Lokale zu Kaffee und Kuchen sowie allerlei märkischen Spezialitäten ein, im Sommerhalbjahr locken zudem Theater- und Literaturveranstaltungen sowie Konzerte unter dem Motto »Klassik im Grünen«. Wobei die Hauptattraktion aber der **Naturpark** mit seinen Wandermöglichkeiten ist.

Startpunkt der Tour ist die ❶ **Tourist Information**, die auch entsprechende Faltblätter bereithält. Nah an dem Fachwerkhaus mit kleinem Kräutergarten befindet sich ein kleiner Parkplatz. Von da aus läuft man durch den gepflegten, barocken ❷ **Schlosspark**, hält sich links und folgt den Hinweisschildern zur Wriezener Straße. Bald ist der Schermützelsee mit der Schiffsanlegestelle erreicht. Am ❸ **Strandbad** vorbei geht es über den Weinbergsweg zur Schule, wo ganz links

Eine schöne Wanderung durch die abwechslungsreiche Umgebung Buckows führt über den Poetensteig

Buckow lockt nicht nur mit guter Luft. Das Städtchen ist auch Brandenburgs erster Kneipp-Kurort, wo man an zahlreichen Wassertretstellen die Füße erfrischen kann.

der mit grünem Strich markierte Weg in den Wald hinein-
führt. Schon umfängt einen dichtes Grün. Und wenn rechts der
❹ **Poetensteig** abzweigt, den es zu beschreiten gilt, wird
es sogar richtig gebirgig. Nach dem Moritzgrund lässt man
die ❺ **Wolfsschlucht** rechts liegen, dann
schlängelt sich der teilweise mit Gelän-
dern gesicherte Pfad bis auf den 95 Meter
hohen ❻ **Dachsberg** hinauf. Oben angekommen lädt ein mit Bänken umstande-
nes Plateau dazu ein, die Aussicht auf den
zugewucherten Kleinen Tornowsee zu
genießen. Danach steigt man auf mitunter engen, verschlungenen Pfaden zu den
❼ **Tornowseen** hinab. Man folgt den Wegweisern zum Haus Tornow am Großen Tornowsee, quert eine Straße und gelangt am
Norduffer des Sees mit dem Tagungshotel
und ein paar Badestellen vorbei auf den
Weg, der links zur ❽ **Pritzhagener Mühle**
führt. Noch einmal ist rechts eine Brücke zu

passieren, dann biegt man noch einmal links ab und erreicht
die unprätentiöse, liebenswert verträumte Ausflugsgaststätte.
Mitten im Garten, wo mitunter Gänse über den Rasen wat-
scheln, lassen sich die Gäste hier Kaffee und köstlichen Blechkuchen schmecken, außerdem allerlei Fischgerichte – wer will,
kann sogar mit französischen Champagner auf die Wanderung
anstoßen.

*Brecht-Weigel-
Haus: Das ehema-
lige Sommerhaus
von Bertolt Brecht
und Helene Weigel
ist seit 1977 eine
Gedenkstätte für
das Künstlerehe-
paar*

Für den Rückweg empfiehlt sich dann statt des Poetensteigs
die Strecke durchs **Stobbertal**. Dazu muss man zurück zum
Großen Tornowsee laufen, dort angekommen aber nicht rechts
zum Haus Tornow abbiegen, sondern geradeaus weiter am See
entlang und am südlichen Ende auf die rot markierte Natur-
parkroute, die einen weiten Bogen um das südliche Seeufer
macht. Bald ist das glasklare Bächlein Stobber zu sehen, das
sich links des Wegs durch die zugewucherte Waldlandschaft
schlängelt. Manch entwurzelter Baum hat sich quer über das
Wasser gelegt, es ist ein kleines Stück Wildnis, märchenhaft anzusehen. Auf dem kurvenreichen Weg kommt man schließlich
zur ❾ **Güntherquelle**, ein Stück weiter steht das ❿ **Naturpark-
Besucherzentrum Schweizer Haus**. An ihm vorbei geht es noch
einmal rechts auf dem Hopfenweg an Gartengrundstücken
entlang durch offene Wiesenlandschaft mit Obstbäumen,
dann ist wieder der Schermützelsee erreicht.

Gleich gegenüber von der Wriezener Straße locken Strandbad und ein Bootsverleih, der sogar Elektro-Solarboote vermietet. Alternativ dazu liegt gleich daneben der gemütliche
alte ⓫ **Ausflugsdampfer »Scherri«** vor Anker. Auch mit ihm
kann man eine kleine Runde auf dem See drehen und sich
das ⓬ **Brecht-Weigel-Haus** vom Wasser aus ansehen, bevor
man es – bei Interesse – von innen besichtigt. Ansonsten sollte man sich an einer der Wassertretstellen des Kneippkurorts
die müden Füße erfrischen und noch einmal tief durchatmen,

Der Buckower Schlosspark erstreckt sich über eine Fläche von knapp 5 ha als englischer Landschaftsgarten

bevor es in die Großstadt zurückgeht. Ein besonderes Erlebnis ist es übrigens, mit der Buckower Kleinbahn zu fahren, die an den Sommerwochenenden zwischen Buckow, Waldsieversdorf und dem Bahnhof Müncheberg verkehrt, wo es dann mit der Niederbarnimer Eisenbahn weiter nach Berlin geht.

Service & Tipps:

�læ 🚌 Anreise
Mit Zug RB26 ab Berlin-Lichtenberg Richtung Kostryn bis Müncheberg, von dort weiter mit Bus 928 nach Buckow. Von Mai bis September kann man statt mit dem Bus an den Wochenenden auch mit der Buckower Kleinbahn von Müncheberg nach Buckow fahren ☎ (Sa/So/Fei 6-mal täglich, letzte Fahrt gegen 17 Uhr). Mit dem Auto auf der B1/5 in Richtung Frankfurt/Oder bis Müncheberg, dann weiter über Waldsieversdorf nach Buckow.

ℹ️ Tourist Information Märkische Schweiz
Sebastian-Kneipp-Weg 1
15377 Buckow
☎ (03 34 33) 6 59 82
www.maerkischeschweiz.eu
April–Okt. Mo–Fr 9–12.30, und 13–17, Sa, So 10–12.30, 13–17, Nov.–März Mo–Fr 10–12.30, 13–16, Sa/So 10–14 Uhr
Hier gibt es allerlei Informationsmaterial, insbesondere Tipps für Wanderungen und zu Veranstaltungen wie dem sommerlichen Konzert- und Literatursommer.

ℹ️ Naturpark-Besucherzentrum Schweizer Haus
Lindenstr. 33, Buckow
☎ (03 34 33) 158 41
www.naturpark-maerkischeschweiz.brandenburg.de
Tägl. 10–16 Uhr
Auf rund 200 Quadratmetern gibt das Besucherzentrum Einblick in Flora, Fauna, Geschichte und Lebensbedingungen des Naturparks. Besonders im Zentrum steht das Thema Wasser als Lebenselement von Wasservögeln und anderen Tieren.

🚤 Seetours
Bertolt-Brecht-Str. 11, Buckow
☎ (03 34 33) 232
www.kurstadt-buckow.de/seetours
April–Okt. tägl. 10–17 Uhr
Die Reederei bietet stündlich Rundfahrten mit den Ausflugsdampfern »Scherri« und »Seeperle« an, auch Mondscheinfahrten und Spezialarrangements.

🏛 ⑫ Brecht-Weigel-Haus
Bertolt-Brecht-Str. 30, Buckow
☎ (03 34 33) 467
www.brechtweigelhaus.de
April–Okt. Mi–Fr 13–17, Sa/So/Fei 13–18, Nov.–März Mi–Fr 10–12, 13–16, Sa/So 11–16 Uhr
Eintritt € 3/2
Brechts »Eiserne Villa«, seine Sommerresidenz am Schermützelsee, in dem er sich zusammen mit Helene Weigel von anstrengenden Theaterarbeit am Theater am Schiffbauerdamm erholte, ist heute Museum und gibt auch den Rahmen von Literaturveranstaltungen ab.

🏛 🚂 Eisenbahnmuseum
Bahnhofstr. 1, Buckow
☎ (03 34 33) 5 75 78
www.buckower-kleinbahn.de
Mai–Sept. Sa/So/Fei 10–16 Uhr
Eintritt € 2/1,50
In dem liebenswerten Museumsbahnhof wird die Geschichte der Kleinbahn anhand von alten Postkarten, Fotos und vielen anderen Exponaten erzählt. Hier startet in der Sommersaison an den Wochenenden auch die Buckower Kleinbahn nach Waldsieversdorf und Müncheberg.

⊠ ⌂ ▨ Johst am See
Egon-Erwin-Kisch-Weg 1
Bollersdorf
✆ (03 34 33) 63 90
www.Johst-am-See.de
Das Restaurant serviert gutbürgerliche regionale Küche.
Familiär geführtes Haus mit
17 Zimmern am Nordwest-Ufer
des Schermützelsees (DZ € 60–
80). Neben dem Badestrand
lockt auch eine Sauna. €€

⊠ ❽ Pritzhagener Mühle
Lindenstr. 74, Pritzhagen
✆ (03 34 33) 8 44
März–Mitte Nov. tägl. außer Mo
11–17.30 Uhr
In der traditionellen Ausflugsgaststätte gibt es den legendären Blechkuchen, Eis und
allerlei Fischspezialitäten. €

⊠ Stobbermühle
Wriezener Str. 2, Buckow
✆ (03 34 33) 668 33
www.stobbermuehle.de
Tägl. 11–24 Uhr
In Sachen Kulinarik ist das
romantische Gasthaus am Mühl-
bach das erste Haus am Platz.
Es bietet gehobene regionale
Küche, wobei die Zutaten nicht
nur aus der hauseigenen Räucherei, sondern auch aus dem
Hummerbecken stammen. Au-
ßerdem gibt es stilvolle Zimmer
(DZ ab € 75). €€

▦ Café am Markt
Am Markt 4, Buckow
✆ (03 34 33) 566 95
Tägl. außer Mo 11–20 Uhr
Kuchen, Eisspezialitäten und
kleine Speisen.

Schorfheide-Chorin

Kloster Chorin und das Biosphärenreservat Schorfheide

Relativ schnell und unkompliziert von Berlin aus mit dem Zug
zu erreichen, ist die **Schorfheide** ein besonders lohnenswertes
Ausflugsziel. Mit 130 000 Hektar gehört das 1990 gegründete
UNESCO-Biosphärenreservat zu den größten Landschafts-
schutzgebieten Deutschlands. Mehr als 200 Seen, Tausende
Moore, ausgedehnte Wälder, Wiesen und Äcker wechseln in
der während der Weichseleiszeit vor 15 000 Jahren entstandenen und von Menschen geprägten Kulturlandschaft mitei-
nander ab. Zugleich gehört der Landstrich zu den trockensten
Gegenden der Republik.

*Zum Biosphären-
reservat Chorin-
Schorfheide gehört
auch der Buchen-
wald Grumsin,
einen der größten
zusammenhän-
genden Tiefland-
Buchenwälder
weltweit*

259

Charakteristisch sind relativ heiße Sommer mit viel Sonnenschein und kalte Winter. In diesem Klima gedeihen mehr als tausend Pflanzenarten, darunter viele bedrohte wie Goldnesseln, die Sumpfschwertlilie oder die Sumpfcalla. Besonders markant sind die knorrigen Huteichen, die zum Teil bis zu 600 Jahre alt werden. In dieser Umgebung fühlen sich nicht nur Biber, Fischotter und Fledermäuse besonders wohl. Hier brüten heute auch wieder See-, Fisch- und Schreiadler, während die Feuchtgebiete Lebensraum von Kranichen, Schwarzstörchen, Sumpfschildkröten, Kreuzottern und Rotbauchunken sind. Ansonsten dienen die ausgedehnten Wälder der Schorfheide aufgrund ihrer guten Wildbestände, der Ruhe und Abgeschiedenheit traditionell als Jagdgebiet. Jahrhunderte lang machten Kurfürsten, Könige, Kaiser, Nazi-Größen wie Hermann Göring und die Polit-Prominenz der DDR von Horst Sindermann über Günter Mittag bis Erich Honecker Jagd auf Rot-, Reh-, Dam- und Schwarz- und Muffelwild. Mehr darüber lässt sich darüber im ❶ **Schorfheidemuseum** erfahren, das im ehemaligen Jagdschloss von Groß Schönebeck aus dem 18./19. Jahrhundert untergekommen ist. Neben Jagdtrophäen von Kaiser Wilhelm II. oder Erich Honecker sind hier auch Überbleibsel der historischen Waldeisenbahn zu sehen. Wie gut es indessen den frei lebenden Tieren der Schorfheide geht, zeigt der dortige ❷ **Wildpark**, der zu ausgedehnten Spaziergängen einlädt. Überhaupt ist die Schorfheide ein ideales Wandergebiet, in dem sich tagelang die Wälder durchkämmen lassen und unterwegs unzählige Seen zum Baden, Angeln oder Bootfahren einladen.

Doch birgt die Region auch einige kulturhistorische Perlen. Allen voran das ❸ **Zisterzienserkloster Chorin**, ein Meisterwerk der Frühgotik, das sich etwa drei Kilometer vom Ort Chorin entfernt in idyllischer Waldlandschaft versteckt. Zweifellos gehört es zu den schönsten Bauten Brandenburgs, auch wenn – oder vielleicht gerade weil – es eine Ruine ist. Schon Theodor Fontane meinte, dadurch wirke es besonders geheimnisvoll. »Wer hier in der Dämmerstunde des Weges kommt und

Kloster Chorin ist ein frühes Beispiel preußischer Denkmalpflege

Vor herrlicher Kulisse finden im Kloster Chorin unterschiedliche kulturelle Veranstaltungen statt

plötzlich zwischen den Pappeln hindurch diesen still einsamen Prachtbau halb märchenhaft, halb gespenstisch auftauchen sieht, dem ist das Beste zuteil geworden...«, war er überzeugt. Als Haus- und Begräbniskloster der Askanier, der Markgrafen von Brandenburg wurde es von 1273 an in rund vierzig Jahren im typischen Stil der norddeutschen Backsteingotik erbaut. Zentrum der repräsentativen Anlage ist eine dreischiffige Gewölbebasilika mit Querschiff und Chor, für die Kirchenbauten wie der Dom von Magdeburg Modell standen. Besonders reich ist die Gestaltung der Querhausgiebel und vor allem der hoch aufragenden Westfront, die in filigraner Ziegelbauweise gestaltet ist. Von der Klausur haben sich der Ost- und Westflügel mit dem Kreuzgang erhalten, außerdem ein Brüdersaal, die Küche, ein Pfortenhaus an der Westseite und das Brauhaus. Im Dreißigjährigen Krieg brannte das Kloster zum Teil aus und verfiel, bis im 19. Jahrhundert Karl Friedrich Schinkel dafür sorgte, dass die Ruine als Denkmal von nationaler Bedeutung restauriert wurde. Nach weiteren Sanierungsarbeiten kann sie heute nicht nur besichtigt werden, sondern gibt auch die stimmungsvolle Kulisse für Oster- und Weihnachtsmärkte sowie die **Konzerte des Choriner Musiksommers** ab. Im Sommer lädt auch ein Café mit schöner Terrasse und Bioprodukten zum Verweilen im Klosterareal ein.

Wer sich satt gesehen und gegessen hat – dazu bieten sich die Immenstube mit ihren Honigspezialitäten ebenso wie die traditionsreiche Alte Klosterschänke an – kann noch eine Runde um den schönen Amtssee mit mehreren Badestellen drehen. Oder eine Wanderung ins benachbarte ❹ **Ökodorf Brodowin** anschließen: Der Weg zu Deutschlands größtem Demeter-Betrieb führt sechs Kilometer durch schönen Laubwald mit hohen Eichen, wo sich rechts und links riesige Trichter mit Kesselmooren auftun. Schließlich gelangt man über eine Weidenallee in das lang gestreckte Angerdorf mit seiner Kirche, Dorfgasthaus und einem Hofladen, der sich als Öko-Gourmet-Shop mit köstlichem Roten Brodowiner Käse und Butter aus der Schaumolkerei entpuppt.

Service & Tipps:

🚈 Anreise
Chorin ist von Berlin-Hbf. aus stündlich in ca. 45 Minuten mit der Regionalbahn RE3 zu erreichen. Groß Schönebeck wird zweistündlich von der Heidekrautbahn ab Berlin-Karow (aus der Innenstadt S2 Richtung Bernau) angefahren, Fahrzeit ca. 40 Minuten.

🛈💺🛏 Tourist Information
Bahnhofstr. 2, Chorin
✆ (033 36) 53 00 53
www.schorfheidechorin.info
April–Okt. tägl. 9–18.30 Uhr
Der schön restaurierte historische Bahnhof von Chorin hält nicht nur allerlei Informationen und Kartenmaterial vorrätig, ihm sind auch ein Bistro-Café und ein Hofladen angeschlossen.

🛈 Wirtschafts- und Tourismusentwicklungsgesellschaft Wito
Alfred-Nobel-Str. 1, Eberswalde
✆ (033 34) 591 00
www.barnimerland.de
Hier kann man sich vorab Material bestellen und Tipps erfragen.

🚲 Fahrradverleih im Natur-Bahnhof Chorin
Bahnhofstr. 2, Chorin
✆ (03 33 66) 537 00
www.fahrradverleih-chorin.de
Öffnungszeiten vgl. Tourist Information
Im historischen Bahnhofsgebäude befindet sich auch ein Fahrradverleih.

🏛 ❶ Schorfheidemuseum
Schlossstr. 6, Groß Schönebeck
✆ (03 33 93) 652 72
www.jagdschloss-schorfheide.de
Tägl. Mai–Sept. 10–17, Okt.–April 10–16 Uhr, Eintritt € 6,50
Im ehemaligen Jagdschloss lässt eine Dauerausstellung mit Exponaten wie Trophäen von Friedrich Wilhelm II. die Geschichte der Jagd von den Großen Kurfürsten bis zur Politprominenz der DDR lebendig werden.

♿🐾💺🛏 ❸ Kloster Chorin
Amt Chorin 11 A, Chorin
✆ (03 33 66) 703 77
www.kloster-chorin.org
Tägl. Sommer 9–18, Winter 10–16 Uhr, Eintritt € 4/2,50
Eins der bedeutendsten Bauwerke Brandenburgs ist die Ruine der früheren Zisterzienserklosters. Hier finden auch allerlei Märkte, Keramik- und Kräutertage statt. Besonders beliebt sind die Konzerte des Choriner Musiksommers, die meist am Nachmittag die alten Gemäuer zum Klingen bringen (Informationen unter www.choriner-musiksommer.de). Außerdem öffnet im Sommer im Klostergelände von 10 bis 18 Uhr ein freundliches Café mit großer Terrasse, das Eisspezialitäten, hausgemachten Kuchen und kleine Speisen aus Bioprodukten anbietet

♿ ❺ Schiffshebewerk Niederfinow
Hebewerkstr. 52, Niederfinow
✆ (03 33 62) 713 77, www.schiffshebewerk-niederfinow.info
April–Okt. tägl. 9–18, Nov./Dez./Mitte–Ende März tägl. 9–16 Uhr
Eintritt € 2/1
Einst war die gigantische Stahlkonstruktion das weltgrößte Hebewerk. Noch heute bietet sich ein einmaliges Technikschauspiel, wenn bis zu 1000 t schwere Schiffe in nur fünf Minuten 36 m angehoben oder abgesenkt werden, was man von der Besucherplattform aus mitverfolgen kann.

🍴♿ ❷ Wildpark Schorfheide
Prenzlauer Str. 16
Groß Schönebeck
✆ (03 33 93) 658 55

Vor dem Bahnhof Chorin stehen Leihfahrräder zur Erkundung der Umgebung bereit

Im Ort Chorin hat auch die Filzkünstlerin Maja Heese ihre Werkstatt. Wer will, kann ihr einen Besuch in der Dorfstr. 30 abstatten, Hüte oder Taschen kaufen und filzen lernen. (www.choriner-filzwerkstatt.de).

www.wildpark-schorfheide.de
Tägl. 9–19 Uhr
Eintritt € 5,50/4, unter 4 J. frei
Wölfe, Przewalski-Pferde und
jede Menge Wild in fast freier
Wildbahn. Auf 105 ha kann
man die Tiere beobachten –
zu Fuß oder mittels einer Krem-
serfahrt. Viele Spielgeräte und
-angebote für Kinder sowie ein
Streichelgehege.

✗ Alte Klosterschänke
Am Amt 9, Chorin
✆ (03 33 66) 53 01 00
www.Alte-Klosterschaenke-
Chorin.de, März–Okt. tägl.
12–20, Nov./Dez. Mi–So 12–20,
Jan./Feb. Sa/So 12–20 Uhr
In der gemütlichen Traditions-
gaststätte gibt es feine regionale Küche mit Wild- und
Fischspezialitäten. €€

✗ 🛏 Immenstube
Hotel Haus Chorin
Neue Klosterallee 10, Chorin
✆ (033 366) 500
www.haus-chorin.de
Sommer Mo–Sa 12–22 Uhr,
So 12–20, Winter Mo–Do 17–22,
Sa 12–22, So 12–20 Uhr
Deutschlands erstes Honig-

Spezialitäten-Restaurant lockt
mit Delikatessen wie honig-
marinierter Schinken oder Wild-
pfeffer nach Imkerart. Im Haus
gibt es auch freundliche Zimmer
mit Drei-Sterne-Komfort (EZ
ab € 39, DZ ab € 59). Spezielle
Honig-Arrangements am Wo-
chenende. €€

🍽 🛏 ❹ Hofladen Brodowin
Brodowiner Dorfstr. 89
Brodowin
✆ (033 362) 706 10
www.brodowin.de
April–Okt. Mo–Sa 9–18, So
10–18, Nov.–März Di–Fr 10–18,
Sa 10–16 Uhr
Guter Kaffee und schmackhaf-
te Speisen in Bio-Qualität mit
Demeter-Produkten.

🚢 Fahrgastschifffahrt Neumann
Hebewerkstr. 52, Niederfinow
✆ (03 33 62) 61 91 22
www.schiffshebewerk-
niederfinow.info
Die Fahrgastschiffe der Reederei
starten von Ende März bis Okt.
mehrmals täglich zu 60- bzw.
90-minütigen Fahrten durch das
Schiffshebewerk, die ein wirkli-
ches Erlebnis sind.

Schiffshebewerk Niederfinow

Wer mit dem Auto unterwegs ist oder ein Fahrrad dabei hat – ein Fahrradverleih befin-
det sich auch im Bahnhof von Chorin – kann sich noch einem weiteren herausragenden
Bauwerk in der Umgebung einen Besuch abstatten, dem ❺ **Schiffshebewerk** bei **Niederfi-
now**. Um 1934 entstanden, war die gigantische Stahlkonstruktion damals das weltgrößte
Hebewerk und eine technische Sensation. Noch heute beeindruckt das Bauwerk mit einer
Troglänge von 85 Metern, das bis zu tausend Tonnen schwere Schiffe in nur fünf Minuten

36 Meter anheben oder absenken
kann. Dieses Technikschauspiel
kann man von einer Besucherplattform aus oder in einem der
Fahrgastschiffe miterleben, die in
der Saison regelmäßig das technische Wunderwerk passieren. Weil
der stählerne Gigant die heutigen
größeren und schwereren Con-
tainerschiffe zum Teil nicht mehr
fassen kann, entsteht in nächster
Nachbarschaft bis 2016 ein neues
Schiffshebewerk.

Oderbruch

Zu Besuch hinterm Deich

Ein größerer Kontrast als der zwischen der betriebsamen Kulturmetropole Berlin und dem menschenleeren **Oderbruch** ist schwer vorstellbar. Es ist, als wenn die Welt still stehen würde: Zwischen beschaulichen Wiesen und Weiden mäandert die Oder an der polnischen Grenze durch das gänzlich flache Land, über das sich ein endloser Himmel spannt. Auf den ersten Blick wirkt der Landstrich monoton und langweilig. Auf den zweiten entpuppt er sich dagegen als Balsam für Augen und Seele. Es hat tatsächlich etwas Beruhigendes zu beobachten, wie die Natur hier fast sich selbst überlassen ist und ihrem eigenen Rhythmus folgt. Mal stehen die Auen unter Wasser, wenn die Oder über ihre Ufer tritt. Dann wieder überzieht sie ein ganzes Blütenmeer. Und wenn hier nur wenige Menschen zu sehen sind, dann umso mehr Kühe, Schafe oder Pferde, die ungestört neben dem Fluss weiden und über denen wiederum Kormorane, Fischadler oder Trauerseeschwalben kreisen.

Wer das Glück der Entschleunigung erleben will, sollte sich aufs Rad schwingen und – nach der Anreise per Zug – gemächlich an der Oder entlang radeln. Zudem ist der **Oder-Neiße-Radweg,** der von Sachsen kommend die Gegend auf dem Weg nach Vorpommern durchquert, erstaunlich komfortabel. Relativ breit und mit feinem Asphalt bedeckt, verläuft er meist auf dem Deich und lädt immer wieder dazu ein, die Augen zum Nachbarland Polen hinüber schweifen zu lassen.

Immer dann, wenn es langweilig zu werden droht, sorgen kleinere oder größere Überraschungen für Abwechslung. Die ❶ **Radfahrerkirche** in **Kienitz** zum Beispiel oder der sowjetische Panzer des Typs T34, der im selben Ort daran erinnert, dass Kienitz als erstes 1945 von der Roten Armee befreit wurde. In ❷ **Zäckericker Loose** häufen sich wiederum originelle Ein-

Der Oder-Neiße-Radweg ist ideal, um die weite offene Landschaft des Oderbruchs auf sich wirken zu lassen

Die eigentümliche Oderbruchlandschaft entstand, als der Landstrich im 18. Jh. trockengelegt und mit Kolonisten aus der Pfalz, Österreich und Frankreich besiedelt wurde.

Dem englischen Burgen- und Landhausstil nachempfunden: Schloss Gusow

kehrmöglichkeiten wie der Gasthof Zollbrücke, das Galerie-Restaurant Dammeisterei und der Ziegenhof Zollbrücke, der nicht nur Käse, sondern auch köstliches Eis aus der Milch der Tiere herstellt. Und wer hätte gedacht, dass sich hier sogar ein »Theater am Rand« hält, das neben ambitionierten Inszenierungen Lesungen und Konzerte in die Einsamkeit bringt? Besonders interessante Station auf dem Weg von Küstrin gen Norden ist ❸ **Groß Neuendorf**. Schon aus der Ferne taucht der alte Verladeturm am Ufer auf – Relikt der ehemaligen Hafenanlage, an der einst Korn und Gemüse aus dem Oderbruch nach Breslau, Stettin und sogar England eingeschifft wurde. Nachdem der Hafen 1945 zerstört wurde, hat er eine wechselvolle Geschichte durchgemacht. Inzwischen ist in ihm ein Panoramacafé untergekommen, zugleich hat sich das Maschinenhaus in ein Hotel-Restaurant verwandelt, und ein Stück weiter lockt das Landfrauen-Café mit guter Hausmannskost. Was beim kurzen Rundgang nicht sofort auffällt, ist die Galerie Koch und Kunst, die sich hinter dem jüdischen Friedhof versteckt. Im ehemaligen Dorfgasthaus im Fachwerkstil sind nicht nur Ausstellungen zu sehen. Die findigen Betreiber laden auch zu Kochkursen ein. Alternativ dazu kann man sich von Profi-Fotograf Stefan Hessheimer zeigen lassen, wie man die Schönheit der Landschaft mit der Kamera bannt.

Eine gute Kamera empfiehlt sich übrigens nicht nur für die wunderbaren Sonnenuntergänge im Oderbruch. Besonders

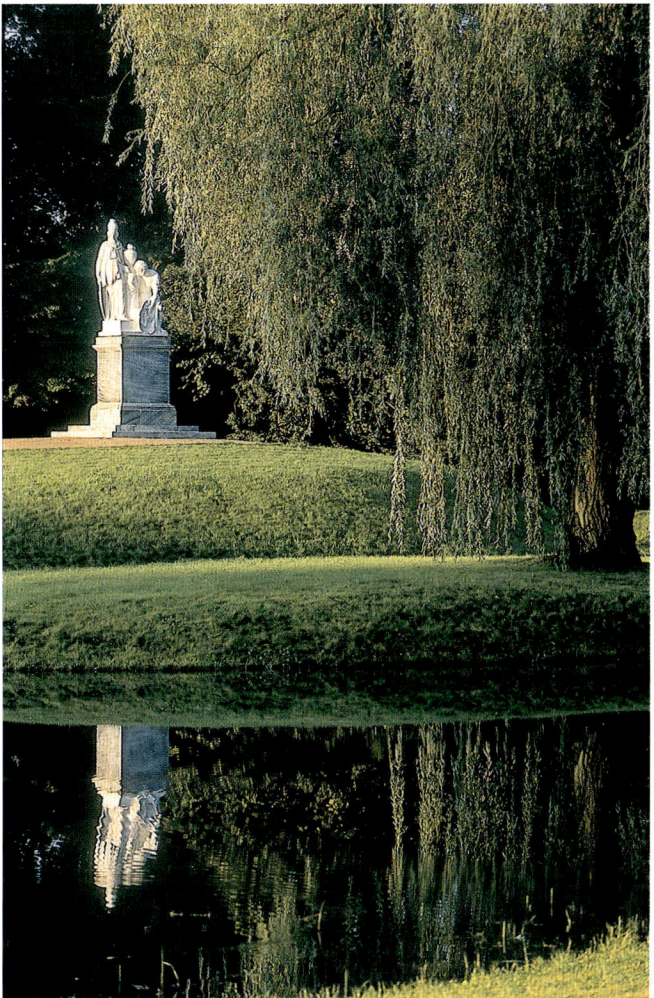

Ein Juwel in der märkischen Kulturlandschaft ist der nach ursprünglichen Plänen von Peter Joseph Lenné und durch Hermann Fürst von Pückler und John Adey Repton angelegte Landschaftspark von Schloss Neuhardenberg

schöne Motive sind auch die Schlösser, die westlich von Küstrin am Rand des Oderbruchs die Zeit überdauert haben und unbedingt einen Abstecher lohnen. In ❹ **Wulkow** ist aus einem neobarocken Schloss, das in der Zeit von 1900 bis 1910 aus einem früheren Rittergut hervorging, ein freundliches Vier-Sterne-Hotel geworden. Ähnlich wie das ❺ **Schloss Gusow**, wobei dies weitaus pompöser ausgefallen ist. Ursprünglich stammt das Anwesen aus dem 17. Jahrhundert, wurde später aber in neogotischem Stil überformt. Im Inneren hat der heutige Besitzer einen Hotelbetrieb mit Restaurant und Zinnfigurenmuseum eingerichtet, in dem Dioramen allerlei Szenen von den Dinosauriern bis zur heutigen Geschichte nachstellen.

Eine ganz besondere Perle unter den Brandenburgischen Schlössern ist aber ❻ **Schloss Neuhardenberg**. 1348 unter dem Namen Quilitz erstmals urkundlich erwähnt, residierte hier im

*Enfilade im Schloss
Neuhardenberg*

*Von Karl Friedrich
Schinkel klassizis-
tisch umgestaltet:
Schloss Neuharden-
berg*

18. Jahrhundert der Oberstleutnant von Prittwitz, dem Friedrich der Große 1759 für seine Verdienste in der Schlacht von Kunersdorf den dortigen Herrensitz schenkte. 1811 erwarb ihn der preußische Staat zurück und machte ihn 1814 dem Staatskanzler Karl August Fürst von Hardenberg zum Geschenk. Mit ihm sollten »Urbanität, Grazie und Lebensgefühl« in der Provinz einziehen. Dazu ließ von Hardenberg um 1821 herum Karl Friedrich Schinkel den spätbarocken Landsitz in ein elegantes, klassizistisches Palais verwandeln. Durch den Haupteingang mit dreieckigem Giebel gelangt man ins Vestibül mit reichem Stuckdekor sowie Büsten von Homer, Sokrates und Ganymed. Im Mittelpunkt steht der repräsentative Gartensaal, dessen große Fenster den Blick auf den dahinter liegenden **Schlosspark** frei geben. Den legte Peter Joseph Lenné im Stil englischer Landschaftsgärten an. Besonderes Kleinod ist außerdem die **Schinkelkirche**, die der Baumeister nach einem Dorfbrand neu errichtete und später zum klassizistischen Putzbau vollendete. Im Inneren empfängt den Besucher eine freundliche Emporenhalle mit runder Apsis, Blickfang ist die berühmte Decke mit blauem Sternenhimmel. Im Altar fand übrigens das Herz des früheren Staatskanzler seine letzte Ruhestätte (Di–Sa 10–18, So 10.30–18 Uhr).

Inzwischen hat der Ostdeutsche Sparkassenverband das Schlossensemble Neuhardenberg aufwendig saniert. In der Remise und dem westlichen Kavalierhaus ist ein edler Hotelbetrieb eingezogen, in der ehemaligen Brennerei ein Bistro mit schmackhafter märkischer Küche. Außerdem knüpft ein anspruchsvolles Kulturprogramm mit Debatten, Konzerten und Ausstellungen an die einstige Rolle des Musenhofs an. So lässt sich der Ausflug in die tiefste Provinz bisweilen mit kulturellen Höhenflügen beschließen.

Service & Tipps:

⛟ Anreise
Mit öffentlichen Verkehrsmitteln ist das Oderbruch relativ schlecht zu erreichen. Einige Orte, z. B. Seelow, liegen an der Strecke der Regionalbahn RB24 von Berlin-Lichtenberg nach Küstrin. Dabei ist auch die Mitnahme von Fahrrädern möglich.

ℹ Tourist Information Oderbruch und Lebuser Land
Mittelstr. 10, 15306 Seelow
✆ (033 46) 84 98 08
www.oderbruch-tourismus.com
Mo–Fr 9–17, Sa 10–14 Uhr

⚐ Oder-Neiße-Radweg
www.oder-neisse-radweg.de
Eine besonders schöne Etappe des 465 km langen Oder-Neiße-Radwegs führt durch das Oderbruch. Gut 60 km beträgt die Strecke zwischen Küstrin und Bad Freienwalde.

🏨✕⛟ ❻ Hotel Schloss Neuhardenberg
Schinkelplatz, Neuhardenberg
✆ (033 476) 60 00
www.schlossneuhardenberg.de
Im Sommer Mi–So ab 12 Uhr
Zu Mußestunden am Rand des Oderbruchs lädt das überaus gepflegte Ensemble aus Hotel (Mitte März–Dez.), Landschaftsgarten und dem Bistro Brennerei mit sehr guter regionaler Küche ein. Führungen und Veranstaltungen auf Anfrage. €€€

🏨 ❶ Radfahrerkirche Kienitz
Schlossstr. 7, Kienitz
✆ (03 34 75) 330
www.radfahrerkirche-kienitz.de
200 m entfernt vom Oder-Neiße-Radweg empfängt die 1829 erbaute Kirche natürlich nicht nur Pedalritter.

🏨🏛✕⛟ ❺ Schloss Gusow
Schlossstr. 7, Seelow-Gusow
✆ (033 46) 87 25
www.schloss-gusow.de

Museum: April–Okt. tägl. außer Mo 10–18, sonst Di–Fr 10–17, Sa/So/Fei 10–18 Uhr, Restaurant: tägl. außer Mo 10–17, im Sommer bis 18 Uhr
Im Restaurant gib es gutbürgerliche Küche mit Spezialitäten aus dem Oderbruch, auch kann man in relativ einfachen Zimmern übernachten (DZ ab € 65). Mit **Zinnfigurenmuseum**. €€

✕🏨 Parkhotel Schloss Wulkow
Hauptstr. 24, Wulkow
✆ (03 34 76) 5 80
www.schloss-wulkow.de
Tägl. außer Mo 10–20 Uhr
Elegantes Restaurant mit gehobener Küche und regionalen Spezialitäten, großer Kaffeegarten. Dazu gesellen sich komfortable Zimmer (DZ ab € 84). €€

✕🎨 Galerie-Restaurant Dammeisterei
Zollbrücke 10,
Zäckericker Loose/Oderaue
✆ (03 34 57) 46 90 99
www.dammeisterei.de
April–Okt. Mo–Fr 11.30–19, Fr/Sa 11.30–21, Nov.–März Fr 15–19, Sa 11.30–21, So 11.30–19 Uhr
In den hübschen Fachwerkgebäuden werden sehr gute regionale Gerichte serviert, dazu finden in der Galerie regelmäßig Ausstellungen statt. €€

☕ Landfrauen-Café
Dorfstr. 24, Groß Neuendorf
✆ (03 34 78) 49 02
www.gross-neuendorf-landfrauen.de
Feb.–Dez. tägl. außer Di ab 11.30 Uhr
Die Landfrauen tischen Kaffee, Kuchen und bodenständige Gerichte auf.

☕ Turmcafé
An der Oder, Groß Neuendorf
www.verladeturm.de
✆ (033475) 576 66
April–Okt. tägl. 13–18, Nov.–März Sa/So 13–17 Uhr

Eine einmalige Aussicht bietet der unübersehbare Verladeturm am Hafen, in dem inzwischen ein Café untergekommen ist. Wer will, kann sich auch in der Ferienwohnung im oberen Teil des Turms einmieten (€€€).

☕ **Ziegenhof Zollbrücke**
Zollbrücke 20, Oderaue
✆ (03 34 57) 50 65
www.ziegenhof-zollbruecke.de
Tägl. außer Mi von früh bis abends

Hofladen mit Spezialitäten wie Ziegenkäse und Eis, Kuchen und herzhaften Speisen aus Bio-Tierhaltung.

🏛 **Galerie Koch und Kunst**
Poststr. 12, Groß Neuendorf
✆ (03 34 78) 45 41
www.kochundkunst.de
So 14–18 Uhr sowie auf Anfrage
Die Galerie im ehemaligen Dorfgasthaus lädt zu Ausstellungen, Koch- und Fotokursen ein.

Ruppiner Seenland
Autotour von Ribbeck in die Ruppiner Schweiz

»Herr von Ribbeck auf Ribbeck im Havelland, ein Birnbaum in seinem Garten stand…« Wer kennt es nicht, das Fontane-Gedicht? Wenn man etwas mit dem Havelland verbindet, dann ist es die Ballade vom großzügigen Gutsherrn, der die Kinder im Dorf ❶ **Ribbeck** auch über seinen Tod hinaus mit Birnen beschenkt. Zwar trägt der Birnbaum nicht allzu viele Früchte, doch die barock überformte **Dorfkirche** aus dem 14. Jahrhundert, an der er steht, macht einen ebenso freundlichen Eindruck wie das aufwendig sanierte Schloss und die **Alte Schule**, aus der ein Café mit kleinem Museum und Fahrradstation geworden ist. Rundum haben sich nette Lokale am Dorfanger angesiedelt und hinter dem Pfarrhaus ist ein liebenswerter **Bibelgarten** entstanden.

So ist Ribbeck der richtige Auftakt für eine Autotour vom Havelländischen Luch in die Ruppiner Schweiz. Fährt man auf der B 273 in Richtung Norden, schweift der Blick zunächst in die weite **Luchlandschaft**. In früheren Jahrhunderten stand in dem Feuchtgebiet, das sich vor 10 000 Jahren im Zusammenhang mit der letzten Eiszeit herausbildete, das Wasser mal mehr mal weniger hoch.

Nachdem sie Friedrich der Große mit Hilfe von Gräben und Kanälen trockenlegen ließ, wurde sie zu fruchtbarem Ackerland. Heute fühlen sich in dem Naturschutzgebiet Tiere wie Sumpfschildkröten, Rotbauchunken und Smaragdeidechsen besonders wohl. Mittendrin liegt hier das 700 Jahre alte Ackerbürgerstädtchen ❷ **Kremmen**, das nicht nur

Die ornamentale Ausmalung und die hölzerne Kanzel im Inneren der Dorfkirche Ribbeck stammen noch aus dem 19. Jh.

eine hübsche kleine Altstadt aufzuweisen hat. Hier hat auch Deutschlands größtes **Scheunenviertel** die Jahrhunderte überdauert. Dank des Engagements der Kremmener Bürger wurden viele der historischen Gebäude vor Verfall und Abbruch gerettet und nach ihrer Sanierung zu Theater-, Museums-, Biker-, Feinkost- oder Antiquitätenscheunen, die Besucher zu Konzerten, Kleinkunst und regionaler Küche einladen. Wer sich an ihnen satt gesehen hat, kann sich auch in der Altstadt mit der **St. Nikolaikirche** umsehen oder der alten Lebkuchenfabrik am **Markt** einen Besuch abstatten, in der inzwischen ein gemütliches Café mit alten Trödel und Hofgarten untergekommen ist. Besonders beliebtes Ausflugsziel in der Nähe des Städtchens ist die **Seelodge** im Wald- und Seengut Kremmen, die sich wunderbar an den Kremmener See schmiegt. Auf 64 Pfählen gebaut, sorgt sie für romantische Stunden am Wasser.

Vor den Toren der Stadt – Ruppiner Seeland

Mitten durch die Luchlandschaft und Linum führt der alte Pilgerweg *von der St. Marienkirche in Berlin-Mitte zur Wunderblutkirche von Bad Wilsnack in der Prignitz (www. wegenachwilsnack.de). Ab Berlin-Hennigsdorf ist der Weg ausgeschildert.*

Ein paar Kilometer weiter liegt ❸ **Linum**. Hauptattraktion sind die 15 bis 18 Storchenpaare, die Jahr für Jahr auf Giebeln, Masten, und einer Linde nisten. Auch die schöne neugotische Kirche mit eiserner Turmkrone – den Schlüssel kann man sich nebenan im Pfarrhaus holen – haben die Adebare in Beschlag genommen. Immer wieder finden sie den Weg in das beschauliche Luch-Dorf, wo sie sich vor den staunenden Augen von Anwohnern und Besuchern paaren, um anschließend zu brüten und ihre Jungen aufzuziehen. Noch mehr lässt sich in der **Storchenschmiede** unweit der Kirche erfahren, die mit einer Weißstorch-Ausstellung lockt. Die geschulten Nabu-Mitarbeiter beantworten auch alle Fragen rund um das sagenumwobene

Bei Störchen beliebt: Linum

Tier und machen auf Wunsch Führungen. Wenn sich die Störche indes Ende August gen Süden verabschieden, widmet sich die Storchenschmiede den Kranichen. Denn Linum ist zugleich größter **Kranichrastplatz** in Mitteleuropa. Im Herbst machen hier mehr als 80 000 von ihnen Rast. Dann kommen erneut unzählige Besucher, um dem Naturschauspiel beizuwohnen, wenn sie zu Scharen am Himmel fliegen. Dass sie hier ebenso wie Gänse und andere Vögel so gern zu Gast sind, hängt mit den Teichen zusammen, die am nördlichen Rand des Dorfes liegen. Früher wurde in dem rund 240 Hektar großen Gebiet Torf gestochen, heute werden in den 36 Teichen stattdessen Karpfen gezüchtet. Wer in Linum ist, sollte nicht versäumen, einen Spaziergang zu der idyllischen Wasserlandschaft zu machen, wo man auch bei einer Tour im Solarboot geräuschlos an den Schlafplätzen von Bibern vorübergleiten kann.

Auf dem Weg über ❹ **Fehrbellin**, das durch die Schlacht im nahegelegenen Hakenberg zu Berühmtheit gekommen ist, gelangt man nach ❺ **Wustrau**, das am nördlichen Rand des Rhinluchs und zugleich am südlichen Zipfel des **Ruppiner Sees** liegt. Ganz anders als Linum und Kremmen besteht es aus einem intakten Ensemble aus Schloss, Dorf und Kirche, das geradezu Modellcharakter hat. In dem barocken **Schloss** aus dem 18. Jahrhundert residierte einst der Husarengeneral Hans Joachim von Zieten, heute ist hier eine Tagungsstätte der Deutschen Richterakademie untergekommen.

Neben dem Hotel-Restaurant Seeschlösschen und dem stilvollen Café Constance – im Haus, das Albert Julius Graf von Zieten-Schwerin 1908 seiner Gemahlin Constance zum 70. Geburtstag schenkte – steht die Kirche von 1781 mit schönem Schnitzaltar und einem Epitaph für Hans Joachim von Zieten, den bekannten General Friedrichs des Großen. Den

Husarengeneral kann man auch ein paar Schritte weiter als Denkmal auf dem Gelände des **Brandenburg-Preußen-Museums** bewundern. Das Museum selbst lädt mit Gemälden, Möbeln, Porzellan und unzähligen Dokumenten zur Zeitreise durch die Geschichte Preußens ein, wobei es den Besuchern vor Augen führen will, dass das Land führend in Sachen Bildung, Kultur, Recht und Verwaltung war.

Höhepunkt des Ausfluges ist schließlich die Fontanestadt

❻ **Neuruppin**. Sie ist nicht nur Tor zur **Ruppiner Schweiz**, einem landschaftlich besonders reizvollen Stück Brandenburg mit idyllischen Seen, dichten Buchen- und Mischwäldern. Sie hat auch kulturell einiges zu bieten und führt auf die Spuren allerlei berühmter Persönlichkeiten. Allen voran Theodor Fontane, der 1819 in der **Löwenapotheke** in der Karl-Marx-Straße 84 das Licht der Welt erblickte. Nicht weit davon entfernt, in der Fischbänkenstraße 8, wurde 1781 der Baumeister Karl Friedrich Schinkel geboren – schräg gegenüber, am Kirchplatz, hat ihm der Architekt Max Wiese 1883 ein Denkmal gesetzt. Im Übrigen verlebte hier auch Friedrich der Große als junger Regimentskommandeur eine unbeschwerte Zeit. Auffällig an Neuruppin ist der streng geometrische Grundriss mit großen quadratischen Plätzen, die Fontane als »raumverschwendende Anlage« kritisierte. Nachdem das mittelalterliche Zentrum 1787 fast vollständig durch einen Großbrand vernichtet wurde, hatte der Berliner Baumeister Bernhard Matthias Brasch eine

Einladung zur Einkehr in idyllischer Umgebung: Seeschlösschen Wustrau

Alte und neue Wahrzeichen in Neuruppin: links die Klosterkirche St. Trinitatis, rechts die Stahlskulptur »Parzival am See« des deutschen Bildhauers Matthias Zágon Hohl-Stein

preußische Musterstadt mit den großen Exerzierplätzen entworfen, in deren Zentrum nicht eine Kirche, sondern das Alte Gymnasium als Hort der Bildung steht. Den Stadtbrand überstanden hat die **Klosterkirche St. Trinitatis**, die sich mit ihren beiden Türmen weithin sichtbar am Seeufer erhebt und einst zu einem 1246 gegründeten Dominikanerkloster gehörte. Ein Stück weiter haben zwei Hospitalkapellen, St. Georg und St. Lazarus in der Siechenstraße die Zeit überdauert – im mittelalterlichen Siechenhospital ist inzwischen das romantische Hotel Up Hus Idyll untergekommen. Wer durch die Straßen und Wallanlagen mit dem schönen Tempelgarten geschlendert ist, kann sich auf ein Glas Wein an der Seepromenade niederlassen. Oder sich – bei kühler Witterung – in der schwimmenden Seesauna der **Fontane Therme** aufwärmen. Ansonsten laden hier auch Ausflugsdampfer der Fahrgastschifffahrt zu Rundfahrten auf dem See oder Tagesfahrten in die Ruppiner Schweiz ein.

Theodor Fontane wurde 1819 in Neuruppin geboren

500 Jahre preußische Geschichte jenseits gängiger Klischees präsentiert das kleine private Brandenburg-Preußen Museum in Wustrau

Service & Tipps:

ℹ️ Tourismusverband Ruppiner Land
Fischbänkenstr. 8
16816 Neuruppin
✆ (033 91) 65 96 30
www.ruppinerreiseland.de
Hier kann man sich vorab informieren und Material bestellen.

ℹ️ Tourist Information
BürgerBahnhof (beim Bahnhof Rheinsberger Tor)
Karl-Marx-Str. 1, Neuruppin
✆ (033 91) 45 46 0
www.tourismus-neuruppin.de
Mai–Sept. Mo–Fr 8–18, Sa 8–16, So 10–17 Uhr, Okt.–April Mo–Fr 8–16, Do 8–18, Sa 8–13, So 14–17 Uhr
Neben allerlei Tipps und Infos werden auch geführte Stadtrundgänge und Tagestouren in die Umgebung angeboten.

ℹ️ 💶 ❸ Storchenschmiede
Nauener Str. 54, Linum
✆ (03 39 22) 505 00
www.nabu-berlin.de
April–Okt. Mi–Fr 10–16, Sa/So/Fei 10–18 Uhr
Wer mehr über die Störche von Linum erfahren will, kann sich hier anhand der Weißstorch-Ausstellung und speziellen Führungen informieren. Im

Herbst wird alternativ eine Gänse- und Kranich-Ausstellung angeboten.

💶 ❶ Schloss Ribbeck
Theodor-Fontane-Str. 10
Ribbeck
✆ (03 32 37) 859 00
www.ribbeck-havelland.de
Mo–Fr 10–18 Uhr, Eintritt € 3/2
Das restaurierte Schloss – Fontanes Doppeldachhaus – beherbergt neben dem Tourismusverband Havelland ein Museum mit einer Ausstellung zur Ortsgeschichte, ein Standesamt und ein Restaurant (✆ 03 32 37-85 90 15)

🏛️ ❺ Brandenburg-Preußen Museum Wustrau
Eichenallee 7 A, Wustrau
✆ (03 39 25) 707 98
www.brandenburg-preussen-museum.de
Tägl. außer Mo April–Okt. 10–18, Nov.–März 10–16 Uhr
Eintritt € 3/1,50, Familien € 6
Sehr aufwendig gestaltetes Privatmuseum, das auch mit wechselnden Ausstellungen zur Zeitreise in die Geschichte Preußens einlädt.

✕ 🍴 Café-Restaurant Tempelgarten
Präsidentenstr. 64
Neuruppin

In der ehemaligen Villa aus dem 19. Jh. der Neuruppiner Kaufmannsfamilie Gentz residiert heute das schmucke Café-Restaurant Tempelgarten

✆ (033 91) 21 22
April–Okt. tägl. 9–20, Nov.-März tägl. 9–17 Uhr
Das geschichtsträchtige Haus am Tempelgarten mit seiner orientalischen Innenausstattung bildet die Kulisse für Brunchs, Mittag- oder Abendessen, die manchmal auch von Livemusik begleitet werden. €€

✕ ◲ Up Hus Idyll
Siechenstr. 4, Neuruppin
✆ (033 91) 39 88 44
www.uphus.de
April–Dez. tägl. außer Mo 12–24, Jan.–März Mo–Fr 17–24, Sa/So 12–24 Uhr
Im ehemaligen mittelalterlichen Siechenhaus mit Hofgarten ist ein liebenswertes Hotel-Restaurant untergekommen. Neben raffinierter Küche mit regionalen Zutaten bietet es stilvolle Zimmer, z. T. auch Konzerte und andere Veranstaltungen in der benachbarten kleinen Kapelle. €€

◲ Café Constance
Hohes Ende 4, Wustrau
✆ (03 39 25) 706 16
www.cafe-constance.de
Mitte April–Okt. Mi–Fr 12–18, Sa/So 11–18 Uhr
Spezialität des gemütlichen Constance-Hauses mit Hofgarten sind neben hausgemachten Kuchen Maultaschen auf Blattspinat, Zanderfilet und Märkische Kartoffelsuppe.

◲ Café zur alten Lebkuchenfabrik
Berliner Str. 4, Kremmen
✆ (03 30 55) 225 10
www.lebkuchenfabrik.com
Do–So 9–18 Uhr
Aus der alten Lebkuchenfabrik ist ein liebenswertes Café mit schönem alten Trödel und hübschem Hofgarten geworden, wo es Kaffeespezialitäten, Kuchen, Torten und Eis gibt.

◲ Stadtcafé
Karl-Marx-Str. 30, Neuruppin
Kein Tel.
Mo–Fr 8.30–18, Sa 9–17 Uhr
Sehr gute Kaffee- und Teespezialitäten sowie heiße Schokolade und kleine Speisen hat das hübsche kleine Café am Marktplatz zu bieten.

◲ ✕ Resort Mark Brandenburg
An der Seepromenade 20/21 Neuruppin
✆ (033 91) 403 50
www.resort-mark-brandenburg.de
Freundliches, modernes Vier-Sterne-Hotel am Seeufer mit mehreren Restaurants, Bars und Zugang zur Fontanetherme mit ihrer Seesauna. €€€€

Malerisch zum Übernachten und Speisen: die Seelodge im Wald- und Seegut Kremmen

🏨🍴 Seelodge Kremmen
Zum See 4 A, Kremmen
✆ (03 30 55) 220 80
www.seelodge.de
April–Sept. Do–Sa 12–22, So
10–18 Uhr, Okt.–Dez. Do–So
12–20 Uhr
Auf 64 Pfählen in den See gebaut, bietet das Hotel gemütliche Zimmer und Suiten mit Blick
aufs Wasser. Im Restaurant mit
großer Terrasse lässt sich auch
vorzüglich speisen. €€€

🏨🍴 Seeschlösschen Wustrau
Am Schloss, Wustrau
✆ (03 39 25) 88 03
www.wustrau.de
Feb.–Dez. tägl. 12–22 Uhr
In der freundlichen weißen Villa
wird mediterran angehauchte
Küche mit regionalen Zutaten
serviert. Zum Übernachten
stehen komfortable Zimmer mit
Sauna bereit. €€€

🏊♨️ ❻ Fontane Therme
An der Seepromenade 21
Neuruppin
✆ (033 91) 403 24 00
www.fontane-therme.de
Tägl. 10–22 Uhr, Sauna Mo,
Fr 7–21, Di, Do 9–11, 15–21,
Sa 10–13, So 16–19 Uhr
Eintritt € 15–45/10–20 (bis 14 J.)
Die Therme mit mehreren
solehaltigen Innen- und
Außenbecken besticht vor
allem durch ihre schöne Sauna,
die auf dem Ruppiner See
schwimmt.

🚢 Fahrgastschifffahrt Neuruppin
Seepromenade 10
Neuruppin
✆ (033 91) 51 15 11
www.schifffahrt-neuruppin.de
Neben Rundfahrten auf dem
Ruppiner See bietet die Ree-
derei von Mitte April bis Mitte
Oktober auch Tagesfahrten bis
nach Boltenmühle an.

🚢 Solarboot Linum
Linum
✆ (03 39 22) 5 02 90
www.linumerwassertouren.de
Ostern–Okt. Sa/So/Fei
Bei schönem Wetter lädt Amt-
mannschiffer Ingo Warmt zu
Rundfahrten mit dem Solarboot
durch die Teichlandschaft von
Linum ein, die Entspannung
pur sind.

Immer gut für eine Seetour: Fahrgastschifffahrt Neuruppin

Spreewald

Auf dem Gurkenradweg durch den Spreewald

Eins der beliebtesten Ausflugsziele südöstlich von Berlin ist das **Biosphärenreservat Spreewald**. Die Auenlandschaft mit ihren geheimnisvollen Wäldern, lichten Streuobstwiesen und den Wasserläufen der Spree ist eine in Mitteleuropa einzigartige Landschaft und hat ihren ganz eigenen Reiz. Mehr als hundert Kilometer Fließe verteilen sich über das rund 500 Quadratkilometer große Gebiet. Heute ist die Wald- und Weidelandschaft, die seit 1991 unter dem Schutz der UNESCO steht, Lebensraum von über 18 000 Tier- und Pflanzenarten. Viele seltene Orchideenarten wie das Knabenkraut sind hier zu finden, außerdem bedrohte Tierarten wie die Schwarzstörche. Außerdem sind hier Weißstörche, Kraniche, der Große Brachvogel, unzählige Muschel- und Schmetterlingsarten sowie Libellen und Fische heimisch. Doch eignen sich Klima und Bodenbeschaffenheit auch besonders für den Gemüseanbau. Vor allem Gurken werden in großem Stil angebaut und durch das traditionelle Einlegeverfahren mit Salz, Essig und Kräutern wie Thymian, Dill, Basilikum und Zitronenmelisse haltbar gemacht und in Eichenfässern gelagert.

Hier und da lässt sich auch noch lebendiges Brauchtum der Sorben erleben, jener von den Slawen abstammenden Minderheit mit eigener Sprache und Kultur, die sich zum Beispiel anhand von zweisprachigen Ortsschildern oder der prächtigen Trachten bemerkbar macht, die manche Frauen tragen. Natürlich ist diese Art von Folklore auch ein Zugeständnis an den Tourismus, der als Haupterwerbszweig längst die Landwirtschaft abgelöst hat. Beliebteste Aktivität der Besucher ist das Kahnfahren, zu dem unzählige Anbieter in den verschiedenen

Den geheimnisvollen Zauber des Spreewalds kann man am schönsten und ruhigsten auf einem Paddelausflug erleben

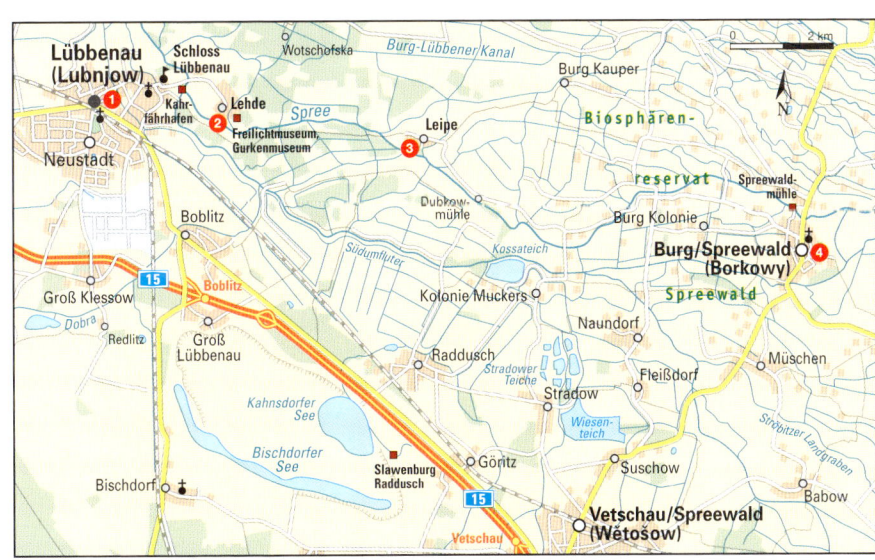

Am beliebtesten bei Touristen und am bequemsten sind die gemächlichen Kahnfahrten durch die romantische Landschaft

Fährhäfen einladen. Während Fährmänner – zum Teil auch -frauen – die Boote mittels Staken durch die Fließe bewegen, zieht die stille Waldlandschaft mit Birken und Schwarzerlen, aber auch vielen Gartengrundstücken vorüber. Wer will, kann auch selber Hand anlegen und den Spreewald im Paddelboot erkunden. Alternativ dazu bietet sich das Fahrrad als Fortbewegungsmittel an. Einen guten Einblick in die eigentümliche Landschaft und Orte des Biosphärenreservats gibt eine Etappe auf dem insgesamt 260 Kilometer langen Gurkenradweg zwischen Lübbenau und Burg, die bequem in zwei bzw. vier Stunden – für Hin- und Rückfahrt) zu bewältigen ist. Da das Gelände weitgehend flach ist, ist die Strecke auch für Kinder geeignet. Allerdings muss das Fahrrad an einigen Stellen über Brücken getragen werden.

Die Tour beginnt in ❶ **Lübbenau**, dem touristischen Zentrum des Oberspreewalds, das von Berlin aus in einer guten Stunde zu erreichen ist. Vor Ort gibt es mehrere Fahrradverleihstellen. Bevor man startet, sollte man sich das lebendige

Städtchen näher ansehen. Vom Bahnhof aus gelangt man über die Poststraße ins Zentrum mit dem dreieckigen Kirchplatz, wo eine Postmeilensäule aus der Zeit Augusts des Starken steht. Bedeutendstes Bauwerk ist die **Pfarrkirche St. Nikolai** von 1714 mit ihrem barocken Emporensaal, gleich daneben hat der Bildhauer Volker Roth seinen »Sagenbrunnen« mit allerlei skurrilen Spreewaldfiguren hinterlassen. Am Topfmarkt steht indessen das Torhaus, ein Backsteinbau von 1850, der heute das **Spreewaldmuseum** mit zahlreichen Gerätschaften der Leinenweberei beherbergt. Sehenswert ist schließlich das klassizistische **Schloss Lübbenau** inmitten eines weitläufigen, englischen Landschaftsgartens. Bereits 1621 erwarben die aus der Toskana stammenden Grafen zu Lynar den Besitz und residierten hier bis in die 1940er Jahre. Weil Wilfried Graf zu Lynar mit den Hitler-Attentätern von 1944 in Verbindung stand, wurde die Familie enteignet und das Schloss während der DDR-Zeit Jahrzehnte anderweitig genutzt. Nach der Wende gelang es der Familie, das Anwesen zurückzukaufen und aufwendig zu

Der bemerkenswerte bronzene Taufengel in der Kirche St. Nikolai in Lübbenau ist eine Kopie des Originals in der Kopenhagener Frauenkirche

In der Spreewaldtherme in Burg steht alles im Zeichen der Region Spreewald. Statt Ayurveda und Thalasso kommen hier Algen, Kräuter, Gurken und Leinöl aus dem Biosphärenreservat zur Anwendung – zum Beispiel beim Algen-Kräuterbad im original Spreewaldkahn.

restaurieren, so dass es sich heute als stilvoller Hotelbetrieb mit gutem Restaurant und der liebenswerten Orangerie am Schlosspark präsentiert.

Vom Kirchplatz aus fährt man mit dem Rad rechts durch die Ehm-Welk-Straße, am Schloss vorbei und weiter auf den Lehdschen Weg. Bereits nach gut einem Kilometer Fahrt kommt man in ❷ **Lehde** an. Das 700 Jahre alte, denkmalgeschützte Lagunendorf mit seinen Bauernhäusern und üppig blühenden Gärten, das ringsum von den Wasserarmen der Spree umgeben ist, ist in vieler Hinsicht etwas Besonderes. Hier trägt Deutschlands einzige Postkahnfrau die Briefe übers Wasser aus, auch Feuerwehr und Müllabfuhr können sich nur per Kahn annähern. Inzwischen sind in den Holzhäusern zahlreiche Gasthäuser und Kahnverleihstellen untergekommen. Aus drei altwendischen Hofanlagen ist ein **Freilandmuseum** mit einer historischen Trachtenausstellung, Blaudruckwerkstatt und Töpferei geworden, und in der Hotelanlage Starick veranschaulicht das **Gurkenmuseum**, wie traditionell die Spreewaldgurken eingelegt werden.

Von Lehde aus geht es über eine Brücke und auf dem Leiper Weg weiter ins etwa sechs Kilometer entfernte ❸ **Leipe**. Schwarzerlen und Birken säumen den Weg, rechts und links wird aus Fließen und Sumpfgebiet ein kleines Stück Wildnis. Ganz aufgeräumt wirkt dagegen das verträumte Fischerdörfchen, das rundum von Fließen umgeben ist. Rechts des Wegs liegt die Heimatstube, die mit Fotos, alten Möbeln und Hausrat von früheren Zeiten erzählt. Danach hält man sich an der Weggabelung links und folgt den Wegweisern nach ❹ **Burg**. Der Ort ist eine Streusiedlung, der aus mehreren Ortsteilen besteht. So geht es schon nach etwa einem Kilometer rechts in den Ortsteil Kolonie, wo man gut in der traditionellen Kolonieschänke einkehren kann. Ansonsten setzt sich die Tour auf der links abzweigenden Ringchaussee fort, die am Hotel Zur Bleiche und der **Spreewaldtherme** vorbei ins Zentrum von Burg führt.

Hier gilt es jetzt mehrmals vom Sattel zu steigen, um sich die einzelnen Sehenswürdigkeiten anzusehen. Neben dem **Spreewaldhafen** und der **Heimatstube** mit historischen Trachten sowie Alltagsgegenständen aus früheren Jahrhunderten locken das Gasthaus Spreewaldbahnhof im historischen Bahnhofsgebäude, wo bis 1970 die Bimmelguste nach Cottbus dampfte und heute Spezialitäten wie Eisenbahners Dampfkessel serviert werden. Nicht weit davon entfernt hat der **Bismarckturm** auf dem Schlossberg an der Byhlegurder Straße die Zeit überdauert. Von David Gilly in halb klassizistischem, halb expressionistischem Stil entworfen, bietet er ein schönes Panorama auf die Spreewaldlandschaft. Noch ein Stück weiter gibt es beim Informationszentrum des Biosphärenreservats Spreewald einen liebevoll angelegten **Arznei- und Kräutergarten** zu entdecken, bevor es auf demselben – oder auf dem Weg in Richtung Peitz und bald darauf links über Burg-Kauper und Leipe – nach Lübbenau zurückgeht.

Service & Tipps:

🚃 Anreise
Mit RE2 Richtung Cottbus in
ca. 1,5 Std. von Berlin-Hbf. bis
Lübbenau.

**ℹ️ ✿ ❹ Informationszentrum im
Biosphärenreservat Spreewald**
Byhleguhrer Str. 17, Burg
☎ (035 42) 821 31
www.spreewald.de
April–Okt. tägl. außer Mo
10–17, Garten Mai–Okt. Mo–Fr
7–15 Uhr, im Sommer auch Sa/
So/Fei 10–18 Uhr
Mit Arznei- und Gewürzpflan-
zengarten.

**ℹ️ ❶ Spreewald Tourist
Information**
Ehm-Welk-Str. 15
03222 Lübbenau
☎ (035 42) 36 68
www.luebbenau-spreewald.com
April–Okt. Mo–Fr 10–18, Sa
9–16, So 10–16 Uhr (April und
Okt. So geschl.), Nov.–März
Mo–Fr 10–16 Uhr

**ℹ️ Tourist-Information in der
Geschäftsstelle des Tourismus-
verbandes Spreewald**
Lindenstraße 1, Vetschau/
OT Raddusch
☎ (03 54 33) 722 99
www.spreewald.de
Mo–Fr 8–17, Juli–Sept. auch
Sa/So 10–14 Uhr

🚲 ❶ Fahrradverleih Metzdorf
Ehm-Welk-Str. 32, Lübbenau
☎ (035 42) 466 47
www.fahrradverleih-
spreewald.de
Mo-Fr 9–12 und 14–18, Sa 10–
12 Uhr
Einer von mehreren Anbietern
in Lübbenau, auch die Tourist
Information vermittelt Räder.

🏛 ❷ Freilandmuseum
An der Giglitza, Lehde
☎ (035 42) 24 72
April–Sept. tägl. 10–18, Okt.
tägl. 10–17 Uhr

Eintritt € 5/3,50, bis 16 J. € 1
Drei originale Spreewald-Bau-
erngehöfte mit Kahnbauerei,
Gurkenbude, historischer Trachtenausstellung, Blaudruckwerkstatt und Töpferei.

🏛 ❷ Gurkenmuseum
An der Dolzke 4–6, Lehde
☎ (035 42) 89 99 60
April–Okt. tägl. 9–18 Uhr
Eintritt € 2
Alles Informative rund um
die Gurke und das Leben im
Spreewald. Mit Kostprobe und
regelmäßig stattfindendem
Bauernmarkt.

🏛 ❹ Heimatstube
Am Hafen 1, Burg
☎ (03 56 03) 757 29
Ostern–Okt. tägl. 13–17,
im Winter Mi–So 12–16 Uhr
Eintritt € 1,50/1
Geschichte der Sorben und
Wenden mit Trachtenschau und
Dokumentation traditioneller
Handwerkstechniken.

🏛 ❶ Spreewaldmuseum
Topfmarkt 12, Lübbenau
☎ (035 42) 24 72
Tägl. außer Mo April– Okt.
10–18, sonst 10–17 Uhr
Eintritt € 5/3,50, unter 17 J. € 1,
Familien € 10
Geschichte des Spreewalds
u. a. mit Gerätschaften der

*Malerische Idylle:
An manchen Orten
im Spreewald
scheint die Zeit
stehengeblieben
zu sein*

281

*Im großzügigen,
modernen Bade-
und Saunaparadies
der Spreewelten
findet die ganze
Familie Spaß und
Erholung*

Leinenweberei, Geschichte der
Justiz und einer historischen
Puppenstube.

ⓐⓑ❶ Pfarrkirche St. Nikolai
Kirchplatz, Lübbenau
℗ (035 42) 2678
So 10.30 Uhr Gottesdient
1738–41 erbaut im Stil des
Dresdner Barock mit einer der
größten Orgeln der Region
und vielen Konzerten.

ⓐⓑ❶ Spreewelten Sauna-
und Badeparadies
Alte Huttung 13, Lübbenau
℗ (035 42) 89 41
www.spreewelten-bad.de
So–Do 9–22, Fr/Sa bis 23 Uhr
Eintritt € 11/6 (6–15 J.)
Hier kann man auch zusammen
mit Pinguinen um die Wette
schwimmen, was besonders für
Kinder eine tolle Attraktion ist.

ⓑ❹ Spreewaldtherme Burg
Ringchaussee 152, Burg
℗ (03 56 03) 188 50
www.spreewald-therme.de
Tägl. 9–22 Uhr
Eintritt € 14/7
Wunderbar gestaltete Ther-
menlandschaft im typischen
Spreewaldstil mit großem
Bade- und Saunabereich und
zahlreichen Wellnessangeboten
wie Kräuterbädern im Spreewaldkahn.

ⓐ❶ Großer Spreewaldhafen
Lübbenau
Kahnfährgenossenschaft
Lübbenau & Umgebung
Dammstr. 77, Lübbenau
℗ (035 42) 22 25
Kahnfahrten für Einzelpersonen
und Gruppen.

ⓐ❶ Kleiner Hafen
Am Spreeschlösschen
Spreestr. 10 A, Lübbenau
℗ (035 42) 40 37 10
www.kahnfahrt.org
Im Sommer tägliche Kahn-
fahrten.

ⓧ Kolonieschänke
Ringchaussee 136, Burg
℗ (03 56 03) 68 50
www.kolonieschaenke.de
Uriges und zugleich stilvolles
Traditionsgasthaus, das mit
Spreewaldspezialitäten in Bio-
qualität lockt. Auch behagliche
Zimmer (DZ ab € 50). €€

ⓧ Zum fröhlichen Hecht
Dorfstr. 1, Lehde
℗ (035 42) 27 82
www.zumhecht.com
April–Nov. tägl. ab 9 Uhr,
sonst je nach Wetterlage
Schon seit 300 Jahren werden
hier spreewaldtypische Gerichte
serviert. Besondere Attraktion
ist das benachbarte Aquarium
mit 20 Fischarten der Region.

Außerdem werden Kahnfahrten und komfortable Zimmer (DZ 80 Euro) angeboten. €-€€

✗ Spreewaldbahnhof
Am Bahnhof 1, Burg
✆ (03 56 03) 842
www.spreewaldbahnhofburg.de
Tägl. ab 11.30 Uhr
Seit 1995 wird der alte Bahnhof als liebenswerte Gaststätte genutzt, wo Hausmannskost unter Namen wie »Eisenbahners Dampfkessel« oder »Steckteller Zum Schrankwärter« auf den Tisch kommen. €

▣ Orangerie
Schlossbezirk 6, Lübbenau
✆ (035 42) 87 30
www.schloss-luebbenau.de
Mai–Anfang Okt. tägl. 12–22, am Wochenende 11–22 Uhr
Genau das Richtige für eine kleine Erholungspause mit Kaffee, Kuchen, Eis oder einem Süppchen ist die hübsche Orangerie von Schloss Lübbenau am Schlosspark. €€

▣✗◐ Hotel Zur Bleiche
Bleichestr. 16, Burg
✆ (03 56 03) 620
www.hotel-zur-bleiche.de
Beliebt ist es vor allem wegen seiner fantastischen Landtherme mit Innen- und Außenpool, mehreren Saunen und Damen-Spa. Aber auch die stilvollen Räume und das Gourmet-Restaurant tragen zu einem gelungenen Aufenthalt bei. €€€€

▣ Hotel Schloss Lübbenau
Schlossbezirk 6, Lübbenau
✆ (035 42) 87 30
www.schloss-luebbenau.de
Aus dem geschichtsträchtigen Haus hat die Familie der Grafen zu Lynar eine wohnliche, stilvolle Bleibe gemacht. Auch das Restaurant Linari und der Wellnessbereich sind zu empfehlen. Außerdem finden

hier häufig Lesungen, Konzerte oder Tanzwochenenden statt. €€€

▣✗ Ringhotel Waldhotel Eiche
Eicheweg, Burg
✆ (03 56 03) 670 00
www.waldhotel-eiche.de
Schön gelegen am Wasser; bietet neben komfortablen Zimmern, Wellnessbereich und Restaurant auch Kahnfahrten und andere Aktivitäten an. €€

▣ Pension Spreewelten
Bahnhofstr. 3 D
✆ (035 42) 88 99 77
www.spreewelten.de
Ein besonders origineller Berherbergungsbetrieb ist die Pension im Bahnhof von Lübbenau, in der jedes Zimmer nach dem Motto »Schlafen im Kunstwerk« von einem anderen Künstler mit Bezug zum Spreewald gestaltet wurde. €

▣▦ Radler-Scheune Burg
Ringchaussee 155, Burg
✆ (03 56 03) 133 60
www.radler-scheune.de
Unprätentiöse, aber für Radler sehr empfehlenswerte Unterkunft mit guter Gaststätte, Grillmöglichkeiten im Radler-Garten, Fahrradverleih und Reparaturservice. €

Giebel eines typischen Hauses im Spreewald

Neben stilvoller Behaglichkeit bietet das Hotel Schloss Lübbenau auch einen herrlichen Park im englischen Landschaftsstil

Rheinsberg

Schloss- und Keramikstadt

Eingebettet in die Wald- und Hügellandschaft der Rheinsberger Seen ist der staatlich anerkannte Erholungsort **Rheinsberg** eine besondere Perle unter den historischen Städten Brandenburgs. Der von Kastanien, Cafés und Restaurants gesäumte Marktplatz lädt zum Flanieren ein, Kutschen starten hier zu Ausfahrten ins Ruppiner Land, während unten am See die Ausflugsdampfer zu Touren auf den Rheinsberger Gewässern starten. Ansonsten hat in der regelmäßigen Stadtanlage mit ihren ein- und zweigeschossigen Traufenhäusern aus dem 18. Jahrhundert die frühgotische Pfarrkirche St. Laurentius die Zeit überdauert.

Doch die Hauptattraktion von Rheinsberg ist das ❶ **Schloss**, das sich mit seiner hellen Fassade, den Türmen und Kolonnaden so malerisch im Grienericksee spiegelt. Seit jeher zieht es Besucher in seinen Bann. 1911 setzte ihm Kurt Tucholsky, der hier mit seiner späteren Frau Else Weil eine glückliche Zeit verbrachte, mit »Rheinsberg. Ein Bilderbuch für Verliebte« ein literarisches Denkmal.

Ein Ort der Muße, Balsam für Seele, Geist und Körper ist, war Schloss Rheinsberg bereits im 18. Jahrhundert für den Preußenkönig Friedrich den Großen. Sein Vater, der Soldatenkönig hatte ihm das einstige Wasserschloss gekauft und zur Barockresidenz ausbauen lassen. So verbrachte er hier als Kronprinz die Zeit von 1736 bis 1740, die er später als die glücklichsten Jahre seines Lebens bezeichnen sollte. Tatsächlich konnte sich Friedrich in Rheinsberg fern der steifen Etikette des Berliner Hofes seinen musischen Neigungen, dem Flötenspiel, der Literatur und Philosophie hingeben und Gedanken entwickeln, die für seine spätere Staatsführung wegweisend wurden. Ähnlich erging es seinem Bruder Prinz Heinrich. Der weilte sogar fast ein halbes Jahrhundert in dem Schloss und prägte es wie kein anderer. In seinem Musenhof betätigte sich Heinrich als Maler und Geiger, versammelte Künstler, Musiker und Theaterleute um sich und machte aus dem Provinznest im Norden Berlins ein kulturelles Zentrum mit internationaler Ausstrahlung.

Der kunstbegeisterte Prinz Heinrich von Preußen, der jüngere Bruder König Friedrichs II., erweiterte und verschönerte Schloss Rheinsberg zu einem charmanten Kleinod

Das Schloss, das – noch vor Charlottenburg und Sanssouci – als Auftakt des friderizianischen Rokoko gilt, blieb von seiner dreiflügeligen Struktur her weitgehend so erhalten, wie Wenzelslaus von Knobelsdorff es 1737 vollendet hatte. Im Inneren wurde hingegen so manches verändert. 1766 entwarf der Breslauer Architekt Carl Gotthard Langhans Pläne für eine neue Wohnung von Prinzessin Wilhelmine und das Treppenhaus. Danach wurde die Sommerwohnung des Prinzen im Erdgeschoss gestaltet. 1774 fügte ihm Bauintendant Hennert noch ein neues Schlosstheater hinzu, in dem auch heute wieder regelmäßig Konzerte, Opern- und Schauspielaufführungen stattfinden. Besonders prachtvoll ist der Spiegelsaal mit einem Deckengemälde Antoine de Pesnes, das Ovids »Metamorphosen« darstellt. Außerdem beeindrucken der Muschelsaal und ein Kabinett mit chinesischen Lackmalereien. Nach der behutsamen Renovierung erstrahlt alles wieder in neuem Glanz.

*Blick von Schloss
Rheinsberg über
den See zum
Obelisken*

*Schloss Rheinsberg
sieht besonders
schön aus, wenn
man es vom ge-
genüberliegenden
Wasser aus be-
trachtet, wo es sich
im Grienericksee
spiegelt. Dort führt
auch ein schöner
Wanderweg, der
sogenannten Po-
etensteig, um den
Obelisken herum.*

Ebenso wie der wunderbare ❷ **Park**, einer der ersten senti-
mentalen Landschaftsgärten Deutschlands. Skulpturen, Grot-
ten und Denkmäler sorgen für reizvolle Blickpunkte. Vor allem
aber die Grabpyramide und der Obelisk auf dem gegenüber
liegenden Ufer des Grienericksee. Letzteren hat Prinz Heinrich
mit 10 300 vergoldeten Buchstaben zu Ehren der Helden des
Siebenjährigen Kriegs und vor allem seines Bruders Prinz August Wilhelm errichten lassen, der als Armeeführer schwere
Fehler gemacht hatte, bei Friedrich in Ungnade gefallen und
1758 viel zu früh gestorben war. Dass sich der Prinz auch selber
ungerecht behandelt fühlte, zeigt die von ihm selbst verfasste
Inschrift der Grabpyramide, in der er sich beisetzen ließ. Darin
charakterisiert er sich als einen, der seine Pflicht erfüllte, aber
zugleich »...allen Übeln der Menschheit ausgesetzt, gequält
durch Leidenschaften anderer...« war.

Neben dem **Tucholsky-Literaturmuseum** lohnt auch das Ke-
ramikmuseum einen Besuch. Und mit etwas Glück kann man
einem Konzert der **Musikakademie Rheinsberg** oder der **Kam-
meroper im Heckentheater** lauschen.

Service & Tipps

🚌🚆 Anreise
Von Berlin-Hbf. mit RE5
Richtung Stralsund bis Lö-
wenberg, weiter mit RB54
nach Rheinsberg, ca. 1 Std.
25 Min. Alternativ von Berlin-
Friedrichstraße mit S 25 nach
Hennigsdorf und RE6 Richtung
Wittenberge bis Neuruppin,
von dort weiter mit Bus 764,
ca. 2 Std. 10 Min.

ℹ️ Tourist Information
Remise am Schloss, Mühlen-
str. 15 A, 16831 Rheinsberg
✆ (033 91) 349 41
www.tourist-information-
rheinsberg.de
April–Sept. Mo–Do 10–17,
Fr/Sa 10–18, So/Fei 10–16,
Okt.–März Mo–Do 10–16,
Fr/Sa 10–18, So/Fei 10–16 Uhr
Eintrittskarten für die Kam-
meroper oder Musikakademie
Rheinsberg, Kutschfahrten,
geführten Wanderungen und
Hotelreservierungen.

🏛 Keramikmuseum Rheinsberg
Kirchplatz 1, Rheinsberg
✆ (03 39 31) 376 31
www.museum-rheinsberg.de
März–Okt. tägl. 10–18,
Dez., Feb. tägl. 12–17 Uhr
Eintritt € 2,50/2
Anhand der berühmten Rheinsberger Teekanne lädt das
Museum im ehemaligen Sprit-
zenhaus zur Zeitreise zu den
Anfängen der Fayenceproduk-
tion unter Prinz Heinrich ein
– die 1762 in Rheinsberg gegründete Keramikmanufaktur
gehörte zu den bedeutendsten
Preußens.

🏛 Kurt Tucholsky Literaturmuseum
Im Schloss Rheinsberg
Rheinsberg
✆ (03 39 31) 390 07
www.tucholsky-museum.de
Tägl. außer Mo 10–16.30 Uhr
Eintritt € 4/3, Familienkarte € 8

Im Tucholsky-Museum kann
man nicht nur allerhand über
den Schriftsteller und seine Zeit
erfahren, der sich von Rheinsberg zu seinem »Bilderbuch
für Verliebte« inspirieren ließ.
Wechselnde Ausstellungen
machen auch mit anderen Literaten und Künstlern bekannt.
Außerdem finden hier mitunter
Lesungen statt.

🏛🚆 Eisenbahnmuseum
Damaschkeweg 14, Rheinsberg
✆ (03 39 31) 370 17
www.bahnhof-rheinsberg.de
Di 13–17 Uhr, Eintritt € 2/1
Dauerausstellung zur regionalen Bahngeschichte im ehemaligen Lokschuppen. Es gibt auch
einen ehemaligen Transport-
waggon zu sehen, in dem
zuletzt Brennstäbe des 1990
stillgelegten Kraftwerks nach
Lubmin gebracht wurden.

📷❶ Schloss Rheinsberg
Mühlenstr. 1, Rheinsberg
✆ (03 39 31) 726, www.spsg.de
April–Okt. Di–Do 10–18, Nov.–
März tägl. außer Mo 10–12.30,
13–17 Uhr, Eintritt € 8/6
Besichtigung nur mit Führung
Mit dem prunkvollen Schloss,
das sich wunderbar im Wasser
des Grienericksees spiegelt,
begann in Brandenburg das friderizianische Rokoko. Zugleich
war der Musenhof für Friedrich
II. und seinen Bruder Prinz

*Lange Kammer mit
Blick in die Parade-
Schlafkammer im
Obergeschoss von
Schloss Rheinsberg*

*»Eine Schreib-
maschine ist ein
Gedankenklavier«:
Im Kurt Tucholsky
Literaturmuseum
kann man den
Gedanken des
großen Dichters
nachspüren*

Vor den Toren der Stadt – Rheinsberg

Jährlich am 2. Oktoberwochenende findet in Rheinsberg ein Töpfermarkt mit ca. 90 Kunstkeramikern statt, der an die einst bedeutende Fayence-Herstellung in Rheinsberg erinnert (www.heimatverein-rheinsberg.de).

🎭 Kammeroper Schloss Rheinsberg
Kavalierhaus der Schlossanlage, Rheinsberg
☏ (03 39 31) 72 50
www.kammeroper-schloss-rheinsberg.de
Höhepunkt des Rheinsberger Sommers ist das alljährlich stattfindende Open-Air-Opernfestival mit namhaften Regisseuren und Dirigenten, das im Heckentheater des ❷ Schlossparks stattfindet. Die Zuschauer lauschen – mitunter auch mit Picknickkorb – auf der Wiese sitzend.

🎭 Schlosstheater und Musikakademie Rheinsberg
Kavalierhaus der Schlossanlage Rheinsberg
☏ (03 39 31) 72 10
www.musikakademie-rheinsberg.de
Als Haus für junge Künstler versteht sich die Musikakademie Rheinsberg, die Konzerte mit Jungtalenten im Schlosstheater veranstaltet. Außerdem ist die Bühne Schauplatz für andere Musik-, Film- und Theaterveranstaltungen.

✖️📧 Seehof Rheinsberg
Seestr. 18, Rheinsberg
☏ (03 39 31) 40 30
www.seehof-rheinsberg.de
Tägl. 12–15 und 18–22 Uhr
Stilvolles Hotel-Restaurant am Seeufer in einem Ackerbürgerhaus von 1750 mit raffinierter, gehobener Küche. Auch komfortable Zimmer und Appartments (DZ ab € 100). €€

✖️ Zum Alten Fritz
Schlossstr. 11, Rheinsberg
☏ (03 39 31) 20 86
www.alterfritz-rheinsberg.de
Mo–Fr 12–15 und 18–23,

Heinrich der ideale Rahmen, um sich mit Literatur, Musik und den schönsten Künsten zu beschäftigen.

Sa/So/Fei 12–23 Uhr
Gemütliches Traditionshaus mit großer Terrasse auf dem Markt, das gute regionale Küche mit frischen Zutaten serviert. €€

✖️ Zum Fischerhof
Seestr. 19 A, Rheinsberg
☏ (03 39 31) 395 86
April–Okt. tägl. 11–22, Nov.–März tägl. außer Mi 12–20 Uhr
Ob als kleiner Imbiss oder komplette Mahlzeit auf der Terrasse – hier gibt es Fisch in allen Variationen, auch aus der hauseigenen Räucherei. €

◼️✖️🎭 Café Tucholsky
Kurt-Tucholsky-Str. 30 A Rheinsberg
☏ (03 39 31) 343 70
www.tucholsky-cafe.de
April–Okt. tägl.11–22, Nov.–März tägl. außer Mi 12–20 Uhr
Schön gelegen mit Terrasse an der Uferpromenade. Neben Kaffee und Kuchen gibt es regionale Küche mit Fischspezialitäten und vegetarischen Gerichten. Z. T. finden hier auch Lesungen statt.

🏖️🎭 Seebad
Reuterpromenade 7, Rheinsberg
www.tourist-information-rheinsberg.de
Mai–Sept. tägl. 10–19 Uhr
Außer an den wilden Badestellen kann man im Sommer auch vom Seebad aus in den Grienericksee springen. Mit Rutsche und Imbiss.

🚢 Schiffsrundfahrten Reederei Halbeck
Markt 11, Rheinsberg
☏ (03 39 31) 386 19
www.schifffahrt-rheinsberg.de.
Mitte April–Mitte Okt. mehrmals tägl.
Kleinere und größere Schiffsrundfahrten auf den Rheinsberger Seen. Außerdem vermietet die Reederei Kanus. ⚙️

Service von A bis Z

Anreise

Mit dem Flugzeug

Berlin hat zwei Flughäfen: Berlin Tegel (TXL) nordwestlich der Innenstadt und Berlin Schönefeld (SXF) am südöstlichen Stadtrand. Zentrale Flughafenauskunft:
✆ 018 05-00 01 86
www.berlin-airport.de

Berlin Tegel (TXL)

Mit den Bussen 109 und X9 (Airport-Express) in die City West; mit Bus 128 zum U-Bhf. Kurt-Schumacher-Platz und weiter zum Alexanderplatz sowie mit der Linie TXL via Hauptbahnhof nach Mitte.

Berlin Schönefeld (SXF)

Die schnellste Verbindung in die City ist der Airport Express (30 Min. vom Bhf. Schönefeld zum Hauptbahnhof); auch S-Bahn und Regionalzüge. Zum U-Bhf. Rudow verkehren Busse (X7, 171), dann weiter mit der U7.
    Für die Fahrt zwischen Flughafen und City (gültig in Bus und Bahn) benötigen Sie ein Ticket für den Tarifbereich ABC. Wer bereits ein AB-Ticket oder eine Welcome-Card hat, löst einen Anschlussfahrausweis Berlin C.
    Bis zur Eröffnung des neuen internationalen Großflughafens Berlin Brandenburg »Willy Brandt« (BER) südlich von Schönefeld wird auf dem Gelände die Tour »Erlebnis BER« angeboten: ✆ (030) 609 17 77 70.

Mit der Bahn

Alle Fernzüge halten am Hauptbahnhof, weitere Stopps (je nach Strecke) an den Bahnhöfen Spandau, Ostbahnhof, Gesundbrunnen, Südkreuz.
– Bahnauskunft: ✆ 118 61, www.bahn.de
– Vom Hauptbahnhof Anschluss an die S-Bahn in Ost-West-Richtung (S5/7/75, u.a. Zoologischer Garten, Friedrichstraße, Alexanderplatz). Die U55 fährt zum Brandenburger Tor, Bus M41 und M85 passieren den Potsdamer Platz, TXL nach Mitte.

Mit dem Bus

Alle Fernbuslinien enden (und starten) am **Zentralen Omnibusbahnhof Berlin (ZOB)** gegenüber dem Messegelände unter dem Funkturm.
Masurenallee 4–6, Charlottenburg
www.iob-berlin.de
Anschluss an die Innenstadt:
Ringbahn S41/42: Messe Nord/ICC
U2: Kaiserdamm

Mit dem Auto

Die Autobahnen aus München/Nürnberg (A9), Hannover (A2), Hamburg (A24), Rostock (A19), Dresden (A13) und Frankfurt/

Oder (A12) münden in den Berliner Ring (A10). Mit Staus wegen Baustellen und dichtem Verkehr ist generell zu rechnen. Autofahrer benötigen für die Innenstadt (innerhalb des S-Bahn-Rings) eine **grüne** Umweltplakette.

Auskunft

Tourist Information visitBerlin
www.visitberlin.de
information@visitberlin.de

Call Center
✆ (030) 25 00 25, 25 00 23 33
Alle Informationen über das Reiseziel Berlin, auch Reservierung von Hotels und Tickets für Veranstaltungen, Stadtrundfahrten und vieles mehr.

Berlin Tourist Informationen
– im Brandenburger Tor
Pariser Platz, südliches Torhaus, Mitte
Tägl. 9.30–19, im Winter bis 18 Uhr
– im Hauptbahnhof
Erdgeschoss, direkt am Eingang Europaplatz, Tiergarten
Tägl. 8–22 Uhr
– im Neuen Kranzler Eck
Ku'damm Passage, Kurfürstendamm 22, Haus 4, Charlottenburg
Mo–Sa 9.30–20, So 10–18 Uhr
– im Flughafen Tegel
Terminal A/Gate 2, tägl. 8–21 Uhr
– im Flughafen Schönefeld
Terminal A, Haupthalle, tägl. 7–22 Uhr
– Info Point am Fernsehturm
Panoramastr. 1 A, Mitte, Mai–Okt. tägl. 10–18 Nov.–März tägl. 10–16 Uhr
Bei diesen Tourist Informationen erhält man Auskünfte aller Art, kann eine Unterkunft reservieren, Veranstaltungstickets, Souvenirs oder die **Berlin WelcomeCard** und den **3-Tage-Museumspass** (€ 24/12) erwerben. Mit letzterer Karte lassen sich an drei aufeinanderfolgenden Tagen bis zu 50 verschiedene Museen ohne weitere Kosten besuchen. Beide Rabattangebote sind auch online erhältlich.

Automiete, Autofahren

Autofahrer müssen in Berlin mit dichtem Verkehr und vielen Staus rechnen. Parkplätze sind rar und in der Innenstadt in der Regel kostenpflichtig. Man zahlt im Voraus für die geschätzte Parkdauer mit Münzen an der Parkuhr oder mit der richtigen App im Smartphone. Parkhäuser gibt es reichlich; die Tarife variieren.

Alle internationalen Mietwagenfirmen sind an den Flughäfen sowie am Hauptbahnhof vertreten; Europcar auch am Busbahnhof ZOB. Buchung am besten vorab im Internet. Bahnkunden mit Bahn-Card können vom Hauptbahnhof auch direkt auf ein Auto der Flinkster-Flotte (Carsharing) umsteigen.

»Autohit Berlin« für Selbstfahrer
Wer mit dem eigenen Pkw anreist, fährt günstig mit dem Angebot Autohit Berlin: Bei Buchung von drei Übernachtungen ist ein Garagenstellplatz bereits enthalten, ebenso die **Berlin WelcomeCard**, die 72 Stunden freie Fahrt im öffentlichen Nahverkehr bietet und zusätzlich Ermäßigungen bei zahlreichen touristischen Attraktionen gewährt. Buchung über die Tourist Informationen und www.visitberlin.de.

Feste, Veranstaltungen, Messen

Hochkarätige Kulturfestivals, fröhliche Straßenfeste, bedeutende Messen oder herausragende Sportereignisse: Bei der Reiseplanung lohnt ein Blick in den Veranstaltungskalender.

Ausgewählte Feste & Veranstaltungen:

Berliner Festspiele
Schaperstr. 24, Wilmersdorf
✆ (030) 254 89-0, www.berlinerfestspiele.de
Die Berliner Festspiele präsentieren im eige-

nen Haus der Berliner Festspiele u. a. das Festival für aktuelle Musik **MaerzMusik** (März), das **Theatertreffen der deutschsprachigen Bühnen** (Mai), das **Theatertreffen der Jugend** (Mai/Juni), das internationale Festival für performative Künste **Foreign Affairs** (Juni/Juli), das **Internationale Literaturfestival** (Sept.), das **Musikfest Berlin** (Sept.) mit internationalen Spitzenorchestern, Dirigenten und Solisten sowie das **JazzFest Berlin** (Anfang Nov.). Das Haus veranstaltet auch Specials zu aktuellen Debatten und ist Gastgeber für ausgewählte Programme der **Berlinale**.

Januar
Tanztage – in den Sophiensaelen
Ultraschall Berlin – Festival für Neue Musik, u. a. im HAU Hebbel am Ufer und im Radialsystem V
Sechstage-Rennen Berlin – Spitzensport im Velodrom, umrahmt von bester Unterhaltung, www.sechstagerennen-berlin.de

Februar
Internationale Filmfestspiele Berlin/Berlinale – www.berlinale.de

April
Lange Nacht der Opern und Theater – www.berlin-buehnen.de

Mai
Lange Nacht der Wissenschaften – www.langenachtderwissenschaften.de
Lange Nacht der Museen – www.lange-nacht-der-museen.de

Mai/Juni
Karneval der Kulturen – Musiker, Tänzer und Artisten nahezu aller Nationen, die in Berlin vertreten sind, machen alljährlich zu Pfingsten den Karneval zum spektakulären Ereignis. Höhepunkt des viertägigen Straßenfestes ist der Umzug mit Tausenden Teilnehmern, der jedes Jahr rund 1 Mio. Zuschauer anlockt.
48 Stunden Neukölln – 400 Kunst- und Kulturveranstaltungen an einem Wochenende

Zu den großen Veranstaltungs-Highlights zählen die Internationalen Filmfestspiele im Februar

im neuen Trendbezirk DMY – Internationales Design Festival – http://dmy-berlin.com

Mai–August
Berlin Biennale für zeitgenössische Kunst alle zwei Jahre (2016) – www.berlinbiennale.de

Mai–September
Citadel Music Festival – Beim längsten Open-Air-Festival sind im Innenhof der Zitadelle Spandau Newcomer und Stars aus Pop, Folk, HipHop, Rock und Electro Music zu erleben. www.citadel-music-festival.de
Summer of Berlin – www.sommer.visitberlin.de

Juni
Lesbisch-schwules Stadtfest in Schöneberg rund um den Nollendorfplatz – www.regenbogenfonds.de
Christopher Street Day – farbenfrohe Schwulen- und Lesbenparade

Juli–September
Jazz in Town: Köpenicker Blues- & Jazzfestival mit Stars und Legenden der internationalen Jazzszene im Hof des historischen Rathauses – http://jazz-in-town-berlin.de

Juli
Classic Open Air – Stars der Klassik- und deutschen Popbranche am Gendarmenmarkt – www.classicopenair.de

August
Jüdische Kulturtage – Konzerte, Lesungen und vieles mehr – www.juedische-kulturtage.org
Tanz im August – Festival mit bekannten Stars der Szene – www.tanzimaugust.de
Young Euro Classic – Jugendorchester aus aller Welt spielen Neues, Ungewohntes im Konzerthaus – www.young-euro-classic.de

September
Berlin Music Week – Musikwirtschaft, Festivals, Konzerte und Club-Events www.berlin-music-week.de
Berlin Art Week – www.berlinartweek.de
Berlin-Marathon – Marathon für Läufer, Inline-Skater, Power-Walker, Rollstuhl- und Handbikefahrer – www.bmw-berlin-marathon.com
Pyronale – Feuerwerkswettbewerb am Olympiastadion – www.pyronale.de

Oktober
Festival of Lights – Beim Lichterfest werden herausragende Gebäude durch raffinierte

Beim Tanz im August, einem der größten und renommiertesten Tanz-Festivals Europas, trifft sich die internationale Szene

Illumination spektakulär in Szene gesetzt.
www.festival-of-lights.de

November
BerMuDa – Berlin Music Days – elektronische Musik und Lifestyle – http://bermuda-berlin.de

Dezember

Weihnachtsmärkte
Weihnachtsmärkte beginnen in der Woche vor dem ersten Advent und dauern bis 23. oder 26. Dezember. Bei einigen überwiegt der Rummel, andere setzen nostalgische Akzente. Die Winterwelt am Potsdamer Platz bietet neben Weihnachtsbuden auch eine Eis- und eine Rodelbahn. Am Roten Rathaus kann man vom Riesenrad aus die Umgebung überblicken. Spandau hat den größten Weihnachtsmarkt der Stadt.

Besonders stimmungsvoll sind die Weihnachtsmärkte
– vor dem Schloss Charlottenburg
– am Gendarmenmarkt
– an der Gedächtniskirche
– am Opernpalais/Schinkelplatz
– Alt-Rixdorfer Weihnachtsmarkt am Neuköllner Richardplatz (nur Fr–So, 2. Advent)
– am Jagdschloss Grunewald (nur Sa/So, 2. Advent)

Jahrmarkt und Straßenfeste (Auswahl):

Ende April–Mitte Mai
Neuköllner Maientage – Jahrmarkt mit Karussells und anderen Attraktionen im Volkspark Hasenheide

Juni
Bergmannstraßenfest – Kreuzberg kocht und jazzt am letzten Juniwochenende in der Bergmannstraße.

August
Internationales Berliner Bierfestival
Am ersten Augustwochenende verwandeln über 200 Brauereien aus 80 Ländern den Bürgersteig an der Karl-Marx-Allee in Friedrichshain zwischen Frankfurter Tor und Strausberger Platz in den »längsten Biergarten der Welt«.

September
Burgfest auf der Zitadelle Spandau – Zeitreise ins Mittelalter November/Dezember

Der stimmungsvolle Weihnachtsmarkt am Richardplatz in Neukölln findet am 2. Advent statt

Messen:

Januar/Juli
Berlin Fashion Week – Modenschauen, zweimal im Jahr an vielen Orten www.fashion-week-berlin.com
Internationale Grüne Woche – Messehallen am Funkturm, Charlottenburg – www.gruenewoche.de

März
Internationale Tourismusbörse ITB – Messehallen am Funkturm, Charlottenburg – www.itb-berlin.de

September
IFA – Internationale Funkausstellung, weltgrößte Messe für Consumer Electronics, Messehallen am Funkturm, Charlottenburg – http://b2c.ifa-berlin.de
Berlin Art Week – Zeitgenössische Kunst in Messen und Ausstellungen an verschiedenen Orten – www.berlinartweek.de
Berlin Music Week – Musikmesse, -kongress, Festival, Clubnächte u.a. im ehemaligen Flughafen Tempelhof– www.berlin-music-week.de

Hinweise für Menschen mit Behinderungen

Das Signet »Berlin barrierefrei« kennzeichnet öffentliche Einrichtungen, Hotels, Restaurants, Museen und Geschäfte, die für Rollstuhlfahrer problemlos erreichbar sind und ausreichend Bewegungsfreiheit aufweisen. Andere Museen und Sehenswürdigkeiten sind für Rollstuhlfahrer über Aufzüge, Sondereingänge, Rampen etc. zugänglich. Oft werden auch spezielle Führungen/Einrichtungen für Sehbehinderte und Gehörlose angeboten (www.berlinfuerblinde.de).

Kein Problem stellen moderne Veranstaltungshäuser und Einkaufszentren dar, die alle rollstuhlgerecht ausgestattet sind.

Bei historischen Bauten wurde und wird so gut wie möglich – und wie es der Denkmalschutz zulässt – nachgebessert.

Die Busflotte der BVG ist barrierefrei, entweder absenkbar oder mit Rampen versehen, die der Busfahrer aus- und einklappen muss. Viele U- und S-Bahnhöfe im Innenstadtbereich sind mit Aufzügen zu erreichen. S-Bahnhöfe verfügen über ein Blindenleitsystem. Der Verein »mobidat« sammelt und verbreitet Informationen zum Thema »barrierefreies Leben in Berlin« (✆ 030-322 94 03 00, www.mobidat.net).

Eine Oase der Ruhe: der Botanische Garten in Dahlem

Internet

30 Minuten pro Tag mitten in der Stadt kostenfrei im Netz surfen: An vielen Hotspots in den Stadtteilen Mitte, Prenzlauer Berg und Charlottenburg ist das bereits möglich, weitere kommen hinzu: www.berlin-wireless.net

Auch zahlreiche Cafés, Bars und Bibliotheken, einige Restaurants, Hotels und Hostels bieten kostenloses WLAN an. Wem das nicht genügt: Traditionelle Internetcafés, einige davon auch in Hinterzimmern von Kiosken, verlangen nur geringe Gebühren.

Klima, Reisezeit

Berlin hat ein gemäßigtes Klima, bedingt durch seine Lage am Übergang von der maritimen zur kontinentalen Klimazone. In den Sommermonaten liegt die Durchschnittstemperatur bei 18 Grad Celsius; zwischen Juni und August können Hitzeperioden mit 30 Grad Celsius und mehr auftreten. Abends genießt man dann tropische Nächte in der City. Im Winter fällt mehr Regen als Schnee; die kältesten Monate sind Januar und Februar mit Durchschnittstemperaturen von 0,6 und 0,3 Grad. Statistisch hat Berlin 106 Regentage pro Jahr – weniger als Museen (ca. 190).

Berlin ist ein Ganzjahresziel, egal wie das Wetter ist. So sind Museen mit ihren klimatisierten Räumen bei Hitze ideal und sie bieten an ungemütlichen Tagen Schutz vor Kälte und Regen. Ausgedehnte Grünanlagen wie der Tiergarten, Britzer Garten, die Tempelhofer Freiheit und der Grunewald sorgen u. a. für die relativ gute Berliner Stadtluft.

Notfälle, wichtige Rufnummern

Vorwahl für Berlin ✆ 030
Polizei ✆ 110
Feuerwehr/Notarzt ✆ 112
Behörden ✆ 115
ADAC (Pannenhilfe) ✆ 01802-22 22 22
Ärztlicher Bereitschaftsdienst
✆ (030) 31 00 31
✆ 0800 277 46 33
www.kvberlin.de
Privatärztlicher Notdienst
✆ 0800 89 79 69 5
✆ (030) 89 00 91 00
Rollstuhlverleih ✆ (030) 752 70 11,
✆ (030) 49 76 94 73

Zahnärztlicher Notdienst
✆ (030) 38 37 70 63 (privat)
✆ (030) 89 00 43 33 (Kassen)
Call a doc: ✆ 01805-32 13 03,
www.calladoc.com
Vermittlung (mehrsprachig) von Ärzten, Kliniken etc.

BVG-Kundendienst und Fundbüro
✆ (030) 194 49, -25 62 30 40
Deutsche Bahn AG Fundbüro
✆ 018 05-99 05 99
Zentrales Fundbüro
✆ (030) 75 60-31 01, -75 60-0

Öffnungszeiten

Einkaufen kann man in Berlin fast rund um die Uhr, nur bekommt man nicht alles überall. Bäckereien und Lebensmittelgeschäfte öffnen ab 6 Uhr morgens, Kaufhäuser, Modeboutiquen und Spezialgeschäfte zwischen 9 und 11 Uhr. Die meisten Geschäfte schließen um 20 Uhr. Wer will, kann seinen Laden länger offen halten. Eine Besonderheit aus der DDR-Zeit sind Spätkauf-Läden (Spätis), in denen man mindestens bis Mitternacht das Wichtigste zum Leben (Bier, Brot, Zigaretten, Zeitungen) erhält. Einige Supermarktketten haben bis 22 oder 24 Uhr geöffnet.

Sonntags bleiben die Läden geschlossen. Ausnahmen gelten für Souvenirs und Reisebedarf und einige wenige Supermärkte wie Ulrich am Zoo. Achtmal im Jahr gibt es einen verkaufsoffenen Sonntag (13–18/20 Uhr), davon zweimal im Advent.

Presse

Tageszeitungen: *Berliner Morgenpost, Berliner Zeitung, die tageszeitung (taz), Die Welt, Der Tagesspiegel, Neues Deutschland*
Boulevardzeitungen: *Bild, BZ, Berliner Kurier*
Stadtmagazine: 14-tägig (im Wechsel) mit großem Informations- und noch größerem Programmteil: *tip* und *Zitty*. Außerdem *[030]* mit Szene-Infos und Party-Adressen (kostenlos); monatlich: *Berlin Programm*.
www.berlinonline.de
Zeitungsläden: Internationale Presse gibt es u.a. im Ku'damm-Karree, im Europa-Center und in allen Bahnhöfen sowie an den Flughäfen.

Rauchen

In Restaurants, öffentlichen Gebäuden und öffentlichen Verkehrsmitteln ist das Rauchen verboten. Es gibt einige speziell ausgewiesene Raucherkneipen und viele, in denen auch ohne Lizenz geraucht wird.

Sicherheit

Berlin gilt als eine der sichersten Städte in Europa – was nicht ausschließt, dass Touristen wie in jeder Metropole Opfer eines Diebstahls, von Raub oder einer Gewalttat werden können. Beste Voraussetzung, solche Gefahren zu vermeiden, sind die auch anderswo üblichen Vorsichtsmaßnahmen und gesunder Menschenverstand. So sollte man auf jeden Fall den als Einsatz geforderten 50-Euro-Schein stecken lassen, wenn ein Hütchenspieler zum Mitmachen animiert: Die Profis gewinnen immer.

Verkehrsmittel

Berlin entdeckt man am besten mit öffentlichen Verkehrsmitteln, Parkplätze sind ohnehin rar. Es gibt drei Tarifzonen (AB, BC, ABC), wobei sich die meisten Touristen auf den Innenstadtbereich (AB) beschränken. Hier kostet das Ticket für eine Fahrt (Stand Juni 2014) € 2,60/1,60 (gültig für 2 Std. mit Umsteigen, auch mit Unterbrechung, aber ohne Umwege und Rückfahrt). Die Kurzstrecke (3 Stationen mit U- und S-Bahn, 6 mit dem Bus) kostet € 1,50/1,20. Die Tageskarte € 6,70/4,70 (BC € 7/5,10, ABC € 7,20/5,30) lohnt sich bereits ab drei Fahrten. Eine 4-Fahrten-Karte gibt es für € 8,80/5,60 (nur AB); für die Kurzstrecke € 5,60/4,40. Wer in kleiner Gruppe reist, fährt günstig mit der Kleingruppenkarte (bis max. 5 Personen) für € 16,20 (AB), € 16,50 (BC) oder € 16,70 (ABC).

Die **Berlin WelcomeCard** gibt es in mehreren Versionen: Im **Tarifbereich Berlin** (AB) kostet sie für 48 Std. € 18,50, für 72 Std. € 24,50, für 5 Tage € 31,50 und ist für eine Person gültig (inkl. Kindern unter 6 J.). Die WelcomeCard für **Berlin und Potsdam** (ABC) kostet für 48 Std. € 20,50, 72 Std. € 26,50, 5 Tage € 36,50 (für 1 Erw. und bis zu 3 Kinder bis 14 J.).

Die **WelcomeCard Museumsinsel** gilt 72 Std. (€ 34) und bietet zur freien Fahrt in Berlin freien Eintritt in alle fünf Häuser auf der Museumsinsel. Zu allen WelcomeCards gibt es ein Begleitheft mit Informationen und Gutscheinen für Ermäßigungen (25–50 %) bei Stadtrundfahrten, in Museen, Theatern und weiteren touristischen und kulturellen Attraktionen. Erhältlich bei der Touristeninformation sowie in Hotels und den VBB-Verkaufsstellen.

Ein weiteres Angebot ist die **CityTourCard.** Sie gilt für eine Person im Bereich AB und kostet für 48 Std. € 16,90, für 72 Std. € 22,90 und für 5 Tage € 29,90. Auch diese Karte gewährleistet Ermäßigungen.

Am Wochenende (Freitag- und Samstagnacht) gibt es durchgängigen **Nachtverkehr** auf zahlreichen S- und U-Bahnlinien. Nachtbus-Linien fahren nach Betriebsschluss der U-Bahn (an Werktagen ca. ab 0.30 Uhr) etwa alle 30 Minuten.

Fahrradmiete

Fahrräder kann man in Berlin beinahe an jeder Ecke leihen, in vielen Hostels und einigen Hotels, in Fahrradgeschäften und speziellen Verleihstationen (mit und ohne Führung) oder direkt an der Straße:

Berlin ist eine Stadt der Radler: Auf manchen großen Straßen sorgen Fahrradspuren für mehr Sicherheit für die Zweiräder

Call a Bike

Die Räder der Deutschen Bahn sind an über 80 zentralen Stationen in Berlin zu finden. Man muss sich einmalig registrieren auf www.callabike-interaktiv.de und kann dann überall die Räder ausleihen: € 0,08/Min. (1 Std./€ 4,80, Tag/€ 15). Sie müssen an einer anderen oder derselben Station wieder abgegeben werden.

Next Bike

✆ (030) 69 20 50 46
Einmalig registrieren auf www nextbike.de und vor allem in Mitte, Kreuzberg, Neukölln und Prenzlauer Berg aufs Rad steigen; Abgabe an einer der festen Stationen. Noch nicht ganz so weit verbreitet wie die Bahn-Räder, dafür deutlich billiger: 1 Std. € 2, 1 Tag € 9.

Routenplaner für Radfahrer in Berlin

www.bbbike.de

Taxiruf

Taxi Berlin ✆ (030) 20 20 20
www.taxi-berlin.de
Berlins größte Taxizentrale
Taxi online bestellen mit der MyTaxi-App oder unter www.mytaxi.com
City-Funk ✆ (030) 21 02 02
EcoTaxi ✆ (030) 210 10 20
www.ecotaxi.de
Funk Taxi Berlin ✆ (030) 26 10 26
Quality Taxi ✆ (030) 26 30 00
www.taxi263000.de
Taxi-Funk Berlin ✆ 08 00-44 33 22
Würfelfunk ✆ (030) 21 01 01

Taxitarife

Grundpreis: € 3,40, Kilometerpreis: 0–7 km € 1,79, ab 7 km € 1,28
Wartezeit (auch verkehrsbedingt): € 25/Std.
Zuschläge: Zahlen mit Kreditkarte: € 1,50, Einstieg Flughafen Tegel: € 0,50
Kurzstreckenpauschaltarif: € 4 für max. 2 km Fahrstrecke; gilt nur bei Heranwinken (nicht ab Taxihalteplatz)

Velotaxi

Velo-Ruf ✆ (01 78) 800 00 41
www.velotaxi.de
30 Min. € 22, 60 Min. € 38 oder 1 km € 6, jeder weitere € 4
Moderne Fahrrad-Rikschas, u. a. mit Elektromotor, stehen an allen touristischen Brennpunkten für individuelle Touren bereit. ❖

Namenregister

ackselhaus & blue home GmbH: S. 171
ADAGIO Entertainments GmbH: S. 199
Pierre Adenis/laif, Köln: S. 18
AlliiertenMuseum/Chodan: S.144 u.
Amano Group: S. 190
AquaDom und SEA LIFE Berlin: S. 222
Archiv KTA/Günter Beator: S. 255; Heinz Reincke: S. 256
Backflasch/Oliver Doll: S. 19 u.
Berliner Bäder-Betriebe: S. 135 o.
Berliner Ensemble/Lucie Jansch: S. 206 o.
Berliner Kaffeerösterei: S. 20 o., 212
Berliner Winter: S. 20 Mitte
Bibel/laif, Köln: S. 167
Bikini Berlin: S. 62, 73
Daniel Biskup/laif, Köln: S. 14 u.
Blockhaus Nikolskoe Gaststättenbetriebs GmbH: S. 142 u.
Boening/Zenit/laif, Köln: S. 51 o., 88, 102 u.
Bötzow Berlin GmbH: S. 23 o., 23 u., 107 o., 109, 183
Brandenburg-Preußen Museum/Andreas Bödecker: S. 274 u.
Steffen Branding: S. 261, 263 o.
Brecht-Weigel-Haus: S. 257
Brücke-Museum Berlin/Archiv Brücke-Museum: S. 145 o.; Roman März: S. 143
buch|bund/Marcin Piekoszewski: S. 135 Mitte
Bundesarchiv (CC-BY-SA 3.0)/Bild 102-00903: S. 26 o.; Bild 102-14627: S. 113; Bild 146-1998-014-11A/Frankl: S.65 o. r.; Bild 170-133/Max Baur: S. 247 o.; Bild 183-05876-0050: S. 13; Bild 183-19204-1676: S. 147 o.; Bild 183-1990-0613-024/Hartmut Reiche: S. 48 o.; Bild 183-B0527-0001-810: S. 12 o.; Bild 183-M1205-333/Otto Donath: S. 65 Mitte r.; Bild F015843-0010/Walter Schmitt: S. 114; Bild F048830-0024/Klaus Schütz: S. 65 u. r.;
Bild P016607/A. Frankl: S. 5 o.
Frank-Peter Bürger: S. 99
Café Zuckerfee: S. 110 o., 110 u.
Choriner Filzwerkstatt: S. 263 u.
Das Stue: S. 170
DerKlopp, Berlin: S. 67 o., 72 o., 75 o., 76 o., 80 u., 81, 82 o., 82 u., 83, 84 o., 85, 86, 97 o., 98 u., 105 u., 122, 123, 128, 133 u., 140 o., 214
Deutsche Kinemathek/Christine Kisorsy: S. 51 u.
Domäne Dahlem/K. Wendlandt: S. 145 u.
Verena Eidel: S. 208
Ellington Hotel Berlin: S. 172
Ferienhaus www.tautes-heim.de: S. 131 Mitte, 131 u.
Fotolia/Emma Arnold: S. 126; ArTo: S. 36, 96 o., 97 u.; babelsberger: S. 273 u.; Elena Belyaeva: S. 61 u.; Jule_Berlin: S. 152; Berlin85: S. 163 o.; Blickfang: S. 78 u.; Daniel Bujack: S. 254; ChriSes: S. 139 u.; cityanimal: S. 91 u.; daskleineatelier: S. 148/149; devteev: S. 159; dieter76: S. 278/279; Markus Eckardt: S. 277; elxeneize: S. 5 Mitte, 106, 125 o.; Joerg Farys: S. 20 u.; Firma V: S. 16; flashpics: S. 265, 283 o.; foto.fritz: S. 134; franzeldr: S. 207; Friedberg: S. 102 o.; fuxart: S. 84 u.; Tiberius Gracchus: S. 38; greenpapillon: S. 22 o.; Tilo Grellmann: S. 251; Erica Guilane-Nachez: S. 12 u.; Heinrich: S. 94 u.; Increa: S. 64 o.; Wolfgang Jargstorff: S. 245; kk: S. 35; Sergey Kohl: S. 150; Kalle Kolodziej: S. 165; kreativtraum: S. 15 o.; Bernd Kröger: S. 238; Udo Kruse: S. 270; lassedesignen: S. 32/33; LuckyDragon: S. 29; MarkM: M: S. 96 u.; Tobias Machhaus: S. 82 o. l.; Linda Meyer: S. 27; mnovelo: S. 67 u.; Oko: S. 93 u.; oqopo: S. 44 Mitte; palomita0306: S. 158, 162 o., 163 u., 164 o.; philipk76: S. 124 o.; PixelFun: S. 58; Annett Possenig: S. 264; Mariusz Prusaczyk: S. 54; rbkelle: S. 285; Rcphoto:

S. 50 u.; rekken78: S. 93 o.; Marco Richter: S. 92, 296; RockYourWeb.de: S. 11 u.; Thomas Röske: S. 59; rotschwarzdesign: S. 236 u., 237; Daniel Scheidgen: S. 120 u.; Rainer Schmittchen: S. 142 o.; SeanPavonePhoto: S. 138 u.; sehbaer_nrw: S. 42 u.; siwi1: S. 111 u.; steschum: S. 48 u.; Christian Tessmer: S. 144 o.; Anibal Trejo: S. 162 u.; wolfgangstaudt: S. 149 u.; gesine wintsche: S. 125 u.; Xenia1972: S. 37 o.; Katja Xenikis: S. 247 u.; York: S. 95 o.
Galander GmbH: S. 186
Georg-Kolbe-Museum, Berlin: S. 157
Glaßer und Dagenbach GbR: S. 164 u.
Grün Berlin GmbH: S. 124 u., 232
Kathrin Harms/laif, Köln: S. 19 o.
HAU Hebbel am Ufer: S. 206 u.
Andrea Herfurth-Schindler, Köln: S. 246
Katja Hoffmann/laif, Köln: S. 130
Hops & Barley: S. 22 u.
Hotel Adlon Kempinski, Berlin: S. 28 u.
Hotel Q!: S. 169
Sandra Hoyn: S. 129
Hüttenpalast/Jan Brockhaus: S. 174
iStockphoto/annedde: S. 17 o., 17 u.; dan_germanboy: S. 154; DirkHouben: S. 7 o.; hsvrs: S. 141; iBeePix: S. 202; J hla: S. 262; Michael Luhrenberger: S. 281; Nikada: S. 24, 41,55 o.; olaser: S. 95 u.; queerbeet: S. 188; ricul: S. 155 o.; James Tung: S. 118; typographics: S. 253 u., 259, 266; WekWek: S. 236 o.
KaDeWe Berlin: S. 65 u., 66 o.
Käthe-Kollwitz-Museum Berlin/Marco Kranz: S. 68, 72 u.
Stefan Klonk: S. 209
Kulturstiftung Schloss Britz: S. 132, 133 o.
Kurt Tucholsky Literaturmuseum: S. 287 u.
Landesarchiv Berlin: S. 14 o.
Paul Langrock/Zenit/laif, Köln: S. 74
Luise/ben.n photography: S. 146
Markthalle Neun: S. 176, 177
Martin/Le Figaro Magazine/laif, Köln: S. 197
mauritius images: Alamy: S. 30, 119, imageBROKER/ Christoph Becker: S. 121
MLG: S. 138 o.
Mount Mitte: S. 221
Stefan Müller: S. 249 u.
Museum für Kommunikation/Michael Ehrhart: S. 52 u.
Nalani Supsurfing: S. 153 u.
Neu-Helgoland GmbH: S. 153 o.
Neue Lützobar GmbH: S. 193
Onkel Philipps Spielzeugwerkstatt: S. 111 o.
Partner für Berlin/FTP-Werbefotografie: S. 43
Pauls Boutique: S. 217
pixelio.de/Helga Ewert: S. 78 o., 80 o.; Rolf Handke: S. 79 o.; Erich Kasten: S. 56 o.; Michael Leps: S. 168; Karl-Heinz Liebisch: S. 258
Presse- und Informationsdienst des Landes Berlin/J. Gläser: S. 90
Radialsystem V/Ben Bolesch: S. 203
Resort Mark Brandenburg/Petra Stüning: S. 275 u.
Riehle/laif, Köln: S. 139 o.
Monika Rittershaus: S. 292
Monika Rittershaus/Berliner Philharmoniker: S. 6 u.

303

Bildnachweis/ Impressum

The Circus GbR: S. 175
tic Kultur- und Tourismusmarketing Berlin-Pankow: S. 107 u.; scg: S. 108 o.; Andreas Schmidt: S. 105 o., 108 u.
Tourismusverband Ruppiner Seenland e.V.: S. 272, 275, 276 u.
Bernd Uhlig, bernd.uhlig.fotografie@t-online.de: S. 204
visitBerlin: S. 156; Pierre Adenis: S. 49, 87; Grothaus: S. 5 u.; Christo Libuda: S. 131 o.; Dirk Mathesius: S. 290; Tanja Koch: S. 46 o., 166, 291; Philip Koschel: S. 8 o., 42 o., 44 u., 66 u., 75 u., 100, 147 u., 210, 211, 218; Sarah Lindemann: S. 98 o.; SpreePIX Media: S. 4 o.; Wolfgang Scholvien: S. 7 u., 9 o., 15 u., 21 u., 26 u., 28 o., 29 u., 31 o., 37 u., 39, 40 o., 40 u., 44 o., 45, 46 u., 50 o., 53, 55 u., 56 u., 57 o., 57 Mitte, 60, 61 o., 63, 76 u., 79 u., 89, 116, 155 u., 293, 294; Günter Steffen: S. 6 o., 8 u., 21 o., 31 u., 47, 52 o., 77, 104, 200; Bettina Werner: S. 120 o.; Karin Willms: S. 4 u.
VISTA POINT Verlag (Archiv), Potsdam: S. 9 u., 10, 94 o., 137 o., 148 u., 274 o.
Waahnsinn Berlin: S. 216
Gordon Welters/laif, Köln: S. 195
Gerhard Westrich/laif, Köln: S. 136/137
Wikipedia (CC BY 3.0)/Dirk Ingo Franke: S. 115; (CC BY-SA 2.5)/Inge Kanakaris-Wirtl: S. 249 o.; (CC BY-SA 3.0)/Manfred Brueckels: S. 64 u.; Stephan M. Höhne: S. 252; Times: S. 225
www.sternundkreis.de: S. 229

Schloss Lübbenau im Spreewald/Marcel Blassek: S. 283 u.
Dagmar Schwelle/laif, Köln: S. 91 o., 103, 196
Schwielowsee-Tourismus e.V.: S. 253 o.
SCUBE Parks Berlin GmbH: S. 135 u.
SDTB/Föto/Frank-Michael Arndt 2013: S. 151
SeeLodge im Wald- und Seegut Kremmen: S. 276 o.
Seeschlösschen Wustrau: S. 273 o.
Senatsverwaltung für Stadtentwicklung und Umwelt: S. 117
Spreewald-Touristinformation Lübbenau e.V., www.luebbenau-spreewald.com: S. 280
Spreewelten GmbH: S. 282
Stiftung Preußische Schlösser und Gärten Berlin-Brandenburg (SPSG)/Hans Bach: S. 69 o., 70, 140 u., 239, 242 u., 243, 248; Roland Handrick: S. 11 o.,71 u.; Gerhard Murza: S. 240 o., 240 u.; Wolfgang Pfauder: S. 71 o., 244 o.; Günter Schneider: S. 160; Leo Seidel: S. 69 u., 161, 241, 242 o., 244 u., 286, 287 o.
Stiftung Schloss Neuhardenberg/Toma Babovic: S. 267, 268 o., 268 u.
Story of Berlin: S. 219

Titelbild: Brandenburger Tor, Foto: iStockphoto/Swinnerrr
Vordere Umschlagklappe (innen): Übersichtskarte von Berlin mit den eingezeichneten Stadtvierteln
Schmutztitel (S. 1): Potsdamer Platz bei Nacht, Foto: iStockphoto/Nikada
Haupttitel (S. 2/3): Besucher der Reichstagskuppel, Foto: visitBerlin/Wolfgang Scholvien
Hintere Umschlagklappe (außen): Oberbaumbrücke zwischen den Stadtteilen Kreuzberg und Friedrichshain, Foto: Fotolia/Heinrich
Umschlagrückseite: Die nächtlich illuminierte Reichstagskuppel, Foto: iStockphoto/Nikada (oben); Mauerabschnitt der East Side Gallery, Foto: Fotolia/York (unten)

Textnachweis:
Die Autorin Anna Bockhoff hat folgende Kapitel verfasst: Berlin-Magazin, Kreuzberg, Friedrichshain, Prenzlauer Berg, Neukölln, Essen & Trinken, Bars und Kneipen, Clubs, Shopping, Mit Kindern. Von der Autorin Ortrun Egelkraut stammen die Kapitel Chronik, Stadttour, Mitte-Tiergarten, Charlottenburg, Tempelhof-Schöneberg, Von Wannsee bis Köpenick, Oasen in der Stadt, Übernachten, Konzerte, Theater, Wellness, Stadttouren, Service von A bis Z. Die Autorin Ulrike Wiebrecht hat das Kapitel Vor den Toren der Stadt geschrieben.

Konzeption, Layout und Gestaltung dieser Publikation bilden eine Einheit, die eigens für die Buchreihe der **VISTA POINT Reiseführer** entwickelt wurde. Sie unterliegt dem Schutz geistigen Eigentums und darf weder kopiert noch nachgeahmt werden.

© 2015 VISTA POINT Verlag GmbH, Birkenstr. 10, D-14469 Potsdam
Alle Rechte vorbehalten
Reihenkonzeption: Horst Schmidt-Brümmer, Andreas Schulz
Bildredaktion: bintang, Berlin
Lektorat: Christine Berger
Layout und Herstellung: bintang, Berlin; Sandra Penno-Vesper
Coverentwurf: Martin Wellner, Fremdkörper® Designstudio, Potsdam
Reproduktionen: Henning Rohm, Köln
Kartographie: Kartographie Huber, München
Anzeigenverkauf: Kommunalverlag GmbH & Co. KG, Ottobrunn
Druckerei: Colorprint Offset, Unit 1808, 18/F., 8 Commercial Tower, 8 Sun Yip Street, Chai Wan, Hong Kong